비주얼 베이직

하 금 숙 · 윤 한 오 공저

오성미디어

머 리 말

비주얼 베이직(Visual Basic)은 마이크로소프트에서 만든 베이직 프로그래밍 언어의 일종으로, 마이크로소프트 비주얼 스튜디오 제품군의 하나이다. 베이직 언어로 윈도우의 비주얼(visual) 개념을 추가하여 빠른 프로그래밍을 돕는 RAD 도구이며, GUI 프로그래밍이 가능하고, 구성 요소가 풍부하여 초보자가 접근하기 쉬운 장점을 가진 고급 언어이다. 비주얼 베이직은 윈도우 운영체제 상에서 여러 가지 다양한 응용프로그램들을 개발 할 수 있는 언어이지 개발도구로 처음 접하는 사람도 쉽게 강력한 어플리케이션을 개발할 수 있다.

현재 비주얼 베이직은 버전 6.0 이후로 닷넷 버전으로 변화하였다. 비주얼 베이직 닷넷은 기존 버전과 다르게, 닷넷의 일부분으로 동작하고 있으며 객체지향 프로그래밍이 강화되었지만, 많은 사용자들이 기존의 비주얼 베이직 6.0 코드를 아직도 많이 사용하고 있는 실정이다. 하여서 비주얼 베이직 6.0은 다양한 명령 및 객체들을 통하여 업무용 프로그램과 학습용 프로그램 등 새로운 유틸리티를 아직도 만들고 있다. 특히 버전 6.0의 ADO(ActiveX Data Object) 기반의 강력한 데이터베이스 처리 기능과 컴포넌트 개발 기능, 인터넷 응용프로그램 개발 기능 등을 가지고 데이터베이스 응용 프로그램, 멀티미디어 및 게임 프로그램, 인터넷 활용 프로그램 분야에서 선두적인 역할을 해 오고 있다.

이 책은 비주얼 베이직 맛보기, 프로그래밍의 기초부터 데이터베이스, 멀티미디어 프로그래밍에 이르기까지의 내용을 아우르며 프로그래밍 과정에서 다양한 예제를 따라하면서 예제를 통하여 프로그래밍을 배우는 과정을 익히도록 주력하였다. 특히 기초 학습을 하는 과정의 학생들에게 도움이 되도록 비주얼 베이직의 기본 컨트롤들을 이용하여 다양한 응용을 할 수 있는 예를 많이 기술하였으며, 파일 컨트롤과 공용대화상자 등과 같은 고급 컨트롤들을 활용한 윈도우 상에서 볼 수 있는 예제들을 기술함으로써 학생들에게 비주얼 베이직 언어에 대한 학습 의욕을 북돋우려 하였으며,

또한 멀티미디어 프로그래밍과 데이터베이스, 그리고 게임 프로그래밍에서는 학생들에게 실제 객체지향언어의 묘미를 느낄 수 있는 예제를 기술하여 비주얼 베이직 언어의 강력한 어플리케이션 개발 능력을 깨닫고 실제로 경험하게 하고자 하였다.

아무쪼록 이 책을 배우는 학생들로 하여금 비주얼 베이직 언어를 쉽게 익힐 수 있도록 하며 이를 통하여 프로그래밍 능력이 날로 향상되는 계기가 되기를 바라며, 이 책이 나오기 까지 많은 도움을 주신 많은 분들께 감사드리며 책의 출판과 편집을 맡아서 수고해 주신 오성미디어 오성결 사장님과 직원 여러분께 감사드립니다.

2009. 1.

저자 일동

목 차

1. 비주얼 베이직의 이해

1.1 비주얼 베이직의 개요

비주얼 베이직은 마이크로소프트사에서 개발한 윈도우 운영체제용로 '베이직(BASIC)' 언어로 부터 비주얼 베이직 1.0을 탄생시킨 이후 6.0을 넘어 계속적인 발전을 거듭하여 현재 .NET 버전에 이르게 되었다. 기존의 베이직 언어는 고급 언어가 가지고 있는 기능들을 모두 가지고 있으면서 초보자들이 쉽게 배울 수 있는 특성을 가지고 있다. 비주얼 베이직은 기존의 베이직 언어의 장점을 계승하면서 윈도우의 비주얼(visual) 개념을 추가하여 사용자로 하여금 편리한 비주얼 편집이 가능하도록 개발된 언어이다.

비주얼 베이직은 윈도우 운영체제 상에서 여러 가지 다양한 응용프로그램들을 개발할 수 있는 언어이다. 다양한 명령 및 객체들을 통하여 업무용 프로그램과 학습용 프로그램 등 새로운 유틸리티도 만들 수 있다. 특히 버전 6.0에 이르러서는 ADO(ActiveX Data Object) 기반의 강력한 데이터베이스 처리 기능과 컴포넌트 개발 기능, 인터넷 응용프로그램 개발 기능 등을 가지고 기존의 프로그램 개발툴로서는 가장 먼저 데이터베이스 응용 프로그램, 멀티미디어 및 게임 프로그램, 인터넷 활용 프로그램 분야에서 선두적인 역할을 해 오고 있다.

비주얼 베이직 언어의 특징을 살펴보면 다음과 같다.

[1] 비주얼 베이직은 객체지향적인 언어이다.

비주얼 베이직은 객체 지향 프로그래밍(OOP: Object-Oriented Programming) 언어로 객체(Object)가 주체가 되어 객체들 사이의 메시지 전송으로 프로그램을 동작시키는 객체에 바탕을 둔 프로그램 기법을 사용한다. 객체 지향 프로그래밍에서 자주 쓰는 용어가 클래스(Class)와 객체(Object)이다. 객체(Object)란 시스템의 구성요소로서 어떤 행위(Action)를 할 수 있는 한 단위를 말한다. 객체는 일반적으로 객체의 특성을 나타내는 항목과 객체의 행동을 나타내는 항목이 있다. 자동차를 예를 들어보면, 자동차는 여러 가지 속성이 있는데 두 가지만 예를 들면 색상과 배기량이다. 이 때 색상과 배기량에 해당하는 것이 자동차의 특성이고 감속, 가속, 멈춤 등과 같은 행위를 행동이라고 한다. 클래스(Class)는 이러한 객체의 특성과 행동을 묶어 놓은 더 상위개념이다.

비주얼 베이직에서 클래스를 표현하려면 클래스(Class) 모듈을 이용한다. 클래스 모듈은 객체의 속성과 메소드로 이루어져 있다. 이는 객체지향 언어가 가지고 있는

캡슐화(encapsulation), 상속성(inheritance) 그리고 폴리모르피즘(polymorphism) 등의 개념을 잘 포함하고 있다.

[2] 비주얼 베이직은 GUI(Graphic User Interface) 형태의 응용 프로그램 개발에 유용하다.

개발하고자 하는 내용에 따라 그 내용에 맞는 그림(아이콘)을 화면에 표시하고, 사용자는 마우스를 처리하고자 하는 아이콘으로 가져가서 클릭함으로써 원하는 작업을 수행 할 수 있다. 특히 GUI의 특징인 영문 명령을 모르거나 다른 언어를 사용하는 사용자 사이에서도 아이콘을 이용하거나 메뉴를 이용함으로 누구나 손쉽게 응용 프로그램을 개발할 수 있다.

[3] 비주얼 베이직은 이벤트 중심의 언어이다.

마우스를 클릭하는 동작, 메뉴를 클릭하는 동작, 키를 누르는 동작 등이 각각 그 상황에 따른 이벤트를 발생시키고 그 이벤트에 대응되어 미리 정의되어 있는 동작이 수행되도록 설계되어 있다. 마우스를 움직이는 것, 마우스를 클릭 하는 것, 시간 주기에 따라 발생하는 일들 모든 것 등 이들 하나하나가 이벤트라고 할 수 있다. 마우스로 버튼을 클릭 했을 때 발생하는 이벤트에 따라 조건이 발생하고 그 조건에 따라 실행이 되는 것이다.

[4] 비주얼 베이직은 사용자 중심의 통합개발환경을 제공한다.

기존의 프로그램에서는 화면표시부분과 코드처리부분이 혼재하는데 비해, 비주얼 베이직 프로그램의 경우 화면표시는 폼 모듈(form module)에 작성하고, 처리부분은 코드 모듈(code module)에 분리해서 기술한다는 점도 차이점이라고 할 수 있다.

비주얼 베이직의 장점을 정리하면 다음과 같다.

[1] 편집, 테스트, 디버깅이 용이하다.

사용자 중심의 통합개발 환경을 제공함으로써 편집과 테스트가 용이하고 다양한 디버깅 툴을 활용하여 사용자가 쉽게 프로그래밍 할 수 있다.

[2] 다른 언어에 비해 쉽게 배울 수 있다.

베이직 언어를 기반으로 하고 있기 때문에 학습이 용이하다. 특히 한글변수 및 상수를 다른 언어에 비해 자유롭게 사용할 수 있다.

3 생산성을 향상시키는 개발 툴을 제공한다.

빠르고 쉬운 방법으로 응용프로그램을 개발할 수 있으므로 개발 시간 및 비용을 줄일 수 있다.

4 VBA(Visual Basic for Application) 언어를 지원한다.

MicroSoft Office에서 제공하는 모든 프로그램에서 비주얼 베이직 프로그램을 사용할 수 있고, 비주얼 베이직 코드가 OLE(Object-Linking and Embedding) 자동화 오브젝트를 지원하는 응용프로그램 안에 있는 모듈 사이로 쉽게 이동할 수 있다.

1.2 기본 개념들

1 폼(Form)

프로그램 작성하는데 있어서 가장 중요하고 근간이 되는 것이 바로 폼(form)이다. 폼의 역할은 사용자 인터페이스와 이에 대한 이벤트 처리이다. 마치 건축물을 설계하듯이 필요한 객체들을 끌어다가 폼에 배치함으로써 폼을 디자인 할 수 있다. 폼에는 프로그램에 필요한 버튼이나 라벨, 텍스트 박스 등의 여러 가지 컨트롤들을 배치하고 이에 대한 이벤트 처리 코드를 작성하여 주는 작업을 주로 하게 된다.

2 컨트롤(Control)

컨트롤은 폼 위에 표시되는 텍스트 박스, 명령 버튼, 옵션 버튼, 체크 박스 등과 같은 것들을 통틀어서 일컫는 용어다. 폼 위에 배치할 컨트롤들은 도구 상자에 모여 있다. 컨트롤은 기본적으로 제공되는 표준컨트롤 박스와 사용자의 필요에 의해서 추가로 생성할 수 있는 커스텀 컨트롤이 있다.

3 객체(Object)

객체지향 프로그래밍의 가장 기본이 되는 개념은 객체(Object)라는 것이다. 객체(Object)는 명확히 정의 내릴 수 있는 것을 지칭하는 것으로 사물이 될 수도 추상적인 생각이 될 수도 있다. 비주얼 베이직에서 바라본 객체는 데이터를 지니고 있을 수 있으며 특정한 일을 수행할 수 있는 단위를 말한다. 위에서 언급한 폼과 컨트롤들은 데이터와 동작을 가질 수 있으므로 객체이다. 각 개체(Object)는 여러 가지의 속성과 메소드로 이루어져 있으며 이벤트에 적절한 반응을 하도록 설계되었다.

④ 속성(Property)과 메소드(Method)

객체는 속성(Property)과 메소드(Method)라는 것을 가지고 있다. 속성은 객체가 갖게 되는 고유한 값(value)으로서 객체의 크기나 색상 등의 형태 및 특성상의 성질을 결정하고 어떤 값을 할당받거나 할당하는데 사용되기도 한다. 예를 들어, Command Button 객체의 이름 속성을 'cmd인사'로 Caption 속성은 '인사'로 입력하였다. 그 외에도 객체들마다 변형할 수 있는 많은 속성들을 가지고 있다.

메소드는 해당 객체에 어떤 행동을 규정하는 것으로 객체를 어떻게 하라는 조작을 말한다. 일종의 프로시져가 여기에 해당된다. 예를 들어 여러 개의 메소드 중 'Move'라는 메소드는 해당 객체를 현 위치에서 지정한 위치로 이동시키는 메소드이다. 그 외에도 객체의 특성에 따른 많은 메소드들이 있다.

⑤ 이벤트(Event)

이벤트(Event)는 프로그램 외부에서의 입력 또는 동작으로 폼이나 컨트롤이 어떤 원인에 의해 발생하는 반응이라고 할 수 있으며, 사용자 작업이나 프로그램 코드의 결과로서 발생하거나 시스템에서 발생시킨다. 마우스나 키를 누르는 것과 같이 객체에 의해 인식되는 작업이며 응답하기 위한 코드를 작성할 수 있다. 마우스를 클릭하거나 키보드를 누르는 등의 동작을 할 때 이벤트가 발생한다. 이벤트는 프로그램에서 객체와 사용자 간에 상호작용을 하게 된다. 예를 들어 'cmd인사'라는 버튼을 클릭하면 "안녕하세요? 비주얼 베이직입니다."라는 문장을 출력하도록 하며, 그 외에도 "마우스를 두 번 클릭한다", "폼을 클릭한다", "글자가 바뀐다" 등 각 객체들마다 다양한 이벤트가 있다. 따라서 이벤트란 객체에 어떠한 조작이 발생하였음을 알려주는 역할을 담당한다.

⑥ ActiveX 컨트롤

VBX(Visual Basic Extension)는 비주얼 베이직에서 사용되는 최초의 프로그래밍 가능한 컴포넌트였다. 32비트 시대가 오자 VBX는 아키텍쳐를 재구성하여 OCX(OLE custom control)라 하였고, 이후 인터넷 세상이 오게 되자 다시 이를 조정하여 ActiveX 컨트롤이라 이름 붙였다.

프로그램의 크기가 커질수록 프로그래머는 더 많은 양의 코딩을 해야 했는데 이 문제를 해결하기 위한 방법으로 등장한 것 중에 하나가 ActiveX 컨트롤이다. 일종의 부품개념이라고 애기할 수 있다. ActiveX 컨트롤은 특정한 일을 수행하도록 미리 만들어져 있는 것으로 프로그램을 개발하는 도중에 손쉽게 사용할 수 있도록 하는 객체이다. 비주얼베이직은 기본적으로 많은 수의 ActiveX 컨트롤을 가지고 있기 때문에 복잡하고 특이한 목적이 결부되지만 않는다면 상상할 수도 없을 정도로 빠른 시간 내에 응용프로그램을 개발할 수도 있다.

1.3 비주얼 베이직 사용 환경

비주얼 베이직에서는 통합개발환경(Integrated Development Environment)을 제공한다. 이러한 통합개발환경은 프로그램의 설계, 컴파일, 디버깅 등 프로그램을 작성하는데 필요한 대부분의 도구를 하나의 작업공간에 통합해 구성한다. 그래서 비주얼 베이직에서 프로그램을 작성할 때는 적어도 32비트 운영체제를 실행시킬 수 있는 시스템이 필요하다.

다음은 비주얼 베이직을 실행할 수 있는 최소 사양이다.

- □ CPU: 펜티엄 90MHz 이상
- □ 운영체제: 윈도우 95이상(98, Me, Xp, 2000, 2003 등), 윈도우 NT 4.0이상
- □ RAM: 32MB 이상
- □ 하드디스크: 150MB 이상
- □ CD-ROM 드라이브 장착

1.4 비주얼 베이직의 실행 방법과 화면 구성

비주얼 베이직을 실행하기 위해서는 아래 그림과 같이 '시작'버튼을 클릭하여 프로그램 폴더에 설치되어 있는 'Microsoft Visual Basic 6.0' 폴더를 찾아 'Microsoft Visual Basic 6.0' 실행 아이콘을 더블클릭한다. 또는 바탕화면에 있는 단축아이콘을 더블클릭한다.

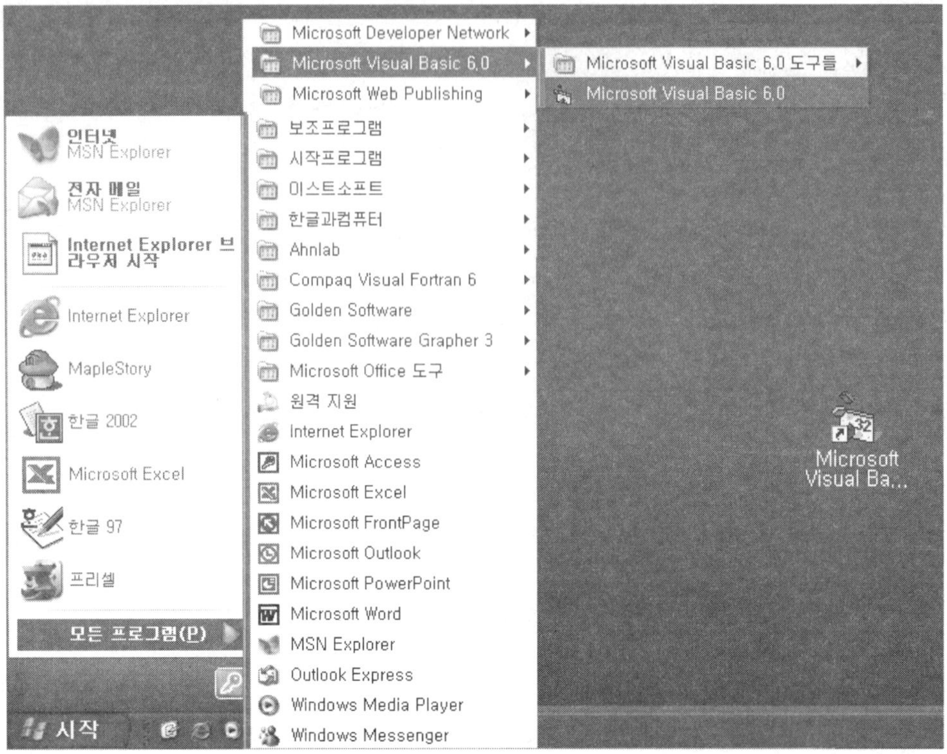

그러면 다음 그림과 같은 창이 나타나면서 새 프로젝트를 선택하는 메뉴가 나타난다. 첫 번째 메뉴인 새 파일에는 프로젝트 타입을 설정하는 창이 나온다. 일반적으로 윈도우 환경에서 개발되는 실행 프로그램을 작성할 때에는 '표준 EXE'를 선택한다. 그 외에도 'ActiveX EXE', 'ActiveX DLL', 'ActiveX 컨트롤', 'VB응용프로그램 마법사' 등을 선택할 수 있다. 기존에 만들었던 프로그램을 불러들일 때는 '기존파일'이나 '최근파일'을 선택한다.

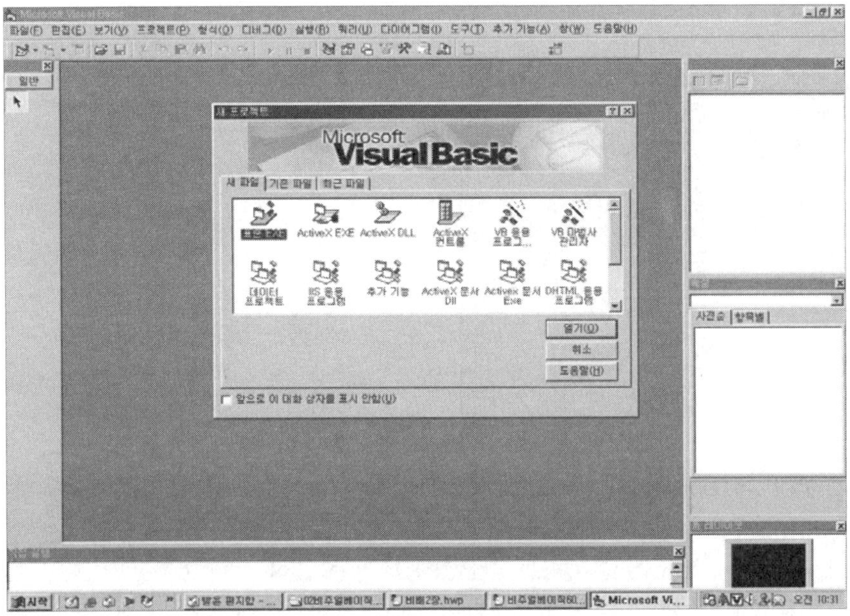

□ 표준EXE를 선택한 후 화면에 나타나는 구성 요소들을 부분적으로 살펴보면 다음과 같다.

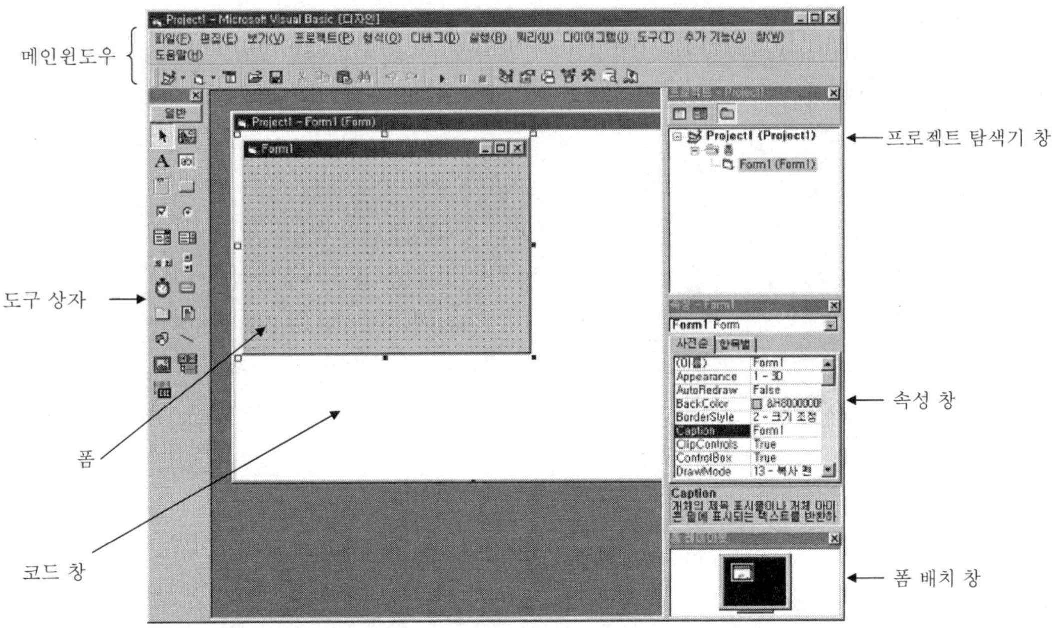

1.4.1 폼

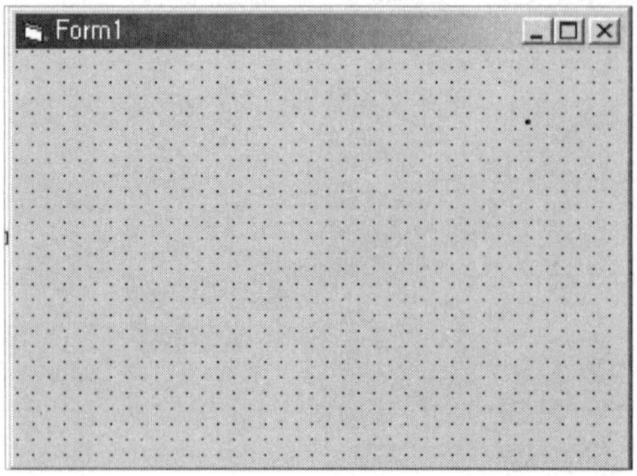

폼이란 도구상자(ToolBox)에서 필요한 컨트롤을 가져와서 폼에 배치하는 방식으로 프로그램 디자인을 구성한다. 하나의 폼은 두 개의 창으로 구성되는데 바깥쪽 창의 제목표시줄을 보면 'Project1'이라는 프로젝트 이름이 있고 이 프로젝트에는 'Form1'이라는 폼이 존재한다는 것을 알려준다. 그리고 내부의 창은 제목표시줄에 'Form1'이라고 나타나는데, 현재 활성화 되어있는 폼이다. 바로 이 폼에다 컨트롤들을 배치한다. Form1의 폼 주변에 작은 사각형의 점이 존재한다. 이를 "크기조절 핸들"이라고 하며 이 핸들에 마우스 커서를 가져가면 마우스 커서 모양이 바뀐다. 이때 크기를 조절할 수 있다. 폼 안에 존재하는 객체들도 같은 방식으로 선택하여 크기를 조절할 수 있다. 폼 안에 격자점(Grid)이 존재하는 것을 알 수 있는데 이것은 폼 안에 객체들을 배치시킬 때 간격을 맞추는 목적으로 존재하는 것으로 실제 응용프로그램에서는 보이지 않는다. 폼 안에 있는 컨트롤들을 더블클릭하면 코드 창이 나타난다.

1.4.2 코드 창

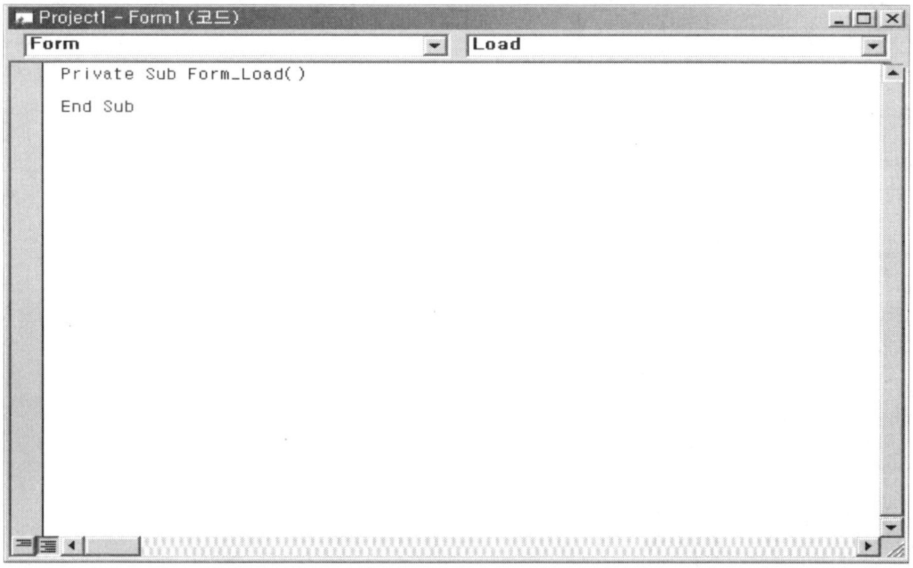

코드 창은 코드보기 아이콘을 클릭 하거나 객체나 폼을 더블클릭 했을 때 열리며, 실질적인 프로그램 작성이 이루어지는 곳이다. 화면 위에 'Form'이라고 보이는 곳이 객체 목록 부분이고 'Load'라고 보이는 곳이 해당 객체의 이벤트 목록 부분이다. 프로시저 이름은 'Form_Load()'로서 검은색으로 표시되어 있다. 그리고 현재 커서가 위치한 곳에 코딩을 하게 된다. 현재 이 프로시저가 나타내는 것은 폼을 화면에 나타나게 했을 때 어떻게 할 것인지를 코딩하라는 루틴이다. 아래의 수평 스크롤바 왼쪽에 보면 두 개의 버튼이 있다. 왼쪽은 "프로시저 보기"이고 오른쪽은 "전체모듈 보기"이다.

1.4.3 속성창

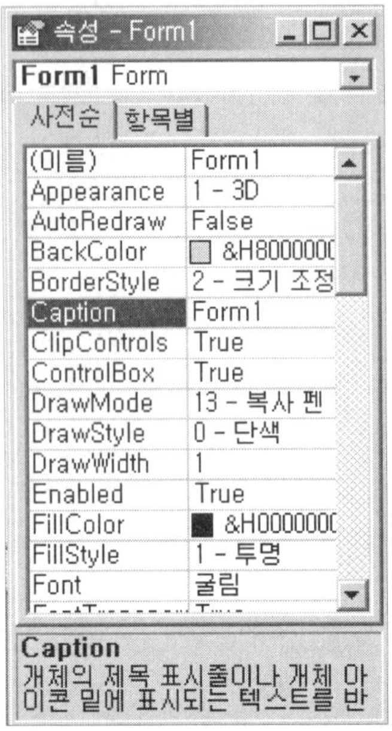

폼 위에 둘 수 있는 컨트롤은 각각 다음과 같은 속성(property)을 가지고 있다. 컨트롤은 이들 속성의 내용에 따라 화면에 표현되는데 컨트롤이 가지는 속성을 수정하기 위한 윈도우를 '속성창(property window)'이라고 한다. 각 속성에 대한 설명을 하단부에 표시하여 줌으로써, 각 속성의 쓰임새를 쉽게 알 수 있도록 하였으며, 두 개의 탭을 이용하여 원하는 속성을 쉽게 찾을 수 있도록 하였다. 즉, 속성창에서 알파벳순으로 속성을 찾으려고 할 경우에는 "사전순" 탭을 클릭하면 되고, 항목별로 속성을 찾아 이용하고자 할 경우에는 "항목별" 탭을 선택하여 항목별로 속성을 찾아 변경할 수도 있다. 속성 창은 선택된 개체나 컨트롤에 대한 제목, 크기, 색깔 등 여러 가지 속성을 지정할 때 사용한다. 예를 들어, 속성창의 첫 번째 항목은 (이름)인데 오른쪽에 'Form1'으로 설정되어 있다. 이 'Form1'을 선택하여 이름을 바꿀 수 있다. 그리고 밑에는 Caption이 나타나는데 'Form1' 대신 다른 글을 입력하면 실행 창 외쪽 상단에 폼의 제목으로 나온다. 도구모음에서도 속성 창이 아이콘이 있으며 "보기"메뉴에서 속성창을 선택하거나 혹은 단축키로 F4를 눌러서 선택할 수 도 있다.

① 객체 박스

개발자가 수정하려는 컨트롤의 이름을 보여준다. 작성 중인 폼 위에 있는 또 다른 컨트롤 이름을 선택하려면 객체 박스의 오른쪽 끝에 있는 화살표를 클릭하면 된다.

② 속성 리스트

속성 리스트는 좌측과 우측 두 부분으로 구성되는데 속성창의 왼쪽에는 선택된 객체에 대한 모든 리스트를 출력하고 오른쪽은 각 속성에 대해 설정되어 있는 값을 보여준다.

속성창에는 각 컨트롤에 대한 속성이 표시되는데, 각 컨트롤의 속성을 수정할 필요가 있을 경우에는 속성창을 통해 컨트롤의 속성값을 변경할 수 있다. 그리고 프로그램을 통해서도 이들 속성을 변경할 수 있다. 예를 들어, 폼에 대한 속성으로는 폼 이름인 'name' 속성, 타이틀 이름인 'caption' 속성 등이 있는데, name 속성으로 마우스를 이동해서 마우스를 더블 클릭 한 후 '연습1'이라는 문자열을 입력하면 그 폼은 '연습1'이라는 이름을 가지는 폼이 된다. 또한 caption 속성을 마우스로 더블 클릭 한 후 '폼 작성을 연습 중입니다'라는 문자열을 입력하면 그 문자열이 폼의 제목으로서 나타난다. 다른 속성들도 마찬가지 방법으로 변경할 수 있다.

1.4.4 프로젝트 탐색기창

프로젝트 탐색기창은 비주얼 베이직 실행과 동시에 또는 [보기(V)] 메뉴에서 [프로젝트 탐색기(P)]를 선택하면 열 수 있다.

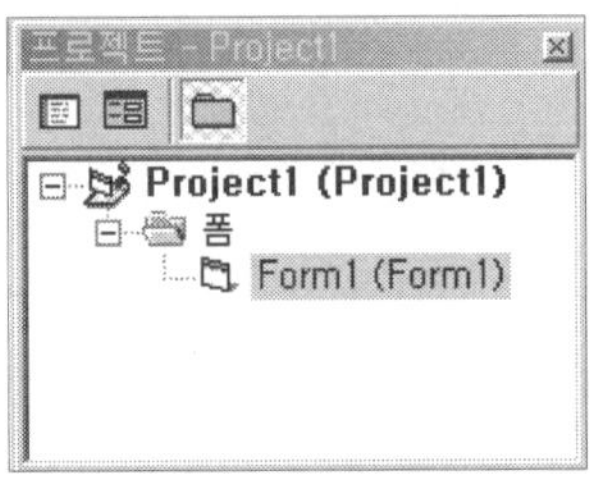

비주얼 베이직에서는 프로그램을 프로젝트 단위로 작성한다. 그래서 적어도 하나의 프로그램은 하나 이상의 프로젝트로 구성된다. 그리고 프로젝트 탐색기를 보면 프로그램의 구성 요소를 알 수 있으며 사용자가 현재 어느 위치에서 코드를 작성하는지 알려준다. 반대로 어떤 폼을 선택하면 프로젝트 탐색기에서 해당 폼을 닫거나 열어서 원하는 폼을 활성화시키기도 한다. 또한 프로젝트 탐색기를 사용하면 비주얼 베이직에서 포함 할 수 있는 파일의 형식을 볼 수 있다.

탐색기의 상단에 보면 3개의 아이콘을 볼 수 있다. 첫번째 아이콘이 '코드보기' 메뉴로서 폼 디자이너에 활성화 된 폼 중에서 선택된 객체의 코드를 작성할 때 사용한다. 즉, 어떤 객체의 코드를 작성하려면 먼저 해당 객체를 프로젝트 탐색기에서 선택한 후 '코드보기' 아이콘을 누르면 코드 편집 창이 나타난다. 또는 해당 객체를 더블클릭해도 같은 기능을 구현 할 수 있다. 두번째 아이콘은 '객체보기' 메뉴로서 하나의 프로젝트가 여러 개의 폼으로 구성되어 있는 경우, 원하는 폼을 선택한 후 '객체보기'버튼을 누르면 해당 폼이 활성화된다. 또는 프로젝트 탐색기에서 원하는 폼을 선택 더블클릭해도 된다. 세 번째 아이콘은 '폴더설정/해제' 메뉴로서 현재 프로젝트에서 폴더를 설정하거나 해제할 때 사용하는 것으로 폼이 많을 경우 이들을 구분해서 보고자 할 때 사용한다.

1.4.5 도구 상자

도구 상자는 일반적으로 많이 사용되는 컨트롤들을 모아놓은 것이다. 비주얼 베이직을 실행하였을 때 나타나는 기본적인 도구상자로서 사용자가 원하는 다른 도구들을 추가하거나 삭제할 수 있다. 프로그래머는 이들 컨트롤을 조합함으로써 프로그램을 작성하게 된다. 도구 상자는 비주얼 베이직의 실행과 동시에 폼 윈도우와 함께 화면에 나타나는데 만일 화면에 나타나지 않을 경우에는 [보기] 메뉴의 [도구 상자]를 선택하면 된다.

도구 상자에는 버튼, 스크롤 바와 같이 개발자가 눈으로 보면서 작업할 수 있는 컨트롤에서 부터 타이머와 같이 실행할 때에는 화면에 표시되지 않고, 설정된 시간에만 작동되는 컨트롤도 있다. 이들 컨트롤들을 하나하나 살펴보자.

① 포인터

포인터는 자체는 객체가 아니지만 폼이나 폼에 배치되어 있는 컨트롤을 이동할 때와 크기를 변경할 때 사용한다.

② 픽쳐 박스

비트맵, 아이콘, 메타 화일 등의 화상 데이터를 표시 하고자 할 때 사용한다. 그래픽스를 확대하거나 축소할 수는 없다.

③ 레이블

개발자가 직접 입력하거나 변경할 수 없는 텍스트를 표시하고자 할 때 사용한다.

④ 텍스트 박스

텍스트의 입력과 출력 시 사용한다.

⑤ 프레임

다른 컨트롤을 어떤 프레임 속에 배치해서 외관과 기능별로 그룹화할 때 사용한다.

⑥ 명령 버튼

여러 코맨드와 조작 중에서 개발자가 임의의 하나를 선택하도록 할 때 사용한다.

⑦ 체크 박스

어떤 항목을 체크하거나 체크하지 않는 설정을 개발자가 선택하도록 할 때 사용한다.

⑧ 옵션 버튼

여러 항목 중에서 개발자가 임의의 하나를 선택하도록 할 때 사용한다.

⑨ 리스트 박스

리스트를 표시해서 개발자가 그 중의 항목을 임의로 선택할 수 있도록 할 때 사용한다.

⑩ 콤보 박스

텍스트 박스와 리스트 박스를 조합한 것이다.

⑪ 수평 및 수직 스크롤

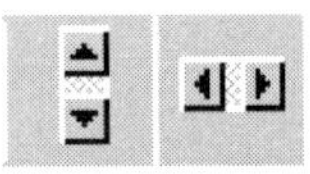

항목 수가 많은 리스트와 대량의 정보를 표시할 때 현재의 위치를 나타내거나 위치를 설정하기 위해 사용한다.

⑫ 타이머

일정 시간마다 이벤트를 발생시키고자 할 때 사용한다.

⑬ 드라이브 리스트 박스

항목을 선택했을 때 이용할 수 있는 디스크 드라이브의 리스트를 나타내고, 개발자가 임의의 하나를 선택하도록 할 때 사용한다.

⑭ 디렉토리 리스트 박스

디렉토리의 패스를 나타내고, 개발자가 임의의 하나를 선택하도록 할 때 사용한다.

⑮ 파일 리스트 박스

디렉토리 내의 파일명을 나타내고, 개발자가 임의의 하나를 선택하도록 할 때 사용한다.

⑯ 도형(shape)

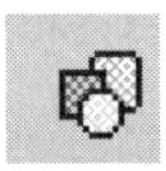

폼에 사각형이나 원 등을 그릴 때 사용한다.

⑰ 선(line)

폼에 직선을 그릴 때 사용한다.

⑱ 이미지

비트맵, 아이콘, 메타 파일 등의 화상 데이터를 표시하고자 할 때 사용한다. 그래픽스의 확대와 축소를 할 수 있다.

⑲ OLE 클라이언트

OLE 서버 어플리케이션 데이터를 비주얼 베이직 응용프로그램과 연결(linking)시키거나 포함(embedding)시킬 때 사용한다.

1.4.6 폼배치 창

폼배치 창은 개발되는 폼이 실행되면 화면에서 어떤 모양으로 나타나게 할 것인지를 미리 알 수 있게 하는 창을 말한다. 비주얼 베이직에서 작성한 응용프로그램을 실행시켰을 때 화면에서의 폼의 배치를 결정하는 것이다. 마우스 커서를 모니터 안에 있는 창 모양의 그림 위에 위치시키면 커서모양이 십자모양으로 바뀌게 된다. 이때 원하는 위치로 드래그(Drag)하거나 혹은 오른쪽 마우스를 눌러서 팝업메뉴를 선택한 뒤 시작 위치를 지정해도 된다.

1.4.7 메인 윈도우

메인 윈도우는 비주얼 베이직의 실행과 동시에 자동적으로 오픈되는 윈도우로서, '타이틀바'와 '메뉴바' 그리고 '툴바'로 구성되며, 파일 조작, 프로그램 편집, 실행, 디버그 등 비주얼 베이직의 기능을 제어하는 가장 중요한 부분이다.

① 타이틀바(title bar)

타이틀은 비주얼 베이직의 동작 상태를 나타내는 부분으로서 프로그램 작성 중일 경우에는 '디자인'이라고 표시되며, 프로그램 실행중이라면 '실행', 프로그램이 중단되었을 경우에는 '중단'이라고 표시된다.

② 메뉴바(menu bar)

응용프로그램을 작성하는 데 필요한 '파일'이라든가 '실행' 등의 여러 가지 명령들이 메뉴로 구성되어 있으며, 필요에 따라 마우스로 기능을 선택하여 사용할 수 있다.

③ 툴바(tool bar)

메뉴바에 있는 명령 중에서 사용 빈도가 높은 기능을 아이콘화한 것으로 나열되어 있는 아이콘을 클릭하면 메뉴바를 사용하지 않더라도 대응된 기능을 바로 실행할 수 있는 편리한 인터페이스이다. 예를 들어, 프로그램을 실행시키기 위해서는 메뉴바에 있는 [실행(R)]을 선택하고 나서 [시작]를 선택해야 한다. 그러나 툴바에 있는 아이콘(▶)을 한 번 클릭 하더라도 같은 기능을 실현할 수 있다. 툴바는 Excel이나 MS-Word 같은 마이크로소프트의 응용프로그램에서 사용하기 시작한 기능으로서, 오늘날에는 대부분의 윈도우 응용프로그램에서 채택하고 있다.

□ 메인 윈도우의 메뉴 내용

메뉴 명	내 용
파일	파일 호출 저장
편집	잘라내기 & 붙여넣기(cut & paste)
보기	코드창 제어 및 툴바 제어
프로젝트	폼 추가 및 새로운 컨트롤 삽입
실행	프로그램 실행
도구	개발환경에 필요한 환경 설정
추가기능	데이터 베이스 처리

□ 메인 윈도우의 툴바 내용

아이콘	명 칭	내 용
	표준.exe프로젝트 추가	새로 프로그램 작성
	폼 추가	새로 폼을 작성
	메뉴 편집기	임의의 메뉴를 자유롭게 디자인 하기 위한 윈도우 표시
	프로젝트 오픈	기존 프로젝트를 연다
	프로젝트 저장	현 프로젝트의 저장
	잘라내기	완전히 잘라냄
	복사	다른 곳으로 복사
	붙여넣기	다른 곳에 삽입
	찾기	찾기
	실행취소 못함	실행취소를 못함
	재실행 못함	재실행을 못함

2. 비주얼 베이직 맛보기

2.1 무작정 따라 해 보기

간단한 예제를 사용하여 비주얼 베이직을 학습해 보자.

■ 예제 2-1

□ 바탕화면의 'Visual Basic' 아이콘이나 '시작-프로그램-Visual Basic'을 선택한다. 처음으로 비주얼 베이직을 실행하면 다음과 같은 화면이 열린다.

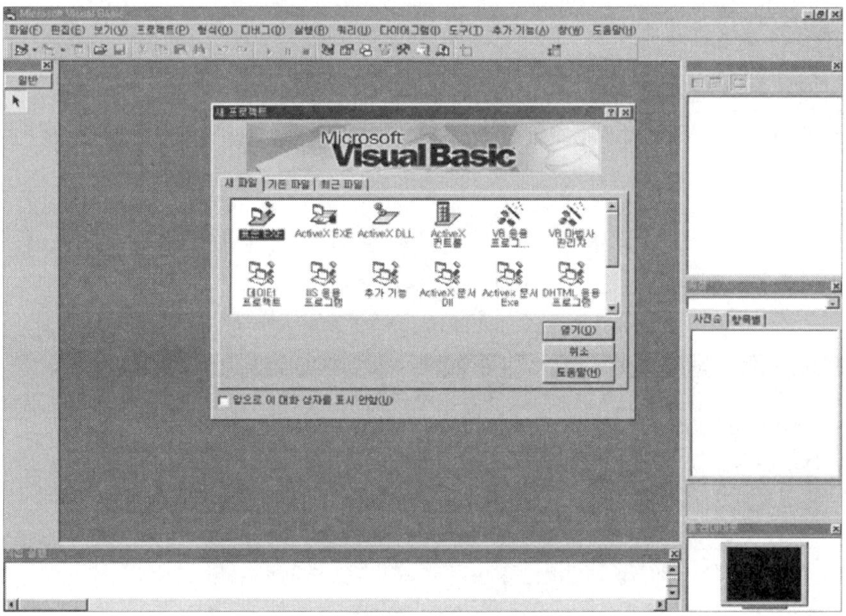

□ 여기서 '표준 EXE'를 선택하고 [열기]를 선택하면 다음과 같은 화면이 나타난다.

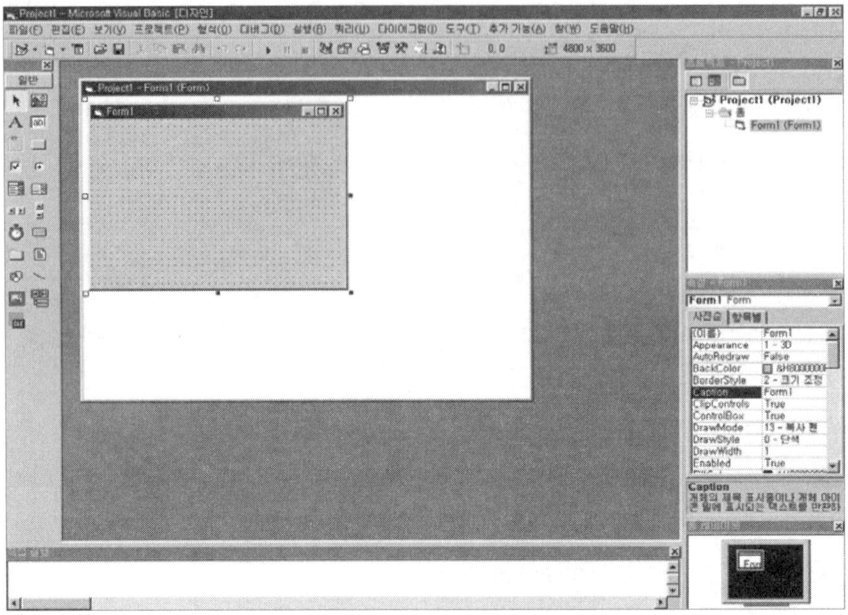

□ 화면 좌측 도구상자에서 명령 버튼을 더블클릭한다. Form1 창에 'Command1'이라는 버튼이 있는 것을 볼 수 있다.

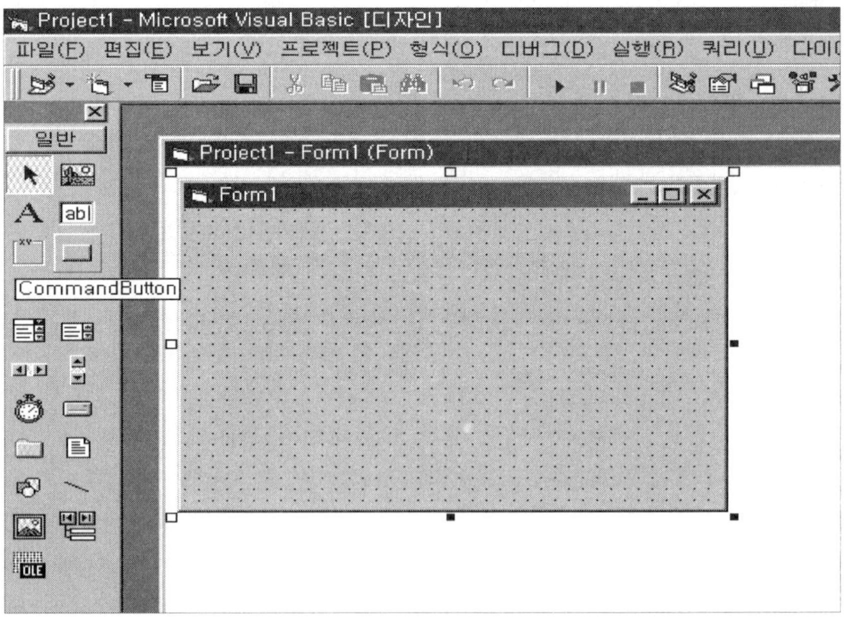

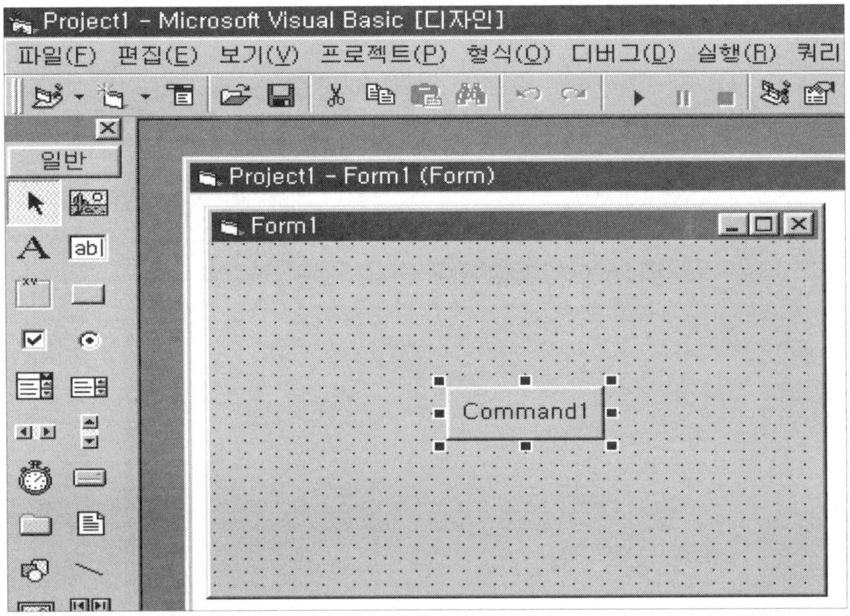

□ 화면 좌측에 있는 속성창에서 '(이름)' 부분에 있는 'Command1'을 'cmd인사'로 변경한다. Caption 부분에 있는 'Command1'을 '인사'로 변경한다. 그러면 폼 창에 있는 화면도 바뀌게 된다.

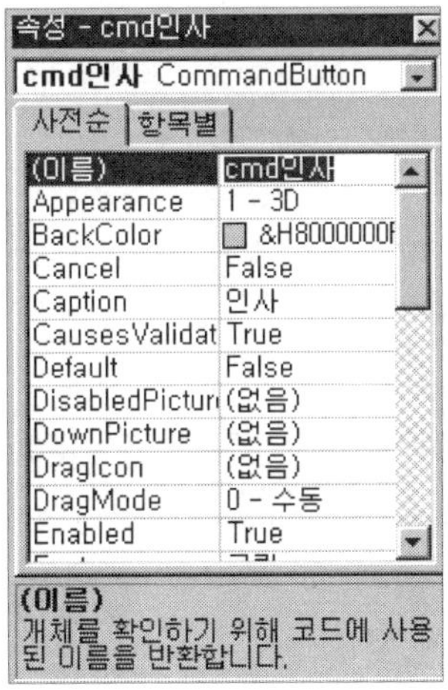

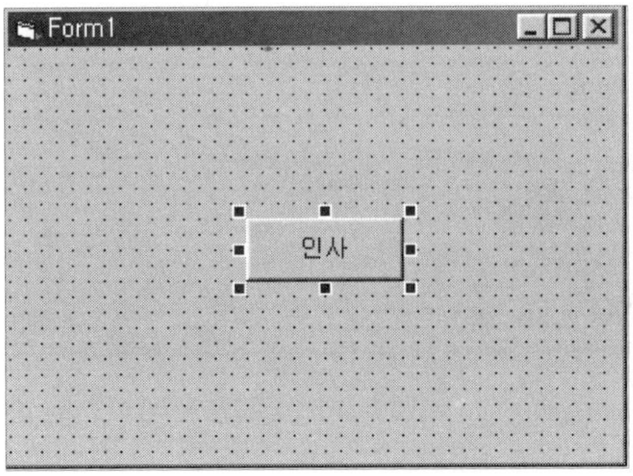

□ 폼 창에 있는 '인사' 버튼을 더블 클릭하면 다음과 같이 'cmd인사' 클릭과 관련된 코드창이 나타난다.

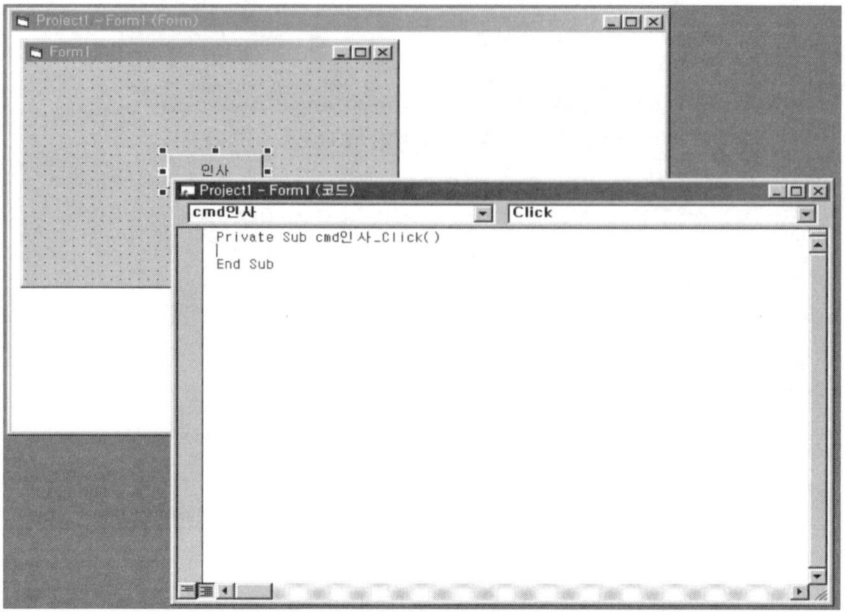

□ 아래와 같은 명령문 한 줄을 입력하고 키보드 F5를 클릭하면 실행 화면이 만들어진다. 인사 버튼을 클릭하면 "안녕하세요 비주얼 베이직입니다."라는 문장이 출력된다. X 버튼이나 Alt+F4를 클릭하면 실행이 중지된다.

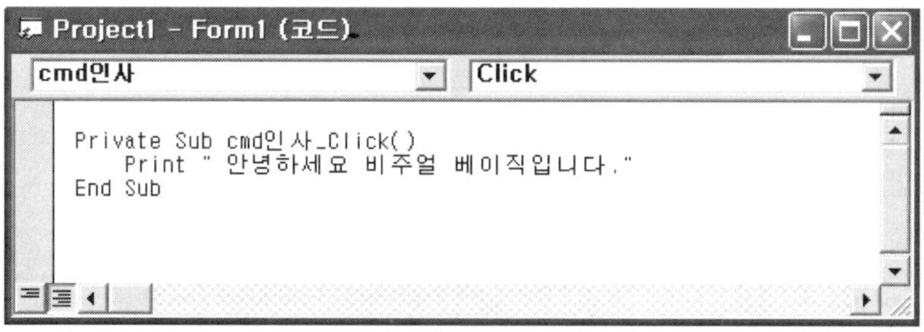

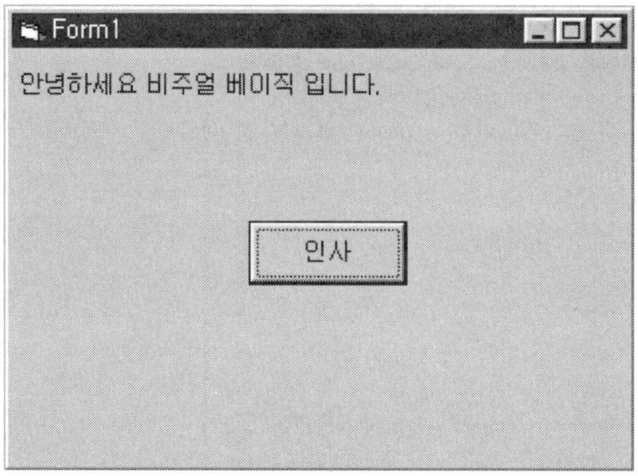

□ 이제 파일을 저장하자. 파일 저장은 폼 저장과 프로젝트 저장 등 프로젝트에 따라 두 가지 이상 작업으로 이루어진다. 예제의 경우 한 개의 폼과 한 개의 프로젝트 저장만으로 이루어진다. 우선 메뉴에서 '파일-프로젝트 저장'을 클릭한다.

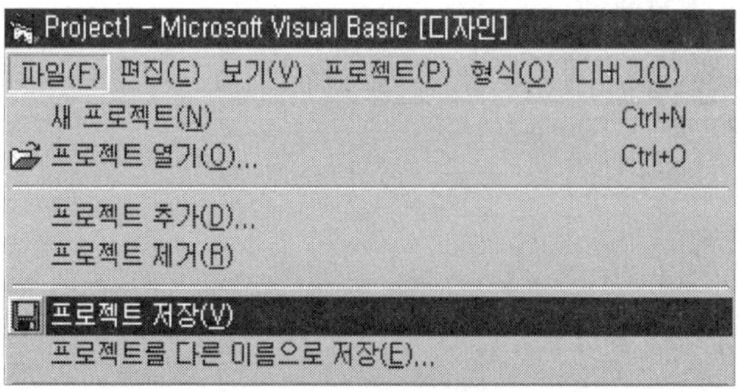

□ 폼 저장을 위한 다음 창이 나타나면 저장할 위치를 정한다. 그리고 파일이름에 'frm인사'라고 입력한 후 저장 버튼을 클릭한다.

□ 다음은 프로젝트저장 창이다. 위치는 폼을 저장한 곳과 같이 하고 프로젝트 이름은 '인사'로 입력한 후 저장 버튼을 클릭한다.

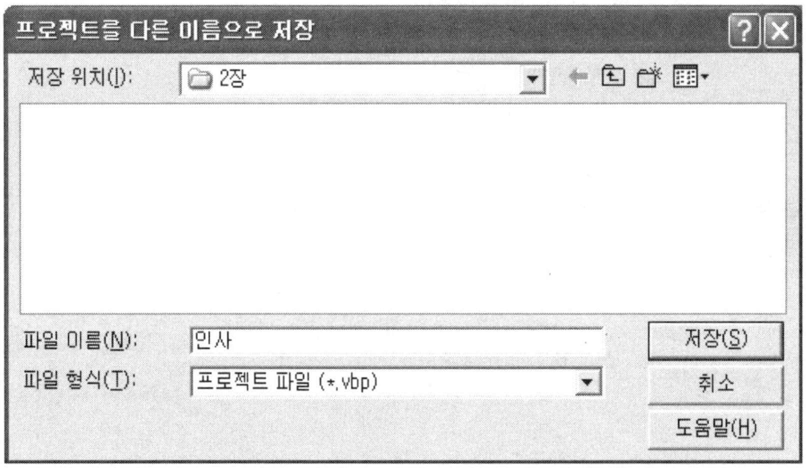

□ 지금까지 작업 결과는 비주얼 베이직을 실행한 후 사용자가 개발한 프로그램을 볼 수 있다. 이제 독립적으로 실행할 수 있는 실행파일 만들기를 한다. 메뉴바에서 '파일-인사.exe 만들기'를 클릭한다.

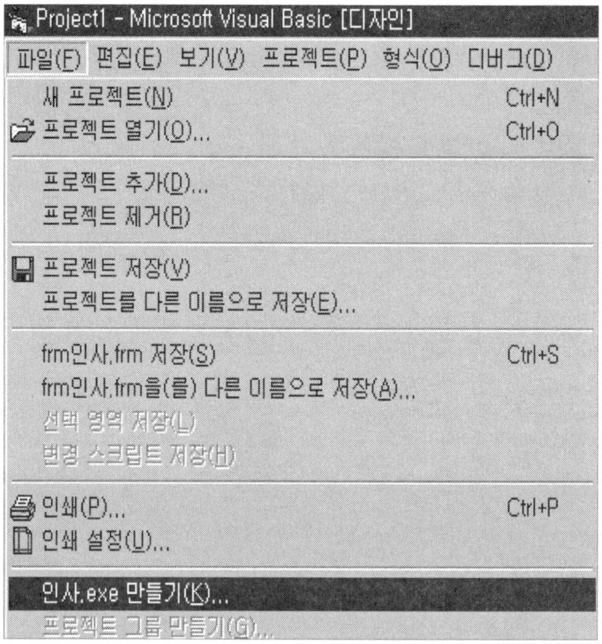

□ 실행 파일을 저장하기 위한 위치를 설정하고 파일이름 '인사.exe'를 입력한 다음 '확인' 버튼을 클릭한다. 화면 상단에서 컴파일과 실행 파일 만들기 진행 과정이 보여진다.

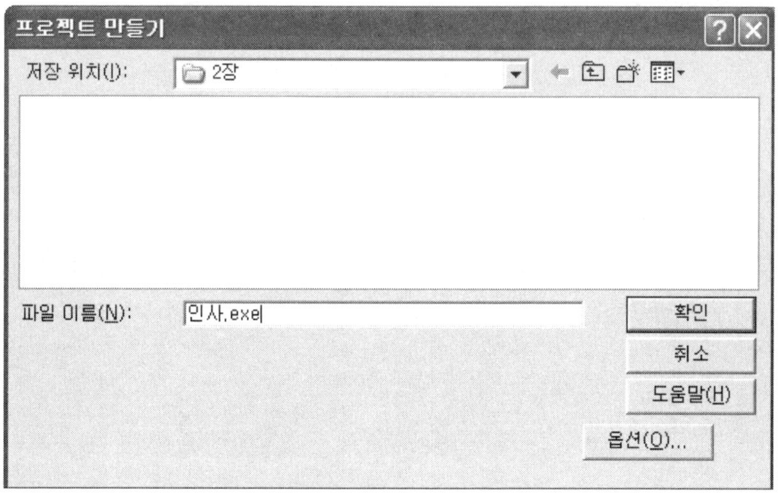

□ 이제 비주얼 베이직을 종료한다. 그리고 만들어진 '인사.exe' 파일을 2장 폴더에서 에서 확인하고 마우스로 더블 클릭하여 실행해 본다.

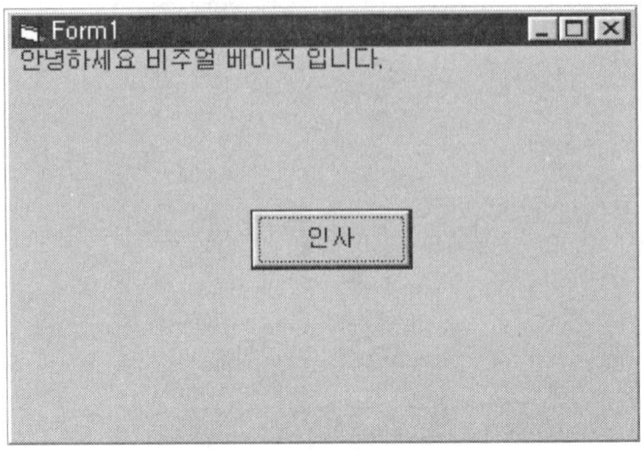

■ 예제 2-2

다음은 성명을 입력하고 인사 버튼을 누르면 본인의 이름이 나오는 인사말을 출력하는 예제를 만들어 보자.

□ 비주얼 베이직을 실행한다.

□ 새 프로젝트에서 '표준EXE'를 선택하고 '열기' 버튼을 클릭한다.

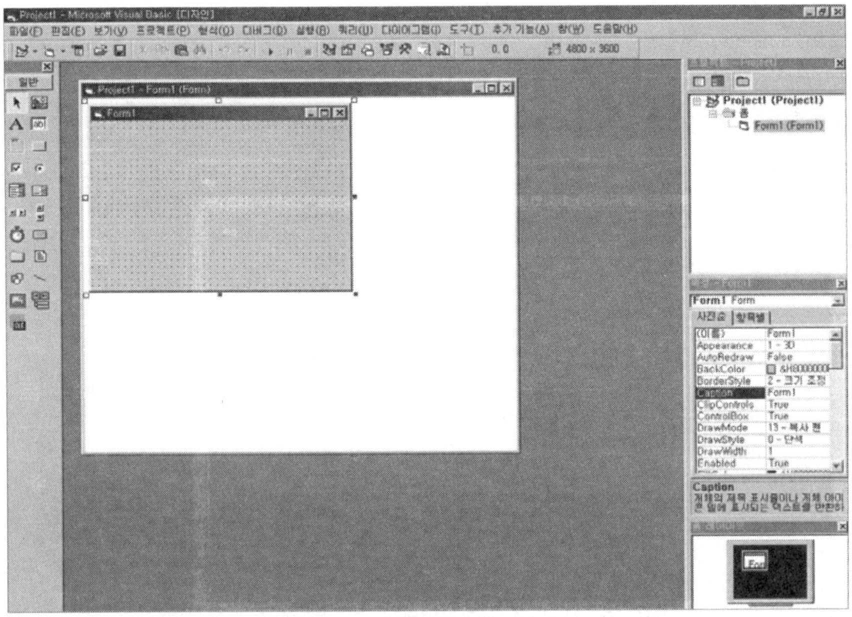

□ 도구상자에서 텍스트박스, 명령 버튼, 레이블 컨트롤을 다음과 같이 배치한다.

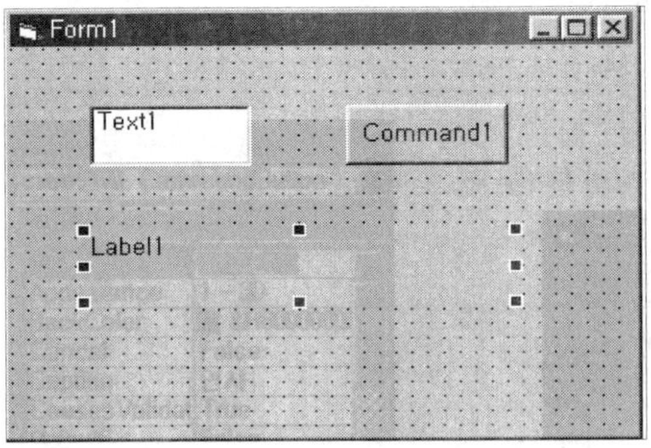

□ Text1 컨트롤을 마우스로 한번 클릭하고 속성 창을 이용 속성을 입력한다.
- 이름 속성은 'txt이름'으로 입력한다.
- Alignment 속성은 '2-가운데'로 입력하여 입력하는 글을 중앙에 정렬 한다.

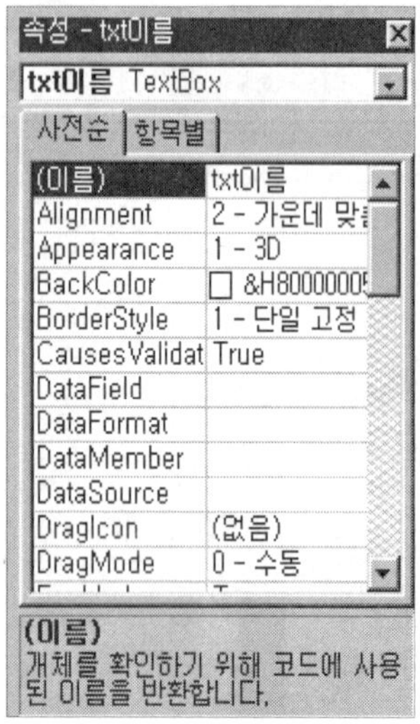

- Font 속성을 클릭하면 다음과 같은 창이 나타난다. 그리고 글꼴, 유형, 크기 등을 바꿀 수가 있는데 이번엔 크기 속성만 18로 바꾼다.

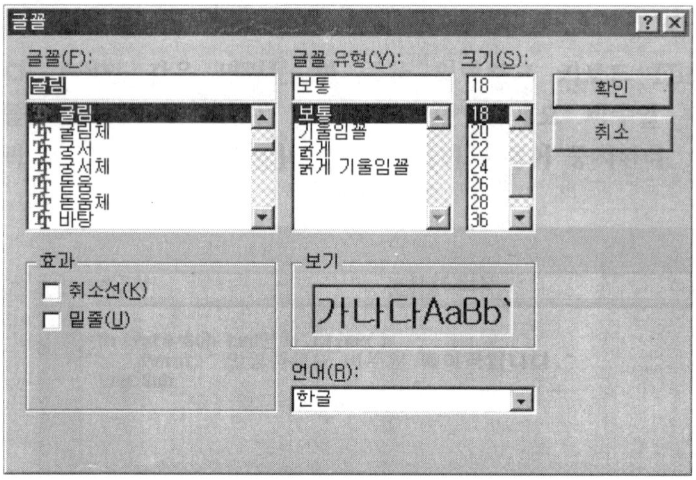

- text 속성을 보면 'Text1'이라는 문자가 있다 이것을 지운다.

□ Command1 컨트롤을 마우스로 한번 클릭하고 속성 창을 이용 속성을 입력한다.
- 이름 속성은 'cmd이름'으로
- Caption 속성은 '인사'로 입력한다.

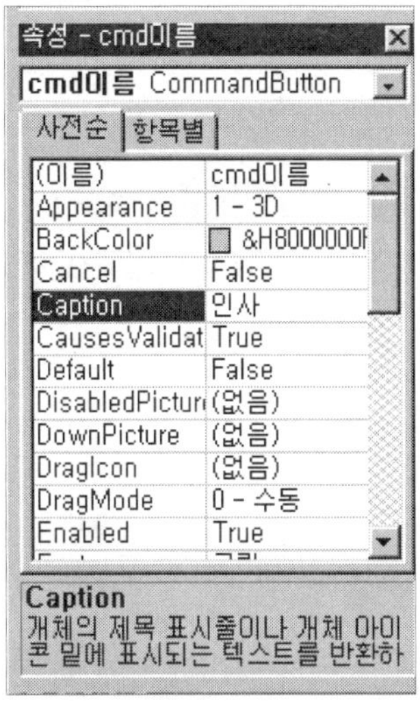

□ Label1 컨트롤을 마우스로 한번 클릭하고 속성창을 이용 속성을 입력한다.
- 이름 속성은 'lbl인사'로 입력한다.
- Caption 속성은 지운다.
- Font 속성은 크기 속성만 18로 바꾼다.

□ 완성된 폼은 다음과 같다.

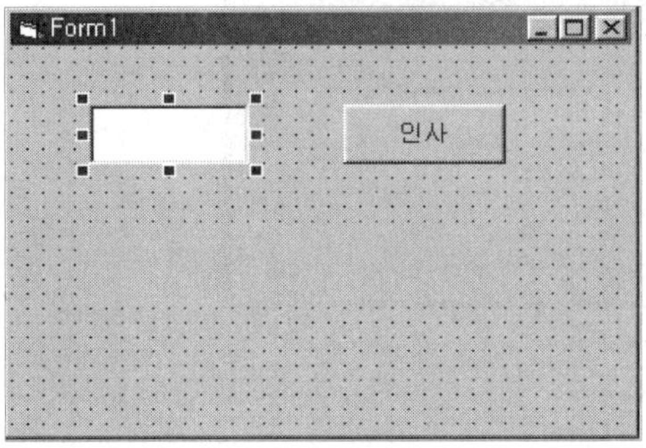

□ '인사' 버튼을 더블클릭하면 프로그램 코드 입력 창이 나타난다.
- 이 창에서는 '이름' 버튼의 실제 이름이 'cmd인사'이며 'cmd인사'가 클릭 된 후 무엇을 하라는 명령을 사용자가 프로그램 한다.

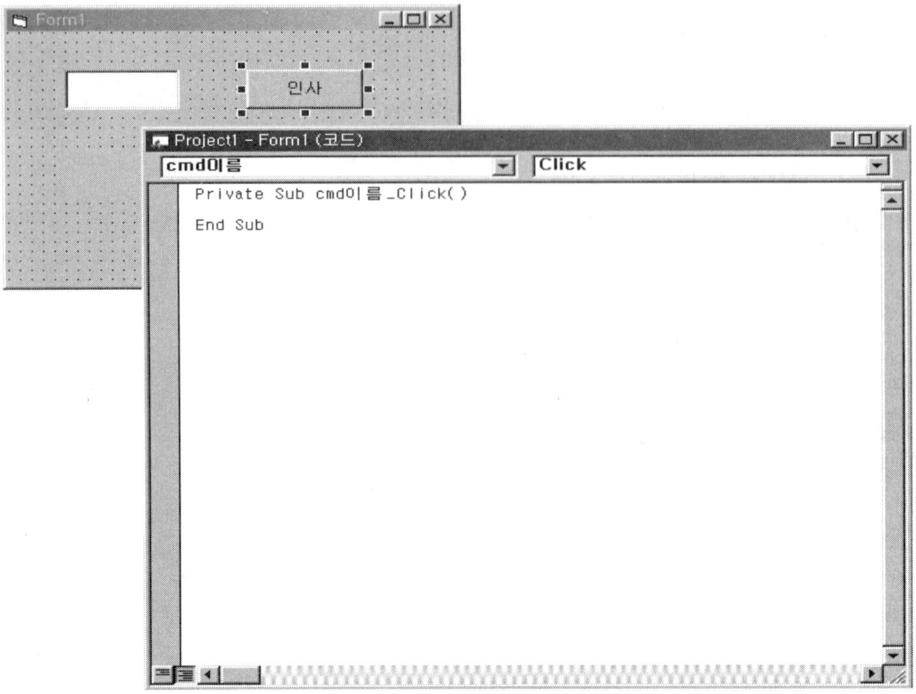

□ 프로그램 코드 입력 창에 다음과 같이 입력한다.

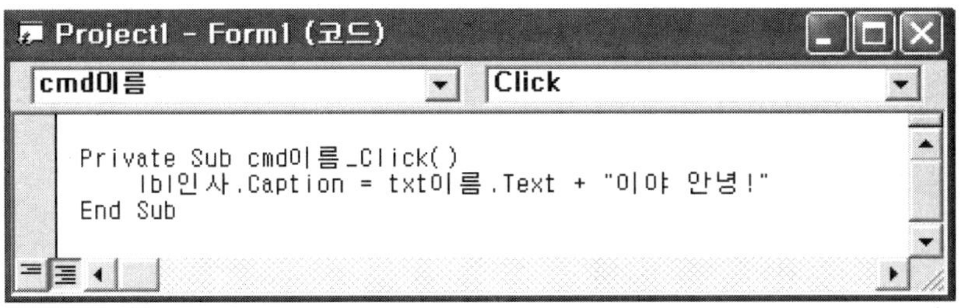

□ F5를 누르고 프로그램을 실행한다.

- 텍스트 박스에 이름을 '홍길동'으로 입력한다.
- '인사' 버튼을 클릭한다.
- '홍길동이야 안녕!' 이라는 문장이 출력된다.

□ 코드 설명

lbl인사.Caption = txt이름.Text + "이야 안녕!"

- '홍길동' 이라는 문자열을 입력하면 txt이름의 text 속성에 입력이 된다.

- '+' 기능은 숫자일 경우 1+1 = 2 결과가 나오지만 문자열인 경우 "1" + "1" = "11"이라는 결과가 나오므로 txt이름에 입력된 결과와 "이야 안녕!"이라는 문자열을 합한다.

- 그리고 결과를 'lbl인사' 컨트롤의 Caption 속성에 넣는다.

■ 예제 2-3

다음은 덧셈, 뺄셈, 곱셈을 할 수 있는 간단한 계산기를 만들어 보자.

□ 다음 그림처럼 폼을 배치한다.

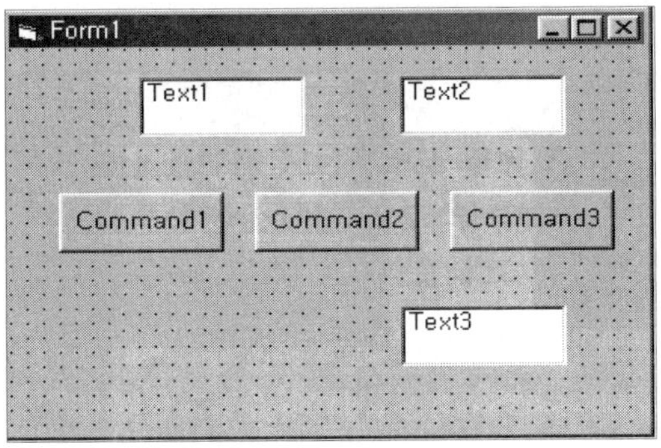

□ 다음 표에 따라 각 컨트롤의 속성에 속성 값을 입력한다.

컨트롤	Name	Catpion
Form	frm계산기	계산기
Command Button	cmd합	+
Command Button	cmd차	-
Command Button	cmd곱	x
Text Box	txt수1	수1
Text Box	txt수2	수2
Text Box	txt결과	결과

□ 속성 값을 입력한 결과 다음 그림과 같다.

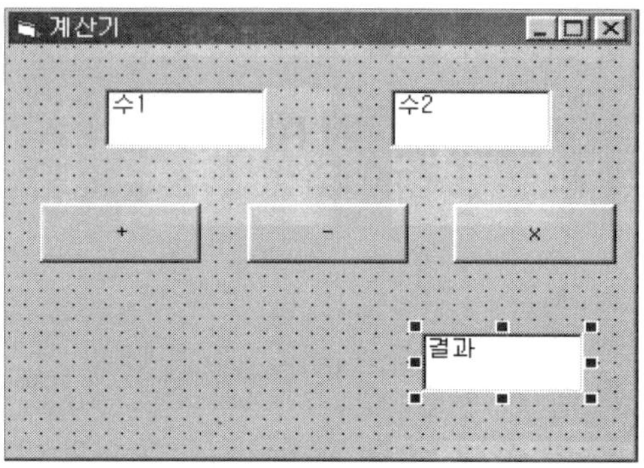

□ 이제 기능적인 면을 해결하기 위해 분석을 한다.

- txt수1에 숫자를 입력하고 txt수2에 숫자를 입력한다
- cmd합을 클릭하면 txt결과에 합한 결과를 출력한다.
- cmd차를 클릭하면 txt결과에 뺀 결과를 출력한다.
- cmd곱을 클릭하면 txt결과에 곱한 결과를 출력한다.

□ 각 분석에 해당하는 코드는 다음과 같다.

- text 박스에 입력하는 기능은 코드가 필요 없다.
- cmd합을 클릭하면 txt결과에 합한 결과를 출력한다.

```
Private Sub cmd합_Click()
    txt결과.Text = txt수1.Text + txt수2.Text
End Sub
```

- cmd차를 클릭하면 txt결과에 뺀 결과를 출력한다.

```
Private Sub cmd차_Click()
    txt결과.Text = txt수1.Text - txt수2.Text
End Sub
```

- cmd곱을 클릭하면 txt결과에 곱한 결과를 출력한다.

```
Private Sub cmd곱_Click()
    txt결과.Text = txt수1.Text * txt수2.Text
End Sub
```

□ 프로그램 작성 후 실행 결과는 다음과 같다.

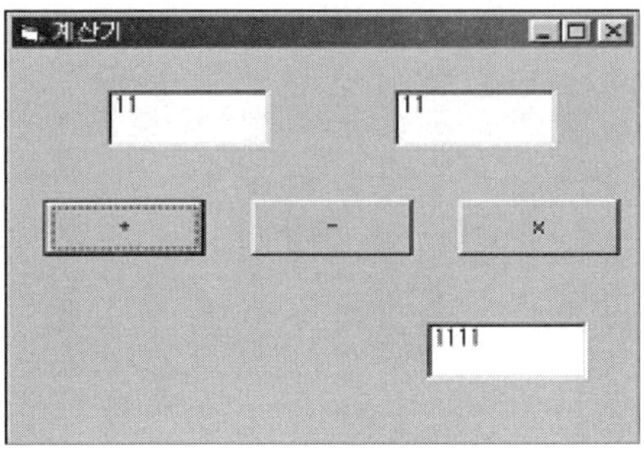

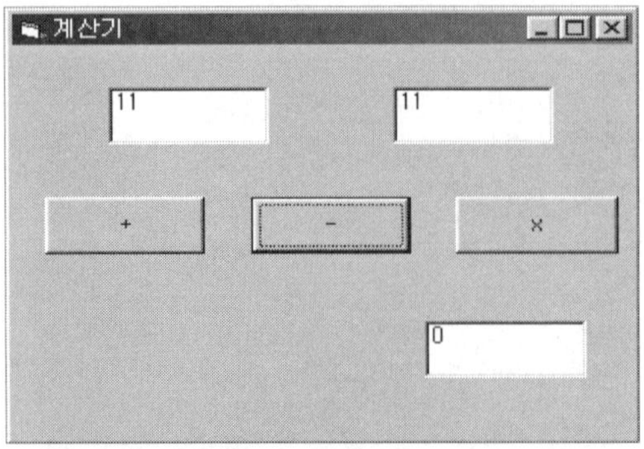

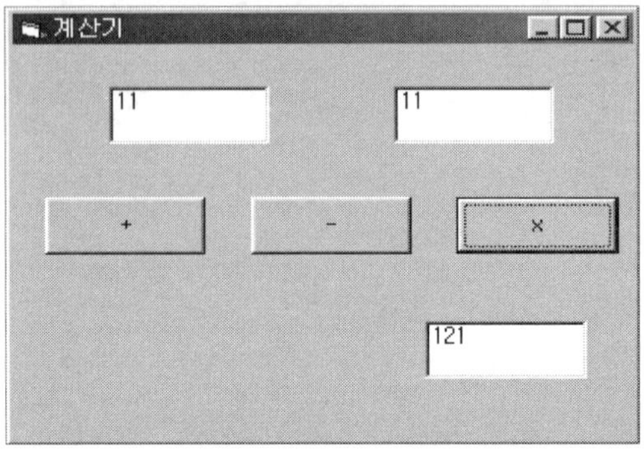

□ 11 과 11을 입력한 결과 곱한 결과는 121, 차 결과는 0 그러나 합의 결과는 1111이 나왔다. 이것은 Text Box의 특성으로 합의 경우 문자 연산도 가능하도록 되어있기 때문에 문자로 인식한 결과이다. 그러므로 문자로 인식되는 것을 숫자로 바꿔주는 Val()함수를 사용해서 다음과 같이 코드를 수정한다.

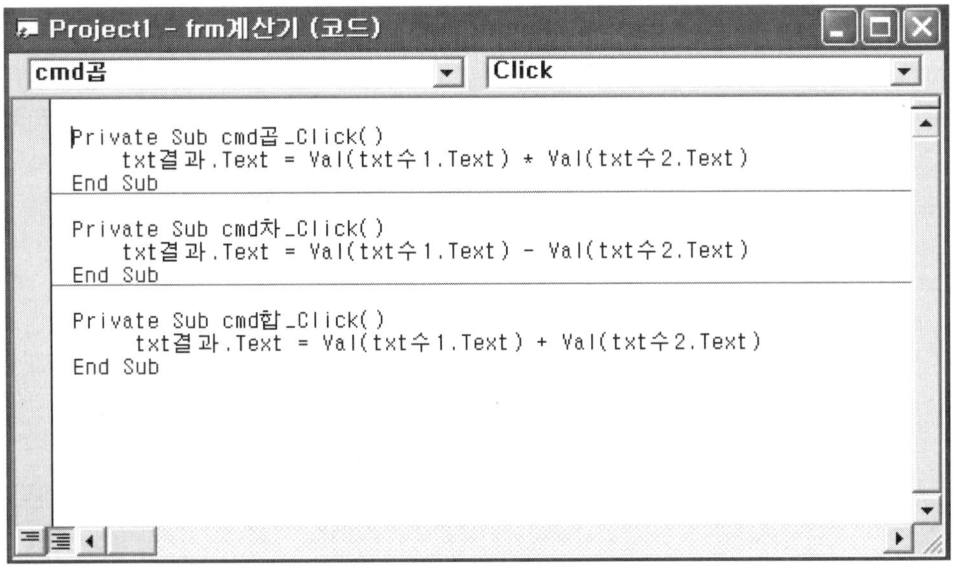

□ 다시 실행시킨 후 11과 11을 입력한 후 합한 결과를 보면 22가 나온다.

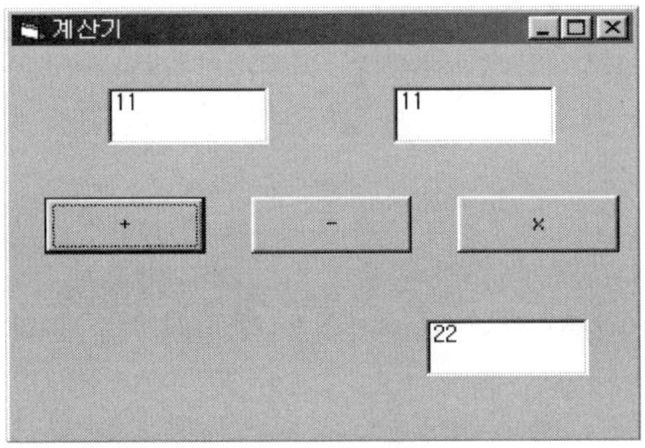

□ 차 계산과 곱 계산도 이상 없이 수행될 것이다.

2.2 비주얼 베이직 프로그래밍 순서

비주얼 베이직으로 프로그래밍 할 때에는 각각의 모듈을 만든 다음에 이를 조합해서 프로그램을 만드는 방법인 기존의 상향적인 방법(Bottom-Up Method)이 아닌 맨 먼저 프로그램의 폼을 디자인하고, 그 다음에 세부적인 동작을 차례대로 구현하는 코딩 작업을 하는 하향적인 방법(Top-Down Method)을 취한다. 비주얼 베이직으로 프로그래밍 하는 순서를 나열해보면 다음과 같다.

□ 프로그램 기획하기

·프로그램 요구사항 분석 및 만들고자 하는 프로그램을 구상한다.

·프로그램이 어떤 일을 해야하며, 어떤 이벤트에 동작하는지에 대한 대략적인 설계를 하는 과정으로서, 프로그램이 커질수록 이 단계를 소홀히 하면 처음부터 다시 시작하는 사태에 이를 수 있다.

□ 프로그램 디자인(폼 디자인) 및 속성 지정하기

·만들고자 하는 프로그램의 디자인을 시작한다.

·프로그램에 필요한 컨트롤들을 찾아서 적절한 위치에 배치하고 컨트롤 속성들을 설정한다.

□ 코딩하기

· 폼 디자인을 한 후 폼에 있는 객체들의 이벤트에 따라 어떻게 동작할 것인가를 프로그래머가 베이직 언어로 지정해 준다. 이 과정을 코딩이라고 한다. 이 과정이 일반적으로 가장 어려운 부분이다.

□ 프로그램 완성하기

· 폼 디자인과 코딩까지의 작업이 완성되었을 때를 말한다.

□ 컴파일하기

· 비주얼 베이직과 같은 프로그래밍 언어로 된 소스를 컴퓨터가 이해할 수 있는 언어(기계어)로 번역하는 과정을 말한다.

· 이 과정에서 오류(프로그램이 불완전한 동작)가 많이 발생하는데 때에 따라서 상당한 노력이 요구되는 작업이다.

□ 실행파일 실행하기

· 컴파일 과정을 성공적으로 마치면 우리가 흔히 볼 수 있는 파일의 확장자가 .EXE파일을 볼 수 있는데 이 파일이 바로 실행파일이다. 얻어진 실행 파일을 실행한다.

□ 저장하기

· 프로그램이 성공적으로 실행되면 프로그램의 소스 파일인 확장자가 .VBP인 파일과 .FRM인 파일을 각각 저장한다. 또한 실행 파일인 .EXE 파일도 저장한다.

3. 프로그래밍의 기초

3.1 상수

상수는 프로그래밍 중 변수와는 다르게 그 값이 변하지 않는 자료를 말한다. 비주얼 베이직에서 상수를 선언할 경우는 'Const' 지시자를 사용한다. 상수는 수나 문자, 문자열과 같은 특정값을 다른 이름으로 치환하여 사용하는 것을 말한다. 상수는 소스의 가독성을 높여주며, 한 번의 정의로 여러 번 코딩하는 번거로움을 피할 수 있다. 예를 들어, 어떤 값을 한 개의 소스에서 100번 이상 사용을 했을 때, 만약 값을 바꿀 경우가 생겼다면 100번을 고쳐야 한다. 그러나 이를 상수로 처리했다면 상수를 정의한 부분에서 한 번만 바꾸어주면 된다. 수치상수를 사용할 때 자료형을 선언하지 않으면 자료형은 상수 값에 의하여 자동으로 결정되는데 소수점이 있는 상수는 double형으로 정수는 integer나 long형으로 선언된다.

비주얼 베이직에서 상수를 정의하는 방법은 다음과 같다.

□ 상수 선언의 형식

[public|private] Const상수명 [As데이터형] = 값

[public|private]는 제한자로 위에서 처럼 [ ]안에 표기된 것은 선택적인 사항으로서 사용해도 좋고 사용하지 않아도 좋다는 말이다. 다만 사용하지 않을 경우에는 디폴트로 public이 된다. 그리고 상수는 [As데이터형]를 사용하여 데이터형을 가질 수 있다. 이것 역시 선택사항이므로 사용하지 않아도 에러가 발생하지 않는다.

Const 문을 사용하면 수학 기호나 날짜/시간을 나타낼 수 있을 뿐 아니라 문자열 상수를 정의하는데 사용된다.

```
Const conPi = 3.14159265358979
Public Const conMaxPlanets As Integer = 9
Const conReleaseDate = #1/1/95#
Public Const conVersion = "07.10.A"
Const conCodeName = "Enigma"
```

등호의 오른쪽 표현은 숫자 또는 문자열로 나타나는 식일 수도 있고, 이전에 정의된

상수를 사용하여 정의할 수도 있다.

```
Const conPi2 = conPi * 2
```

쉼표를 사용하여 상수를 분리하면 같은 줄에 여러 개의 상수를 정의할 수 있다.

```
Public Const conPi = 3.14, conMaxPlanets = 9, conWorldPop = 6E+09
```

□ 상수 표시 규칙

비주얼 베이직에서는 상수의 형(Type)을 명시하기 위해 다음과 같은 식별자를 사용한다. 식별자를 사용하지 않은 숫자 상수는 모두 단정도형 실수로 취급한다.

식별자	의 미	사 용 예
%	정수형 상수를 의미한다. 수치의 끝에 붙인다	p = 123%
&	Long형 정수 상수를 의미한다. 수치의 끝에 붙인다.	p = 123&
!	단정도형 실수를 의미한다. 수치의 끝에 붙인다.	p = 123.456!
@	화폐형 실수를 의미한다.	p = 123.456@
#	배정도형 실수를 의미한다.	p = 123.456#
#	날짜나 정수를 의미한다. 문자열의 앞뒤에 붙인다.	p = #1998-10-25#
&H	16진수 정수를 의미한다. 숫자의 앞에 붙인다.	p = @H12FF
&O	8진수 정수를 의미한다. 숫자의 앞에 붙인다.	p = &O1234
"	문자열을 의미한다. 문자열의 앞뒤에 붙인다.	p = "Seoul Korea"

3.2 변수

3.2.1 변수선언

변수는 이름을 가진 기억장소로 변수가 가질 수 있는 값은 정수, 실수, 문자열, 논리형 등을 그 값으로 가질 수 있다. 비주얼 베이직에서는 변수의 선언을 'Dim'이라는 명령을 사용하여 처리한다.

만약 비주얼 베이직에서 변수를 선언하지 않고 사용한다면 그 변수의 데이터형은 Variant(자동설정 데이터형)가 된다. 그러나 변수를 선언하지 않고 사용하는 것은 프로그램의 논리적 버그를 초래할 수 있으므로, 여러분은 반드시 프로그램 맨 앞에 다음과 같은 지시자를 사용하여 선언되지 않은 변수는 아예 사용하지 못하게 해두는 것도 한 방법이다.

□ 변수 선언의 의무화

```
Option Explicit
```

이처럼 코드 입력창의 일반 선언 부에 'Option Explicit'문을 선언하면 모든 변수는 반드시 선언한 후에 사용하여야 한다는 뜻이다. 매번 코드 입력창의 일반 선언 부에 'Option Explicit'이라고 적기가 귀찮다면 새로운 모듈을 작성할 때마다 자동으로 일반 선언 부에 추가되도록 하는 방법이 있다. 먼저 [도구]-[옵션] 메뉴를 선택한 다음, [옵션] 대화상자의 [편집기] 탭에서 [변수선언요구] 항목을 체크해주고 [확인] 버튼을 클릭한다.

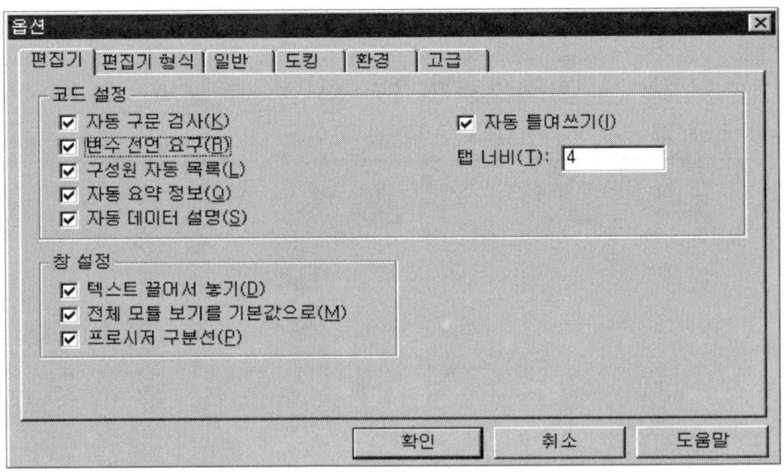

이제부터는 새로운 모듈을 작성할 때마다 비주얼 베이직이 자동으로 코드 입력창의 일반 선언부에 Option Explicit문을 선언해 준다.

비주얼베이직에서 변수를 선언하는 방법은 다음과 같다.

□ 변수 선언 형식

Dim 변수명 as 데이터형

□ 여러 개의 변수를 연속해서 선언할 경우

```
Dim X as Integer
Dim Y as Long
Dim Z as Single
```

□ 쉼표를 사용하여 여러 개의 변수를 선언할 경우

```
Dim X as Integer,  Y as Long,  Z as Single
```

그리고 비주얼 베이직에서는 변수, 함수, 컨트롤 이름, 그리고 컨트롤 제작 시 이벤트까지 모두 한글로 작성 가능하다. 그러므로 헝가리언 표기법과 함께 한글 변수 명을 쓴다면 가독성도 높이고 프로그래밍하기에도 쉬울 것이다.

3.2.2 자료형의 데이터 타입

모든 프로그래밍에 있어서 가장 기본적인 단위는 변수이다. 프로그램을 작성할 때에는 우선, 변수를 선언하고, 변수에 맞는 데이터 형태로 사용자로부터 값을 입력받아서 변수에 저장하게 된다.

변수에 맞는 데이터형을 프로그램에서 지정해주고 사용자도 데이터형에 맞는 데이터를 입력하여야 프로그램이 제대로 작동하게 된다.

비주얼 베이직에서는 다양한 형태의 데이터형을 제공한다. 기본적으로 반드시 알아야 하는 데이터형은 1 바이트의 메모리를 할당하는 Byte와 진리 값을 저장하는 Boolean, 그리고 정수 값을 저장하는 Integer, Long형과 실수값을 저장하는 Single과 Double, 문자열을 저장하는 String 값 정도이다.

□ 데이터 타입

데이터 타입	메모리 크기	범　위
Byte	1 바이트	0 ~ 255
Boolean	2 바이트	True 또는 False
Integer	2 바이트	-32,768 ~ 32,767
Long (정수)	4 바이트	-2,147,483,648 ~ 2,147,483,647
Single (단정도 실수형)	4 바이트	-3,402823E38 ~ -1.401298E-45 (음수) 1.401298E-45 ~ 3,402823E38 (양수)
Double (배정도 실수형)	8 바이트	-1.79769313486232E308 ~ -4.94065645841247E-324 (음수) 4.94065645841247E-324 ~ 1.79769313486232E308 (양수)
Currency	8 바이트	-922,337,203,685,477.5808 ~ 922,337,203,685,477.5807
Date	8 바이트	100년 1월 1일 - 9999년 12월 31까지
Object	4 바이트	모든 개체 참조
String (가변길이)	10 바이트 + 문자열 길이	0 ~ 약 2조 길이의 문자열
String (고정길이)	문자열 길이	1 ~ 약 65,400길이의 문자열
Variant (숫자)	16 바이트	Double형 범위 내의 모든 숫자
Variant (문자)	22 바이트 + 문자열 길이	String(가변길이)과 같은 범위

□ 데이터 형 변환 함수

비주얼 베이직에서는 서로 다른 데이터형에 값을 넘겨주거나 데이터형을 변환하는 데이터 형 변환 함수가 있다.

데이터 형변환 함수	반환 값
CBool(표현식)	Boolean형으로 변환
CByte(표현식)	Byte형으로 변환
CCur(표현식)	Currency형으로 변환
CDate(표현식)	Date형으로 변환
CDbl(표현식)	Double형으로 변환
CInt(표현식)	Integer형으로 변환
CLng(표현식)	Long형으로 변환
CSng(표현식)	Single형으로 변환
CVar(표현식)	Variant형으로 변환
CStr(표현식)	String형으로 변환

3.2.3 사용자 정의형 (Type 형)

어떠한 언어에서나 기본적인 데이터 형만으로 프로그래밍을 하는 경우는 드물다. C/C++에서 Struct 지시자를 사용하는 것과 마찬가지로 베이직과 파스칼에서는 Type 지시자를 사용하여 사용자 정의 데이터 형을 선언할 수 있다. 사용자 정의 데이터 형은 간단히 말해서 사용자가 필요한 데이터 형태를 정의하는 것을 말한다.

Type 지시자의 사용법은 다음과 같다.

□ 사용자 정의형 데이터

```
[Private|Public]  Type  사용자정의형이름
        :
구성요소1  as  데이터형
```

```
구성요소2  as  데이터형
구성요소3  as  데이터형
        :
구성요소n  as  데이터형
End Type
```

사용자 정의형 데이터를 모듈(Module)에서 선언했다면 비주얼 베이직의 어디에서나 변수를 사용하는 방법과 마찬가지로 사용할 수 있다. 그러면 한가지 예로 급여관리 프로그램을 위해 다음과 같은 사용자 정의형 변수를 선언했다고 가정해 본다.

□ 급여관리 데이터 형 선언

```
Type 급여관리

사원번호  As  Integer
급        As  Integer
호봉      As  Integer
수당      As  Long

End Type
```

한가지 참고해야 할 것은 Type 지시자는 모듈에서 선언해야 한다는 점이다. 다른 곳에서 선언하면 재대로 사용할 수 없습니다. 급여관리 데이타형 변수의 각 구성요소를 제어하고자 한다면 비주얼 베이직에서 친숙하게 만날 수 있는 도트 연산자(·)를 사용하면 된다.

□ 급여관리 데이터 형 선언

```
Private Sub cmdInput_Click()

Dim 사원명 As 급여관리

        사원명.사원번호 = 007
        사원명.급 = 1
        사원명.호봉 = 10
        사원명.수당 = 100000

End Type
```

3.2.4 배열

배열은 변수의 확장 형태로 여러 자료를 묶어서 처리할 경우, 즉 여러 개의 변수를 한꺼번에 만들어 사용하고 싶을 때 사용하고, 사전에 선언이 되어있어야 사용이 가능하다. 여러 개의 난수를 발생시켜서 변수에 연속적으로 저장하고 싶다면 일일이 개개의 변수를 만들어서 발생시킨 난수를 저장할 필요가 없다. 배열을 사용해서 발생된 난수를 저장한다면 한번의 선언만으로 원하는 만큼의 저장 공간을 확보해서 배열로 만들어진 저장공간에 발생된 난수를 저장하는 경제적인 프로그래밍을 구현할 수 있다.

비주얼 베이직에서는 다른 언어들과 마찬가지로 크게 동적 배열과 정적배열로 배열을 선언할 수 있다. 배열을 선언하는 방법은 변수를 선언하는 방법과 동일하다. 다만 배열명에는 ()와 같은 괄호 안에 범위를 지정해 준다는 점이 다르다.

□ 배열 선언

1차원 배열 : Dim 배열명(범위) As 데이터형
2차원 배열 : Dim 배열명(범위1, 범위2) As 데이터형
3차원 배열 : Dim 배열명(범위1, 범위2, 범위3) As 데이타형

배열은 일정 데이터형을 저장할 수 있는 변수 모임의 주소라고 할 수 있다. 저장 데이터가 100개정도 저장할 필요가 있다면, Dim 배열명(100) As integer와 같이 표시해 주면 된다.

베이직에서는 포인터를 사용할 수 없다. 그러나 포인터를 사용하지 않는 컴퓨터 언어는 존재할 수 없기 때문에, 베이직에서는 포인터에 관한 연산자만 없을 뿐 엄연히 포인터가 사용되고 있다. 대표적으로 배열명이 포인터라고 할 수 있다. 베이직에서는 내부적으로 배열명을 포인터로 인식하게 된다. 배열에는 크게 정적배열과 동적배열이 있다.

□ 정적배열

정적배열은 말이 의미하는 것처럼 배열의 범위가 정해져 있는 것을 말한다. 다음은 정적배열의 예이다.

```
① Dim DayArray(50)                                  ' 배열 크기
② Dim Matrix(3, 4) As Integer                       ' 2차원 배열
③ Dim MyMatrix(1 To 5, 4 To 9, 3 To 5) As Double    ' 3차원 배열
④ Dim BirthDay(1 To 10) As Date                     ' 배열 범위
```

①은 DayArray(0)부터 DayArray(50)까지 51개의 배열이 설정된다.
②는 3열4행의 2차원 배열 Matrix(0,0) 부터 Matrix(3,4)까지 20개의 배열이 설정된다.
③는 5*6*3의 3차원 배열 90개가 설정된다.
④는 BirthDay(1)부터 BirthDay(10)까지 10개의 배열이 설정된다.

배열은 주로 1,2차원 배열이 많이 쓰이며, 3차원배열은 아마 쓰실 일이 거의 없을 겁니다. 그리고 자료의 개수와 인덱스의 숫자가 다르기 때문에 ④번 처럼 선언할 때 범위를 정해주고 사용하면 혼란이 오지 않게 된다.

□ 동적배열

동적배열은 배열의 크기가 유동적인 배열을 의미한다. 즉 배열선언 시 크기를 설정하지 않은 배열을 동적배열이라고 한다. 비록 비주얼 베이직이 윈도우 환경에서 작업하는 툴이고 이론상 4Gb의 메모리(윈도우는 보호모드를 사용)를 사용할 수 있다고 하더라도 메모리는 부족하기 마련이다. 그러므로 배열을 동적으로 선언해주는 것이 메모리를 효율적으로 사용할 수 있다.

□ 배열 선언

```
Dim 배열명()  As  데이터형
```

정적배열도 마찬가지이지만 동적배열을 사용할 경우 배열의 크기를 수정할 경우가 생길 수 있다. 이 때에는 Redim 함수를 사용하여 배열의 크기를 재정의 해주면 된다.

□ 배열 재선언

```
Redim배열명(범위|크기)
```

3.3 연산자

비주얼 베이직 연산자에는 +, -, *, / 등의 수학적인 연산을 수행하는 산술연산자와 두 개 이상의 조건을 논리적으로 판단하여 True와 False값을 되돌려주는 논리연산자, 그리고 자료의 대소를 비교하는 관계연산자, 문자열을 연결하는 연결연산자, 그리고 문자 패

턴이 일치하는 가를 조사하는 Like 연산자 등이 있다.

□ 산술 연산자

산술 연산자는 4칙 연산을 하여 사용하는 연산에 사용된다.

연산자	기능
+	더하기
-	빼기, 음수표현
*	곱하기
/	나누기
\	나누기(나눈 몫의 정수만)
^	제곱
Mod	나눈 나머지

□ 논리 연산자

논리 연산자는 2개 이상의 조건을 판단하거나 수치를 비트 단위로 연산하는 용도로 사용한다.

연산자	기능
And	두 식이 만족하면 결과가 True
Or	두 식중 하나이상이 만족하면 결과가 True
Not	식의 논리적 역을 구한다
Xor	두식이 논리적으로 서로 다른지를 비교
Eqv	두식이 논리적으로 서로 같은지를 비교

□ 관계연산자

관계 연산자는 자료의 대소 관계를 판별하기 위해 사용한다. 연산 결과는 참(True)과 거짓(False)으로 구해진다. 관계 연산자는 대부분 If문과 Do~Loop, While~Wend 등의 순환문에서 조건을 판단하는데 사용된다.

연산자	기능
<	보다 작다
>	보다 크다
=	같다
<>	같지 않다
<=	작거나 같다
>=	크거나 같다

□ 연결연산자

연산자	기능
&	문자열을 서로 연결

□ Like 연산자

연산자	기능
*	임의의 복수문자
?	임의의 한개의 문자
#	임의의 한 숫자공통(0~9)
[문자1, 문자2, ...]	나열된 문자에 속함
[!문자1, 문자2, ...]	나열된 문자에 속하지 않음

□ 연산자의 우선순위

우선순위	연산자 종류	연산자
1	산술연산자	+(부호),-(부호)
		^, *, /, Mod
		+, -
2	연결연산자	&
3	관계연산자	<, >
		<=, >=,
		=
		<>
4	논리연산자	Not
		And
		Or
		Xor
		Eqv

3.4 제어문

3.4.1 IF ~ Then 문

□ 형식

```
If 조건식 Then
        실행문
          :
[Else
        실행문
          :
```

```
]
End If
```

If ~ Then 문은 가장 기본이 되는 제어문이다. 조건식이 참이면 Then 뒤의 구문이 실행되고 거짓이라면 다음 행이 실행되거나 아니면 Else 뒤의 구문이 실행된다. 여러 가지 판단이 필요할 때는 다음과 같은 다중 If ~ Then 문을 사용하기도 한다. If 문은 마치려면 마지막 행에 반드시 End If 라고 써주어야 한다.

```
If 조건식 Then
        실행문
          :
[ElseIf 조건식 Then]
        [실행문]
[Else]
        [실행문]
End If
```

3.4.2 Select Case 문

□ 형식

```
Select Case [조건식]
   Case 식의 값 1
        [명령문 1]
   Case 식의 값 2
        [명령문 2]
          :
   Case 식의 값 n
        [명령문 n]
   Case Else
        [명령문]
End Select
```

Select Case 문은 다중 If 문과 유사한 기능을 하는 것으로 다중 If 문으로 여러 가지 경우의 제어를 할 경우 구현상의 번거로움을 구조화한 형태이다. Select Case 문은 조건식의 판단에 따라 조건에 맞는 한 경우를 선택하여 실행문을 실행한다. 만약 조건식에 맞는 경우가 존재하지 않는다면 Case Else 의 구문을 실행한다. Select Case 문의 마지막에는 반드시 End Select라고 써 준다.

3.4.3 For ~ Next 문

□ 형식

```
For 변수 = 시작값 To 종료값 [Step 증가치]
        [반복처리할 명령문]
                :
Next 변수
```

For~ Next 문은 반복되는 문장을 실행하는 경우나 일정한 수를 증가 또는 감소시키면서 반복적으로 처리하는 경우에 사용되는 반복문이다. 변수를 시작값으로 초기화한 후 변수값이 종료값이 될 때 까지 For와 Next문 사이의 명령문을 반복 수행한다. 증가치는 양수 혹은 음수로 지정되는데 이는 시작값에서 증가 혹은 감소할 값이다. 증가치는 생략할 수 있으며 생략하면 1씩 증가하게 된다.

3.4.4 For Each ~ Next 문

□ 형식

```
For Each element요소 in group Next
        [명령문]
          :
        [ExitFor]
        [명령문]
          :
Next [element]
```

For Each ~ Next 문은 For ~ Next 문과 비슷하지만 For ~ next 문과는 달리 반복

횟수를 특별히 지정하지 않고 개체 컬렉션 또는 배열에서 각 구성 요소에 대해 수성 요소의 수만큼 반복한다. 특히 구성 요소의 수를 모를 경우에도 유용하게 사용할 수 있다.

3.4.5 While ~ Wend 문

□ 형식

```
While 조건식
    [명령문]
        :
Wend
```

While ~ Wend 문은 조건식이 참이면 명령문을 반복 실행하고 거짓이면 반복을 중단하고 Wend 문 다음 문장을 수행한다. For ~ Next 문과는 달리 조건을 만족하는 ehdd 안에만 실행이 반복된다.

3.4.6 Do ~ Loop 문

□ 형식1

```
Do [{While | Until} 조건식]
                 :
              [명령문]
                 :
              [ExitDo]
                 :
Loop
```

□ 형식2

```
Do
      :
   [명령문]
```

```
        :
    [ExitDo]
        :
Loop [{While | Until} 조건식]
```

Do ~ Loop 문은 조건이 만족할 때 까지 처리를 반복하는 제어문이다. 경우에 따라서 조건을 먼저 판단 후에 명령문을 실행하려면 형식1에 맞추고 먼저 명령을 실행한 후에 조건을 판단하고자 하면 형식2에 맞추어 프로그래밍하면 된다. 형식1은 조건식이 맞지 않으면 한 번도 실행되지 않을 수도 있지만 형식2는 조건식에 관계없이 최소 한 번은 명령문이 실행된다.

3.4.7 Go To 문

□ 형식

```
라벨1:
        :
Go To 라벨
        :
라벨2:
```

Go To 문은 위에서 아래로 순서대로 실행하는 프로그램의 순서를 바꿀 피용가 있을 때 사용하는 제어문이다. 순서대로 실행되던 프로그램이 Go To 문을 만나면 Go To 문에서 지정한 라벨로 분기되어 실행이 된다.

■ 예제 3-1

국어, 영어, 수학을 입력하고 평균 버튼을 클릭 했을 때 평균값이 나오도록 하라.

□ 화면설계

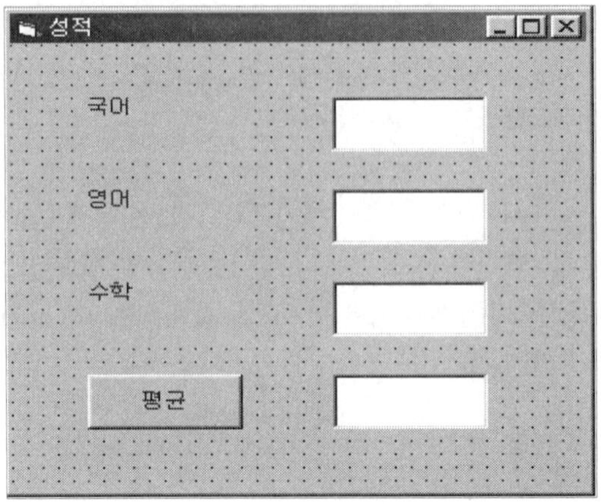

속성	form1	Label1	Label2	Label3	Command1	Text1	Text2	Text3	Text4
이름	frm성적	lbl국어	lbl영어	lbl수학	cmd평균	txt국어	txt영어	txt수학	txt평균
Caption	성적	국어	영어	수학	평균	–	–	–	–
text	–	–	–	–	–	공백	공백	공백	공백

□ 분석

'cmd평균'을 클릭한다.
txt국어.text => 숫자화 => 국어
txt영어.text => 숫자화 => 영어
txt수학.text => 숫자화 => 수학
(국어+영어+수학)/3 => 평균
평균=> txt평균.text

□ 프로그램 코드

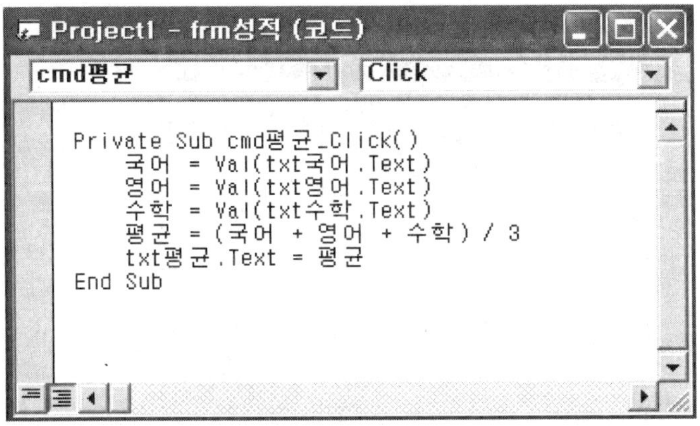

□ 실행

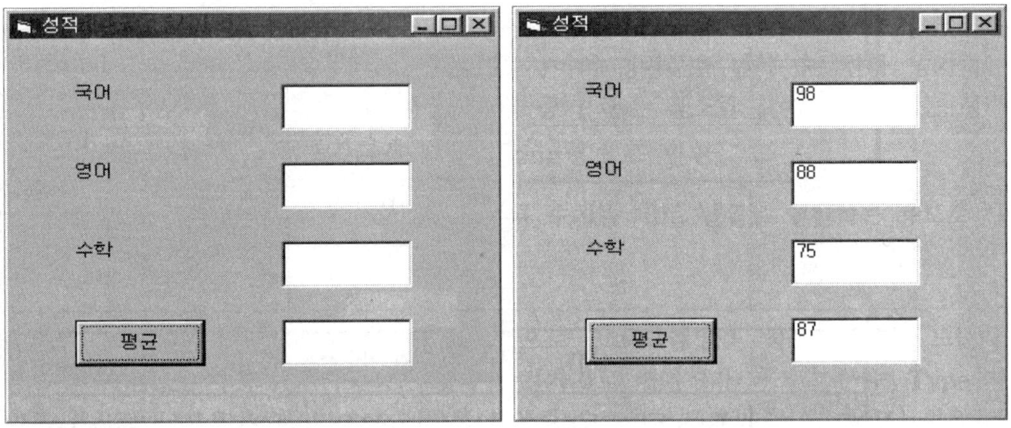

■ 예제 3-2

다음과 같이 수량과 가격을 입력하면 소계, 부가세, 총액이 나오는 세금계산기를 작성하라.

소계 = 수량 * 가격
부가세 = 소계 * 0.1
총액 = 소계 - 부가세

□ 화면설계

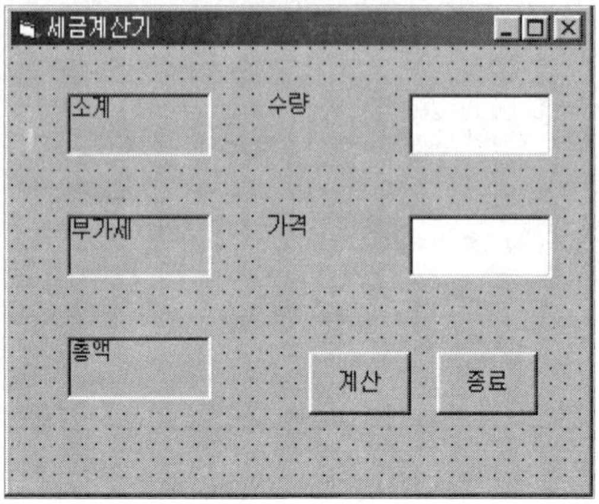

속 성	form	Label1	Label2	Label3	Label4
이 름	frm세금계산기	lbl소계	lbl부가세	lbl총액	lbl수량
Caption	세금계산기	소계	부가세	총액	수량
Text	-	-	-	-	-

속 성	Label5	Text1	Text2	Command1	Command2
이 름	lbl가격	txt수량	txt가격	cmd계산	cmd종료
Caption	가격	-	-	계산	종료
Text	-	공백	공백	-	-

□ 분석

'cmd계산'을 클릭한다.

수량을 기억할 변수이름을 A로 정의
가격을 기억할 변수이름으로 B로 정의
txt수량.text => 숫자화 => 수량
txt가격.text => 숫자화 => 가격
소계와 부가세를 계산한다.
수량과 가격에 다음 수를 입력할 수 있도록 공백을 주는 명령이다.
커서를 다시 'txt가격'에 가져다 놓기 위한 명령이다.
'cmd종료'를 클릭한다.
종료한다.

□ 프로그램 코드

Project1 - frm세금계산기 (코드)

cmd계산 | Click

```
Private Sub cmd계산_Click()
    Dim A As Integer
    Dim B As Single

    A = Val(txt수량.Text)
    B = Val(txt가격.Text)
    lbl소계.Caption = A * B
    lbl부가세.Caption = lbl소계 * 0.1
    lbl총액.Caption = lbl소계 - lbl부가세
    txt수량.Text = ""
    txt가격.Text = ""
    txt수량.SetFocus
End Sub

Private Sub cmd종료_Click()
    End
End Sub
```

□ 실행

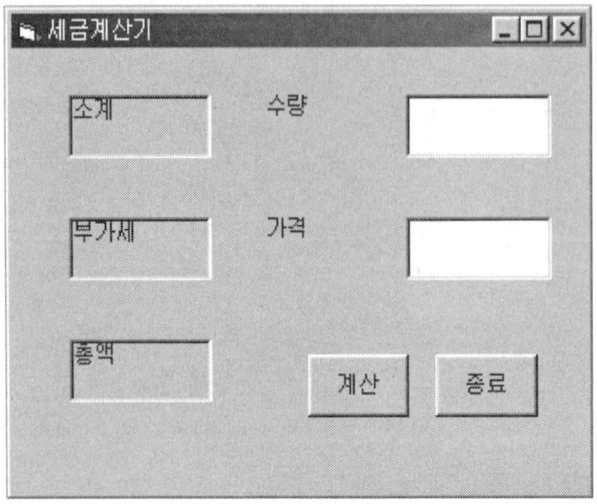

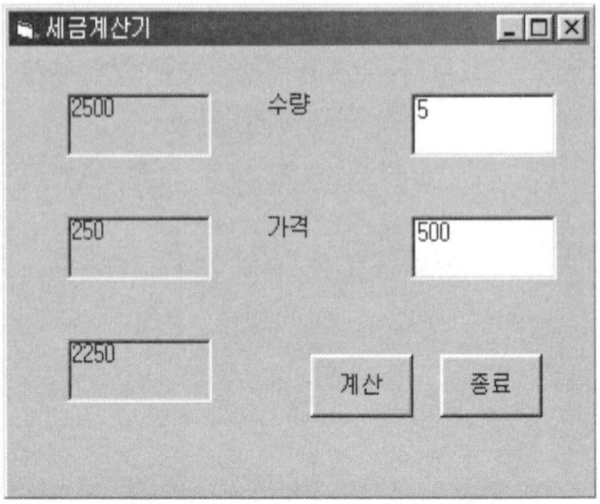

■ 예제 3-3

다음과 같은 간단한 계산기를 만들어 보자.

□ 화면설계

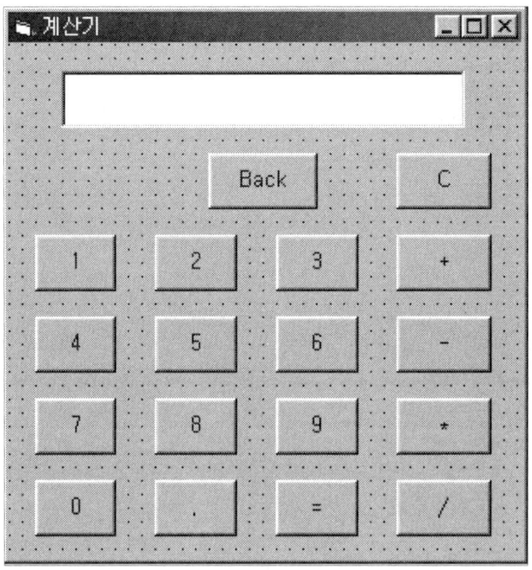

속 성	Form1	Text1	Command1	Command2	Command3
이 름	frm계산기	txt화면	cmd수	cmd수	cmd수
Caption	계산기	–	1	2	3
Text	–	공백	–	–	–

속 성	Command4	Command5	Command6	Command7	Command8
이 름	cmd수	cmd수	cmd수	cmd수	cmd수
Caption	4	5	6	7	8
Text	–	–	–	–	–

속 성	Command9	Command10	Command11	Command12	Command13
이 름	cmd수	cmd수	cmd점	cmd결과	cmd합
Caption	9	0	.	=	+
Text	–	–	–	–	–

속 성	Command14	Command15	Command16	Command17	Command18
이 름	cmd차	cmd곱	cmd나누기	cmd지우기	cmdC
Caption	–	*	/	Back	C
Text	–	–	–	–	–

□ 분석

더하기, 빼기, 곱, 나누기 문자열 상수로 정의한다.
a, b, E, b1을 변수를 선언한다.

'cmdC'를 클릭한다.
txt화면.Text에 '0'을 나타낸다.

'cmd결과'를 클릭한다.
만약 b변수가 합이면 수를 더한다.
그렇지 않으면 b변수가 차면 수를 뺀다.
그렇지 않으면 b변수가 곱이면 수를 곱한다.
그렇지 않으면 b변수가 나누기면 수를 나눈다.
만약 수가 0이면 에러 메시지 박스 "0으로 나눌 수 없습니다."가 뜬다.

'cmd곱'을 클릭한다.
b변수가 0과 같지 않았을 때 cmd결과를 클릭하면 값이 출력된다.

'cmd나누기'를 클릭한다.
b변수가 0과 같지 않았을 때 cmd결과를 클릭하면 값이 출력된다.

'cmd수'를 클릭한다.
만약 txt화면.text가 0이면 txt화면.text가 공백이다.
만약 b1이 0과 같지 않으면 txt화면.text가 공백이다.
만약 txt화면.text에 수가 13자리가 넘으면 빠져나온다.
기본값이 0이면 1을 출력한다.
기본값이 1이면 2을 출력한다.
기본값이 2이면 3을 출력한다.
기본값이 3이면 4을 출력한다.
기본값이 4이면 5을 출력한다.
기본값이 5이면 6을 출력한다.
기본값이 6이면 7을 출력한다.
기본값이 7이면 8을 출력한다.
기본값이 8이면 9을 출력한다.
기본값이 9이면 0을 출력한다.

'cmd점'을 클릭한다.
txt화면.text에 점을 출력한다.

'cmd지우기'를 클릭한다.

변수 F를 선언한다.
txt화면.text가 왼쪽을 기준으로 수가 한자리씩 지워진다.
만약 txt화면.text가 공백이면 txt화면.text에 0을 출력한다.

'cmd차'를 클릭한다.
b변수가 0과 같지 않았을 때 cmd결과를 클릭하면 값이 출력된다.

'cmd합'을 클릭한다.
b변수가 0과 같지 않았을 때 cmd결과를 클릭하면 값이 출력된다.

form에 txt화면.text가 0을 나타낸다.

□ 프로그램 코드

Project1 - frm계산기 (코드)

(일반) (선언)

```
Option Explicit
    Const Plus = 1
    Const Minus = 2
    Const Times = 3
    Const Nanut = 4

    Dim a As Double, b As Integer, E As Double
    Dim b1 As Boolean
Private Sub cmd결과_Click()
    If b = Plus Then
          E = a + Val(txt화면.Text)
       ElseIf b = Minus Then
          E = a - Val(txt화면.Text)
       ElseIf b = Times Then
          E = a * Val(txt화면.Text)
       ElseIf b = Nanut Then
          If Val(txt화면.Text) = 0 Then
             MsgBox "0으로 나눌 수 없습니다.", vbCritical, "에러"
          End If
          E = a / Val(txt화면.Text)
    End If
    a = 0: b = 0
    txt화면.Text = E
End Sub

Private Sub cmd곱_Click()
    If b <> 0 Then cmd결과_Click
    a = Val(txt화면.Text)
    b = Times
    b1 = True
End Sub

Private Sub cmd나누기_Click()
    If b <> 0 Then cmd결과_Click
    a = Val(txt화면.Text)
    b = Nanut
    b1 = True
End Sub
```

Project1 - frm계산기 (코드)

(일반) (선언)

```
Private Sub cmd수_Click(Index As Integer)
    If txt화면.Text = "0" Then txt화면.Text = ""
    If b1 <> 0 Then
          txt화면.Text = "": b1 = 0
    End If
    If Len(txt화면.Text) >= 13 Then Exit Sub
    Select Case Index
              Case 0
                   If txt화면.Text <> "0" Then
                      txt화면.Text = txt화면.Text + "1"
                   End If
              Case 1: txt화면.Text = txt화면.Text + "2"
              Case 2: txt화면.Text = txt화면.Text + "3"
              Case 3: txt화면.Text = txt화면.Text + "4"
              Case 4: txt화면.Text = txt화면.Text + "5"
              Case 5: txt화면.Text = txt화면.Text + "6"
              Case 6: txt화면.Text = txt화면.Text + "7"
              Case 7: txt화면.Text = txt화면.Text + "8"
              Case 8: txt화면.Text = txt화면.Text + "9"
              Case 9: txt화면.Text = txt화면.Text + "0"
    End Select
End Sub

Private Sub cmd점_Click()
     txt화면.Text = txt화면.Text + "."
End Sub

Private Sub cmd차_Click()
    If b <> 0 Then cmd결과_Click
    a = Val(txt화면.Text)
    b = Minus
    b1 = True
End Sub

Private Sub cmd합_Click()
    If b <> 0 Then cmd결과_Click
    a = Val(txt화면.Text)
    b = Plus
    b1 = True
End Sub
```

```
Private Sub cmd합지우기_Click()
    Dim F As String

    F = txt화면.Text
    txt화면.Text = Left(F, Len(txt화면.Text) - 1)
    If txt화면.Text = "" Then txt화면.Text = "0"
End Sub

Private Sub cmdC_Click()
    a = 0
    txt화면.Text = "0"
End Sub
```

□ 실행

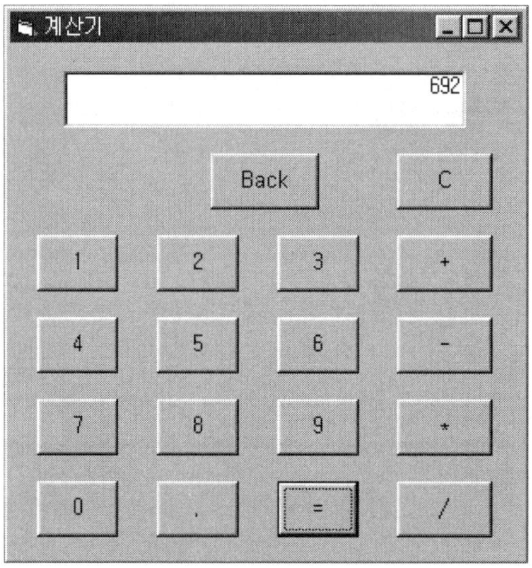

■ 예제 3-4

사용자의 선택에 따라 0.5씩 증가 또는 1씩 증가되는 카운트를 만들어 보자.

□ 타이머 컨트롤과 label 그리고 두 개의 Command Button을 다음과 같이 배치한다.

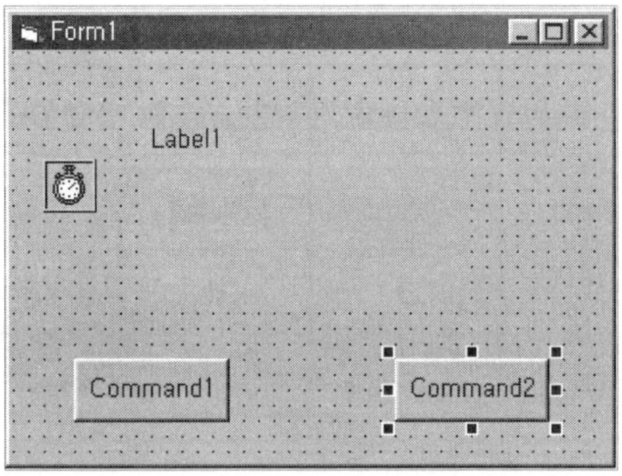

□ 타이머 컨트롤의 속성을 다음과 같이 입력한다.
- 이름 속성은 'tmr시간'으로 한다.
- interval 속성은 1000으로 한다.(1초)

□ Label 컨트롤의 속성을 입력한다.
- 이름 속성은 'lbl숫자'로 입력한다.
- Alignment 속성은 '2-가운데' 로 입력한다.
- Font속성은 크기값을 48로 입력한다.
- Caption 속성은 0을 입력한다.

□ Command1의 속성을 입력한다.
- 이름 속성은 'cmd반증가'라고 입력한다.
- Caption 속성은 '0.5증가'을 입력한다.

□ Command2의 속성을 입력한다.
- 이름 속성은 'cmd1증가'라고 입력한다.
- Caption 속성은 '1증가'을 입력한다.

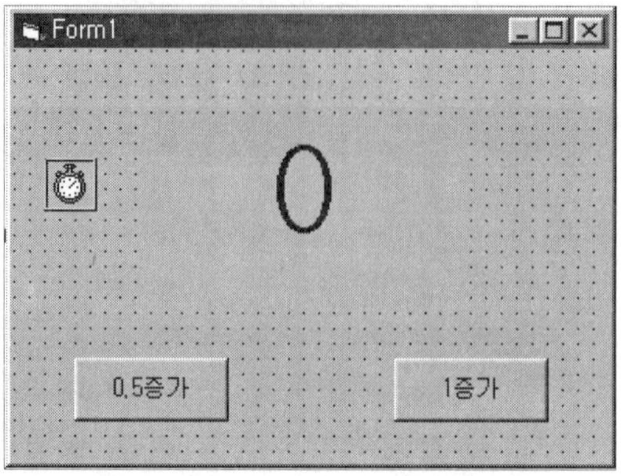

□ 'tmr시간'을 더블클릭한 후 다음과 같이 코드를 입력한다.

```
Private Sub tmr시간_Timer()
    lbl숫자.Caption = Val(lbl숫자.Caption) + 증가치
End Sub
```

□ 'cmd반증가'를 더블클릭한 후 다음과 같이 코드를 입력한다.

```
Private Sub cmd반증가_Click()
    증가치 = 0.5
End Sub
```

□ 'cmd1증가'를 더블클릭한 후 다음과 같이 코드를 입력한다.

```
Private Sub cmd1증가_Click()
    증가치 = 1
End Sub
```

□ 이제 F5를 누르고 실행한다 하지만 증가되지는 않을 것이다.

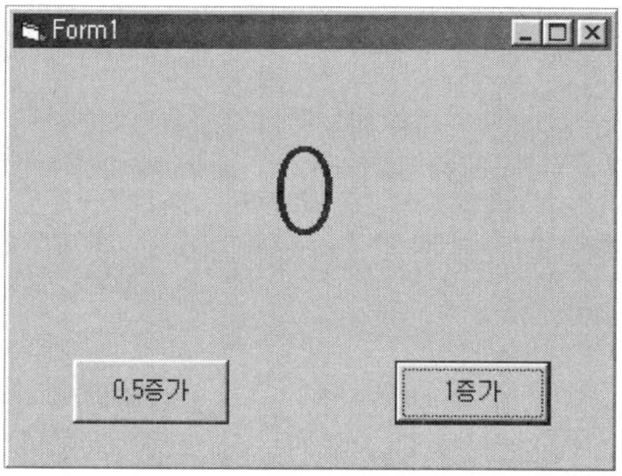

□ 코드 창에서 일반이란 곳으로 간다.

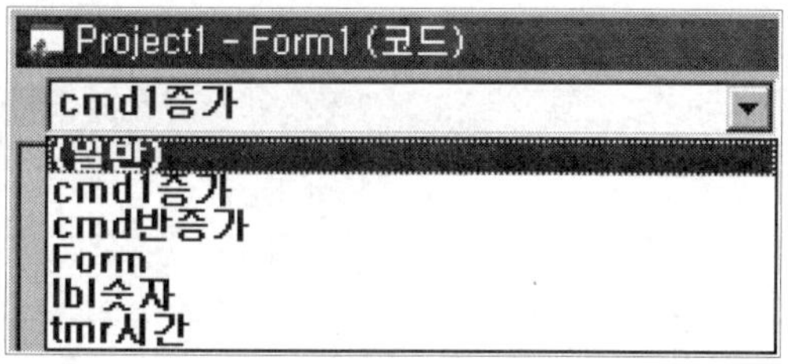

□ 다음 코드를 입력한다.

```
Dim 증가치 As Double
```

- 코드의 내용은 증가치라는 변수를 실수형으로 선언하는 것이다.
- 일반이란 곳에서 변수를 선언하는 이유는 각각의 서브가 시작될 시에 변수를 선언하면 서브가 끝나는 부분에서 변수의 내용이 사라지기 때문이다.

□ 다시 F5를 누른 후 0.5증가 버튼과 1증가 버튼을 클릭하면 각각 증가하는 숫자를 확인할 수 있다.

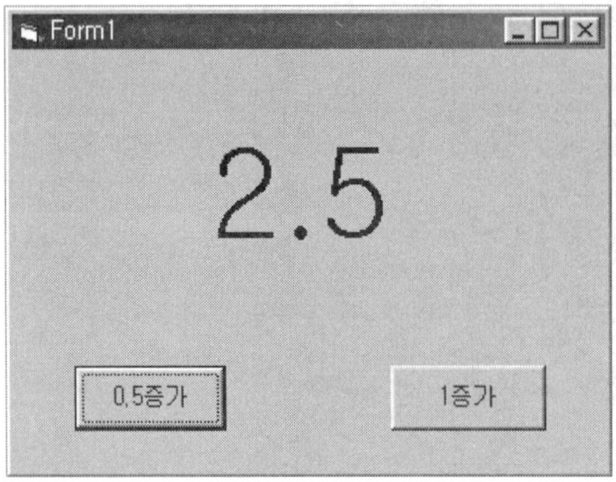

□ 프로그램 코드

```
Project1 - Form1 (코드)
cmd1증가                Click

Dim 증가치 As Double

Private Sub cmd1증가_Click()
    증가치 = 1
End Sub

Private Sub cmd반증가_Click()
    증가치 = 0.5
End Sub

Private Sub tmr시간_Timer()
     lbl숫자.Caption = Val(lbl숫자.Caption) + 증가치
End Sub
```

■ 예제 3-5

숫자를 입력받아 오름차순, 내림차순으로 정렬하는 프로그램을 작성해 보자.

□ 처리 조건

먼저 임의의 숫자를 입력 받아 '오름차순' 버튼을 누르면 오름차순으로 정렬된 값을 출력하고, '내림차순' 버튼을 누르면 내림차순으로 정렬된 값을 출력한다. '지우기' 버튼을 누르면 텍스트 박스 안이 깨끗해지도록 한다. 여러 가지 정렬 방식 중 '선택정렬(selection sort)' 방식을 이용한다.

□ 실행된 폼

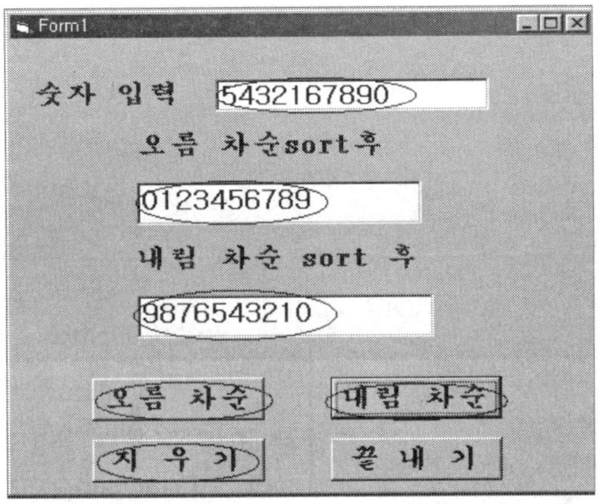

□ 실행전 폼

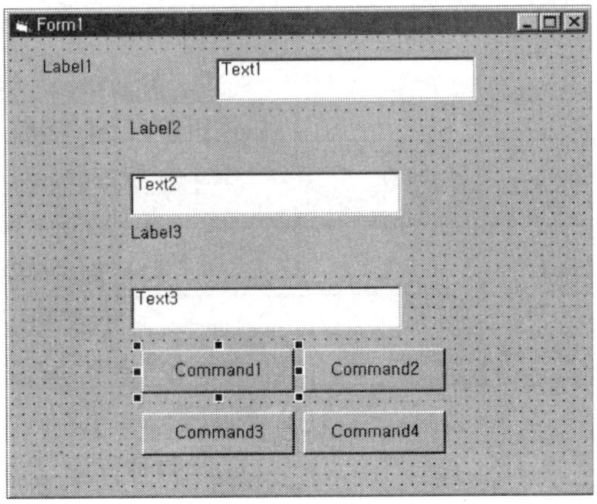

□ 컨트롤 속성

컨트롤 명	컨드롤 이름	속성 지정하기
레이블	Label1	BackStyle="0투명" Caption="숫자 입력" FontSize="궁서, 16"
레이블	Label2	Caption="오름차순 sort 후" FontSize="궁서, 16"
레이블	Label3	Caption="내림차순 sort 후" FontSize="궁서, 16"
커멘드 버튼	cmdUp	Caption="오름 차순" Default="True" FontSize="궁서, 16"
커멘드 버튼	cmdDown	Caption="내림 차순" FontSize="궁서, 16"
커멘드 버튼	cmdClear	Caption="지우기" FontSize="궁서, 16"
커멘드 버튼	cmdEnd	Caption="끝내기" FontSize="궁서, 16"
텍스트 박스	txtInput	BoardStyle="1 단일고정" FontSize="궁서, 16" Text=""
텍스트 박스	txtUp	FontSize="궁서, 16" Text=""
텍스트 박스	txtDown	BoardStyle="1 단일 고정" FontSize="궁서, 16" Text=""

□ 완성된 폼

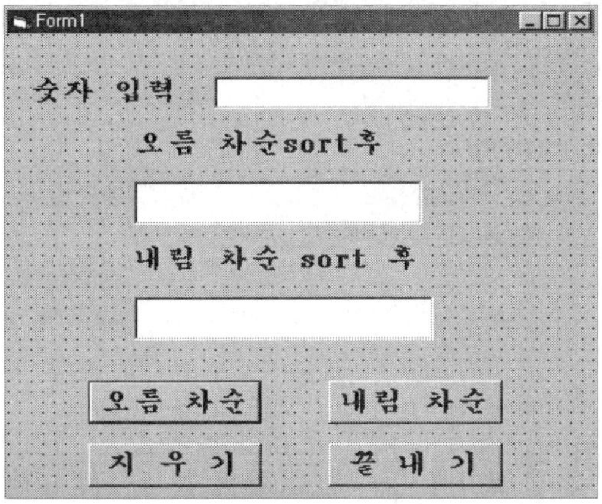

□ 프로그램 코드

Project1 - Form1 (코드)

cmdclear | Click

```
Private Sub cmdclear_Click()
    txtinput.Text = ""
    txtup.Text = ""
    txtdown.Text = ""
End Sub

Private Sub cmddown_Click()
    Dim i As Integer
    Dim j As Integer
    Dim be(10) As Integer
    Dim TT As Integer

    For i = 0 To 9
       be(i) = Val(Mid(Trim(txtinput.Text), i + 1, 1))
    Next
    For i = 0 To 8
       For j = i + 1 To 9
            If be(i) < be(j) Then
           TT = be(j)
           be(j) = be(i)
           be(i) = TT
            End If
       Next
    Next

    For i = 0 To 9
        txtdown.Text = txtdown & be(i)
    Next
End Sub

Private Sub cmdend_Click()
    End
End Sub
```

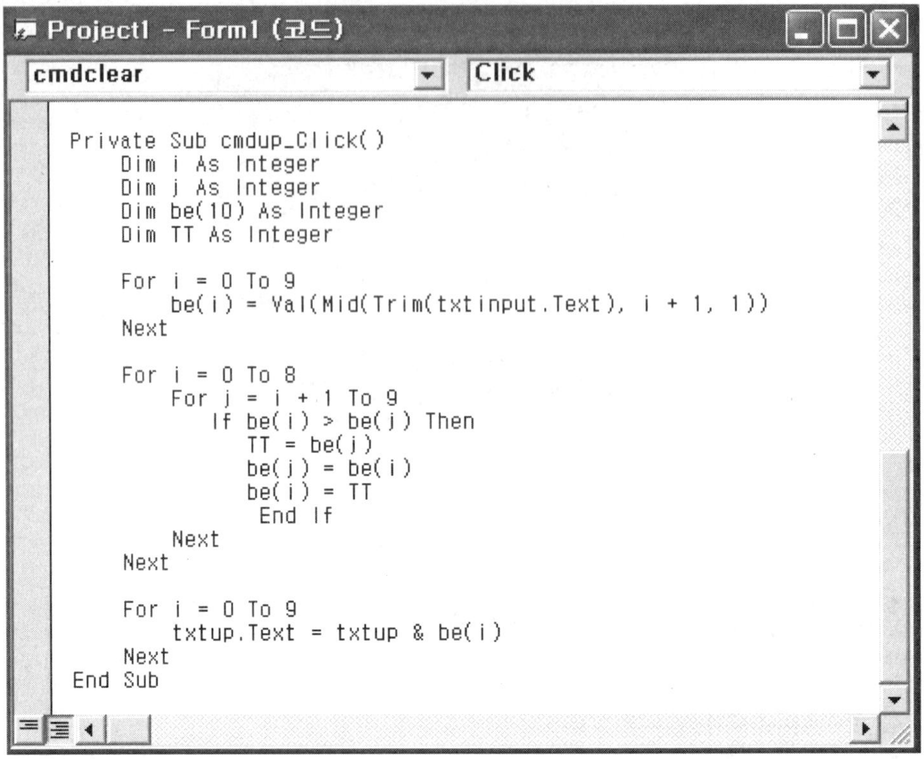

위의 코드는 각 텍스트 박스에 공백을 넣어 둠으로써 지우기 버튼 클릭 시 안쪽에 공백을 넣기 때문에 깨끗하게 보인다.

다음은 내림차순을 위한 코드이다.

```
Private Sub cmdDown_Click()

'선언된 변수를 정수형으로 선언, TT라는 임시방을 만듬
   Dim i As Integer
   Dim j As Integer
   Dim be(10) As Integer
   Dim TT As Integer

'문자를 한문자씩 추출 be(i) 배열에 기억
   For i = 0 To 9
         be(i) = Val(Mid(Trim(txtInput.Text), i + 1, 1))
```

```
    Next

'반복문을 사용 be(i) 배열을 차례대로 비교해 가면서 큰 수를 앞쪽으로 저장하는 과정
    For i = 0 To 8
        For j = i + 1 To 9
            If be(i) < be(j) Then
                TT = be(j)
                be(j) = be(i)
                be(i) = TT
            End If
        Next
    Next

'be 배열에 저장된 값을 내림차순 출력 방으로 출력.
    For i = 0 To 9
        txtDown.Text = txtDown & be(i)
    Next

End Sub
```

다음은 오름차순을 위한 코드이다.

```
Private Sub cmdUp_Click()
'배열 선언, 사용할 변수 정수형 선언
    Dim i As Integer
    Dim j As Integer
    Dim be(10) As Integer
    Dim TT As Integer

'문자를 한문자씩 추출 be(i) 배열에 기억.
    For i = 0 To 9
        be(i) = Val(Mid(Trim(txtInput.Text), i + 1, 1))
    Next
```

```
'반복문을 사용 be(i) 배열을 차례대로 비교해 가면서 작은 수를 앞쪽으로 저장하
는 과정
   For i = 0 To 8
         For j = i + 1 To 9
            If be(i) > be(j) Then
                  TT = be(j)
                  be(j) = be(i)
                  be(i) = TT
            End If
         Next
   Next

'be 배열에 저장된 값을 내림차순 출력 방으로 출력.
   For i = 0 To 9
         txtUp.Text = txtUp & be(i)
   Next
End Sub

Private Sub cmdEnd_Click()
   End
End Sub
```

□ 실행된 폼

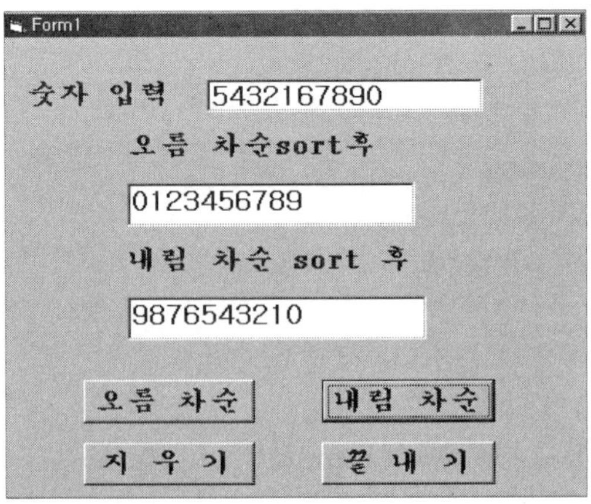

4. 메뉴, 픽처, 이미지컨트롤 응용 프로젝트

4.1 메뉴 편집기 사용방법

메뉴 편집기는 메뉴를 만들기 위해서 비주얼 베이직에서 제공하는 편리한 작성기이다.

□ 도구의 메뉴편집기를 클릭한다.

□ 아래와 같이 동그라미친 부분을 입력한 후 확인을 클릭한다.

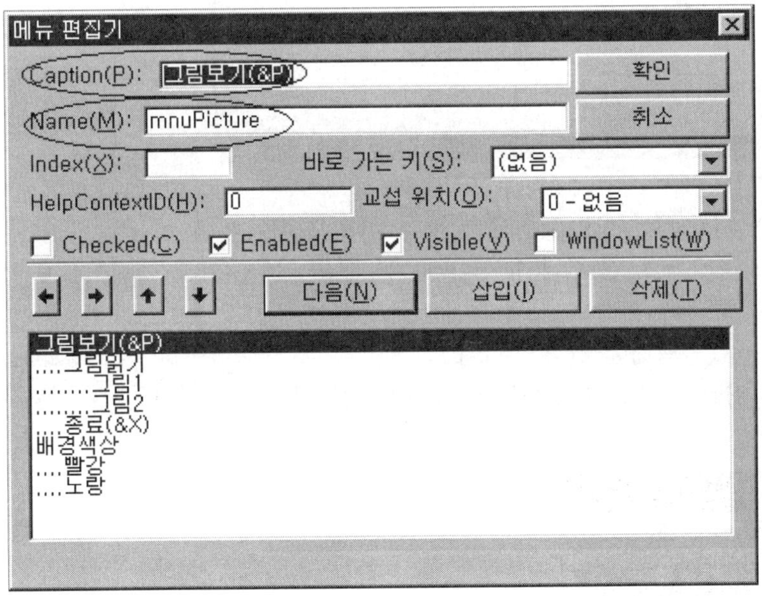

□ "....그림읽기"란 아래에 보이는 것과 같이 하위메뉴를 뜻한다.

■ 주로 사용되는 편집기의 명령

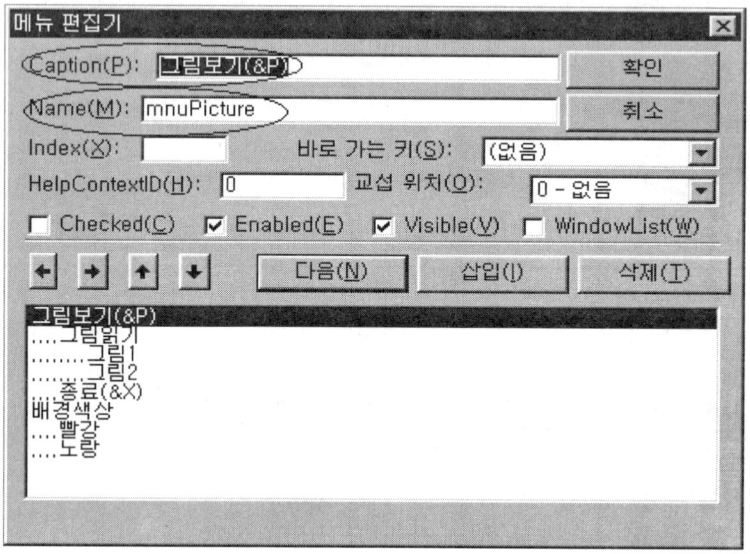

□ Caption(P): 구성된 메뉴 판에 등장하는 메뉴 이름을 지정한다.

□ Name(M): 해당메뉴를 코드에서 사용하기 위해 지정하는 파일이름과 같은 메뉴이름이다.

□ 위의 두가지는 꼭 입력해야 한다.
"...." 표시는 그림보기 메뉴의 부메뉴인 그림읽기를 만드는 것이다.

"........" 표시는 그림읽기메뉴의 부메뉴인 그림1, 그림2를 만든다.

□ Checked(C): 메뉴 항목의 왼쪽에 체크 표시를 지정하거나 지정된 표시를 해제한다.

□ Enabled(E): 메뉴항목의 선택 가능 여부를 지정하는 기능으로 체크된 경우 선택할 수 없도록 흐리게 메뉴가 나타나고, 체크가 해제된 경우 선택한다.

□ Visible(V): 메뉴를 메뉴판에 보이도록 할 것인지, 해제할 것인지를 결정하는 기능으로 체크된 메뉴는 메뉴판에 나타나지 않는다.

■ 예제 4-1

메뉴의 그림보기를 클릭하고 그림읽기의 그림1 또는 그림2를 클릭하면 픽처박스에 그림이 출력된다. 메뉴의 배경색상을 클릭하고 빨강 또는 노랑을 클릭하면 픽처에 그림이 출력된다.

□ 실행전 폼

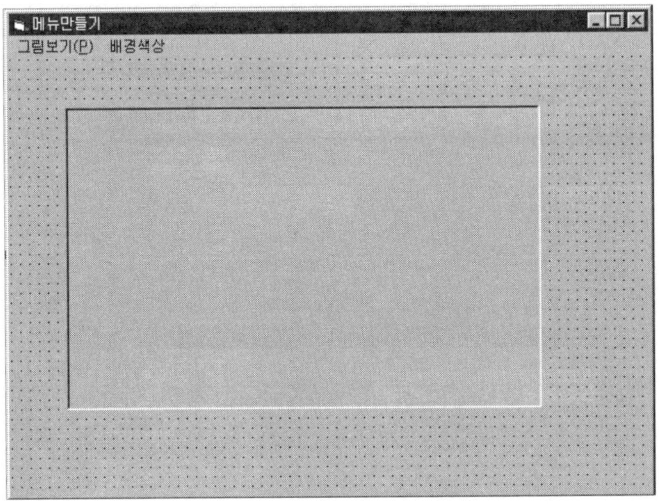

□ 메뉴 편집기 만들기

메 뉴	메뉴이름	단축키
그림보기(&P)	mnuPicture	
....그림읽기	mnuLoad	
........그림1	mnuPic1	
........그림2	mnuPic2	
....종료	mnuExit	
배경색상	mnuBackColor	
....빨강	mnuCRed	
....노랑	mnuCYellow	

□ 컨트롤 속성

컨트롤 명	컨트롤 이름	속성 변경
픽처 박스	picMenu	기본값

□ 프로그램 코드

Project1 - frmmenu (코드)

mnupic2 | Click

```
Private Sub mnucred_Click()
    frmmenu.BackColor = QBColor(4)
End Sub

Private Sub mnucyellow_Click()
    frmmenu.BackColor = QBColor(6)
End Sub

Private Sub mnuexit_Click()
    End
End Sub

Private Sub mnupic1_Click()
    picmenu.Picture = _
    LoadPicture("C:\Documents and Settings\All Users\Documents\My Pictures\그림 샘플\수련.jpg")
End Sub

Private Sub mnupic2_Click()
    picmenu.Picture = _
    LoadPicture("C:\Documents and Settings\All Users\Documents\My Pictures\그림 샘플\푸른 언덕.jpg")
End Sub
```

□ 실행된 폼

□ 코딩설명

```
Private Sub mnuCRed_Click()
    frmMenu.BackColor = QBColor(4)
End Sub
```
⇒ 빨강 메뉴클릭하면 폼의 배경칼라 = 빨강

```
Private Sub mnuCYellow_Click()
    frmMenu.BackColor = QBColor(6)
End Sub
```
⇒ 노랑 메뉴클릭하면 폼의 배경칼라 = 노랑

```
Private Sub mnuPic1_Click()
    picMenu.Picture = LoadPicture("c:\windows\숲.bmp")
End Sub
```
⇒ "그림1" 메뉴를 클릭하면 픽처박스에 로드되는 그림 출력

LoadPicture("화일의 경로와 그림화일의 이름") 함수 사용 시 비주얼 베이직이 인식하는 그래픽 형식은 비트맵 (.bmp) 파일, 아이콘 (.ico) 파일, run-length encoded (.rle) 파일, 메타파일 (.wmf) 파일, 향상된 메타파일 (.emf), GIF 파일, JPEG (.jpg) 파일 등이다.

```
Private Sub mnuPic2_Click()
    picMenu.Picture = LoadPicture("c:\windows\구름.bmp")
End Sub
```

⇒ 그림2 메뉴클릭하면 픽처박스에 로드되는 그림 출력

■ 예제 4-2

그림 파일을 출력하기 위한 것으로 그림1 또는 그림2 버튼를 클릭하면 픽처박스에 그림이 출력된다. 이 때 그림 크기에 따라 픽쳐박스의 크기가 변하도록 한다.

□ 실행된 폼

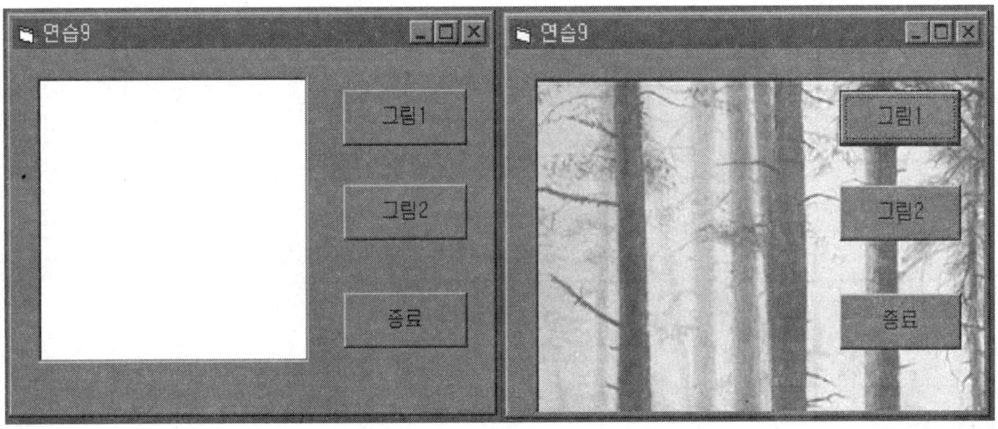

□ 실행전 폼

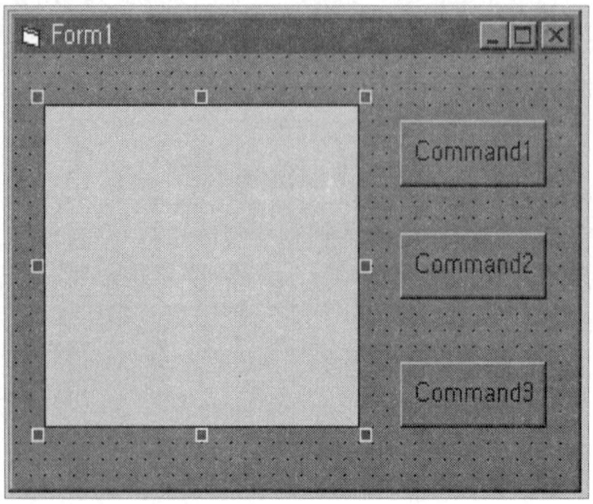

□ 속성 설정

컨트롤 명	컨트롤 속성
form	name : frm연습9 caption : 연습9
picture box	name : picpicture appearance : 1-3D autosize : true
command button	name : cmd1, cmd2, cmd3 caption : 그림 1, 그림 2, 종료

□ 프로그램 코드

```
Project1 - frm연습10 (코드)
Cmd1                                   Click

Private Sub cmd1_Click()
    imgdisplay.Picture = LoadPicture("C:\비주얼베이직\4장\예제4-5\pic1.bmp")
End Sub

Private Sub cmd2_Click()
    imgdisplay.Picture = LoadPicture("c:\비베\비주얼베이직\4장\예제4-5\pic2.bmp")
End Sub

Private Sub cmd3_Click()
    End
End Sub
```

□ 실행된 폼

□ 코드설명

Private Sub cmd1_Click()
'불러들인 그림을 그림박스로 보내는 것을 의미한다

```
    picpicture.Picture = LoadPicture("pic1.bmp")
End Sub

Private Sub cmd2_Click()
'불러들인 그림을 그림박스로 보내는 것을 의미한다
    picpicture.Picture = LoadPicture("pic2.bmp")
End Sub

Private Sub cmd3_Click()
    End
End Sub
```

4.2 팝업메뉴

팝업메뉴란 폼의 지정된 위치에 마우스 포인터를 위치시켜서 오른쪽 버튼을 클릭하면 돌출메뉴가 나오는 것을 말한다. 메뉴와의 차이점은 보이지 않는 메뉴라는 것과 어느 특정한 곳에 메뉴를 보이도록 할 수 있다는 것이다. 팝업메뉴를 작성하는 것은 일반 풀다운 메뉴를 작성하는 방법과 동일하게 할 수 있다.

□ 실행된 폼

□ 실행전 폼

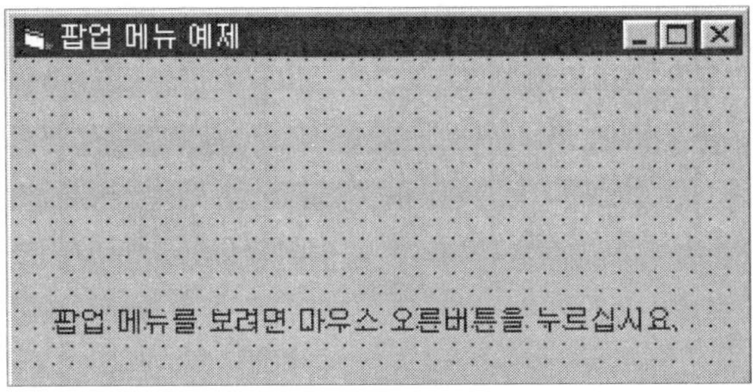

□ 컨트롤 속성

컨트롤 명	컨트롤 이름	속성 변경
폼	frm1	Caption="팝업 메뉴 예제"
레이블	lbl1	Caption="팝업 메뉴를 보려면 마우스 오른버튼을 누르십시요."

□ 메뉴 편집기의 속성

메뉴	메뉴이름	Visible
File	mnuFile	
....팝업 메뉴 테스트 1	mnu1	V
....팝업 메뉴 테스트 2	mnu2	V

□ 프로그램 코드

Project1 - frm1 (코드)

Form | Load

```
Private Sub Form_Load()
    mnufile.Visible = False
End Sub

Private Sub Form_MouseDown(Button As Integer, Shift As Integer, X As Single, Y As Single)
    If Button = 2 Then
        PopupMenu mnufile
    End If
End Sub

Private Sub lbl1_MouseDown(Button As Integer, Shift As Integer, X As Single, Y As Single)
    If Button = 2 Then
        PopupMenu mnufile
    End If
End Sub

Private Sub mnu1_Click()
    Print "팝업 메뉴 테스트1을 클릭한 실행결과입니다."
End Sub

Private Sub mnu2_Click()
    Print "팝업 메뉴 테스트2을 클릭한 실행결과입니다."
End Sub
```

□ 실행된 폼

□ 코드 설명

```
Private Sub Form_Load()
    mnuFile.Visible = False
End Sub
```

⇒ 실행되면서 메뉴를 보이지 않게 만든다.

```
Private Sub Form_MouseDown(Button As Integer, Shift As Integer, X As Single, Y As Single)
    If Button = 2 Then
        PopupMenu mnuFile
    End If
End Sub
```

⇒마우스 오른쪽 버튼을 클릭하면 팝업메뉴가 실행된다.

```
Private Sub lbl1_MouseDown(Button As Integer, Shift As Integer, X As Single, Y As Single)
    If Button = 2 Then
        PopupMenu mnuFile
    End If
End Sub
```

⇒마우스 오른쪽 버튼을 클릭하면 팝업메뉴가 실행된다.

```
Private Sub mnu2_Click()
Print "팝업 메뉴 테스트2을 클릭한 실행결과입니다."
End Sub
```

⇒ 메뉴2을 클릭하면 폼에 "팝업 메뉴 테스트2를 클릭한 실행결과입니다."가 프린트된다.

```
Private Sub mnu1_Click()
Print "팝업 메뉴 테스트1을 클릭한 실행결과입니다."
End Sub
```

⇒ 메뉴1을 클릭하면 폼에 "팝업 메뉴 테스트1을 클릭한 실행결과입니다."가 프린트된다.

4.2 Shape 컨트롤

Shape 컨트롤은 원, 타원형, 정사각형, 직사각형, 둥근 정사각형, 둥근 직사각형 등의 모양을 표현 할 수 있게 하는 컨트롤이다.

■ 예제 4-3

그림과 같이 정사각형, 타원, 원, 둥근직사각형 버튼을 누를 때 마다 Shape 컨트롤에 모양이 나타나게 해 보자.

□ 실행된 폼

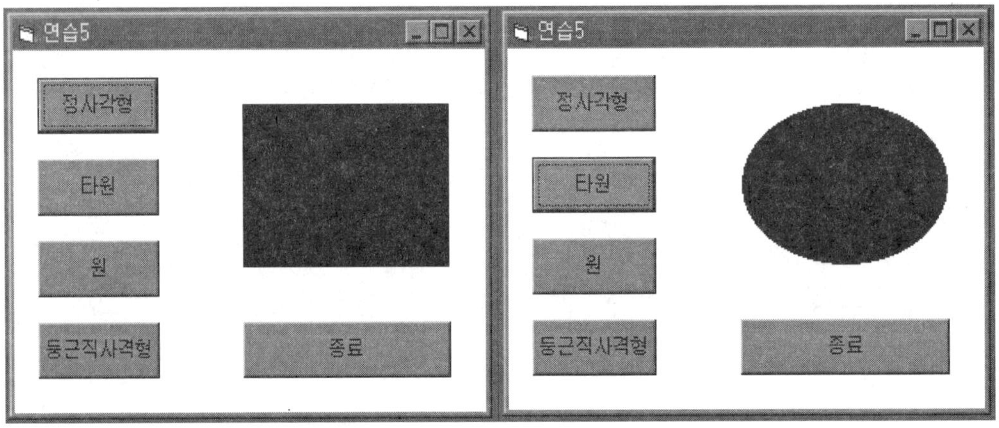

□ 실행전 폼

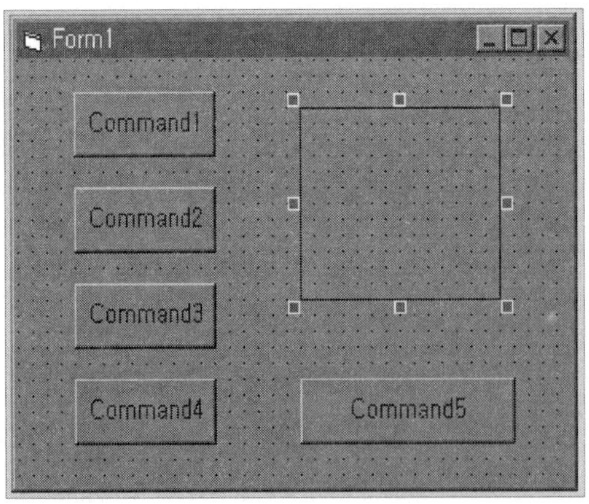

□ 컨트롤 속성

컨트롤 명	컨트롤 속성
form	name : frm연습5 caption : 연습5
shape control	name : shp1 fillstyle : 0-단색 fillcolor : 검정색 borderwidth : 3 shape : 0-사각형
command button	name : cmd1, cmd2, cmd3, cmd4, cmd5 caption : 정사각형, 타원, 원, 둥근 직사각형, 종료

□ 프로그램 코드

Project1 - frm연습5 (코드)

cmd1 | Click

```
Private Sub cmd1_Click()
    shp1.Shape = 1
End Sub

Private Sub cmd2_Click()
    shp1.Shape = 2
End Sub

Private Sub cmd3_Click()
    shp1.Shape = 3
End Sub

Private Sub cmd4_Click()
    shp1.Shape = 4
End Sub

Private Sub cmd5_Click()
    End
End Sub
```

□ 실행된 폼

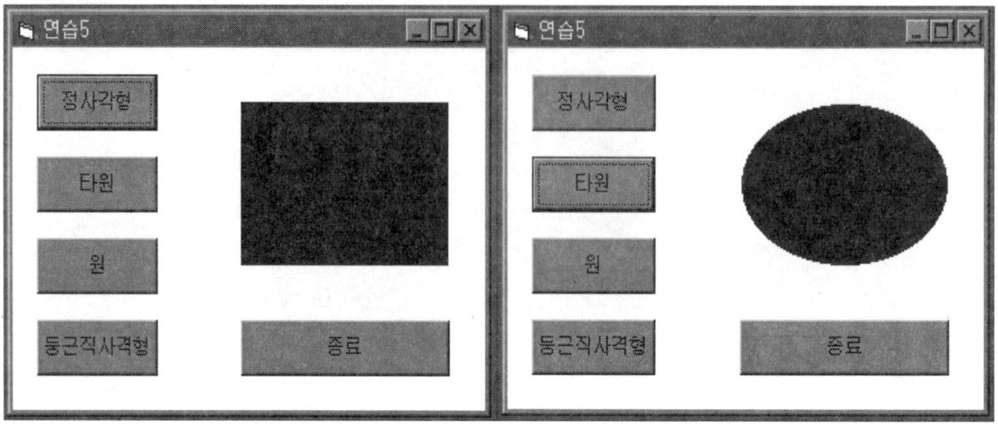

□ 코드 설명

Private Sub cmd1_Click()
⇒ 1의 값에 할당된 도형을 shp1에 적용시킨다.
```
    shp1.Shape = 1
End Sub
```

Private Sub Cmd2_Click()
⇒ 2의 값에 할당된 도형을 shp1에 적용시킨다.
```
    shp1.Shape = 2
End Sub
```

Private Sub cmd3_Click()
⇒ 3의 값에 할당된 도형을 shp1에 적용시킨다.
```
    shp1.Shape = 3
End Sub
```

Private Sub Cmd4_Click()
⇒ 4의 값에 할당된 도형을 shp1에 적용시킨다.
```
    shp1.Shape = 4
End Sub
```

```
Private Sub cmd5_Click()
⇒ 프로그램이 종료된다
    End
End Sub
```

■ 예제 4-4

Shape control과 command 버튼을 사용한 프로그램에 Popup-menu를 추가하여 이전 프로그램과의 차이점과 사용법에 대하여 알아보자.

□ 컨트롤 속성

Caption	Name	바로 가는 키
파일	mnufile	
...종료	mnuexit	ctrl + x
...-	mnuseparator	
...제작	mnuabout	
색상	mnucolor	
...테두리	mnuborder	
......빨강	mnubred	
......녹색	mnubgreen	
......파랑	mnubblue	
...내부	mnufill	
......노랑	mnufyellow	
......흰색	mnufwhite	
......파랑	mnufblue	

□ 실행된 폼

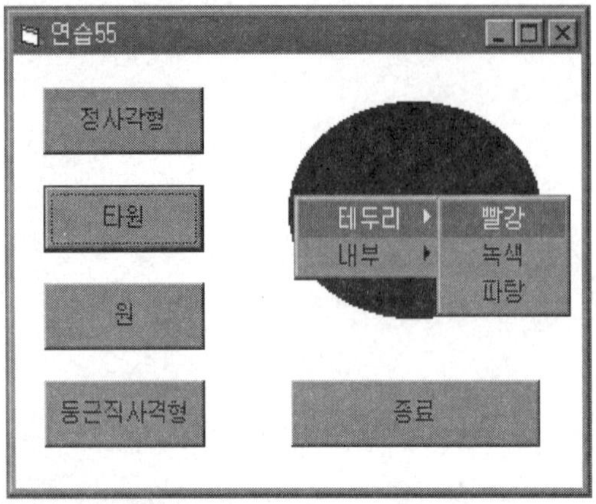
연습55
정사각형
타원
원
둥근직사각형
테두리
내부
빨강
녹색
파랑
종료

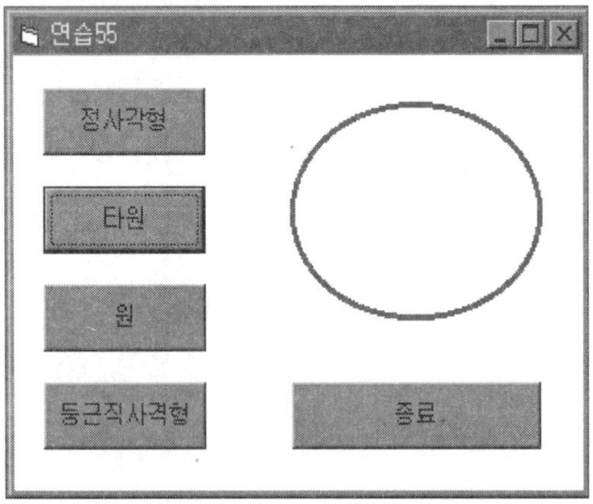
연습55
정사각형
타원
원
둥근직사각형
종료

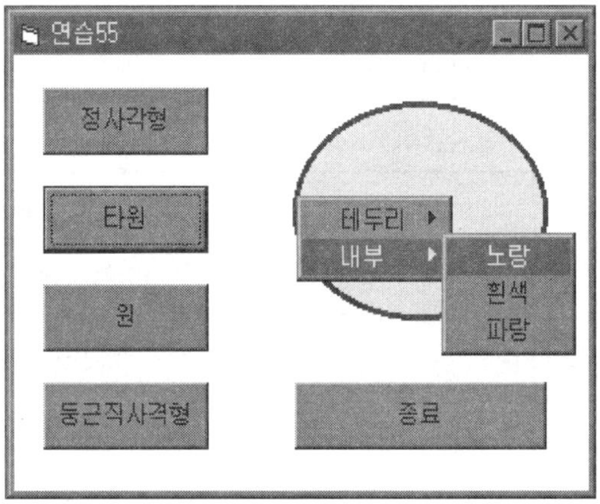
연습55
정사각형
타원
원
둥근직사각형
테두리
내부
노랑
흰색
파랑
종료

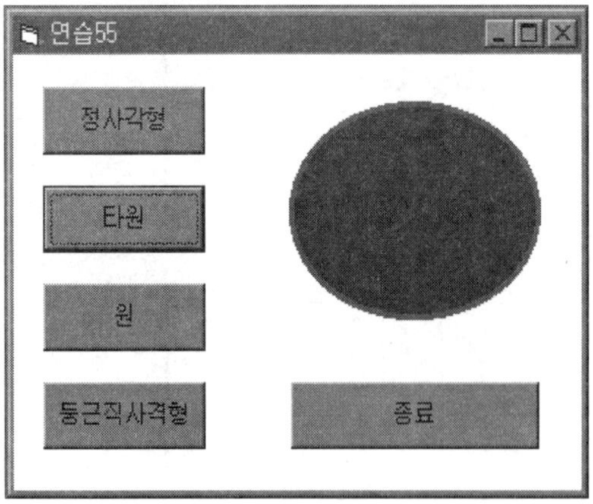
연습55
정사각형
타원
원
둥근직사각형
종료

□ 프로그램 코드

Project1 - frm연습55 (코드)

cmd1 | Click

```
Private Sub cmd1_Click()
    shp1.Shape = 1
End Sub

Private Sub cmd2_Click()
    shp1.Shape = 2
End Sub

Private Sub cmd3_Click()
    shp1.Shape = 3
End Sub

Private Sub cmd4_Click()
    shp1.Shape = 4
End Sub

Private Sub cmd5_Click()
    End
End Sub

Private Sub Form_MouseUp(Button As Integer, Shift As Integer, X As Single, Y As Single)
    If Button = 2 Then
       If (X >= 2250 And X <= 2250 + 2300) And (Y >= 250 _
               And Y <= 250 + 1700) Then
                      PopupMenu mnucolor
       Else
        PopupMenu mnufile, mnuexit
       End If
    End If
End Sub
```

Project1 - frm연습55 (코드)

Form | MouseUp

```
Private Sub mnuabout_Click()
    frm연습55.Caption = "메뉴연습1-버전 1.0"
End Sub

Private Sub mnubblue_Click()
    shp1.BorderColor = vbBlue
End Sub

Private Sub mnubgreen_Click()
    shp1.BorderColor = vbGreen
End Sub

Private Sub mnubred_Click()
    shp1.BorderColor = vbRed
End Sub

Private Sub mnuexit_Click()
    End
End Sub

Private Sub mnufblue_Click()
    shp1.FillColor = vbBlue
End Sub

Private Sub mnufwhite_Click()
    shp1.FillColor = vbWhite
End Sub

Private Sub mnufyellow_Click()
    shp1.FillColor = vbYellow
End Sub
```

□ 코드 설명

새로이 추가된 Popupmenu에 대해서 추가된 코딩을 알아보기로 하자.

Private Sub mnuabout_Click()

⇒ mnuabout에서는 폼의 제목에 버전과 제작일을 추가로 표시하는 일을 한다. 파일 메뉴의 구분자를 표시하기 위해서 추가된 메뉴로서 별한 의미는 없다.

frm연습55.Caption = "메뉴연습1-버전 1.0"

End Sub

Private Sub Form_MouseUp(Button As Integer, Shift As Integer, X As Single, Y As Single)

⇒ 오른쪽 단추가 눌렸는지 판단을 위한 문장으로 현재 눌려진 마우스 단추의 종류는 button 인수에 전달되고 이 인수가 1이면 왼쪽 버튼, 2이면 오른쪽 버튼이다라는 것을 판단하게 된다.

If Button = 2 Then

⇒ 이 문장은 마우스 포인터가 도형 안쪽에 있으면 색상 메뉴를, 도형 바깥쪽에 있으면 파일 메뉴를 표시하기 위한 현 마우스 포인터의 위치를 판별하게 하기 위한 부분으로서 만족 할 시엔 색상 메뉴를 단축메뉴로 표시하게 된다.

```
 If (X >= 2250 And X <= 2250 + 2300) And
   (Y >= 250 And Y <= 250 + 1700) Then
```

⇒ 도형 안쪽에 있을시에 색상 메뉴를 표시하게 된다.

```
      PopupMenu mnucolor
  Else
```

⇒ 도형 바깥쪽에 있을시에 파일 메뉴를 표시하게 된다.

```
     PopupMenu mnufile, mnuexit
  End If
 End If
End Sub

Private Sub mnubblue_Click()
```

⇒ 지정된 색(파랑, 녹색, 빨강)으로 테두리 색을 메기게 한다

```
      shp1.BorderColor = vbBlue
End Sub

Private Sub mnubgreen_Click()
      shp1.BorderColor = vbGreen
End Sub

Private Sub mnubred_Click()
      shp1.BorderColor = vbRed
End Sub
```

```
Private Sub mnufblue_Click()
⇒ 지정된 색(파랑, 흰색, 노랑)으로 도형의 속을 칠하게된다.
    shp1.FillColor = vbBlue
End Sub

Private Sub mnufwhite_Click()
    shp1.FillColor = vbWhite
End Sub

Private Sub mnufyellow_Click()
    shp1.FillColor = vbYellow
End Sub
```

4.3 이미지

이미지 컨트롤은 비트맵 파일과 아이콘 파일 및 윈도 메타 파일 등의 그림 파일을 출력해주는 기능을 제공하는 컨트롤이다. 이미지 컨트롤을 이용하면 이와 같은 그림 파일들을 폼의 배경 그림 또는 전면 그림으로 표현할 수 있다.

그림 확장(Stretch)이란 이미지 박스의 크기로 출력되는 그림 크기를 확장해 주는 속성을 의미한다. Stretch 속성을 True로 설정하면 이미지 박스 크기와 같은 크기로 그림의 크기를 확장시켜주고, False로 설정하면 이미지 박스 크기와 상관없이 원래 그림 크기로 이미지 박스에 그림을 읽어오게 된다.

■ 예제 4-5

아래와 같은 폼을 완성하시오.

버튼을 클릭 시 해당 그림 파일이 이미지 박스에 출력되도록 해보자.

□ 실행된 폼

□ 실행전 폼

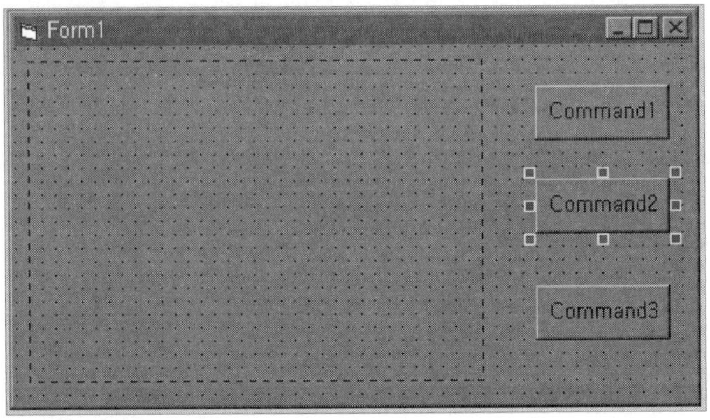

□ 컨트롤 속성

컨트롤 명	컨트롤 속성
form	name : frm연습10 caption : 연습10
image box	name : imgdisplay
command button	name : cmd1, cmd2, cmd3 caption : 그림-1, 그림-2, 종료

□ 프로그램 코드

```
Project1 - frm연습10 (코드)
Cmd1    Click

Private Sub cmd1_Click()
    imgdisplay.Picture = LoadPicture("C:₩비주얼베이직₩4장₩예제4-5₩pic1.bmp")
End Sub

Private Sub cmd2_Click()
    imgdisplay.Picture = LoadPicture("c:₩비베₩비주얼베이직₩4장₩예제4-5₩pic2.bmp")
End Sub

Private Sub cmd3_Click()
    End
End Sub
```

□ 코드설명

Private Sub cmd1_Click()

⇒ LoadPicture 명령에 의해 지정된 그림 파일을 읽어 들여 이미지 박스의 picture 속성에 출력하게 한다

imgdisplay.Picture = LoadPicture("pic1.bmp")

End Sub

Private Sub cmd2_Click()

⇒ LoadPicture 명령에 의해 지정된 그림 파일을 읽어 들여 이미지 박스의 picture 속성에 출력하게 한다

imgdisplay.Picture = LoadPicture("pic2.bmp")

End Sub

4.4 스크롤바

스크롤바 컨트롤은 화면의 보이지 않는 부분을 보이기 위해서 화면을 상하 좌우로 이동하는 기능을 제공하는 컨트롤, 스크롤바는 화면을 상하로 이동하는 VScroll

Bar(Vertical Scroll Bar-수직 스크롤바)와 화면을 좌우로 이동하는 HScroll Bar(Horizontal Scroll Bar-수평 스크롤 바)가 있다. Max 속성은 최대값을 지정하는 기능이고, Min 속성은 최소값을 지정하는 기능이며, SmallChange(이동 폭 지정) 속성은 스크롤 바의 이동 방향 버튼을 클릭할 때 얼마만큼의 간격으로 이동시킬 것인가를 지정하는 기능이다. 이를 지정할 때에는 최소 1이상을 지정하면 된다.

■ 예제 4- 6

스크롤바를 이용하여 스크롤의 화살표 부분을 클릭하면 레이블에 몇%가 나타나도록 해 보시오.

□ 실행된 폼

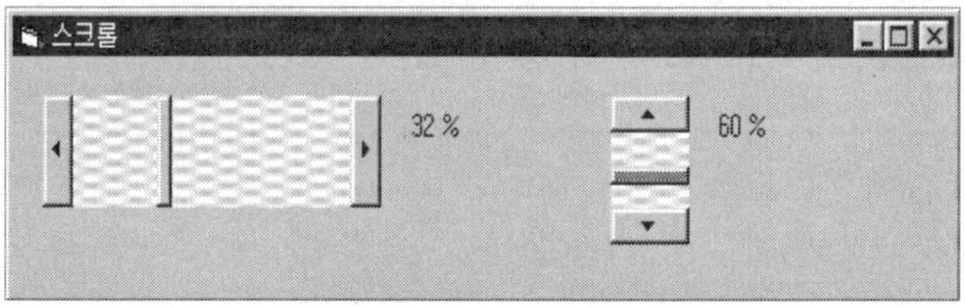

□ 실행전 폼

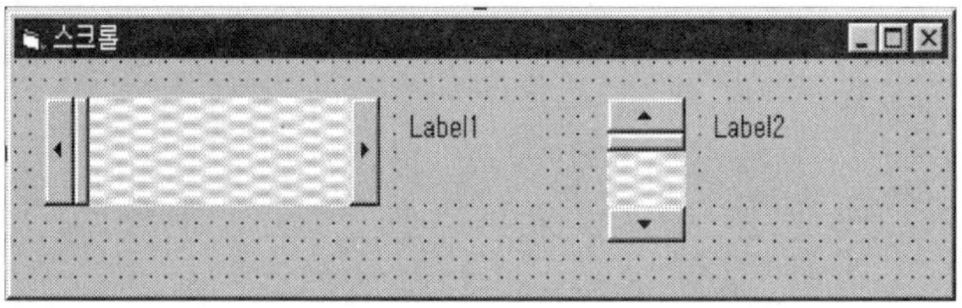

□ 컨트롤 속성

컨트롤 명	컨트롤 이름	속성 변경
폼	frmScroll	Caption="스크롤"
레이블	lbl1	
레이블	lbl2	
수평스크롤	hsbVal	MAX="0", MIN="100"
수직스크롤	vsbVal	MAX="100", MIN="0", SmallChange="10"

□ 프로그램 코드

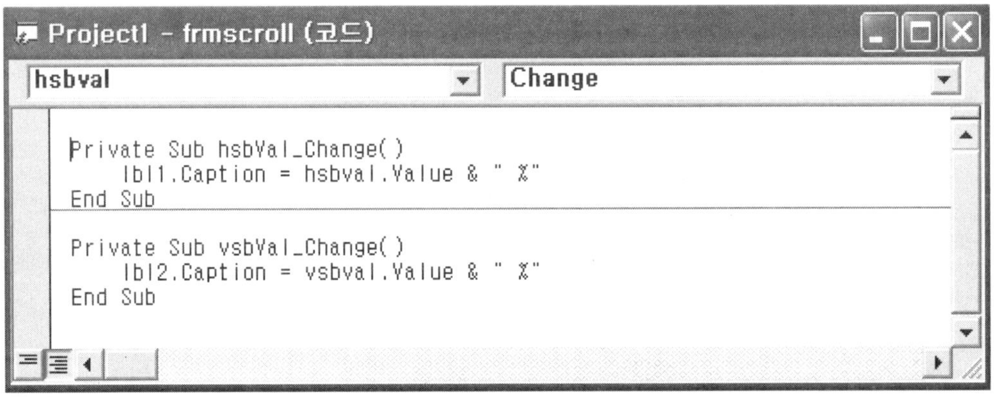

□ 코드 설명

```
Private Sub hsbVal_Change()
    lbl1.Caption = hsbVal.Value & " %"
End Sub
```

⇒ 수평스크롤바가 변화될 때마다 lbl1 레이블에 수평스크롤바의 값과 "%"를 나타낸다.

```
Private Sub vsbVal_Change()
    lbl2.Caption = vsbVal.Value & " %"
End Sub
```

⇒ 수직스크롤바가 변화될 때마다 lbl2 레이블에 수평스크롤바의 값과 “%”를 나타낸다.

■ 예제 4-7

스크롤바와 이미지 컨트롤을 사용하여 스크롤바의 오른쪽에 있는 화살표 그림을 클릭하면 변화된 수치가 레이블에 나타나면서 이미지 박스의 크기가 확대되도록 해 보자.

□ 실행된 폼

□ 실행전 폼

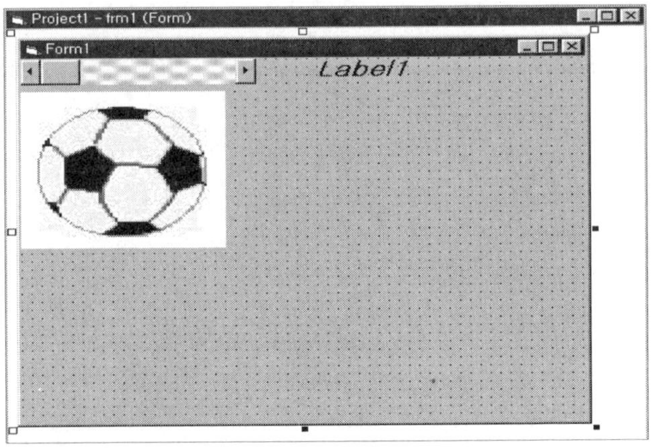

□ 컨트롤 속성

컨트롤 명	컨트롤 이름	속성 변경
폼	frm1	windowState ="2-최대화“
레이블	lbl1	
스크롤	hsb1	MAX="5", MIN="1"
이미지	imgOut	stretch="True" picture="축구공.jpg"

□ 프로그램 코드

Project1 - frm1 (코드)

hsb1 | Change

```
Private Sub hsb1_Change()
    Dim i As Integer
    Dim j As Integer

    i = 2415
    j = 2325
    imgout.Width = i * hsb1.Value
    imgout.Height = j * hsb1.Value
    lbl1.Caption = hsb1.Value * 100 & "% 확대"
End Sub
```

□ 코드 해설

Private Sub hsb1_Change()

⇒ 스크롤바가 변할 때 아래 문장을 수행하라.

  Dim i As Integer

  Dim j As Integer

⇒ i, j 를 정수형태로 정의 해 둔다.

  i = 2415

j = 2325

⇒ 처음의 기본적인 그림의 크기의 값을 i, j 에 넣어둔다.

imgOut.Width = i * hsb1.Value
imgOut.Height = j * hsb1.Value

⇒ 이미지 박스의 넓이 = 기본적인 그림크기 * 스크롤바의 값

⇒ 이미지 박스의 높이 = 기본적인 그림크기 * 스크롤바의 값

⇒ 스크롤값이 1에서 5까지의 값으로 변할 때 마다 이미지 박스의 넓이와 크기가 변하게 된다.

lbl1.Caption = hsb1.Value * 100 & "% 확대"

⇒ 레이블 캡션 = 스크롤바의 값 * 100 그리고 % 확대

⇒ 스크롤바의 값이 변하고 있다는 것을 보이기 위해 레이블로 스크롤바의 값에 100을 곱하여 백분율로 나타낸다.

End Sub

4.5 이미지 리스트 컨트롤 사용

이미지 리스트 컨트롤은 미리 만들어진 여러장의 이미지(그림)를 넣어서 슬라이드를 만들거나 움직이는 그림을 여러장 넣어서 애니메이션을 만들 수 있다.

□ 실행된 폼

◈ 커멘드 버튼 클릭하기 전

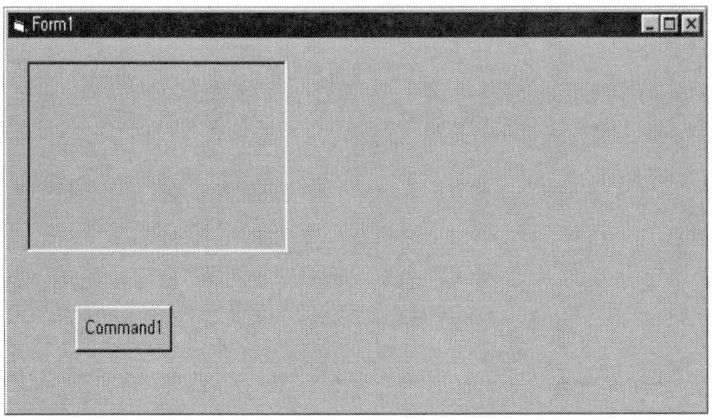

◈ 클릭한 후

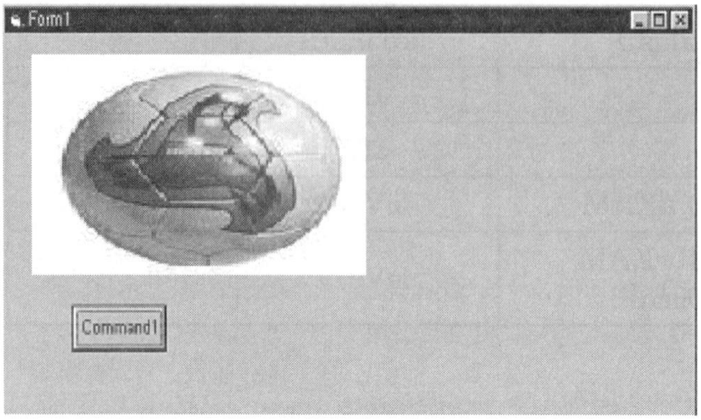

◈ 세 번째 그림이 출력될 때

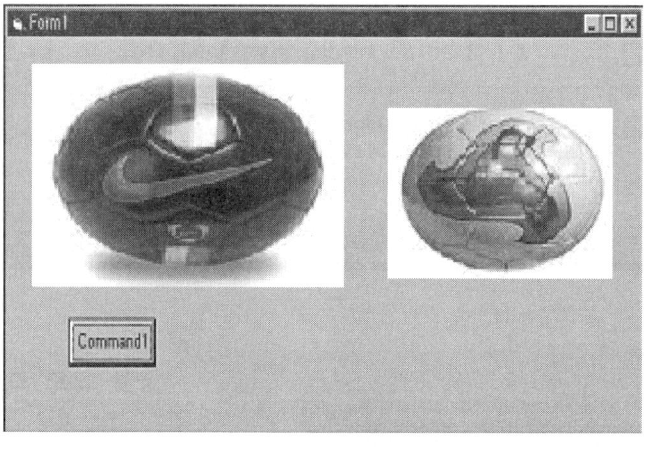

세번째 그림이 출력될 때 이미지 컨트롤이 출력되고 이미지리스트 컨트롤이 실행되어 그림이 움직이면서 앞으로 이동하게 된다.

□ 실행전 폼

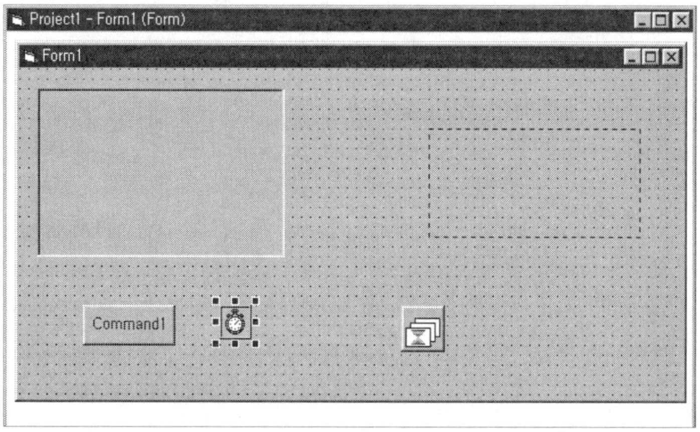

□ 컨트롤 속성

컨트롤 명	컨트롤 이름	속성 변경
폼	Form1	
이미지 박스	img1	Stratch="True"
픽처 박스	Picture1	
이미지 리스트 박스	iml1	
커멘드 버튼	Command1	
타이머	Timer1	Interval="1000"

□ 이미지 컨트롤 사용방법

이미지 컨트롤을 사용하기 위하여 툴박스에 마우스 커서를 위치하고 마우스 오른쪽 버튼을 클릭하여 '구성 요소'를 클릭한다.

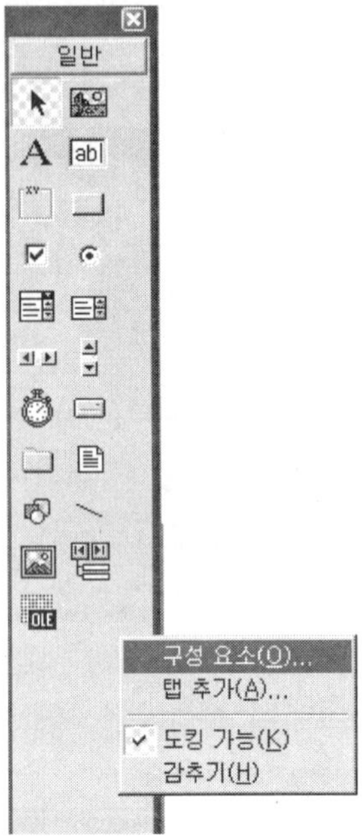

"Microsoft Windows Common Controls 5.0"을 선택하여 확인 버튼을 클릭하면 툴박스에 컨트롤들이 여러개 생길 것이다.

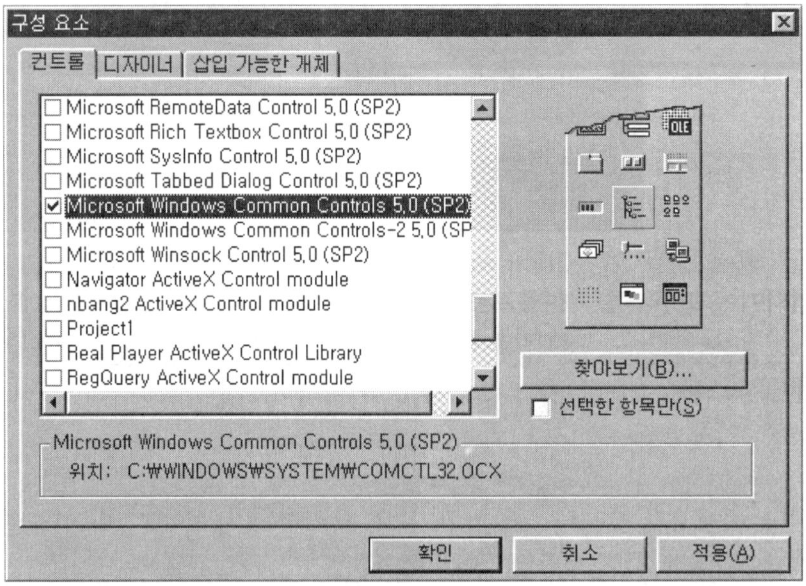

컨트롤 중에서 아래 그림과 같이 이미지 리스트 컨트롤을 더블클릭한다. 오른쪽 버튼을 더블클릭 한 후 속성을 클릭하면 속성 페이지가 팝업된다.

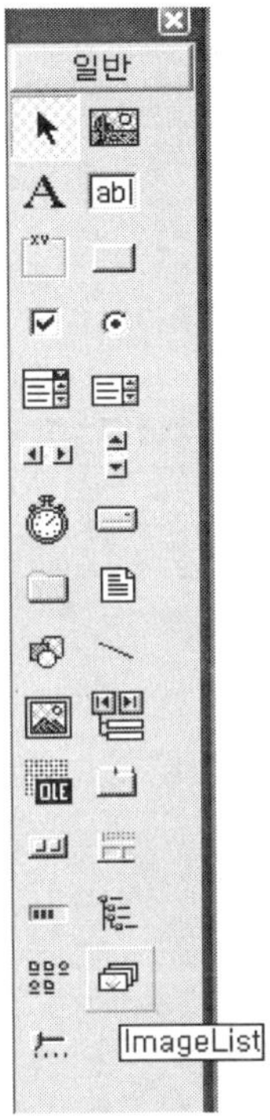

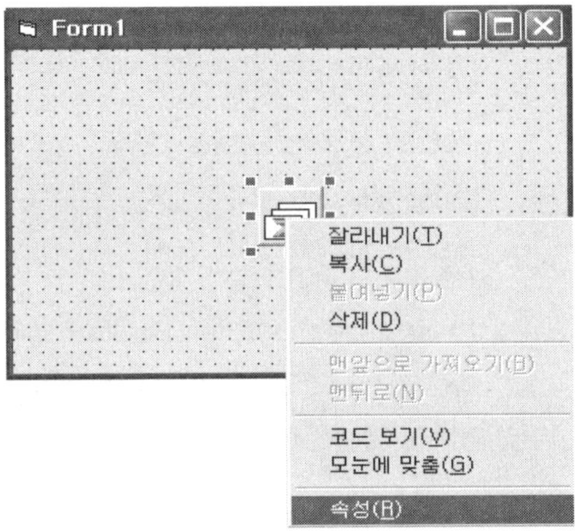

"일반"이나 "색"은 거의 사용할 필요가 없고 이미지에서 그림을 불러와 넣는다. 즉 "그림 삽입" 버튼을 클릭하면 불러오기 대화상자가 나오고, 그림화일을 선택하면 그림이 하나씩 이미지 박스에 출력이 된다. 반면 "그림 삭제"버튼을 클릭하면 그림이 지워진다.

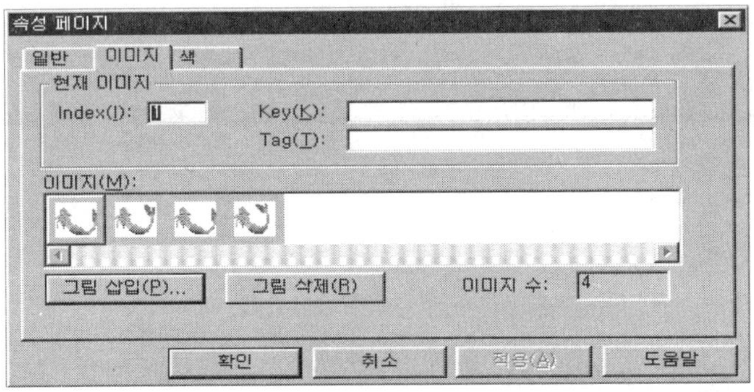

□ 프로그램 코드

Project1 - Form1 (코드)

Form | Load

```
Dim k As Integer

Private Sub Timer1_Timer()
    Select Case k
      Case 1
        Picture1.Picture = LoadPicture("c:₩비주얼베이직₩4장₩예제이미지박스₩축구공1.jpg")
        k = 2
      Case 2
        Picture1.Picture = LoadPicture("c:₩비주얼베이직₩4장₩예제이미지박스₩축구공2.jpg")
        k = 3
      Case 3
        Picture1.Picture = LoadPicture("c:₩비주얼베이직₩4장₩예제이미지박스₩축구공3.jpg")

        Static i As Integer

        img1.Visible = True
        img1.Left = img1.Left - 20

        If img1.Left < -180 Then img1.Left = Me.ScaleWidth
        i = i + 1
        img1.Picture = iml1.ListImages(i).Picture

        If i = 4 Then
            i = 0
            k = 1
            img1.Visible = False
        End If

    End Select

End Sub

Private Sub Command1_Click()
    Timer1.Enabled = True
End Sub

Private Sub Form_Load()
    Timer1.Enabled = False
    k = 1
End Sub
```

□ 코드 설명

Private Sub Form_Load()

Timer1.Enabled = False

⇒ 폼이 로드되면 타이머 중지

k = 1
⇒ 처음의 그림을 출력하기 위해 k를 1로 입력
End Sub

Private Sub Command1_Click()
Timer1.Enabled = True
⇒ 커멘드 버튼을 클릭하면 타이머를 실행
End Sub

Private Sub Timer1_Timer()
Select Case k
Case 1
Picture1.Picture = LoadPicture("c:\축구공1.jpg")
k = 2
⇒ 폼이 로드되어 k가 1로부터 시작이 되므로 k1이 불려지게 되고, k값이 2로 된다.
Case 2
Picture1.Picture = LoadPicture("c:\축구공2.jpg")
k = 3
⇒ k=2가 실행이 되고 k=3로 이동
Case 3
Picture1.Picture = LoadPicture("c:\축구공3.jpg")
⇒ 그림을 불러옵니다.
Static i As Integer
img1.Visible = True
⇒ 이미지 박스가 보여지집니다.
    img1.Left = img1.Left - 20

⇒ 그림을 왼쪽으로 움직이게 함
    If img1.Left < -180 Then img1.Left = Me.ScaleWidth
⇒ 만약 이미지의 좌측 좌표가 -180보다 작으면 이미지의 좌측좌표를 폼의 넓이로 하게 한다.
⇒ 다시말하면 이미지가 폼을 벗어났으면 다시 폼을 우측으로 이동하게 된다.
    i = i + 1
⇒ 이미지 인덱스를 하나 증가

img1.Picture = iml1.ListImages(i).Picture
⇒ 현재의 이미지를 찍고 I값이 증가 되면서 그림이 변하게 됨
If i = 4 Then
⇒ 그림이 네 번째가 되면
i = 0
⇒ 처음으로 이동
k = 1
⇒ 처음 그림으로 이동
img1.Visible = False
⇒ 이미지박스를 보이지 않게 함.
End If
End Select
⇒ 선택루틴이 끝남
End Sub

4.6 타이머 컨트롤

타이머 컨트롤은 지정된 시간 간격으로 타이머 이벤트를 발생시키는 기능을 제공, 타이머 컨트롤을 폼에 그리고 실행하면 타이머 컨트롤은 보이지 않고 숨어 버린다. 타이머 컨트를을 이용하면 이미지를 일정한 간격으로 움직이게 하여 애니매이션을 만들 수 있다. 시계를 만들고, 자명종 등의 여러 가지로 많이 활용하여 만들 수 있다.

타이머 컨트롤의 Interval 속성은 밀리세컨드(ms)의 단위로 타이머 컨트롤을 사용할 때 입력시키는 값으로 1,000을 입력시키면 1초, 10,000은 10초와 같다. 0은 기본값으로 Timer 컨트롤을 사용할 수 없으며, 1~65,535의 값은 Timer 컨트롤의 Enabled 속성이 True로 설정되어 있을 때 유효한 간격을 (msec 단위로) 설정한다. 예를 들어, 10,000 msec의 값은 10 초와 같다. 최고 값인 65,535 msec은 1분을 약간 넘는 값이다.

■ 예제 4-8

타이머 컨트롤을 이용하여 나타낼 수 있는 다양한 형태의 시계를 만들어 보자.

□ 실행된 폼

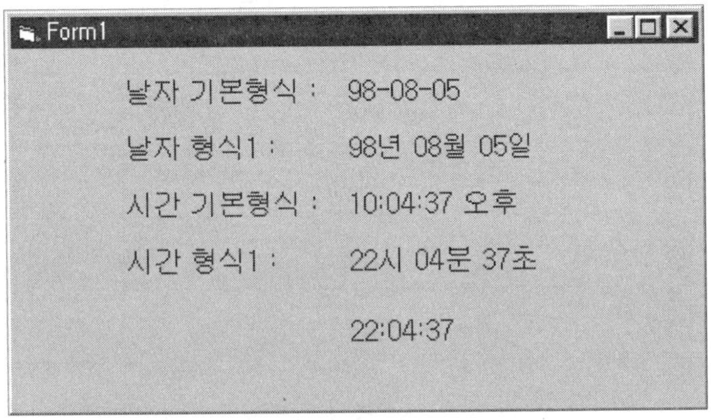

□ 실행전 폼

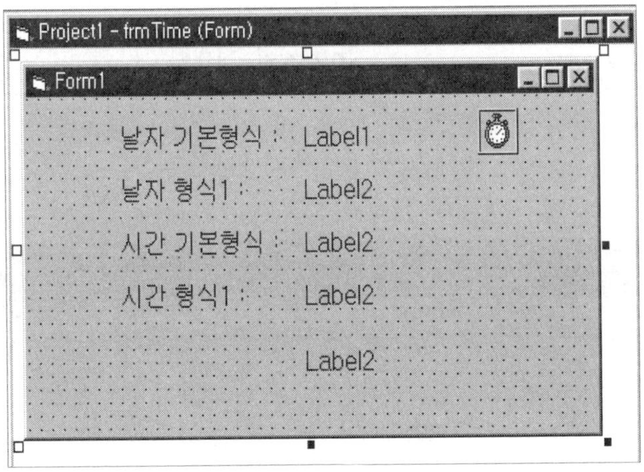

□ 컨트롤 속성

컨트롤 명	컨트롤 이름	속성 변경
폼	frmTime	
레이블	lbl1	Caption="날자 기본형식"
레이블	lbl2	Caption="날자 형식1"
레이블	lbl3	Caption="시간 기본형식"
레이블	lbl4	Caption="시간 형식1"
레이블	lbl5	
레이블	lbl6	
레이블	lbl7	
레이블	lbl8	
레이블	lbl9	
타이머	tmrPlay	Interval="1000"

□ 프로그램 코드

Project1 - frmtime (코드)

tmrplay | Timer

```
Private Sub tmrPlay_Timer()
    lbl5.Caption = Date
    lbl6.Caption = Format$(Date, "YY년 MM월 DD일")
    lbl7.Caption = Time
    lbl8.Caption = Format$(Now, "HH시 MM분 SS초")
    lbl9.Caption = Format$(Now, "HH:MM:SS")
End Sub
```

□ 코드 설명

Private Sub tmrPlay_Timer()
lbl5.Caption = Date
⇒ 날자를 기본형식으로 표시
lbl6.Caption = Format$(Date, "YY년 MM월 DD일")
⇒ 날자를 "년 월 일"형식으로 표시
lbl7.Caption = Time
⇒ 시간을 기본형식으로 표시
lbl8.Caption = Format$(Now, "HH시 MM분 SS초")
⇒ 시간을 "시 분 초"형식으로 표시
lbl9.Caption = Format$(Now, "HH:MM:SS")
⇒ 시간을 " : : : "형식으로 표시
End Sub

5. 다중 폼, 타이머 응용 프로젝트

5.1 다중 폼

한 개 이상의 폼을 사용하여 응용 프로그램을 개발 할 수 있다. 한 개의 폼에서 다른 폼을 보여지게 할 수도 있으며, 주어진 값에 따라 모달 형태의 폼과 모달리스 형태의 폼을 활용할 수 있다.

■ 예제 5-1

"폼 불러오기 형식1", "폼 불러오기 형식2" 두 개의 버튼을 클릭하면 폼2가 나온다. 두 개 버튼의 차이점은 1은 폼2가 실행이 되면 폼1의 선택이 불가능하고, 2는 폼2가 실행이 되어도 폼1의 선택이 가능하다. 이는 실행해 보고 클릭해 보면 쉽게 알 것이다. 이를 프로그램 해 보자.

□ 실행된 폼

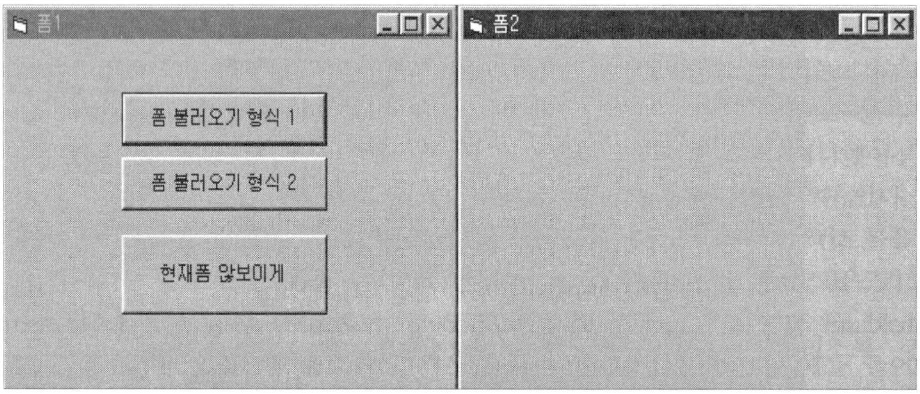

□ 컨트롤 속성

컨트롤 명	컨트롤 이름	속성 변경
폼(첫번째)	frm1	Caption="폼1"
커맨드	cmdS1	Caption="폼 불러오기 형식1"
커맨드	cmdS2	Caption="폼 불러오기 형식2"
커맨드	cmdhide	Caption="현재 폼 않보이게"
폼(두번째)	frm2	Caption="폼2"

□ 실행전 폼

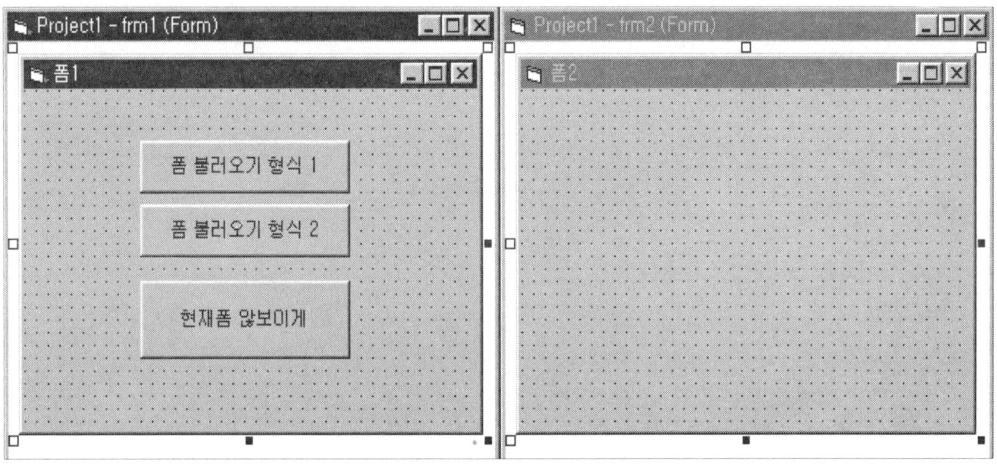

□ 프로그램 코드

Project1 - frm1 (코드)

cmds1 | Click

```
Private Sub cmdS1_Click()
    frm2.Show 1
End Sub

Private Sub cmdS2_Click()
    frm2.Show 0
End Sub

Private Sub cmdHide_Click()
    Me.Hide
End Sub
```

□ 코드 분석

Private Sub cmdS1_Click()
frm2.Show 1
End Sub
⇒ 폼2를 보이게 하되 제어권을 넘기어 받음.

Private Sub cmdS2_Click()
frm2.Show 0
End Sub
⇒ 폼2를 보이게 한다. 기본값을 가진다.

Private Sub cmdHide_Click()
Me.Hide
End Sub
⇒ 폼을 숨긴다.

■ 예제5-2

텍스트박스에 어떤 글을 쓴 후 “Form2를 보여준다.” 버튼을 클릭하면 Form2가 나타나면서 쓴 글이 나타나고, “Form1을 보여준다.” 버튼을 클릭하면 Form1 폼이 나타나도록 해 보자.

□ 실행된 폼

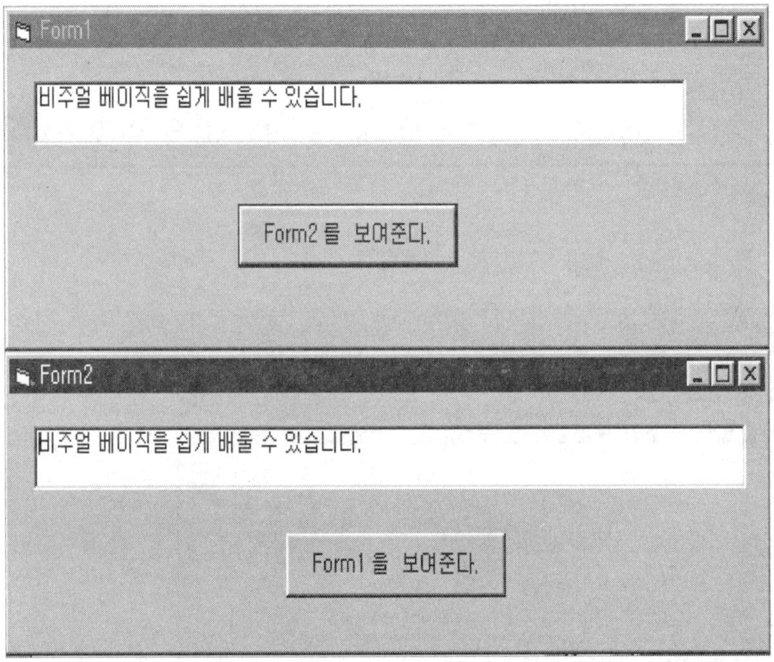

□ 사용된 컨트롤

컨트롤 명	컨트롤 이름	속성 변경
폼(첫번째)	Form1	
텍스트	txtIn	Text=""
커맨드	cmdshow	Caption="Form2를 보여준다.“
폼(두번째)	Form2	
텍스트	txtOut	Text=""
커맨드	cmdshow	Caption="Form1을 보여준다.“

□ 실행전 폼

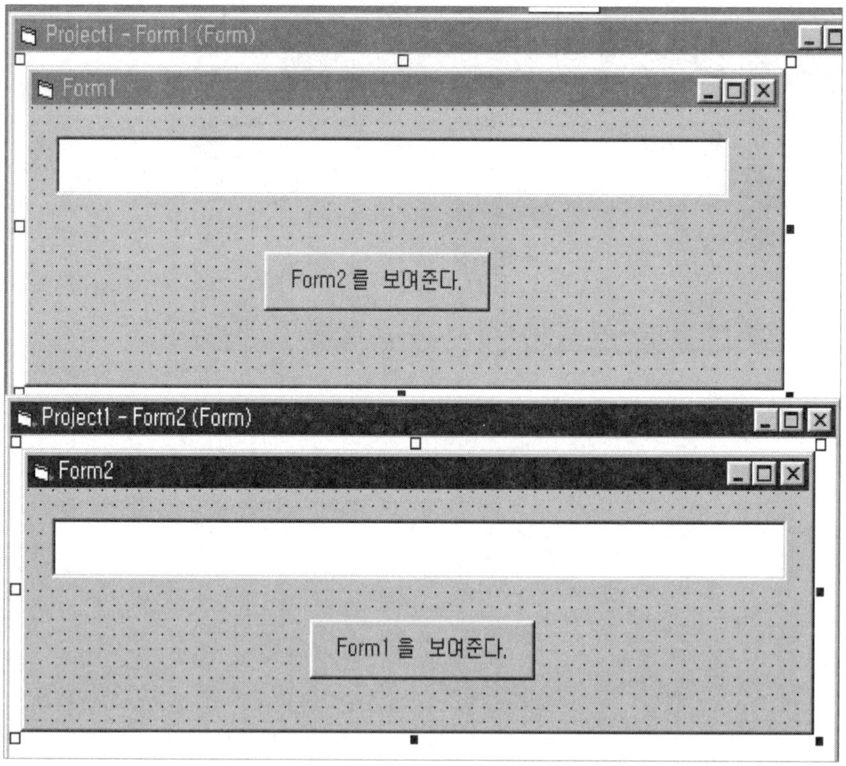

□ 프로그램 코드

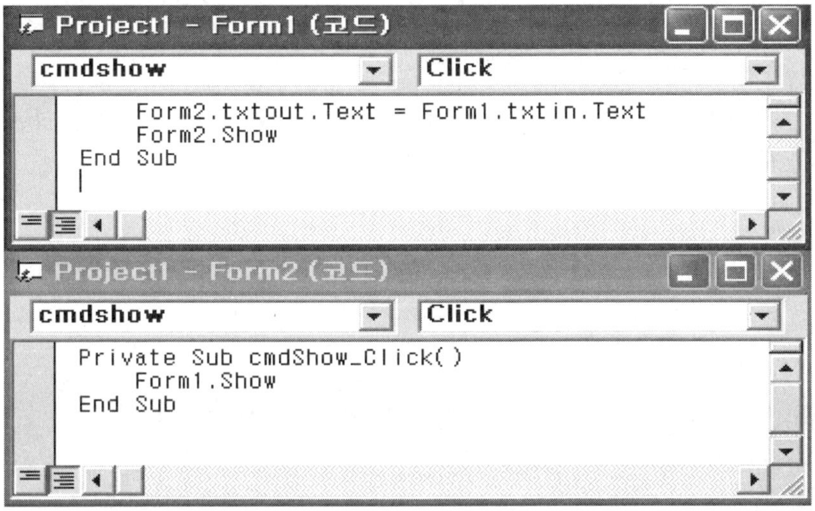

□ 코드 설명

◈ Form1의 코딩

Private Sub cmdShow_Click()
Form2.txtOut.Text = Form1.txtIn.Text
Form2.Show
End Sub

⇒ Form2의 텍스트박스에 Form1의 텍스트박스에 있는 텍스트가 들어간다.
⇒ Form2를 보이게 한다.

◈ Form2의 코딩

Private Sub cmdShow_Click()
Form1.Show
End Sub

⇒ Form1을 보이게 한다.

5.2 타이머 응용 프로그램

■ 예제 5-3

시간이 되면 자동적으로 메시지와 함께 소리가 나면서 현재의 스케줄을 화면상에 나타내어 주는 스케줄러 프로그램을 작성 해 보자.

□ 실행된 폼

◈ 주 화면

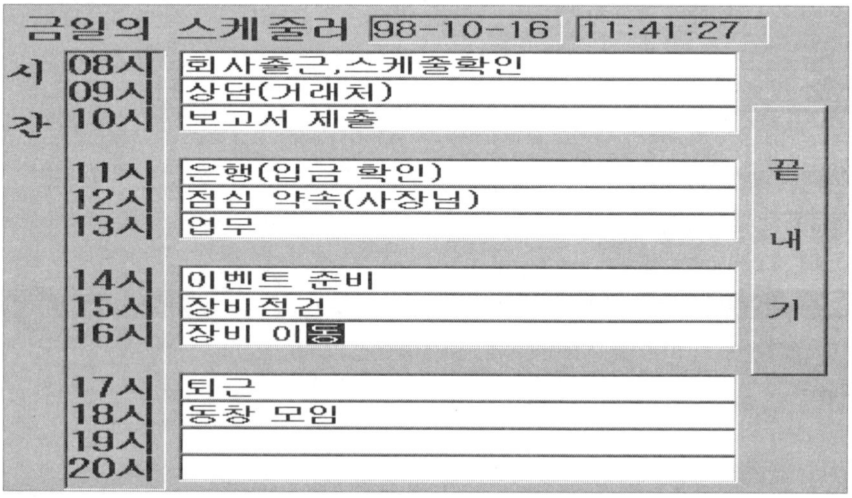

◈ 부화면

시간이 되면 자동적으로 부화면이 나타난다.

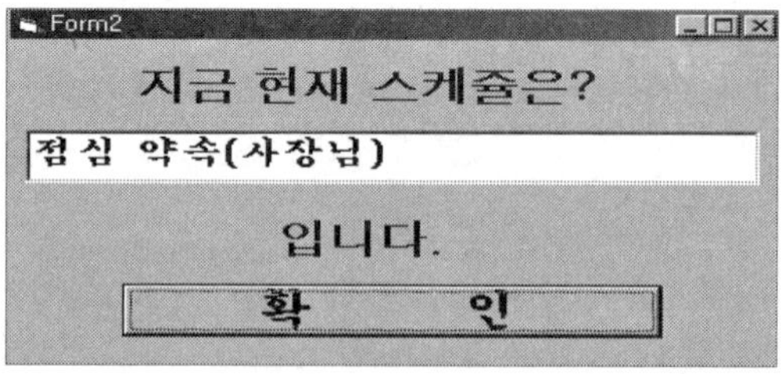

□ 실행전 폼

◈ 주 화면

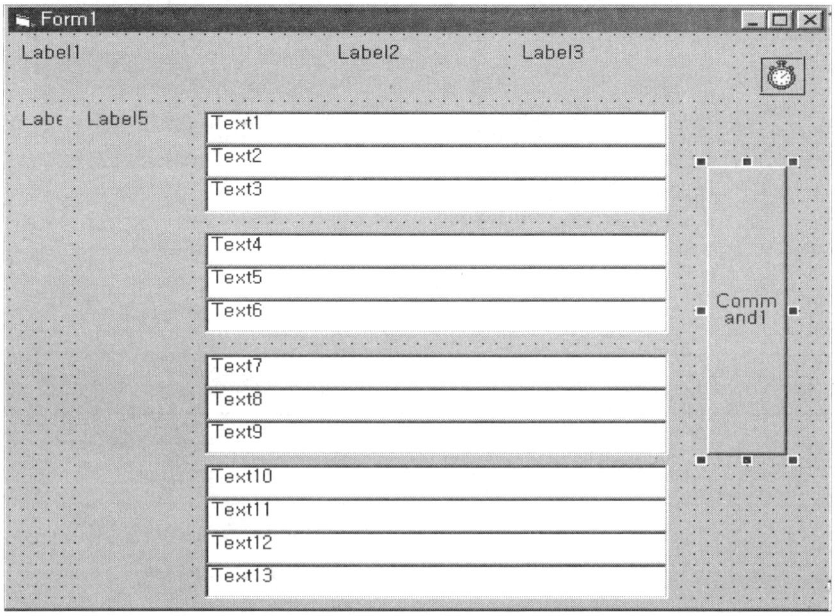

◈ 부 화면

비주얼 베이직 풀다운메뉴에서 폼 추가를 선택 열기를 클릭하면 새로운 폼(form2)이 만들어진다.

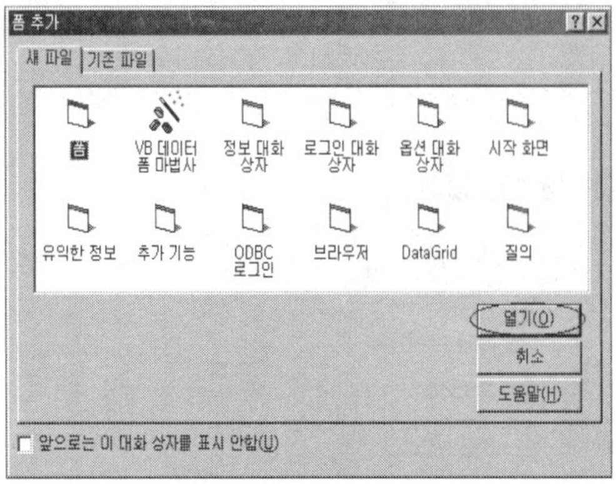

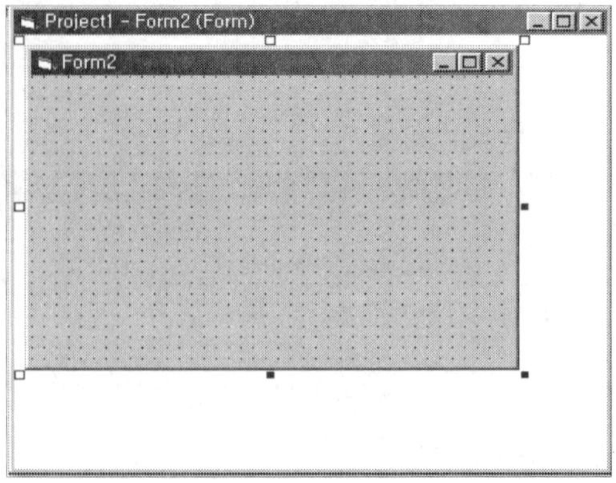

□ 컨트롤 속성

컨트롤 명	컨트롤 이름	속성 지정
레이블	Label1	Caption="금일의 스케줄러" FontSize="16"
레이블	lblDate	BoardStyle="1 단일 고정" FontSize="13" Caption=""
레이블	lblTimer	BoardStyle="1 단일 고정" FontSize="13" Caption=""
레이블	Label4	BackStyle="0 투명" FontSize="13" Caption="시간"
레이블	Label5	BoardStyle="1 단일 고정" FontSize="13" Caption="08시09시....19시20시
타이머	Timer1	Interval="1000"
커멘드	cmdEnd	Daflult="True" FontSize="13" Caption="끝내기"

컨트롤 명	컨트롤 이름	속성 지정
텍스트 박스	txtSi08	FontSize="13" Text=""
텍스트 박스	txtSi09	FontSize="13" Text=""
텍스트 박스	txtSi10	FontSize="13" Text=""
텍스트 박스	txtSi11	FontSize="13" Text=""
텍스트 박스	txtSi12	FontSize="13" Text=""
텍스트 박스	txtSi13	FontSize="13" Text=""
텍스트 박스	txtSi14	Fontsize="13" Text=""
텍스트 박스	txtSi15	FontSize="13" Text=""
텍스트 박스	txtSi16	FontSize="13" Text=""
텍스트 박스	txtSi17	FontSize="13" Text=""
텍스트 박스	txtSi18	FontSize="13" Tezt=""
텍스트 박스	txtSi19	FontSize="13" Text=""
텍스트 박스	txtSi20	FontSize="13" Text=""

□ 부화면 속성 지정하기

먼저 프로젝트 탐색기에서 Form2를 선택하면 부화면이 나타난다.

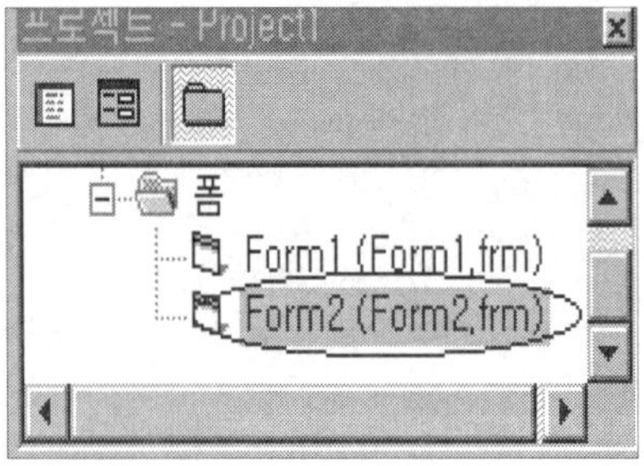

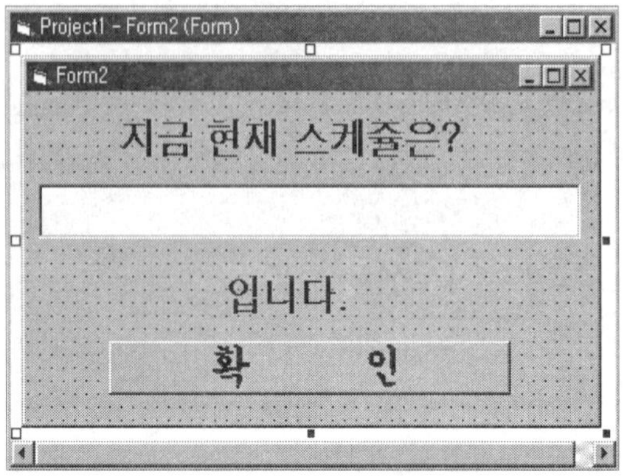

□ 속성 지정

컨트롤 명	컨트롤 이름	속성
레이블	Label1	BackSytle="0투명“ FontSize="16" Caption="지금 현재 스케쥴은?“
레이블	Label2	backSytle="0투명“ FontSize="16" Caption="입니다.“
텍스트 박스	txtDisplay	FontSize="16" Text=""
커멘드 버튼	cmdHide	FontSize="13" Caption="확 인“

□ 완성된 폼

◈ 주 화면

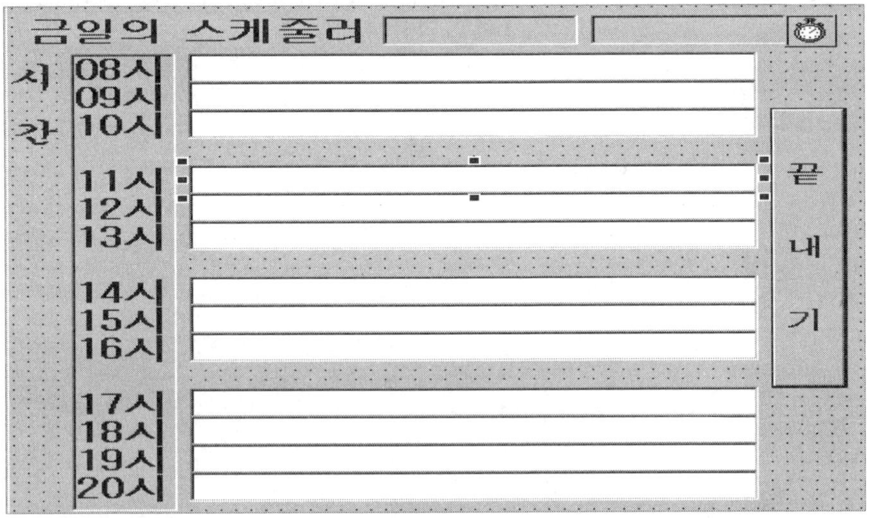
금일의 스케줄러
시간
08시
09시
10시
11시
12시
13시
14시
15시
16시
17시
18시
19시
20시
끝내기

◈ 부 화면

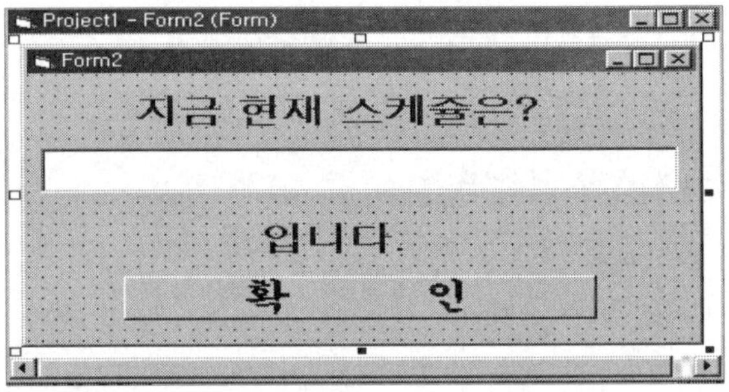
Project1 - Form2 (Form)
Form2
지금 현재 스케줄은?
입니다.
확 인

□ 프로그램 코드

Project1 - Form1 (코드)

Timer1 | Timer

```
Private Sub cmdEnd_Click()
    Dim result As Integer
    result = MsgBox("정말로 종료하시겠습니까?", vbYesNo + vbQuestion, _
        "종료확인")
    If result = vbYes Then End
End Sub

Private Sub Timer1_Timer()
    lbltimer.Caption = Format$(Time, "hh:mm:ss")
    lbldate.Caption = Date


    If lbltimer.Caption = "08:00:00" Then
        Form2.Show
        Form2.txtdisplay.Text = Form1.txtsi08.Text
        Beep
    End If
    If lbltimer.Caption = "09:00:00" Then
        Form2.Show
        Form2.txtdisplay.Text = Form1.txtsi09.Text
        Beep
    End If
    If lbltimer.Caption = "10:00:00" Then
        Form2.Show
        Form2.txtdisplay.Text = Form1.txtsi10.Text
        Beep
    End If
    If lbltimer.Caption = "11:00:00" Then
        Form2.Show
        Form2.txtdisplay.Text = Form1.txtsi11.Text
        Beep
    End If
    If lbltimer.Caption = "12:00:00" Then
        Form2.Show
        Form2.txtdisplay.Text = Form1.txtsi12.Text
        Beep
    End If
```

Project1 - Form1 (코드)

Timer1 | Timer

```
    If lbltimer.Caption = "13:00:00" Then
        Form2.Show
        Form2.txtdisplay.Text = Form1.txtsi13.Text
        Beep
    End If

    If lbltimer.Caption = "14:00:00" Then
        Form2.Show
        Form2.txtdisplay.Text = Form1.txtsi14.Text
        Beep
    End If
    If lbltimer.Caption = "15:00:00" Then
        Form2.Show
        Form2.txtdisplay.Text = Form1.txtsi15.Text
        Beep
    End If
    If lbltimer.Caption = "16:00:00" Then
        Form2.Show
        Form2.txtdisplay.Text = Form1.txtsi16.Text
        Beep
    End If
    If lbltimer.Caption = "17:00:00" Then
        Form2.Show
        Form2.txtdisplay.Text = Form1.txtsi17.Text
        Beep
    End If
    If lbltimer.Caption = "18:00:00" Then
        Form2.Show
        Form2.txtdisplay.Text = Form1.txtsi18.Text
        Beep
    End If
    If lbltimer.Caption = "19:00:00" Then
        Form2.Show
        Form2.txtdisplay.Text = Form1.txtsi19.Text
        Beep
    End If
    If lbltimer.Caption = "20:00:00" Then
        Form2.Show
        Form2.txtdisplay.Text = Form1.txtsi20.Text
        Beep
    End If
End Sub
```

Project1 - Form2 (코드)

cmdhide | Click

```
Private Sub cmdHide_Click()
    Form2.Hide
End Sub
```

프로시저

□ 코드 설명

```
'종료 버튼
Private Sub cmdEnd_Click()
    Dim result As Integer
    result = MsgBox("정말로 종료하시겠습니까?", vbYesNo + vbQuestion, _
           "종료확인")
    If result = vbYes Then End
End Sub
```

'사용자가 예(Yes)버튼을 선택하면 프로그램이 종료되고 아니오(NO)버튼을 선택하면 프로그램이 계속 실행된다.

```
'타이머 컨트롤
Private Sub Timer1_Timer()
    lblTimer.Caption = Format$(Time, "hh:mm:ss")
lblDate.Caption = Date
```

'레이블 박스 안에 날짜와 시간을 출력한다.

```
If lblTimer.Caption = "08:00:00" Then
    Form2.Show
    Form2.txtDisplay.Text = Form1.txtSi08.Text
     Beep
End If
If lblTimer.Caption = "09:00:00" Then
    Form2.Show
    Form2.txtDisplay.Text = Form1.txtSi09.Text
    Beep
End If
If lblTimer.Caption = "10:00:00" Then
    Form2.Show
     Form2.txtDisplay.Text = Form1.txtSi10.Text
    Beep
End If
```

```
If lblTimer.Caption = "11:00:00" Then
    Form2.Show
    Form2.txtDisplay.Text = Form1.txtSi11.Text
    Beep
End If
If lblTimer.Caption = "12:00:00" Then
    Form2.Show
    Form2.txtDisplay.Text = Form1.txtSi12.Text
    Beep
End If

If lblTimer.Caption = "13:00:00" Then
    Form2.Show
    Form2.txtDisplay.Text = Form1.txtSi13.Text
    Beep
End If

If lblTimer.Caption = "14:00:00" Then
    Form2.Show
    Form2.txtDisplay.Text = Form1.txtSi14.Text
     Beep
End If
If lblTimer.Caption = "15:00:00" Then
    Form2.Show
    Form2.txtDisplay.Text = Form1.txtSi15.Text
    Beep
End If
If lblTimer.Caption = "16:00:00" Then
    Form2.Show
    Form2.txtDisplay.Text = Form1.txtSi16.Text
    Beep
End If
If lblTimer.Caption = "17:00:00" Then
    Form2.Show
```

```
        Form2.txtDisplay.Text = Form1.txtSi17.Text
        Beep
    End If
    If lblTimer.Caption = "18:00:00" Then
        Form2.Show
        Form2.txtDisplay.Text = Form1.txtSi18.Text
        Beep
    End If
    If lblTimer.Caption = "19:00:00" Then
        Form2.Show
        Form2.txtDisplay.Text = Form1.txtSi19.Text
        Beep
    End If
    If lblTimer.Caption = "20:00:00" Then
        Form2.Show
        Form2.txtDisplay.Text = Form1.txtSi20.Text
        Beep
    End If
    End Sub
```

⇒ 코드에서 사용된 Show 명령은 다른 폼을 호출하는 명령어로 대화 상자로 호출하기 위해 메소드를 1로 설정.

□ 부 화면 코드 설명

```
'확인 버튼
Private Sub cmdHide_Click()
    Form2.Hide ⇒ Me.Hide라고 해도 됨.
End Sub
```

⇒ Hide 속성은 숨기는 동작을 실행한다. 따라서 확인 버튼을 클릭하면 부화면이 숨겨진다.

5.3 화폐단위 계산 프로 그램

■ 예제 5-4

Ba라는 배열방 10개에 차례대로 금액이 입력되면 그 금액을 단위별 금액으로 바꾸어 주는 화폐를 단위별로 최소화는 프로그램을 작성해 보자. 프로그램 작성 순서는 먼저 금액을 입력한다. 그런 다음 금액을 최소화하여 나타내어준다. 금액을 입력 후 계산하기 버튼을 클릭하면 리스트 박스로 출력하고 입력한 현재의 금액을 나타내어 준다.

화폐단위가 기억될 일차원 배열을 살펴보면 다음과 같다.

Ba(1) 100000
Ba(2) 10000
Ba(3) 5000
Ba(4) 1000
Ba(5) 500
Ba(6) 100
Ba(7) 50
Ba(8) 10
Ba(9) 5
Ba(10) 1

만약 10101011이라고 입력하면
Ba(1)100000 에는 101개
Ba(4) 1000 에는 1개
Ba(8) 10 에는 1개
Ba(10) 1 에는 1개

□ 실행된 폼

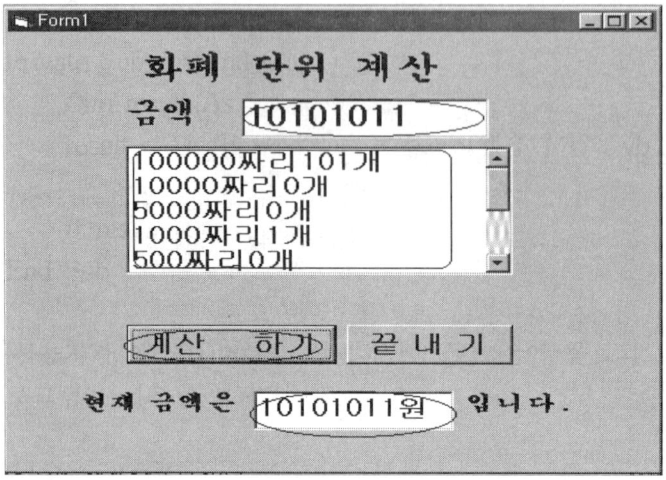
Form1
화폐 단위 계산
금액
10101011
100000짜리101개
10000짜리0개
5000짜리0개
1000짜리1개
500짜리0개
계산 하기
끝 내 기
현재 금액은
10101011원
입니다.

□ 실행전 폼

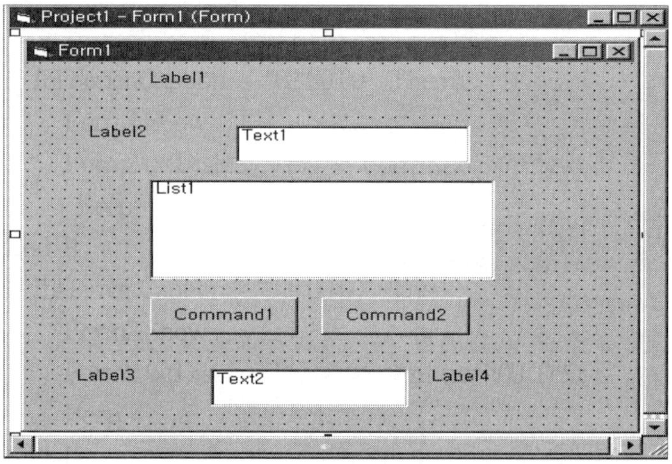
Project1 - Form1 (Form)
Form1
Label1
Label2
Text1
List1
Command1
Command2
Label3
Text2
Label4

□ 컨트롤 속성

컨트롤 명	컨트롤 이름	속성 지정하기
레이블	Label1	BackSytle="0 투명" Caption="화폐단위 계산" Fontsize="18"
레이블	Label2	Caption="금액" FontSize="16"
레이블	Label3	Caption="현재금액은" FontSize="16"
레이블	Label4	Caption="입니다." FontSize="16"
커멘드 버튼	cmdGesan	Caption="계산하기" Default="True" FontSize="16"
커멘드 버튼	cmdEnd	Caption="종료" FontSize="16"
텍스트 박스	txtInput	BoardSytle="1단일고정" FontSize="16" Text=""
텍스트 박스	txtDisplay	BoardSytle="1단일고정" FontSize="16" Text=""
리스트 박스	List1	FontSize="16" Style="표준"

□ 완성된 폼

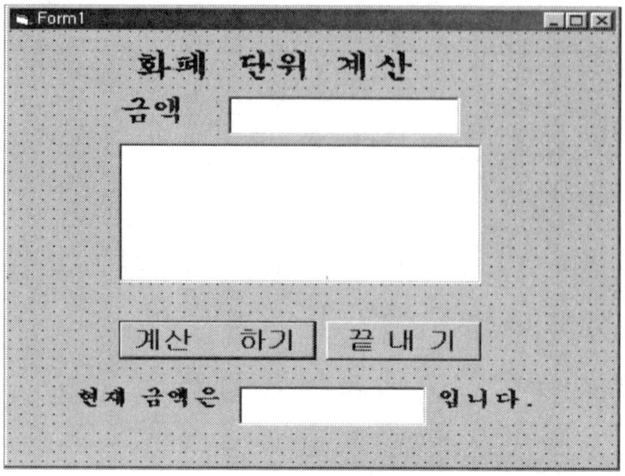

□ 프로그램 코드

```
Project1 - Form1 (코드)
cmdgesan    Click

Private Sub cmdGesan_Click()
    Dim Ba(1 To 10) As Long
    Dim Tot

    Ba(1) = 100000
    Ba(2) = 10000
    Ba(3) = 5000
    Ba(4) = 1000
    Ba(5) = 500
    Ba(6) = 100
    Ba(7) = 50
    Ba(8) = 10
    Ba(9) = 5
    Ba(10) = 1
    Tot = txtinput.Text

    For I = 1 To 10
            mok = Int(Tot / Ba(I))
        nam = Tot - mok * Ba(I)
        List1.AddItem Ba(I) & "짜리" & mok & "개"
        Tot = nam
     Next I
    txtdisplay.Text = txtinput.Text & "원"
End Sub

Private Sub cmdEnd_Click()
    End
End Sub
```

□ 코드 설명

```
Private Sub cmdGesan_Click()
    Dim Ba(1 To 10) As Long
    Dim Tot
```
⇒ 배열 Ba방 10개를 Long형으로 지정.
Tot라는 임시 방 준비.

```
    Ba(1) = 100000
    Ba(2) = 10000
    Ba(3) = 5000
    Ba(4) = 1000
    Ba(5) = 500
    Ba(6) = 100
    Ba(7) = 50
    Ba(8) = 10
    Ba(9) = 5
    Ba(10) = 1
```
⇒ 각 배열방에 최소화 금액을 넣어둔다.

```
    Tot = txtInput.Text
```
⇒ 조금전에 만든 Tot 방에 텍스트 박스로 입력된 값을 넣어둔다.

```
    For I = 1 To 10
        mok = Int(Tot / Ba(I))
        nam = Tot - mok * Ba(I)
        List1.AddItem Ba(I) & "짜리" & mok & "개"
        Tot = nam
    Next I
```
⇒ 금액을 최소화 금액으로 나누어 몫은 mook 방에 나머지는 nam 방에 넣어 둔다.

계산한 값을 리스트 박스로 표시한다.

txtDisplay.Text = txtInput.Text & "원"

⇒ 현재의 금액을 txtInput 박스로 입력 받아서 txtDisplay방으로 그대로 출력한다.

End Sub

□ 실행 폼

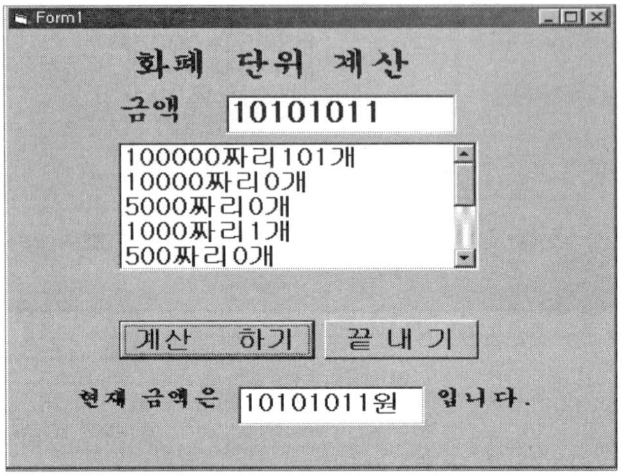

□ 비주얼 베이직에서 많이 쓰이는 속성들

속 성	의 미
Name	개체를 확인하기 위한 개체를 반환
Apperance	실행모드에서 개체가 3D 그려지는지 여부를 반환하거나 설정.
BackColor	바탕 화면의 칼라를 지정.
Caption	개체의 제목 표시줄이나 개체 아이콘 밑에 표시되는 텍스트를 반환하거나 설정
ControlBox	실행모드에서 폼에 컨트롤 메뉴상자가 표시되었는지의 값을 지정
Default	폼의 기본명령 단추 인지 결정
Enabled	개체가 사용자가 만든 이벤트에 응답할 수 있는지의 여부를 결정
Font	화면에 나타날 글자의 종류, 크기
ForeColor	글자의 색
Height	폼의 높이
Icon	아이콘화 될 때의 icon
Left	좌측 위치
MaxButton	폼에 아이콘 표시 단추가 있는지의 여부결정
MinButton	전체화면 표시 단추를 가질지의 여부 결정
MousePointer	실행될 때 마우스 모양
Moveable	화면의 이동 여부
ShowInTaskbar	윈도우 95작업표시줄에 폼이나 MDI폼 개체가 나타나는지의 여부 결정.
starUpPosition	실행될때의 화면 위치
Tag	포로그램에 필요한 여분의 데이타 저장
Top	폼의 Top 위치
Visible	폼이 보이는지 않보이는지 여부 결정
Width	폼의 넓이
WindowState	폼의 초기 상태

6. Shape 컨트롤, Progress Bar 컨트롤, System 응용 프로젝트

6.1 공이 이동하는 프로그램

□ 전역 변수와 지역 변수

전역 변수(Public)는 Public 프로시저에서 선언된 변수는 어느 곳에서 선언되었든지 모두 사용 할 수 있다. 반면, 지역 변수(Private)는 Private 프로시저에서 선언된 변수들은 이벤트 핸들러인 프로시저에서만 사용 가능하다.

■ 예제 6-1

전역 변수와 지역 변수를 설명하기 위하여 다음의 컨트롤들을 사용하여 보자.

□ 실행 폼

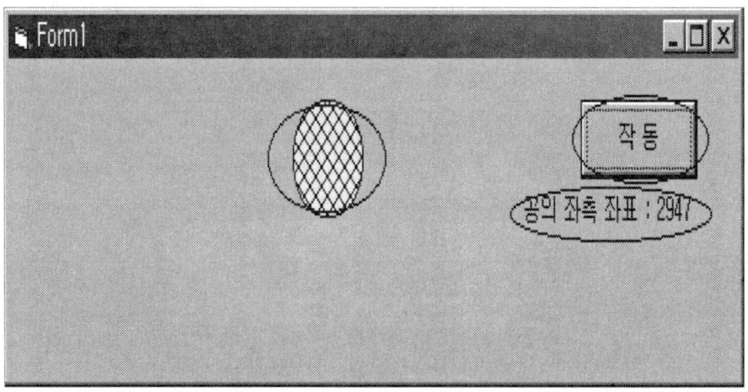

Shape 컨트롤은 작동 버튼 클릭 시 공이 좌표에 따라 움직이고 작동 커멘드 버튼 클릭 시 공이 움직인다. 레이블 박스는 작동 버튼은 클릭했을 때 마다 공이 움직이는 좌표를 나타낸다.

□ Shape 컨트롤 속성

속성 값	형태
0	사각형
1	정사각형
2	타원형
3	원형
4	둥근 사각형
5	둥근 정사각형

□ Shape 컨트롤에서 Fill style 속성

속성 값	선교차 방법
0	단색
1	투명
2	수평선
3	수직선
4	상향 대각선
5	하향 대각선
6	교차선
7	대각 교차선

□ 완성된 폼

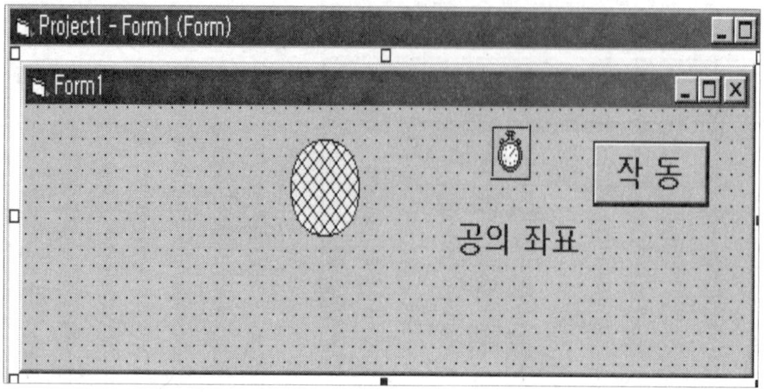

□ Shape 속성 지정하기

Name: Shape1

BackColor: 노란색

BoardStyle: 1 단색

FillStyle: 7 대각 교차선

Shape: 3 원형

□ 타이머, 레이블, 커멘드 컨트롤

컨트롤 명	컨트롤 이름	속성
레이블	Label1	AutoSize="True" Caption="공의 좌표“ FontSize="14"
커멘드 버튼	cmd1	Caption="동작“ Default="true" FontSize="14"
타이머	Timer1	Interval="200"

□ 프로그램 코드

Project1 - Form1 (코드)

(일반) (선언)

```
Dim k As Integer

Private Sub cmd1_Click()
    k = 1
    Timer1.Enabled = True
End Sub

Private Sub Form_Load()
    Timer1.Enabled = False
End Sub

Private Sub Timer1_Timer()
    Shape1.Left = Shape1.Left + Sin(k) * 1000
    k = k + 1
    Label1.Caption = "공의 좌측 좌표 : " & Shape1.Left
End Sub
```

□ 부분적 코드 설명

'전역 변수 선언
Dim k As Integer
⇒ k라는 변수를 전역 변수로 선언.

```
Private Sub cmd1_Click()
    k = 1
    Timer1.Enabled = True
End Sub
```

⇒ Timer1.Enabled= False 로하면 프로그램 실행시 좌표값과 공의 움직임이 없어진다.

```
Private Sub Form_Load()
    Timer1.Enabled = False
```

```
End Sub

Private Sub Timer1_Timer()
    Shape1.Left = Shape1.Left + Sin(k) * 1000
    k = k + 1
    Label1.Caption = "공의 좌측 좌표 : " & Shape1.Left
End Sub
```

⇒ Shape 컨트로의 좌측 좌표를 Sin 함수를 이용하여 계산한다 .
K값이 변함에 따라 좌표값도 달라진다.
레이블에 좌표를 출력한다.

□ 실행된 폼

6.2 그림 그리기 프로그램

프레임 박스는 동일한 목적에 쓰이는 옵션버튼이나 체크버튼과 같은 것을 넣어 두는 곳으로 그림그리기 등의 예에 자주 사용된다.

■ 예제 6-2

다음의 그림그리기 예에서 사용될 숫자 함수와 숫자 형식을 살펴보자.

□ 숫자 함수

Abs : 절대 값을 반환
Cos : 코사인 값을 반환
Sin : 사인값을 반환
Tan : 탄젠트 값을 반환
Exp : 자연로그값을 반환
Int : 정수값을 반환
Squ : 제곱근값을 반환
Val : 문자열을 숫자로 반환

□ 숫자형식

0 : 숫자가 없는 경우(0 표시)
: 숫자가 없는 경우(표시안함)
. : 1000단위 구분
. : 소수점

Currency : 화페기호(₩)을 삽입합니다.
Percent : %값으로표시합니다.

□ 실행 화면

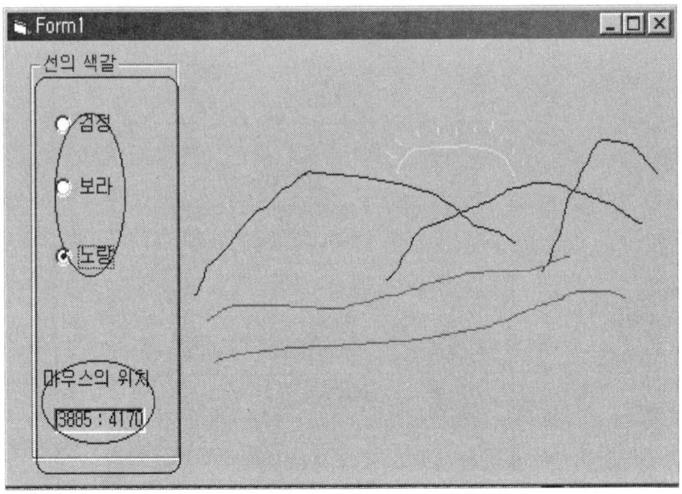

□ 완성된 폼

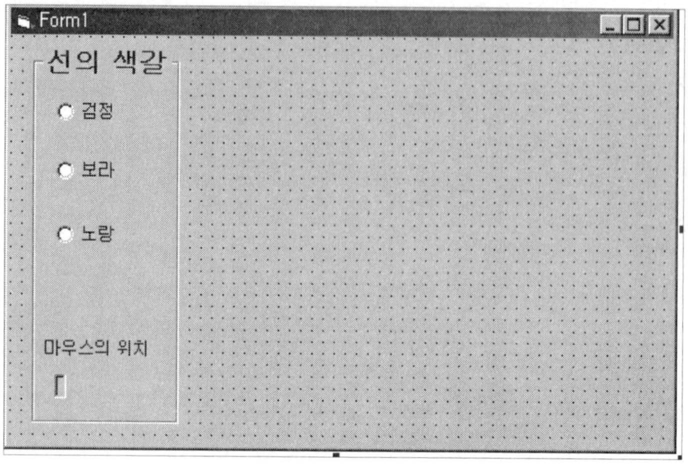

□ 속성 지정하기

컨트롤 명	컨트롤 이름	속성 지정하기
옵션 버튼	opt1	Appearance=″1-3D″ Caption=″검정“ Enable=″True″ FontSize=″12″
옵션 버튼	opt2	Caption=″보라“ FontSize=″12″
옵션 버튼	opt3	Caption=″노랑“ FontSize=″12″
프레임 박스	Frame	Caption=″선의 색깔“ ClipControls=″True″ Enabled=″True″ FontSize=″14″
레이블 컨트롤	Label1	BoardStyle=″0 없음“ Caption=″마우스 위치“ Enabled=″True″
레이블 컨트롤	lblOut	AutoSize=″True″ BoardStyle=″1 단일고정“ Caption=″“ Enabled=″True″

□ 프로그램 코드

Project1 - Form1 (코드)

(일반) (선언)

```
Dim k As Integer

Private Sub Form_Load()
    k = 1
End Sub

Private Sub Form_MouseDown(Button As Integer, Shift As Integer, X As Single, Y As Single)
    Form1.CurrentX = X
    Form1.CurrentY = Y
End Sub

Private Sub Form_MouseMove(Button As Integer, Shift As Integer, X As Single, Y As Single)
    lblout.Caption = X & " : " & Y
    If Button = 1 Then
    Line (Form1.CurrentX, Form1.CurrentY)-(X, Y), QBColor(k)
End If

End Sub

Private Sub Option3_Click()
    k = 2
End Sub

Private Sub opt1_Click()
    k = 0
End Sub

Private Sub opt2_Click()
    k = 13
End Sub

Private Sub opt3_Click()
    k = 14
End Sub
```

□ 코드 설명

```
Dim k As Integer        '전역 변수

Private Sub Form_Load()
    k = 1
End Sub
```

⇒ k라는 변수를 정수형으로 선언, 초기값을 1 로 설정.

```
Private Sub Form_MouseDown(Button As Integer, Shift As Integer, X As Single,
Y As Single)
      Form1.CurrentX = X
      Form1.CurrentY = Y
End Sub
```

⇒ 마우스가 Down 되었을 때 X좌표와 Y좌표를 설정.
좌표의 움직임을 나타낸다.

```
Private Sub Form_MouseMove(Button As Integer, Shift As Integer, X As Single,
Y As Single)
      lblOut.Caption = X & " : " & Y
```

⇒ 마우스가 움직이는 좌표를 레이이블 박스에 출력.

```
      If Button = 1 Then
          Line(Form1.CurrentX,Form1.CurrentY)-(X,Y), QBColor(k)
      End If
End Sub
```

⇒ 화면상에 QBcolor값의 색깔로 선을 그린다.
k라는 변수에 의해 색깔이 변환한다.

```
Private Sub opt1_Click()
      k = 0          '검정색
End Sub

Private Sub opt2_Click()
      k = 13         '보라색
End Sub

Private Sub opt3_Click()
      k = 14         '노란색
End Sub
```

□ 실행 화면

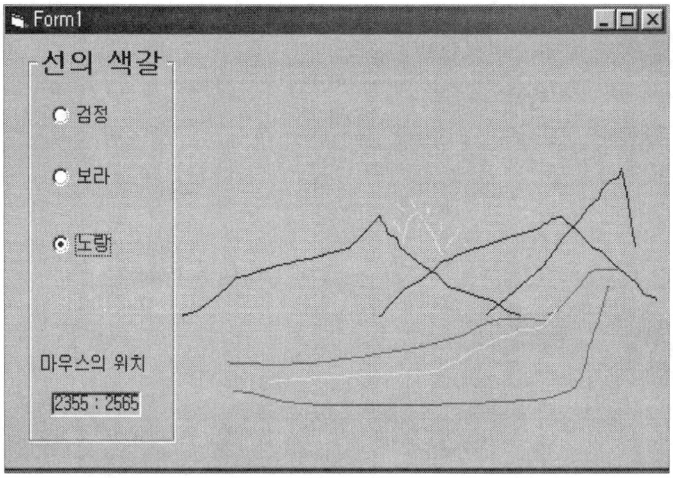

6.3 스탑워치 프로그램

■ 예제 6-3

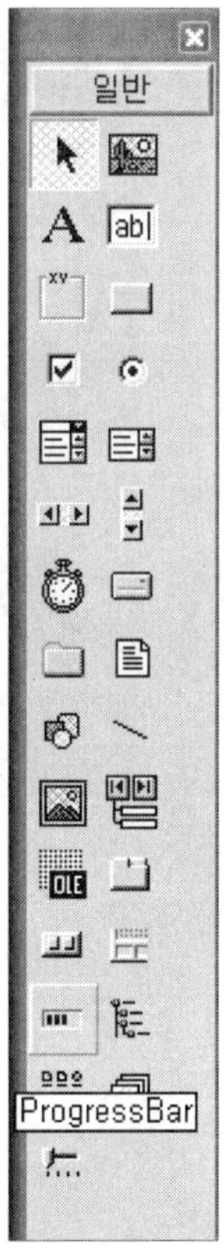

스탑워치 프로그램을 해보자. 초를 입력받아 Progress Bar로 초의 진행 상태를 나타낸다. 툴바에서 'Progress Bar'를 선택하여 폼에 실행 화면에서와 같이 배치한다. 텍스트 박스에 초를 입력하고 커멘드 버튼 클릭 시 작동하고 이 때 레이블 박스에 초의 진행 상태를 나타낸다. Progress Bar로는 초의 진행 상태를 그림으로 나타내어 준다.

□ 실행 화면

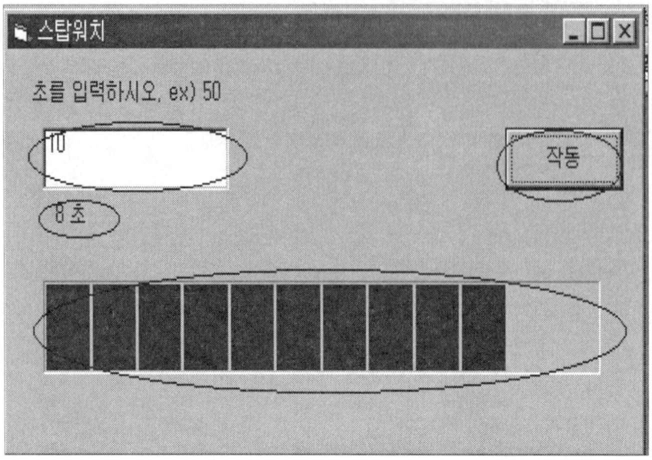

□ 완성된 폼

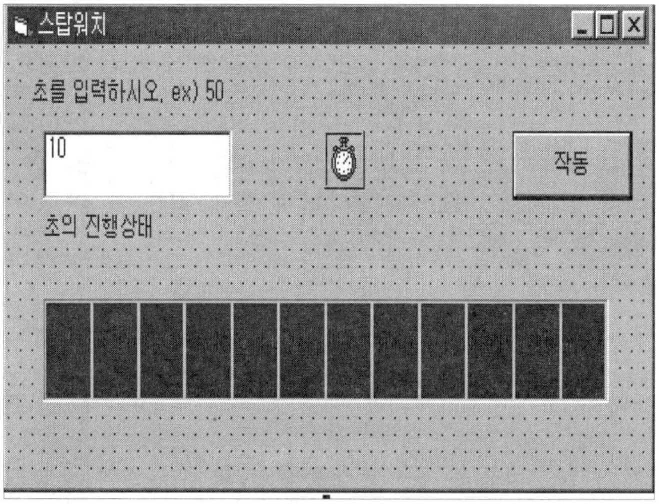

□ 속성 지정하기

컨트롤 명	컨트롤 이름	속성 지정하기
레이블	Label1	Caption="초를 입력하시오. ex)50" FontSize="12"
레이블	Label2	Caption="초의 진행상태" FontSize="12"
텍스트 박스	txtInput	BoardStyle="1 단일 고정" Enabled="True" FontSize="12" Text="10" Visible="True"
커멘드 버튼	cmd1	Caption="작동" Default="True" Enabled="True" FontSize="12" Style="0 표준" TapIndex="2"
ProgressBar	prg1	Appearance="1-cc3D" BoardStyle="0-ccNone" Enabled="True" Max="100" Min="0" Visible="True"
타이머 컨트롤	Timer1	Enabled="True" Interval="1000"

□ 프로그램 코드

Project1 - Form1 (코드)

(일반) (선언)

```
Dim J As Integer
Dim K As Integer

Private Sub cmd1_Click()
    K = Int(txtinput.Text)
    prg1.Max = K
    J = 0
    Timer1.Enabled = True
End Sub

Private Sub Form_Load()
    Timer1.Enabled = False
End Sub

Private Sub Timer1_Timer()
    J = J + 1
    Label2.Caption = J & " 초"
    If K < J Then
        Beep
        prg1.Value = 0
        End
    End If
    prg1.Value = J
End Sub
```

□ 코드 해설

```
'전역변수
Dim J As Integer
Dim K As Integer
```

⇒ 변수 J, K 정수형 선언

```
Private Sub cmd1_Click()
    K = Int(txtInput1.Text)
    prg1.Max = K
    J = 0
```

⇒ txtInput 값을 ProgressBar 속성의 Max 값으로 반환한다.

```
    Timer1.Enabled = True
End Sub
```

⇒ 작동 버튼을 누르면 타이머가 작동할 수 있도록 바꾸어 주는 속성이다.

```
Private Sub Form_Load()
    Timer1.Enabled = False
End Sub

Private Sub Timer1_Timer()
    J = J + 1
    Label2.Caption = J & " 초"
```

⇒ 레이블로 현재 초의 진행상태를 나타냅니다.

```
    If K < J Then
            Beep
            prg1.Value = 0
            End
```

⇒ 프로그램이 완료 되면 소리가 납니다.

```
    End If
    prg1.Value = J
End Sub
```

□ 실행 화면

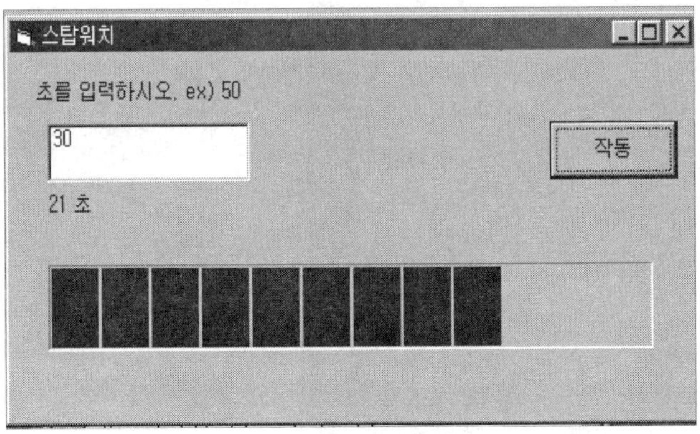

6.4 시계 프로그램

■ 예제 6-4

작동 버튼 클릭 시 폼 자체에서 시계의 바늘이 움직이도록 하고 레이블에 현재의 시간이 출력되도록 해 보자.

□ 실행 화면

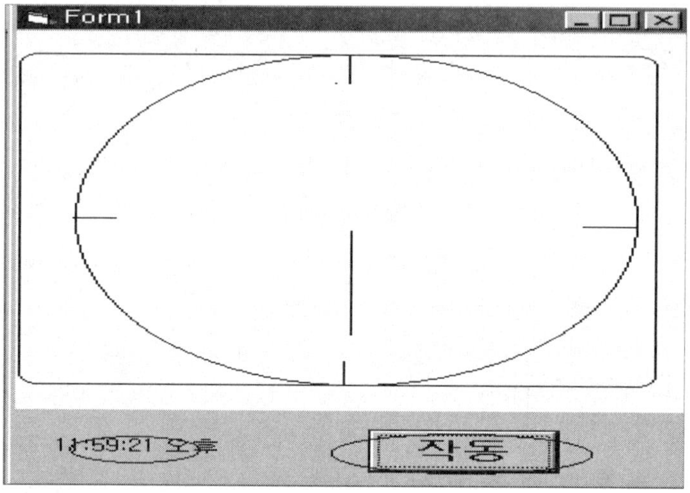

□ 완성된 폼

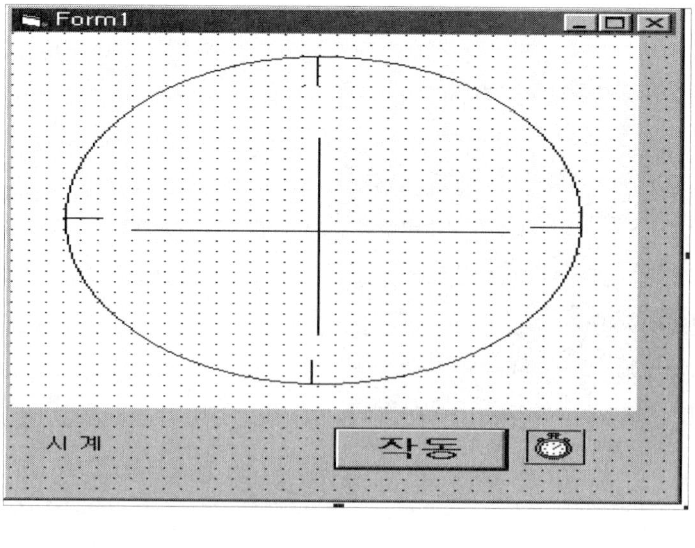

타이머 컨트롤을 이용하면 이미지를 움직이게 하거나 시계를 만드는 작업등을 할 수 있다. Interval은 타이머 속성 중 일정한 간격으로 속성을 발생시키는데 기본적으로 0이 할당되어져 있다. 값으로 1000을 입력해야 1초가 된다.

□ 속성 지정하기

컨트롤 명	컨트롤 이름	속성 지정하기
레이블	Label1	AutoSize="True" BoardStyle="0 없음“ Caption="시계“ Enabled="True" FontSize="12" TabIndex="1" Visible="True"
커멘드 버튼	cmd1	Caption="작동“ Default="True" Enabled="True" FontSize="14" Style="0 표준“ TabIndex="0" Visible="True"
Form	Form1	BoardStyle="2 크기조절“ Caption="Form1" Clipcontrols="True" ControlBox="True" Enable="True" FillStyle="1-투명“
타이머	Timer1	Enable="True" Interval="1000"
타원	shape1	
선	line1 ~ line4	
	line5 ~ line8	

□ 프로그램 코드

Project1 - Form1 (코드)

(일반) (선언)

```
Dim k As Integer

Private Sub cmd1_Click()
    Timer1.Enabled = True
End Sub

Private Sub Form_Load()
    Timer1.Enabled = False
    Line1.Visible = False
    Line2.Visible = False
    Line3.Visible = False
    Line4.Visible = False
    k = 1
End Sub

Private Sub Timer1_Timer()
    Label1.Caption = Time
    Select Case k
    Case 1
        Line1.Visible = True
        Line4.Visible = False
        k = 2
    Case 2
        Line2.Visible = True
        Line1.Visible = False
        k = 3
    Case 3
        Line3.Visible = True
        Line2.Visible = False
        k = 4
    Case 4
        Line4.Visible = True
        Line3.Visible = False
        k = 1
    End Select
End Sub
```

□ 코드 설명

Dim k As Integer

⇒ k 변수 정수형 선언

```
Private Sub cmd1_Click()
    Timer1.Enabled = True
```

```
End Sub
```
⇒ 클릭시 타이머 작동.

```
Private Sub Form_Load()
    Timer1.Enabled = False
    Line1.Visible = False
    Line2.Visible = False
    Line3.Visible = False
    Line4.Visible = False
    k = 1
End Sub
```
⇒ 시계 Line을 보이게한다.

```
Private Sub Timer1_Timer()
    Label1.Caption = Time
```
⇒ 레이블로 시계를 출력한다.
```
    Select Case k
    Case 1
            Line1.Visible = True
            Line4.Visible = False
            k = 2
    Case 2
            Line2.Visible = True
            Line1.Visible = False
            k = 3
    Case 3
            Line3.Visible = True
            Line2.Visible = False
            k = 4
    Case 4
            Line4.Visible = True
            Line3.Visible = False
            k = 1
    End Select
```

End Sub
⇒ Case 문을 사용 시계바늘이 움직일 때 하나가 나타나면 나머지는 없어진다.

□ 실행 화면

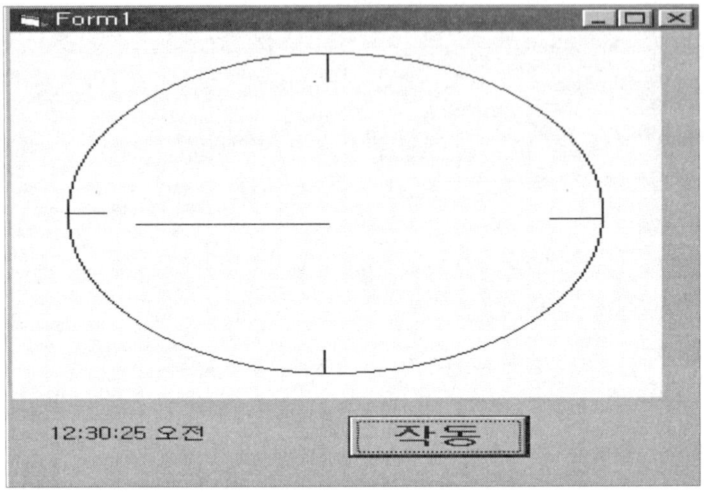

6.5 시스템 관리 프로그램

■ 예제 6-5

현 시스템의 상태를 살펴보자. 먼저 모니터 그림을 불러온다. 그림이 없을 시 이미지 박스를 사용하면 된다. 시스템의 버전, 배터리 양과 배터리 상태, 현 시스템 연도, 작업하는 지역의 높이, 작업하는 지역의 좌측 좌표, 작업하는 지역의 꼭대기, 작업하는 지역의 넓이를 나타낸다. 프로그램 종료 버튼을 누르면 종료한다.

□ 실행 폼

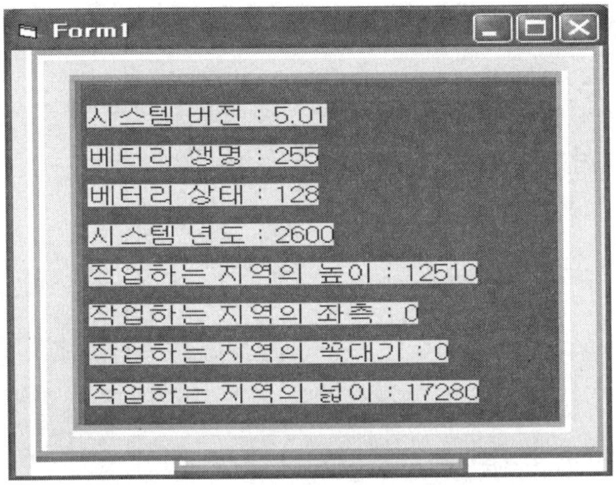
Form1
시스템 버전 : 5.01
베터리 생명 : 255
베터리 상태 : 128
시스템 년도 : 2600
작업하는 지역의 높이 : 12510
작업하는 지역의 좌측 : 0
작업하는 지역의 꼭대기 : 0
작업하는 지역의 넓이 : 17280

□ 실행전 폼

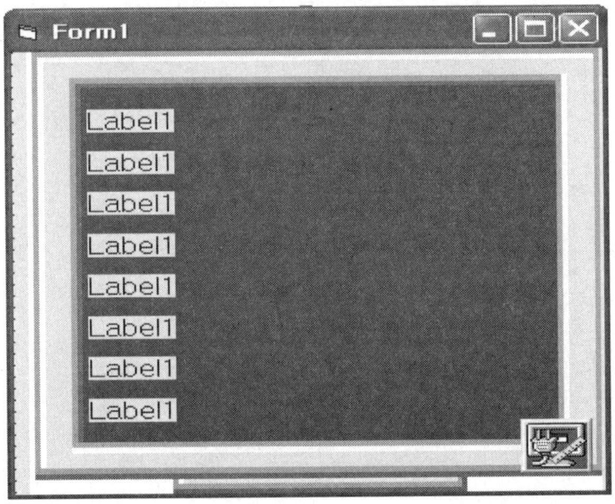
Form1
Label1
Label1
Label1
Label1
Label1
Label1
Label1
Label1

□ 작성 방법

구성 요소(O)...
탭 추가(A)...
결합 가능 대상(K)
숨기기(H)

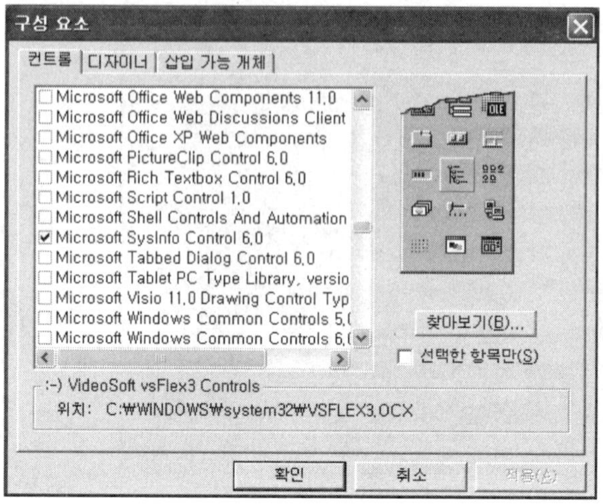
구성 요소
컨트롤
디자이너
삽입 가능 개체
Microsoft Office Web Components 11.0
Microsoft Office Web Discussions Client
Microsoft Office XP Web Components
Microsoft PictureClip Control 6.0
Microsoft Rich Textbox Control 6.0
Microsoft Script Control 1.0
Microsoft Shell Controls And Automation
Microsoft SysInfo Control 6.0
Microsoft Tabbed Dialog Control 6.0
Microsoft Tablet PC Type Library, versio
Microsoft Visio 11.0 Drawing Control Typ
Microsoft Windows Common Controls 5.(
Microsoft Windows Common Controls 6.(
찾아보기(B)...
선택한 항목만(S)
:-) VideoSoft vsFlex3 Controls
위치: C:₩WINDOWS₩system32₩VSFLEX3.OCX
확인
취소
적용(A)

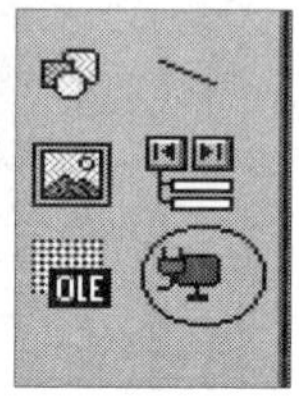

□ 속성 지정 하기

컨트롤 명	컨트롤 이름	속성 지정하기
레이블	Label1	Autosize="True" Caption="Label1" FontSize="12"
레이블	Label2	Autosize="True" Caption="Label1" FontSize="12"
레이블	Label3	Autosize="True" Caption="Label1" FontSize="12"
레이블	Label4	Autosize="True" Caption="Label1" FontSize="12"
레이블	Label5	Autosize="True" Caption="Label1" FontSize="12"
레이블	Label6	Autosize="True" Caption="Label1" FontSize="12"
레이블	Label7	Autosize="True" Caption="Label1" FontSize="12"
레이블	Label8	Autosize="True" Caption="Label1" FontSize="12"
Form	form1	Clipcotrols="true" ControlBox="True" FillStyle="1 투명"
이미지	Image1	Enabled="True" FontSize="14" Stretch="False"
SysInfo	sys1	Left="7080" Right="5400"

□ 프로그램 코드

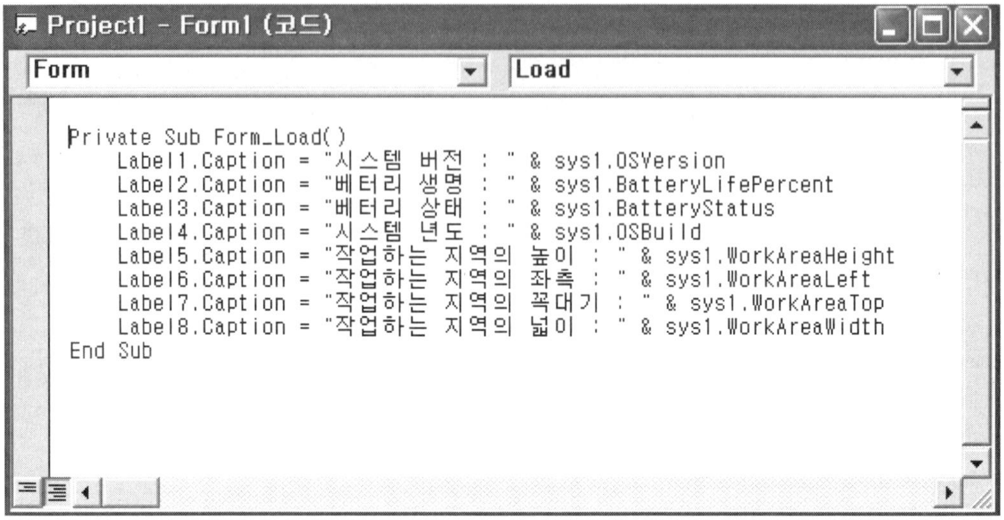


```
Private Sub Form_Load()
    Label1.Caption = "시스템 버전 : " & sys1.OSVersion
    Label2.Caption = "베터리 생명 : " & sys1.BatteryLifePercent
    Label3.Caption = "베터리 상태 : " & sys1.BatteryStatus
    Label4.Caption = "시스템 년도 : " & sys1.OSBuild
    Label5.Caption = "작업하는 지역의 높이 : " & sys1.WorkAreaHeight
    Label6.Caption = "작업하는 지역의 좌측 : " & sys1.WorkAreaLeft
    Label7.Caption = "작업하는 지역의 꼭대기 : " & sys1.WorkAreaTop
    Label8.Caption = "작업하는 지역의 넓이 : " & sys1.WorkAreaWidth
End Sub
```

□ 코드 설명

Private Sub Form_Load()

  Label1.Caption = "시스템 버전 : " & sys1.OSVersion

⇒ OsVersion=시스템의 버전을 나타낸다.

  Label2.Caption = "베터리 생명 : " & sys1.BatteryLifePercent

⇒ 배터리의 생명을 나타낸다.

  Label3.Caption = "베터리 상태 : " & sys1.BatteryStatus

⇒ BatteryStatus=배터리의 현재 상태를 나타낸다.

  Label4.Caption = "시스템 년도 : " & sys1.OSBuild

⇒ OSBuild=시스템의 연도를 나타낸다.

  Label5.Caption = "작업하는 지역의 높이 : " & _
      sys1.WorkAreaHeight

⇒ WorkAreaHeight=지역의 높이를 나타냅니다.

  Label6.Caption = "작업하는 지역의 좌측 : " & _
      sys1.WorkAreaLeft

⇒ WorkAreaLeft=지역의 좌측 좌표를 나타냅니다.

  Label7.Caption = "작업하는 지역의 꼭대기 : " & _

sys1.WorkAreaTop

⇒ WorkAreaTop=작업하는 지역의 높이를 나타냅니다.

```
Label8.Caption = "작업하는 지역의 넓이 : " & _
          sys1.WorkAreaWidth
```

⇒ WorkAreaWidth=작업하는 지역의 넓이를 나타냅니다.

□ 실행 화면

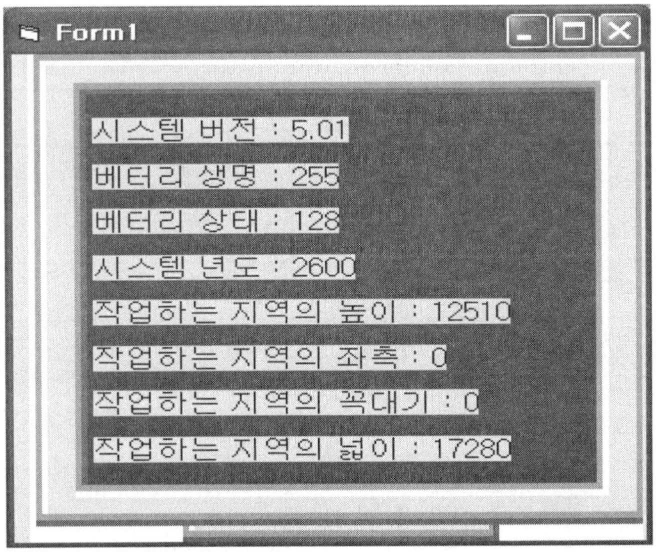

7. 리스트 박스와 콤보 박스

7.1 리스트 박스(List Box)

리스트 박스는 많은 양의 데이터를 목록 형태로 보여 준다. 그래서 사용자가 데이터를 직접 입력하지 않고도 목록에서 선택할 수 있도록 한다. 만약 목록의 수가 리스트 박스 크기보다 많으면 자동으로 스크롤바가 나타난다. 리스트 박스의 속성을 살펴보면 다음과 같다.

속성	설　명
Name	리스트 박스의 이름을 설정
Appearance	평면(0)이나 3D(1) 모양으로 설정
Enabled	리스트 박스를 사용가능하도록 할지의 여부를 설정
Sorted	자동 정렬될지의 여부를 설정
Visible	리스트 박스를 보이도록 할지의 여부를 설정
Style	모양을 표준(0)이나 확인란(1) 형태로 설정
List	리스트 박스에 나타낼 항목을 설정
Columns	리스트 박스의 열의 개수를 설정
MultiSelect	여러 항목을 선택할 수 있는지의 여부를 설정
ToolTipText	마우스가 컨트롤에 일시 정지되어 있을 때 설명문을 설정

□ 속성 창에서 항목을 등록하는 방법

속성창에서 리스트 박스에 항목을 등록하기 위해서는 다음 순서로 작업이 이루어진다.

① 속성 창에서 리스트 박스의 속성을 표시한다.
② List 속성을 선택하고, 오른쪽의 ▼ 단추를 클릭한다.
③ 입력상자가 표시되면 키보드로부터 문자를 입력한다.

이때 Enter↵ 키를 누르면 입력을 완료하기 때문에 계속하여 목록을 추가하려면 Ctrl+Enter↵ 키를 눌러야 한다. 입력을 완료하면 입력한 문자가 리스트 박스에 나타난다.

7.2 콤보 박스(ComboBox)

콤보 박스는 리스트 박스와 텍스트 박스를 조합한 것과 같은 역할을 한다. 콤보 박스는 목록에서 선택할 수 있을 뿐만 아니라 사용자가 직접 입력할 수도 있다. 콤보 박스의 속성을 살펴보면 다음과 같다.

속성	설　명
Name	콤보 박스의 이름을 설정
Appearance	평면(0)이나 3D(1) 모양으로 설정
Enabled	콤보 박스를 사용가능하도록 할지의 여부를 설정
Locked	편집 가능하도록 설정
Sorted	자동 정렬될지의 여부를 설정
Visible	콤보 박스를 보이도록 할지의 여부를 설정
Style	모양을 드롭다운 콤보(0), 단순 콤보(1), 드롭다운 목록(2) 중에서 설정
List	콤보 박스에 나타낼 항목을 설정
Text	콤보박스에 입력된 값
ToolTipText	마우스가 컨트롤에 일시 정지되어 있을 때 설명문을 설정

■ 예제 7-1

리스트 박스에 입력한 문자열을 추가하고, 리스트 박스에서 지정한 문자열을 삭제 또는 모든 항목을 삭제할 수 있는 프로그램을 만들어 보자.

□ 컨트롤 박스 설정 및 속성 지정

컨트롤	Name	Catpion	Porperty
Form	frmList	리스트 박스	
ListBox	lstList		
TextBox	txtString		
Label	Label1	입력 문자열	
Command Button	cmdAdd	추가	Default : True
	cmdRemove	삭제	
	cmdClear	모두 삭제	

□ 폼 디자인

□ 프로그램 코드

Project1 - frmList (코드)

cmdClear | Click

```
Option Explicit

Private Sub cmdAdd_Click()

    '입력문자열을 리스트 박스에 추가
    lstList.AddItem txtString.Text

    txtString.SetFocus
    txtString.SelStart = 0
    txtString.SelLength = Len(txtString.Text)

End Sub

Private Sub cmdClear_Click()

    '리스트 박스의 모든 내용을 삭제
    lstList.Clear

End Sub

Private Sub cmdRemove_Click()

    If lstList.ListIndex >= 0 Then
        '선택한 항목을 리스트박스에서 제거
        lstList.RemoveItem lstList.ListIndex
    Else
        MsgBox "지울 항목이 없습니다.", vbOKOnly, "삭제 오류"
    End If

End Sub
```

추가 버튼(cmdAdd)을 클릭하면 텍스트 박스의 내용을 리스트 박스에 추가한 후 텍스트 박스의 내용을 선택하여 새로운 입력을 받아들일 준비를 한다. 모두삭제 버튼(cmdClear)을 클릭하면 리스트 박스의 모든 내용을 제거한다. 그리고 삭제 버튼(cmdRemove)을 클릭하면 IF 조건절을 사용하여 리스트 박스에 제거할 수 있는 항목이 남아있는지 비교하여 있으면 선택된 항목을 제거하고 없으면 메시지 박스를 나타낸다.

□ 프로그램 실행 동작

▶ 프로그램 초기화면

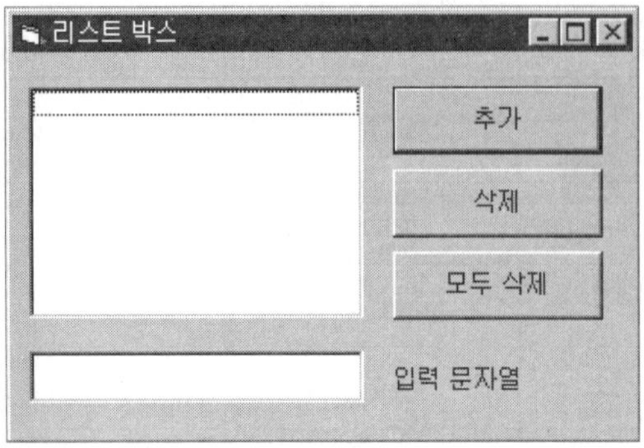

▶ 추가버튼을 눌렀을 때

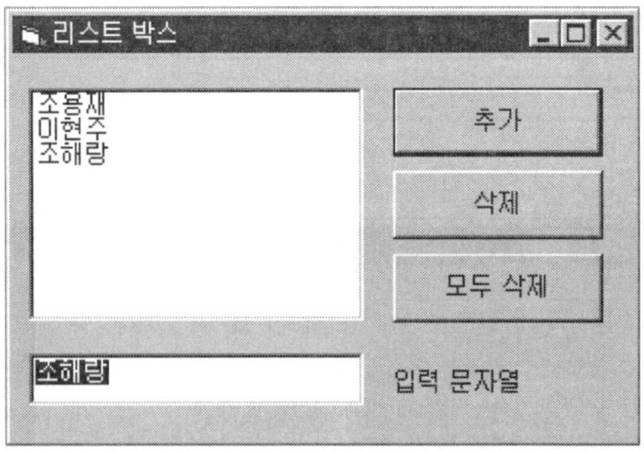

▶ 삭제버튼을 누른 경우

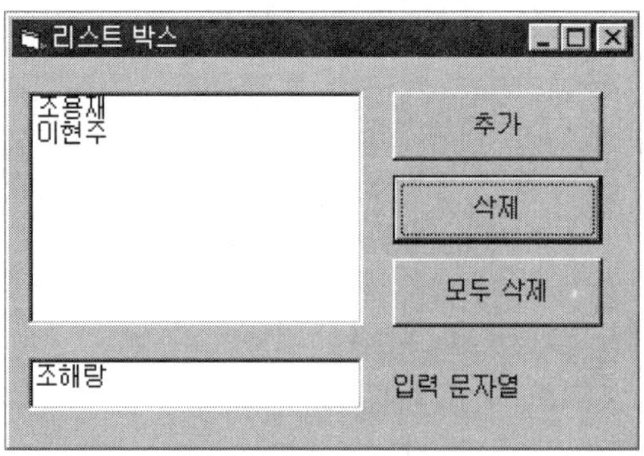

▶ 모두삭제를 선택한 경우

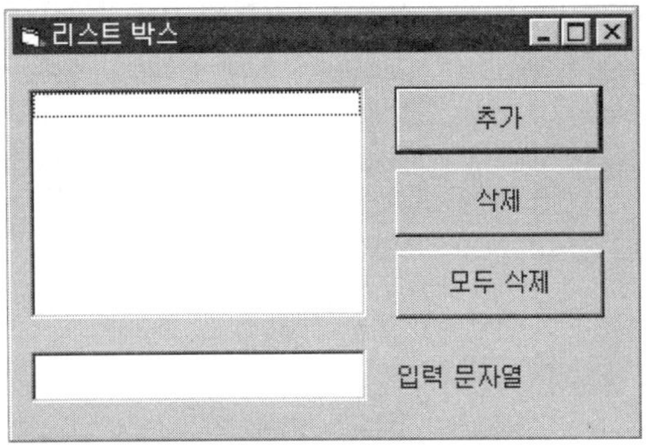

▶ 리스트 박스에 목록이 없는 경우 삭제버튼을 눌렀을 때

■ 예제 7-2

앞의 예제에서 텍스트 박스 대신 콤보 박스를 이용하여 동일한 기능을 구현해 보자. 단, 콤보 박스에 입력한 내용이 콤보 박스에도 추가되도록 한다.

□ 컨트롤 박스 설정 및 속성

컨트롤	Name	Catpion	Porperty
Form	frmList	리스트 박스	
ListBox	lstList		
ComboBox	cboString		
Label	Label1	입력 문자열	
Command Button	cmdAdd	추가	
	cmdRemove	삭제	
	cmdClear	모두 삭제	

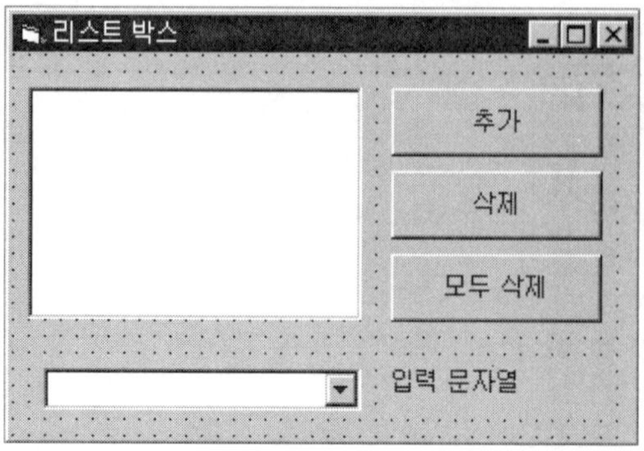

□ 프로그램 코드

Project1 - frmList (코드)

cboString | KeyPress

```
Option Explicit

Private Sub cboString_Click()

    Dim i As Integer
    i = cboString.ListIndex

    '콤보박스의 선택 항목을 리스트 박스에 추가
    lstList.AddItem cboString.List(i)

End Sub

Private Sub cboString_KeyPress(KeyAscii As Integer)


    If KeyAscii = 13 Then      'Enter키를 누른경우

        '리스트 박스에 항목을 추가
        lstList.AddItem cboString.Text

        '콤보박스에 항목을 추가
        cboString.AddItem cboString.Text

        '콤보 박스에 커서를 위치
        cboString.SetFocus
        cboString.SelStart = 0
        cboString.SelLength = Len(cboString.Text)
    End If

End Sub
```

콤보 박스의 목록에 있는 항목을 클릭(cboString_Click())하면 콤보 박스의 선택된 항목이 리스트 박스의 항목으로 추가가 된다. 그리고 콤보 박스의 KeyPress 메소드에서 엔터(Enter)키를 누르면 콤보 박스의 텍스트 문자는 리스트 박스와 콤보 박스 양쪽의 항목으로 추가가 되면서 새로운 문자열을 입력받을 수 있도록 콤보 박스의 문자열이 선택된다. 추가(cmdAdd)버튼을 클릭하면 콤보 박스의 선택된 문자열이 리스트 박스와 콤보 박스의 항목으로 추가가 된다.

Project1 - frmList (코드)

cboString | KeyPress

```
Private Sub cmdAdd_Click()

    '입력문자열을 리스트 박스와 콤보 박스에 추가
    lstList.AddItem cboString.Text
    cboString.AddItem cboString.Text

    '콤보 박스에 커서를 위치
    cboString.SetFocus
    cboString.SelStart = 0
    cboString.SelLength = Len(cboString.Text)

End Sub

Private Sub cmdClear_Click()

    '리스트 박스의 모든 내용을 삭제
    lstList.Clear

End Sub

Private Sub cmdRemove_Click()

    If lstList.ListIndex >= 0 Then
        '선택한 항목을 리스트박스에서 제거
        lstList.RemoveItem lstList.ListIndex
    Else
        MsgBox "지울 항목이 없습니다.", vbOKOnly, "삭제 오류"
    End If

End Sub
```

□ 프로그램 동작

▶ 프로그램 시작 화면

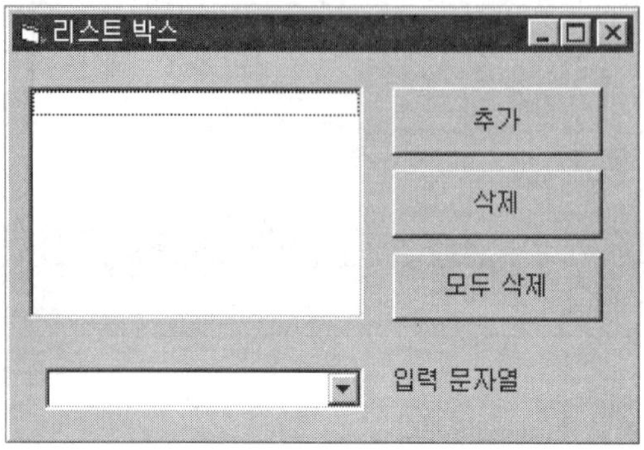

▶ 추가버튼이나 콤보박스에서 Enter키 혹은 항목을 선택한 후

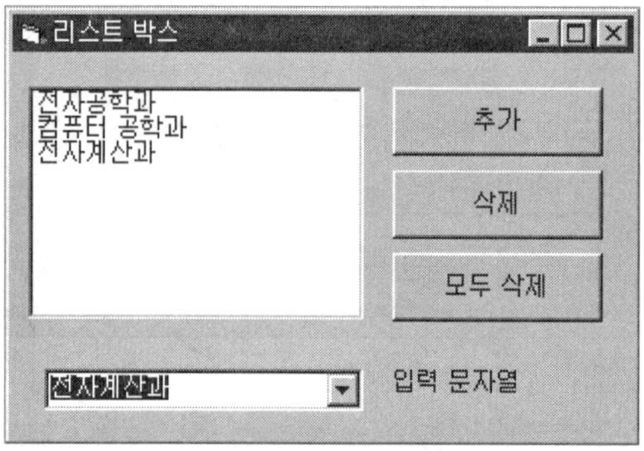

▶ 콤보 박스의 목록과 리스트 박스의 목록 비교 화면

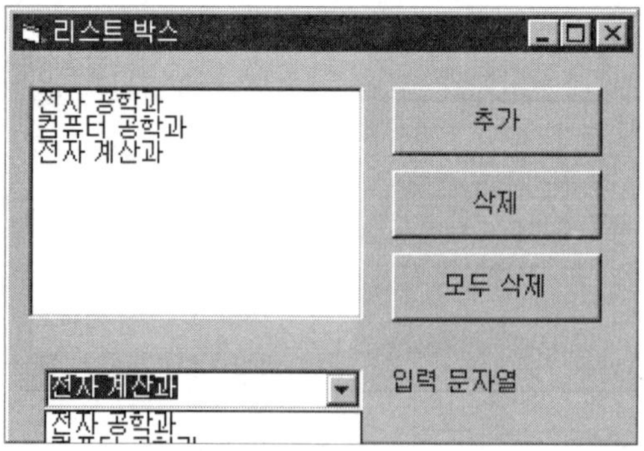

■ 예제 7-3

콤보 박스와 텍스트 박스를 이용한 프로그램을 작성해 보자.

□ 컨트롤 박스의 속성과 설정

컨트롤	Name	Catpion	Porperty
Form	frmCombo	콤보박스와 텍스트 박스	
ComboBox	cboInput		
TextBox	txtOutput		MultiLine : True

□ 프로그램 코드

```
Project1 - frmCombo (코드)
Form                                    Load

Option Explicit

Private Sub cboInput_Click()

    '콤보밝의 목록을 선택시 텍스트 박스에 출력
    txtOutput.Text = txtOutput.Text & cboInput.Text

End Sub

Private Sub cboInput_KeyPress(KeyAscii As Integer)

    If KeyAscii = vbKeyReturn Then  'Enter키를 누른 후

        '콤보 박스에 있는 문자열을 콤보박스의 항목으로 추가
        cboInput.AddItem cboInput.Text

        '텍스트 박스에 콤보박스 문자열을 출력
        txtOutput.Text = txtOutput.Text & cboInput.Text

        '콤보박스의 문자열을 선택
        cboInput.SetFocus
        cboInput.SelStart = 0
        cboInput.SelLength = Len(cboInput.Text)
    End If

End Sub
```

콤보 박스의 목록을 클릭(cboInput-Click())하면 텍스트 박스에 콤보 박스의 선택된

문자열을 출력한다. 만약 콤보 박스의 문자열을 입력한 후 Enter↵ 키를 누르면 입력한 문자열을 콤보 박스의 항목으로 추가하면서 동시에 텍스트 박스의 문자열에 나타냅니다. 그리고 새로운 콤보 박스의 목록을 입력받기 위해서 콤보 박스의 문자열을 선택한다.

Project1 - frmCombo (코드)

Form | Load

```
Private Sub Form_Load()

    '콤보 박스의 초기 목록
    cboInput.AddItem "안녕하세요."
    cboInput.AddItem "반갑습니다."
    cboInput.AddItem "제 이름은"
    cboInput.AddItem "조용재"
    cboInput.AddItem "조해랑"
    cboInput.AddItem "이현주"
    cboInput.AddItem "입니다."
    cboInput.AddItem "다음에 또 만나요"

    cboInput.ListIndex = 0  '첫번째 항목 선택

End Sub
```

폼이 화면에 로드될 때에는 콤보 박스의 목록을 초기화시키며, 콤보 박스의 목록 중에서 제일 처음에 해당하는 "안녕하세요" 문자열을 선택한다.

□ 프로그램 실행

▶프로그램 초기화면

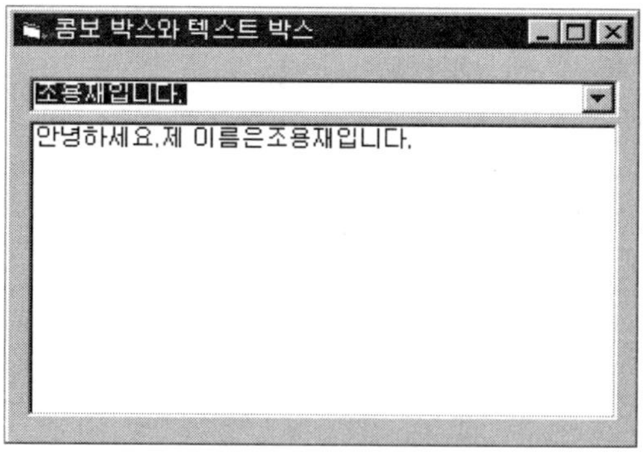

▶ 문자열을 입력한 후 Enter

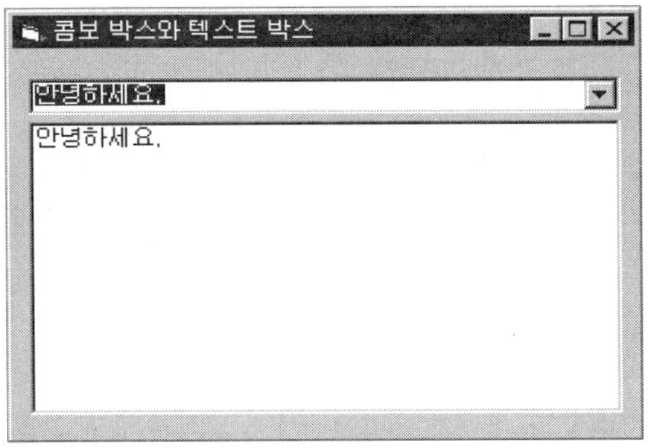

▶ 콤보박스에서 선택한 경우

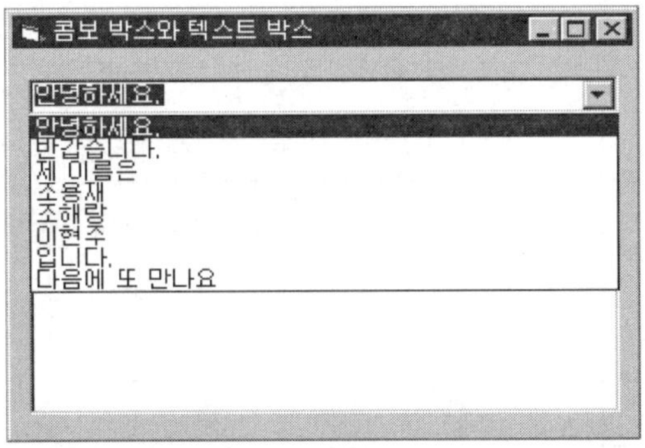

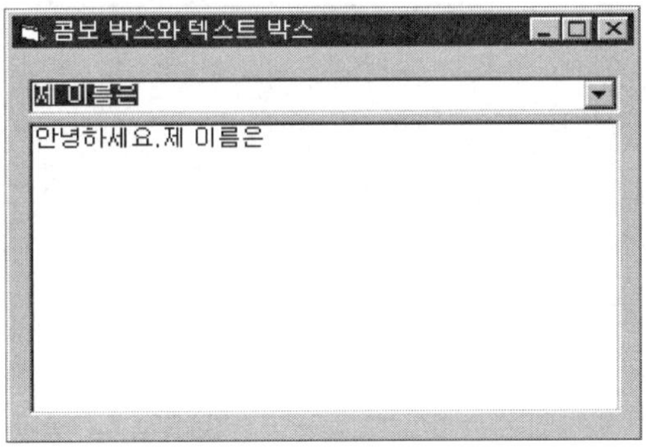

■ 예제 7-4

거래처 번호, 발신처 코드, 수신처 코드, 운송중량을 입력받아서 운송비를 구하는 프로그램을 작성하라.

□ 처리 조건

① 할증요금 = 기본요금 + 할인율
(단 소수첫째자리에서 반올림하여 정수처리)

② 운송요금은 기본요금이 40,000 이상이면
(기본요금 * 0.7) + (할증요금 * 0.3)

③ 운송요금은 기본요금이 40,000 미만이면
(기본요금 * 0.6) + (할증요금 * 0.4)

④ 거래처명을 오름차순으로 정렬하시오.

□ 발신처,수신처코드에 따른 지역명

발신처 · 수신처코드	지역명
S	서울
I	인천
P	대구
K	광주
B	부산

□ 거래처번호에 따른 거래처명

거래처 번호	거래처 명
1	가나상사
2	나다상사
3	다라상사
4	라마상사
5	마바상사

□ 운송하중에 따른 할인율

운송 하중	할인율
550 초과	0.16
100 – 550	0.2
100 미만	0.06

□ 기본 요금표

발신처 \ 수신처	서울	인천	대구	광주	부산
서울	0	10,000	20,000	30,000	40,000
인천	10,000	0	40,000	50,000	60,000
대구	70,000	80,000	0	20,000	80,000
광주	50,000	60,000	80,000	0	80,000
부산	50,000	80,000	90,000	70,000	0

□ 입력 설계 조건

① 거래처 번호는 숫자 1자리로 입력한다.
② 발신처코드, 수신처코드는 영문1자리로 입력한다. 영문은 대.소문자와는 무관하다.
③ 운송중량은 소수첫째자리까지 입력한다.
④ 최대 입력자료의 건수는 7건이하로 한다.
⑤ 거래처 번호는 중복되지 않으며, 동일한 번호는 2회이상 입력되지 않는다.
⑥ 레코드별 입력항목의 입력순서는 "거래처번호, 발신처코드, 수신처코드, 운송중량"이 되도록 설계하고, 상기 4개 항목 이외에는 입력받을 수 없다.
⑦ 데이터의 입력은 반드시 입력화면에서 받도록 한다.

□ 출력 설계 조건

① 출력은 "거래처명, 발신처명, 수신처명, 기본요금, 할증요금, 운송요금" 순으로 출력한다.
② 거래처명은 거래처번호에 따라 거래처명을 참조하여 출력한다.
③ 발신처, 수신처명은 발신처, 수신처코드에 따른 지역명을 참조한다.
④ 기본요금은 기본요금표를 참조하여 출력한다.
⑤ 할증요금은 기본요금 * 할인율을 이용해서 소수첫째자리에서 반올림하여 정수로 출력한다.
⑥ 입력화면에서 입력받은 데이터를 계산하여 결과 출력화면에 출력시키되, 거래처번호에 따른 오름차순 정렬하시오.

□ 컨트롤 박스 속성 및 설정

컨트롤	Name	Catpion	Porperty
Form	Form1	운송비 입력	
ComboBox	cboNumber		거래처번호
	cboSend		발신처코드
	cboReceive		수신처코드
TextBox	txtWeight		
Label	Label 1	거래처 번호 :	
	Label 2	발신처 코드 :	
	Label 3	수신처 코드 :	
	Label 4	운송 중량	
Command Button	cmdInput	입력	
	cmdOutput	출력	

컨트롤	Name	Catpion	Porperty
Form	Form2	운송비 출력	
Frame	Frame1	출력	
TextBox	txtOutput		MultiLine : True

□ 폼 디자인

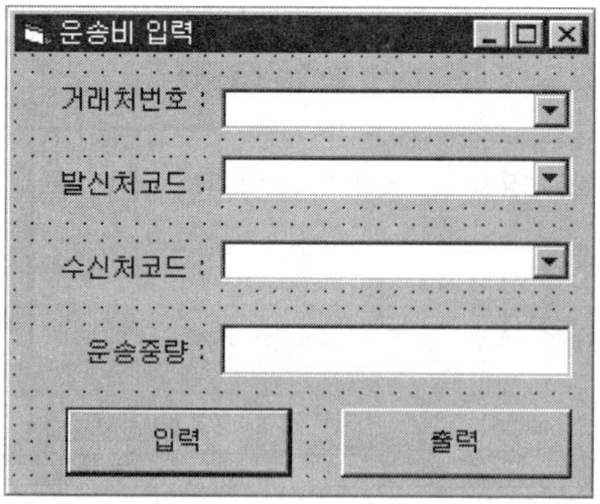

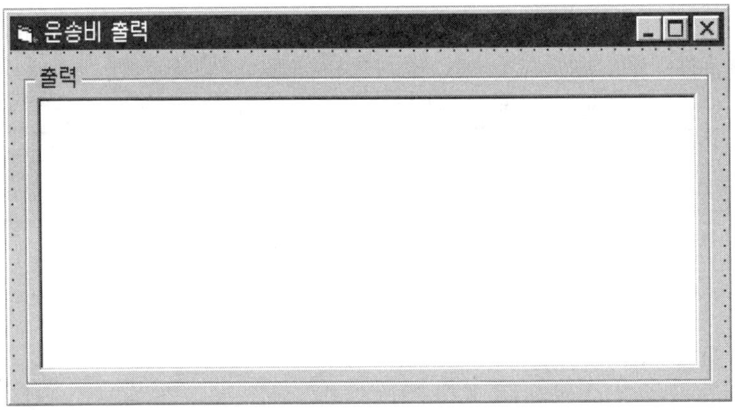

□ 프로그램 코드

① Module 코드

Project1 - Module1 (코드)

(일반) (선언)

```
Option Explicit

Type 운송비
    거래처번호 As Integer
    발신처코드 As String
    수신처코드 As String
    운송중량 As Single
End Type

Public data_buf(1 To 7) As 운송비
Public dw As Integer
```

모듈에서는 사용자 정의형 변수를 선언하여 사용한다. 사용자 정의형 변수는 여러 개의 서로 다른 변수를 모아서 1개의 데이터형 처럼 사용하는 것이다.

data_buf(1 to 7) 배열을 운송비 형식으로 선언했으므로 이제는 data_buf 배열로 운송비 데이터형을 사용할 수 있게 된다. 그리고 dw라는 변수를 선언하여 배열에 저장된 데이터를 카운팅하는데 사용한다. 모듈에 선언한 변수는 어떤 폼에서도 선언하지 않고 사용 가능한다.

② Form1 코드

```
Project1 - Form1 (코드)
(일반)    (선언)

Private Sub Form_Load()

    '거래처 번호 목록 설정
    cboNumber.AddItem 1
    cboNumber.AddItem 2
    cboNumber.AddItem 3
    cboNumber.AddItem 4
    cboNumber.AddItem 5

    '발신처 코드 설정
    cboSend.AddItem "S"
    cboSend.AddItem "I"
    cboSend.AddItem "P"
    cboSend.AddItem "K"
    cboSend.AddItem "B"

    '수신처 코드 설정
    cboReceive.AddItem "S"
    cboReceive.AddItem "I"
    cboReceive.AddItem "P"
    cboReceive.AddItem "K"
    cboReceive.AddItem "B"

    '거래처 번호, 발신처, 수신처항목의 기본 설정값
    cboNumber.ListIndex = 0
    cboSend.ListIndex = 0
    cboReceive.ListIndex = 0

End Sub
```

폼의 메모리에 로딩(Form_Load())될 때 거래처번호, 발신처코드, 수신처 코드를 표시하는 콤보 박스에 처리조건에 따른 테이블을 참조하여 목록을 설정한다. 그리고 각 콤보 박스의 처음에 위치한 항목(ListIndex=0)을 기본값으로 선택한다.

Project1 - Form1 (코드)

(일반) (선언)

```
Option Explicit

Private Sub cmdInput_Click()

Dim Number As Integer
Dim Send As String
Dim Receive As String
Dim Weight As Single

Dim i As Integer

Number = Val(cboNumber.Text)
Send = UCase(cboSend.Text)
Receive = UCase(cboReceive.Text)
Weight = Int(Val(txtWeight.Text) * 10) / 10     '운송중량은 소수점 첫째자리까지 입력

'최대 입력자료의 건수는 7건 이하로 한다.
If dw >= 7 Then
    MsgBox "최대 입력자료 건수는 7건입니다.", vbOKOnly, "최대 입력오류"
    Exit Sub
End If

'거래처번호는 중복되지 않으며, 2회이상 입력하지 않는다.
For i = 1 To dw
    If data_buf(i).거래처번호 = Number Then
        MsgBox "거래처번호가 중복되었습니다.", vbOKOnly, "중복 입력오류"
        cboNumber.SetFocus
        Exit Sub
    End If
Next i
```

4개의 임시 변수를 선언하여 콤보 박스나 텍스트 박스의 입력을 대입한다. 운송중량은 소수형태이므로 Weight라는 변수를 Single타입으로 선언한다.

입력처리 조건에서 발신처, 수신처 코드를 대·소문자에 무관하다고 하였으므로 Ucase()함수를 사용하여 입력된 문자열이 대·소문자에 상관없이 대문자로 바꿔준다. Lcase()함수를 사용해도 무방하다.

입력처리 조건에서 운송중량은 소수첫째자리까지 입력한다고 했으므로 이 이상의 자리수가 입력되었을 경우에는 삭제해야 한다. 예를 들어, 123.456이 입력되었을 경우에는 123.4만 받아들여야 한다. 이 조건을 만족하는 수식은 Int(X * 10) /10 형태이다. X 변수에 123.456를 입력하면 Int(1234.56) / 10이 되고 Int()함수는 정수형을 취하므로 1234.56에서 1234만 나오게 된다. 이 결과값을 다시 10으로 나누므로 최종 결과값은 123.4가 되는 것이다. 단, 주의할 것은 데이터형이 Singel 혹은 Double이 되지 않으면 123.4를 저장할 수 없게 된다.

다음으로 배열에 저장된 데이터를 카운트 하는 dw변수를 비교하여 최대 입력자료의 건수가 7건 이상인지를 비교한다.

입력처리 조건에서 거래처번호가 중복되지 않는다고 하였으므로 For루프를 사용하여 배열에 저장된 데이터의 거래처번호와 새로 입력된 번호가 동일한지 비교한다.

```
Project1 - Form1 (코드)
(일반)                    (선언)

'운송중량은 소수점 첫째자리까지 입력한다.

dw = dw + 1
data_buf(dw).거래처번호 = Number
data_buf(dw).발신처코드 = Send
data_buf(dw).수신처코드 = Receive
data_buf(dw).운송중량 = Weight

txtWeight.Text = ""

cboNumber.SetFocus

End Sub

Private Sub cmdOutput_Click()

Form2.Show vbModal

End Sub
```

입력처리 조건에 만족하는 데이터가 입력되었을 경우에는 배열카운터를 1 증가시킨 후 배열에 임시저장변수의 값을 대입한다.. 다음으로 운송중량을 나타내는 텍스트 박스 문자열을 삭제하여 새로운 입력을 받아들이다.

출력버튼(cmdOutput)을 누르면 출력폼을 모달폼으로 설정하여 출력화면을 표시한다.

③ Form2 코드

Project1 - Form2 (코드)

Form | Load

```
Option Explicit

Private Sub Form_Load()

Dim 거래처명 As String
Dim 발신처명 As String
Dim 수신처명 As String

Dim 기본요금 As Long
Dim 할증요금 As Long
Dim 운송요금 As Long

Dim 할인율 As Single

Dim i, j As Integer
Dim temp As 운송비

txtOutput.Text = "거래처명   발신처명   수신처명   기본요금   할증요금   운송요금
            vbCrLf & vbCrLf

'/**************************************************************/
'/ 입력 데이타 오름차순 정렬(거래처번호 순)
'/**************************************************************/
For i = 1 To dw - 1
    For j = i + 1 To dw
        If data_buf(i).거래처번호 > data_buf(j).거래처번호 Then
            temp = data_buf(i)
            data_buf(i) = data_buf(j)
            data_buf(j) = temp
        End If
    Next j
Next i
```

입력폼(Form1)에서 출력버튼을 클릭하면 출력폼(Form2)이 로드(Form2_Load())된다. 출력폼에서는 입력데이타를 처리하기위한 변수를 선언한 후 출력데이타 타이틀을 출력텍스트 박스에 표시한다.

다음에는 입력된 배열의 데이터들을 거래처번호순으로 오름차순 정렬(Sort)한다. 오름차순 정렬이란 숫자가 작은 수 순서대로 배치하는 것이다.

정렬방법은 배열에 입력된 데이터를 처음값과 나머지값을 차례로 비교하여 처음값이 나머지 위치의 값보다 큰 경우에는 수를 서로 바꿉니다. 다음에는 2번째의 배열값과 나머지 값을 다시 비교한다. 이것을 끝까지 반복하면 데이터를 오름차순으로 정렬할 수 있다.반대로 구현하면 내림차순이 된다.

예를 들어, 3 5 2 1이 들어오면

① 3, 5, 2, 1에서 첫번째 데이터 3과 두 번째 데이터 5를 비교한다. 현재는 값이 순서대로 입력되어서 값의 변화가 없습니다.
② 3, 5, 2, 1에서 다음으로는 3과 2를 비교하여 3과 2을 교체한다.
③ 2, 5, 3, 1에서 다음으로는 2와 1을 비교하여 2와 1을 교체한다.
④ 1, 5, 3, 2에서 다음에는 두 번째 데이터로 이동하여 5와 3를 비교하여 교체한다.
⑤ 1, 3, 5, 2에서 다음에는 3과 2를 비교하여 교체한다.
⑥ 1, 2, 5, 3에서 다음에는 세 번째 데이터로 이동하여 5와 3을 비교하여 교체한다.
⑦ 1, 2, 3, 5 순서대로 오름차순 완료되었다.

Project1 - Form2 (코드)

Form | Load

```
'/****************************************************************/
'/ 입력 데이타 계산
'/****************************************************************/
For i = 1 To dw
    Select Case data_buf(i).거래처번호
        Case 1
            거래처명 = "가나상사"
        Case 2
            거래처명 = "나다상사"
        Case 3
            거래처명 = "다라상사"
        Case 4
            거래처명 = "라마상사"
        Case 5
            거래처명 = "마바상사"
    End Select

    Select Case data_buf(i).발신처코드
        Case "S"
            발신처명 = "서울"

            If data_buf(i).수신처코드 = "S" Then
                수신처명 = "서울"
                기본요금 = 0
            ElseIf data_buf(i).수신처코드 = "I" Then
                수신처명 = "인천"
                기본요금 = 10000
            ElseIf data_buf(i).수신처코드 = "P" Then
                수신처명 = "대구"
                기본요금 = 20000
            ElseIf data_buf(i).수신처코드 = "K" Then
                수신처명 = "광주"
                기본요금 = 30000
            Else
                수신처명 = "부산"
                기본요금 = 40000
            End If
```

출력 조건에서 거래처명은 거래처번호를 참조하라고 했으므로 Select()함수를 사용하여 배열의 값에 따라 거래처명을 표시한다.

Project1 - Form2 (코드)

Form | Load

```
        Case "I"
            발신처명 = "인천"
            If data_buf(i).수신처코드 = "S" Then
                수신처명 = "서울"
                기본요금 = 10000
            ElseIf data_buf(i).수신처코드 = "I" Then
                수신처명 = "인천"
                기본요금 = 0
            ElseIf data_buf(i).수신처코드 = "P" Then
                수신처명 = "대구"
                기본요금 = 40000
            ElseIf data_buf(i).수신처코드 = "K" Then
                수신처명 = "광주"
                기본요금 = 50000
            Else
                수신처명 = "부산"
                기본요금 = 60000
            End If

        Case "P"
            발신처명 = "대구"
            If data_buf(i).수신처코드 = "S" Then
                수신처명 = "서울"
                기본요금 = 70000
            ElseIf data_buf(i).수신처코드 = "I" Then
                수신처명 = "인천"
                기본요금 = 80000
            ElseIf data_buf(i).수신처코드 = "P" Then
                수신처명 = "대구"
                기본요금 = 0
            ElseIf data_buf(i).수신처코드 = "K" Then
                수신처명 = "광주"
                기본요금 = 20000
            Else
                수신처명 = "부산"
                기본요금 = 80000
            End If
```

Project1 - Form2 (코드)

Form | Load

```
        Case "K"
            발신처명 = "광주"
            If data_buf(i).수신처코드 = "S" Then
                수신처명 = "서울"
                기본요금 = 50000
            ElseIf data_buf(i).수신처코드 = "I" Then
                수신처명 = "인천"
                기본요금 = 60000
            ElseIf data_buf(i).수신처코드 = "P" Then
                수신처명 = "대구"
                기본요금 = 80000
            ElseIf data_buf(i).수신처코드 = "K" Then
                수신처명 = "광주"
                기본요금 = 0
            Else
                수신처명 = "부산"
                기본요금 = 80000
            End If

        Case "B"
            발신처명 = "부산"
            If data_buf(i).수신처코드 = "S" Then
                수신처명 = "서울"
                기본요금 = 50000
            ElseIf data_buf(i).수신처코드 = "I" Then
                수신처명 = "인천"
                기본요금 = 80000
            ElseIf data_buf(i).수신처코드 = "P" Then
                수신처명 = "대구"
                기본요금 = 90000
            ElseIf data_buf(i).수신처코드 = "K" Then
                수신처명 = "광주"
                기본요금 = 70000
            Else
                수신처명 = "부산"
                기본요금 = 0
            End If
    End Select
```

발신처, 수신처명은 발신처, 수신처코드에 따른 지역명을 참조하므로 배열의 값을 추출하여 코드별 발신처명, 수신처명 그리고 기본요금표를 참고하여 기본요금을 산출한다.

운송중량에 따른 할인율 표를 참고하여 할인율을 계산한 후 할증요금을 계산한다.

할증요금은 소수첫째자리에서 반올림하여 정수로 출력하라고 했으므로 이 조건을 만족하기 위해서 0.5를 더한 후 정수형을 취해준다 예를 들어, X= 12.4인 경우 Int(X+0.5)를 적용하면 Int(12.4+0.5) = Int(12.9)가 되므로 정수형은 12가 나오게 된다. 만약, X=12.5가 되면 Int(12.5+0.5)=Int(13.0)이 되므로 정수형은 13이 되어 결국, 반올림한 효과가 나타난다.

주어진 식에 따라 할증요금, 운송요금을 구한다. 마지막으로 출력 데이타를 텍스트 박스에 Format()함수를 사용하여 적절히 배치한다.

```
Project1 - Form2 (코드)
Form                                    Load

    Select Case data_buf(i).운송중량
        Case Is > 550
            할인율 = 0.16
        Case 100 To 550
            할인율 = 0.2
        Case Is < 100
            할인율 = 0.06
    End Select

    할증요금 = Int(기본요금 * 할인율 + 0.5) '소수 첫째자리에서 반올림하여 정수로 출력

    If 기본요금 >= 40000 Then
        운송요금 = ((기본요금 * 0.7) + (할증요금 * 0.3))
    Else
        운송요금 = ((기본요금 * 0.6) + (할증요금 * 0.4))
    End If

'/*************************************************************************************/
'/ 출력 데이타
'/*************************************************************************************/
    txtOutput.Text = txtOutput.Text & 거래처명 & _
                    Format(발신처명, "@@@@@@@@@@") & Format(수신처명, "@@@@@@@@@@") & _
                    Format(기본요금, "@@@@@@@@@@@@@@@@") & _
                    Format(할증요금, "@@@@@@@@@@@@@@@@") & _
                    Format(운송요금, "@@@@@@@@@@@@@@@@") & vbCrLf

Next i

End Sub
```

□ 프로그램 실행동작

① 입력 예시

거래처 번호	발신처 코드	수신처 코드	운송 중량
3 5 2 1	S I K P	P S B B	452.99 30.234 579.34 132.77

② 출력 예시

거래처명	발신처명	수신처명	기본요금	할증요금	운송요금
가나상사	대구	부산	80000	16000	60800
나다상사	광주	부산	80000	12800	59840
다라상사	서울	대구	20000	4000	13600
마바상사	인천	서울	10000	600	6240

③ 시작 화면

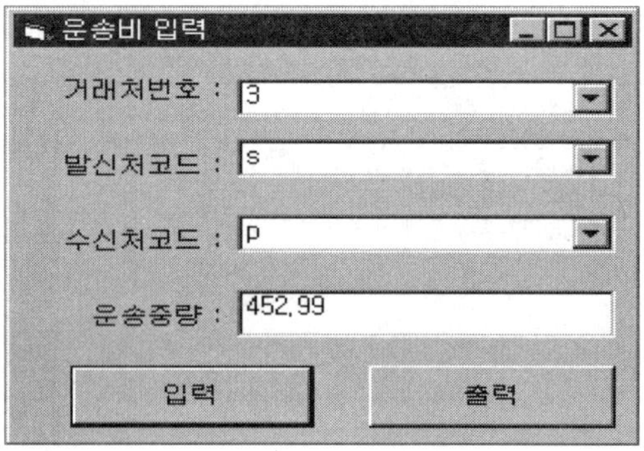

④ 입력화면

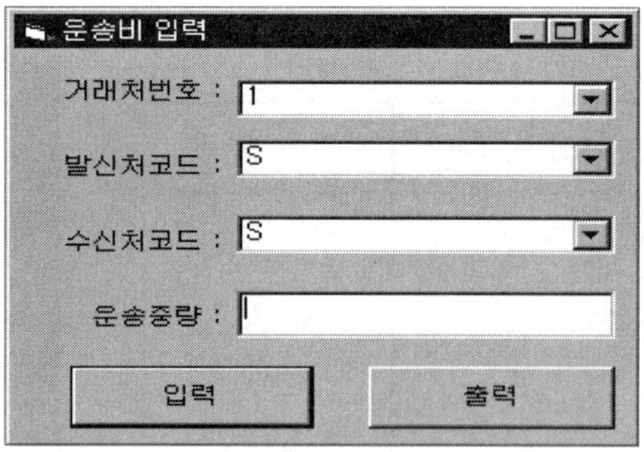

⑤ 출력화면

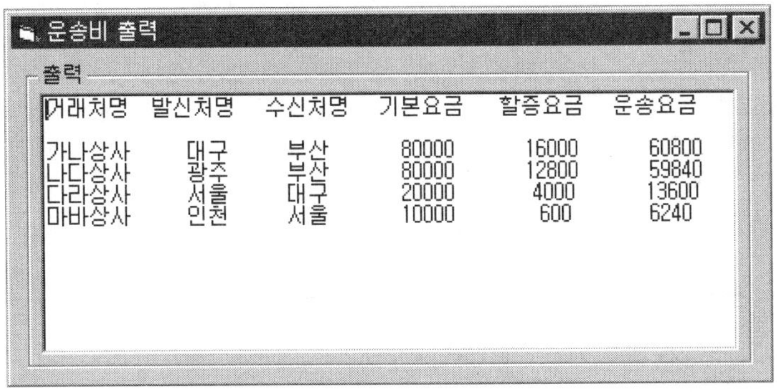
운송비 출력
출력
거래처명 발신처명 수신처명 기본요금 할증요금 운송요금
가나상사 대구 부산 80000 16000 60800
나다상사 광주 부산 80000 12800 59840
다라상사 서울 대구 20000 4000 13600
마바상사 인천 서울 10000 600 6240

8. 옵션버튼(Option Button)과 체크박스(CheckBox)

8.1 옵션 버튼

여러 가지 목록 중에서 원하는 항목을 오직 하나만 선택할 경우에 사용한다. 옵션 버튼의 배치는 주로 옵션 버튼의 그룹화를 위해 프레임 컨트롤 내부에 배치한다.

속성	설 명
Alignment	정렬방식 설정
Appearance	평면이나 3D 모양으로 설정
Caption	옵션버튼 옆에 나타나는 문자열 설정
DisabledPicture	사용 불가능할 때의 그림 설정(Style : 그래픽)
DownPicture	옵션버튼이 눌렀을 때의 그림 설정
Name	옵션버튼 개체의 이름 설정
Picture	옵션버튼에 나타낼 그림 설정
Style	표준이나 그래픽으로 설정
Value	옵션버튼의 선택 상태를 설정
Visible	옵션버튼을 보이도록 할지의 여부를 설정

8.2 체크 박스

옵션버튼과 유사하지만 옵션버튼과 달리 복수개의 선택이 가능하다.

속성	설 명
Alignment	정렬방식 설정
Appearance	평면이나 3D 모양으로 설정
Caption	체크박스 옆에 나타나는 문자열 설정
DisabledPicture	사용 불가능할 때의 그림 설정(Style : 그래픽)
DownPicture	체크박스이 눌렀을 때의 그림 설정
Name	체크박스 개체의 이름 설정
Picture	체크박스에 나타낼 그림 설정
Style	표준이나 그래픽으로 설정
Value	체크박스의 선택 상태를 설정
Visible	체크박스을 보이도록 할지의 여부를 설정

8.3 프레임 컨트롤

옵션 버튼, 체크 박스 등의 컨트롤들을 하나로 묶어서 관리할 수 있게 해주는 컨트롤이다. 프레임을 사용하면 하나의 프레임 내에서 옵션 버튼을 하나만 선택 가능하게 할 수 있고, 체크 박스는 여러 개를 체크할 수 있게 된다. 프레임이 여러개 있을 경우에 옵션 버튼의 선택은 각각의 프레임 별로 독립적으로 하나씩 선택 가능하게 구분해 주게 된다. 프레임이 없다면 옵션 버튼은 하나의 폼에서는 단 하나만 선택하게 된다.

속성	설 명
Appearance	평면이나 3D 모양으로 설정
BorderStyle	테두리의 모양을 설정
Caption	프레임 옆에 나타나는 문자열 설정
Name	프레임 개체의 이름 설정
ToolTipText	마우스를 개체에 이동할 경우 나타낼 설명문 설정
Visible	프레임을 보이도록 할지의 여부를 설정

■ 예제 8-1

옵션 버튼과 체크 박스를 이용한 글자모양 설정 프로그램을 작성해 보자.

□ 컨트롤박스 설정 및 속성

컨트롤	Name	Catpion	Porperty
Form	frmOption	옵션버튼과 체크박스	
Frame	frame1	글자 속성	
	frame2	글자 색	
TextBox	txtString		
ChekBox	chkBold	굵게	
	chkItalic	기울임	
	chkUnder	밑줄	
	chkStrike	취소선	
Command Button	cmdDefault	기본값	
	cmdColor	다양한 색깔	
Timer	tmrTimer		Interval : 1000 Enabled : False
Option Button	optBlack	검은색	
	optRed	빨간색	
	optGreen	녹색	
	optBlue	파란색	

□ 프로그램 폼 디자인

□ 프로그램 코드

기본 값(cmdDefault) 버튼을 클릭하면 체크 박스에 설정된 모든 선택 값을 해제하고 글자색을 검은색, 그리고 글자 속성도 모두 원래 값으로 반환한다. 폼의 로드 프로시저에서는 텍스트 박스에 문자열을 나타내고 글자색은 검은색으로 설정한다.

Project1 - frmOption (코드)

cmdDefault | Click

```
Private Sub cmdDefault_Click()

    '체크박스의 선택사항을 해제
    chkBold.Value = 0
    chkItalic.Value = 0
    chkUnder.Value = 0
    chkStrike.Value = 0

    '글자 색은 기본색으로 설정
    optBlack.Value = True

    '텍스트 문자열을 기본값으로 설정
    With txtString
        .FontBold = False
        .FontItalic = False
        .FontUnderline = False
        .FontStrikethru = False
    End With

End Sub

Private Sub Form_Load()

    '폼 로드시에 기본설정
    txtString.Text = "옵션버튼과 체크박스"
    optBlack.Value = True

End Sub
```

옵션 버튼(optBlack, optRed, optGreen, optBlue)을 선택하면 타이머 설정을 해제한 후 텍스트 문자열을 원하는 색(검정, 빨강, 녹색, 파랑)으로 설정한다.

```
Project1 - frmOption (코드)
cmdDefault                      Click

Private Sub optBlack_Click()

    '검은색 선택시
    If optBlack.Value = True Then
        tmrTimer.Enabled = False
        txtString.ForeColor = vbBlack
    End If

End Sub

Private Sub optBlue_Click()

    '파란색 선택시
    If optBlue.Value = True Then
        tmrTimer.Enabled = False
        txtString.ForeColor = vbBlue
    End If

End Sub

Private Sub optGreen_Click()

    '녹색 선택시
    If optGreen.Value = True Then
        tmrTimer.Enabled = False
        txtString.ForeColor = vbGreen
    End If

End Sub

Private Sub optRed_Click()

    '빨간색 선택시
    If optRed.Value = True Then
        tmrTimer.Enabled = False
        txtString.ForeColor = vbRed
    End If

End Sub
```

체크박스에서 굵게(chkBold)를 선택하면 체크 박스의 값이 선택되어 있으면 글자 속성을 해제하고 선택되어있지 않으면 굵게선택을 선택한다. 마찬가지로 기울임(chkItalic), 밑줄(chkUnder), 취소선(chkStrike)도 동일한 설정을 해줍니다.

Project1 - frmOption (코드)

cmdDefault | Click

```
Private Sub chkBold_Click()

    '굵게 선택시
    If chkBold.Value Then
        txtString.FontBold = True
    Else
        txtString.FontBold = False
    End If

End Sub
```

```
Private Sub chkItalic_Click()

    '기울임 선택시
    If chkItalic.Value Then
        txtString.FontItalic = True
    Else
        txtString.FontItalic = False
    End If

End Sub
```

```
Private Sub chkStrike_Click()

    '취소선 선택시
    If chkStrike.Value Then
        txtString.FontStrikethru = True
    Else
        txtString.FontStrikethru = False
    End If

End Sub
```

```
Private Sub chkUnder_Click()

    '밑줄 선택시
    If chkUnder.Value Then
        txtString.FontUnderline = True
    Else
        txtString.FontUnderline = False
    End If

End Sub
```

다양한 색깔(cmdColor)버튼을 클릭하면 타이머를 동작시킵니다. 그리고 옵션버튼의 선택된 항목을 모두 해제한다. 타이머 프로시저에서는 Second()함수를 사용하여 현재 시간에서 초(sec)를 추출하여 0에서 15초 사이는 검은색, 15초에서 30초 사이는 빨간색, 31초에서 45초 사이는 녹색, 46초에서 60초 사이는 파란색으로 글자색을 변경시킵니다. 타이머의 기본 단위(Interval)은 1/1000초이다. 속성 값중 Interval=1000으로 설정되어 있기 때문에 1000ms=1sec, 즉, 1초마다 타이머가 동작한다.

```
Private Sub cmdColor_Click()

    '시간에 따른 색깔 설정
    tmrTimer.Enabled = True

    optBlack.Value = False
    optRed.Value = False
    optGreen.Value = False
    optBlue.Value = False

End Sub

Private Sub tmrTimer_Timer()

'시간에 따른 텍스트 전경색 설정
Select Case Second(Time)
    Case 0 To 15
        txtString.ForeColor = vbBlack
    Case 15 To 30
        txtString.ForeColor = vbRed
    Case 31 To 45
        txtString.ForeColor = vbGreen
    Case 46 To 60
        txtString.ForeColor = vbBlue
End Select

End Sub
```

□ 프로그램 동작

▶ 프로그램 시작화면

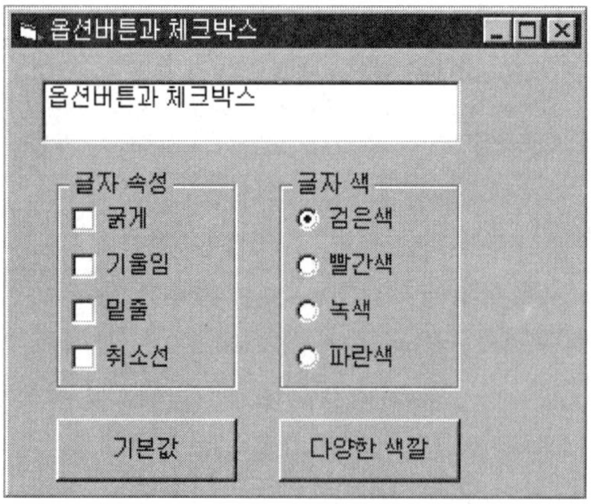

▶ 글자 및 글자색 속성변경시 화면

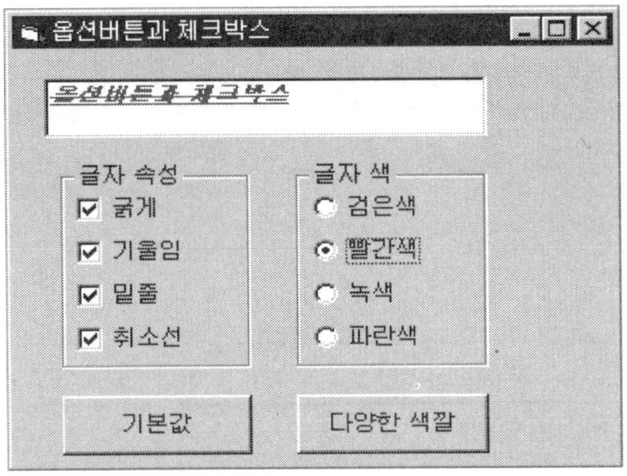

▶ 기본값 버튼을 선택시

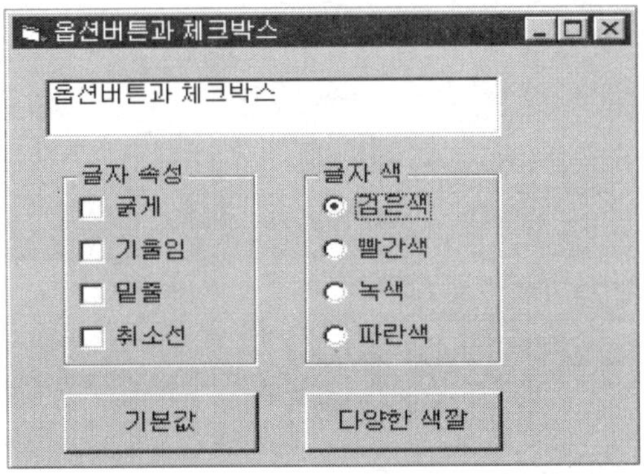

▶ 다양한 색깔 버튼을 선택시

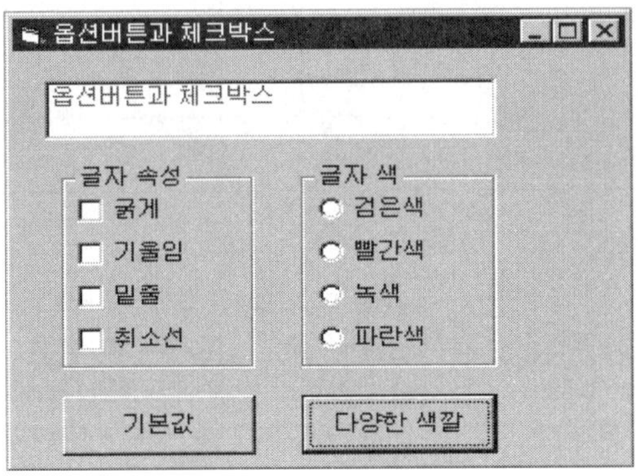

■ 예제 8-2

상품 목록에서 상품을 선택하고, 결재 수단을 선택하면 총상품액을 구하는 프로그램을 작성해 보자. 단, 총 구매액이 2,000,000이상일 경우 현금결재는 10%의 할인율, 카드구매는 5%의 할인율이 제공된다.

□ 컨트롤 박스 설정 및 속성

컨트롤	Name	Catpion	Porperty
Form	frmComputer	컴퓨터 가격표	
Frame	frame1	TeskTop	
	frame2	NoteBook	
	frame3	Printer	
	frame4	결재 수단	
ChekBox	chkPen3	Pentium-Ⅲ(₩ 1,500,000)	
	chkPen2	Pentium-Ⅱ(₩ 1,000,000)	
	chkPen	Pentium(₩ 500,000)	
	chkNote3	Pentium-Ⅲ(₩ 3,000,000)	
	chkNote2	Pentium-Ⅱ(₩ 2,000,000)	
	chkNote	Pentium(₩ 1,000,000)	
	chkLaser	Laser(₩ 500,000)	
	chkInkJet	InkJet(₩ 300,000)	
Option Button	optCash	현금(10%)	
	optCard	카드(5%)	
Command Button	cmdCal	계산	
Label	Label1	총 구매금액 :	Alignment : 1(오른쪽)
TextBox	txtMoney		

□ 프로그램 폼 디자인

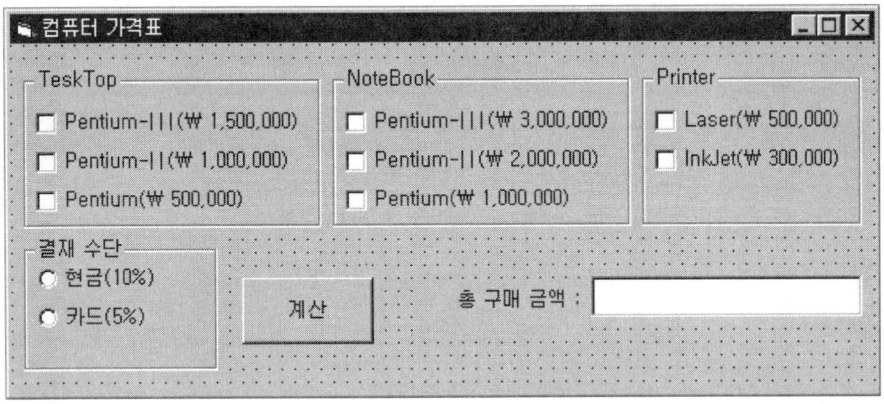

□ 프로그램 코드

```
Project1 - Form1 (코드)
cmdCal                    Click

Option Explicit

Private Sub cmdCal_Click()

Dim Total As Long

'Pentium3-데스크탑 선택시
If chkPen3.Value Then
    Total = Total + 1500000
End If

'Pentium2-데스크탑 선택시
If chkPen2.Value Then
    Total = Total + 1000000
End If

'Pentium-데스크탑 선택시
If chkPen.Value Then
    Total = Total + 500000
End If

'Pentium3-노트북 선택시
If chkNote3.Value Then
    Total = Total + 3000000
End If

'Pentium2-노트북 선택시
If chkNote2.Value Then
    Total = Total + 2000000
End If

'Pentium-노트북 선택시
If chkNote.Value Then
    Total = Total + 1000000
End If

'Laser 프린터 선택시
If chkLaser.Value Then
    Total = Total + 500000
End If

'InkJet 프린터 선택시
If chkInkJet.Value Then
    Total = Total + 300000
End If
```

임시변수 Total에 TeskTop과 NoteBook, Printer의 선택항목의 가격을 합산한다.

```
Project1 - Form1 (코드)
cmdCal                                   Click

    '/*********************************************************
    '총 구매금액이 2000000이상이면서 현금을 선택하면 10% DC
    '총 구매금액이 2000000이상이거나 카드를 선택하면 5% DC
    '/*********************************************************
    If Total >= 2000000 And optCash.Value = True Then
        Total = Total * 0.9

    ElseIf Total >= 2000000  Or optCard.Value = True Then
        Total = Total * 0.95
    End If

    '총 구매금액 계산
    txtMoney.Text = Format(Total, "#,###,##0")

    End Sub
```

If 함수를 사용하여 총구매 금액이 2,000,000만원 이상이며 현금결재를 선택한 경우에는 10%를 DC 한다. 만약 카드로 결재방법을 선택했다면 5%를 할인해줍니다. 할인된 최종금액을 텍스트 상자에 표시한다. Format()함수를 사용하여 3자리 단위로 콤마유형으로 표시해 줍니다. 금액이 0이더라도 0이 표시된다.

□ 프로그램 동작

▶ 구매금액 2,000,000만원 이하일 경우

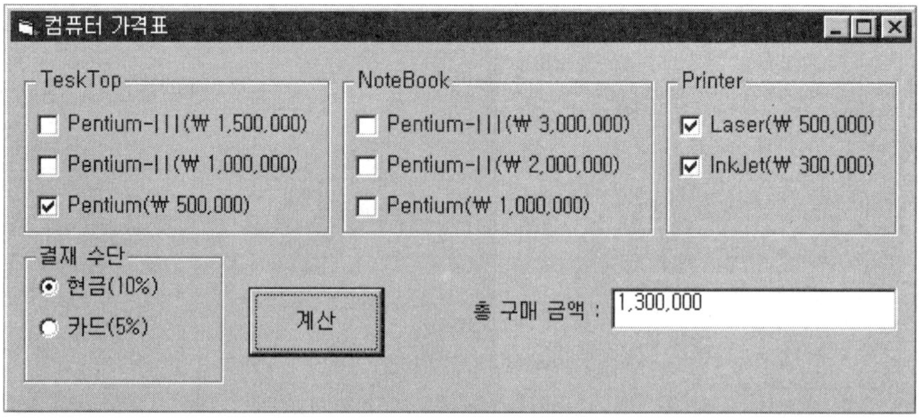

▶ 구매금액 2,000,000만원 이상일 경우
- 현금 구매 : 10% 할인

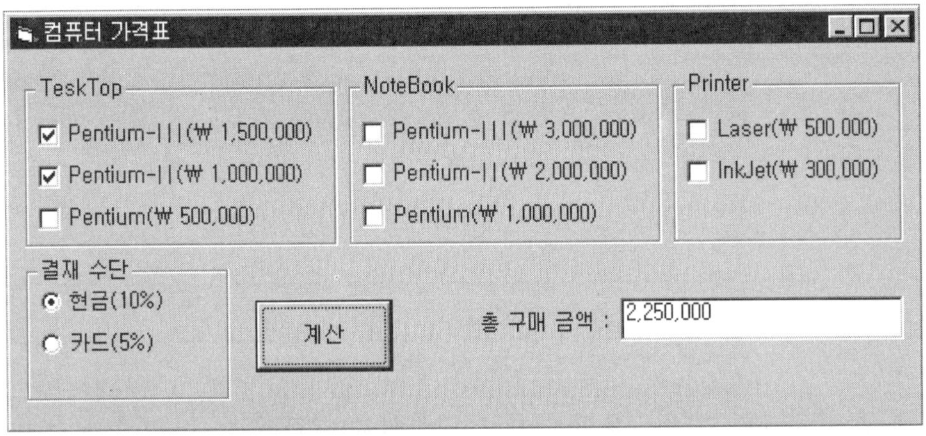

▶ 구매금액 2,000,000만원 이상일 경우
- 카드 구매 : 5% 할인

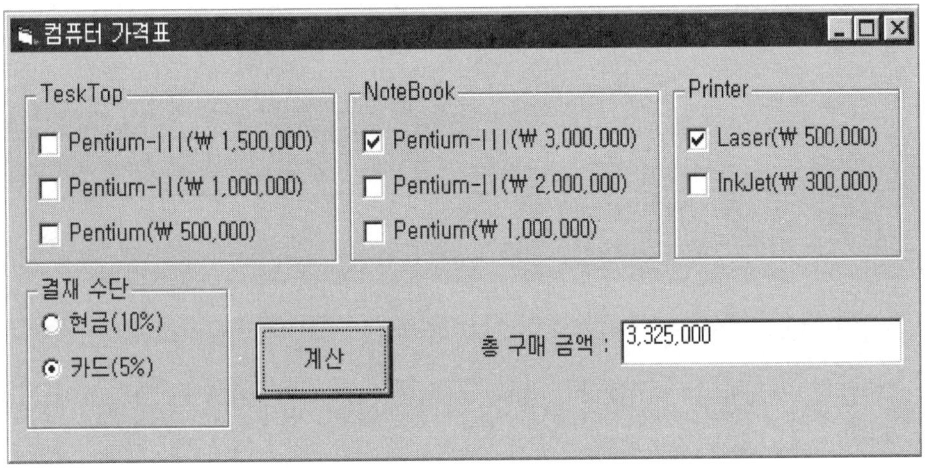

9. 스크롤바, 파일 컨트롤, 픽쳐 박스, 이미지

9.1 스크롤바(Scroll Bar)

스크롤바는 일정한 범위의 값을 시각적으로 표현하는 데 쓰이며, 마우스 조정 프로그램처럼 입력을 받는 수단으로도 사용된다. 스크롤바에는 수평 스크롤바와 수직 스크롤바 두가지 형태가 있다.

속성	설 명
Enabled	사용가능하도록 할지의 여부를 설정
LargeChange	스크롤바의 빈 공간사이를 클릭시 이동 범위 설정
Min	스크롤바의 최소값
Max	스크롤바의 최대값
Name	이름 설정
SmallChange	화살표를 클릭했을 때의 이동 범위 설정
Visible	스크롤 바를 보이도록 할지의 여부를 설정
Value	스크롤바의 현재의 값을 설정

■ 예제 9-1

스크롤바를 이용하여 섭씨(Fahrenheit)를 섭씨(Celsius)로 바꾸는 프로그램을 만들어 보자.

□ 컨트롤 박스 설정 및 속성값

컨트롤	Name	Catpion	Porperty
Form	frmTemperature	화씨를 섭씨로 변환	
Lable	Label1	화씨(Fahrenheit)	
	Label2	섭씨(Celsius)	
TextBox	txtFahren		
	txtCel		
ScrollBar	vsbTemp		Min : 0 Max : 100 SmallChange : 1 LargeChange :10

□ 프로그램 폼 디자인

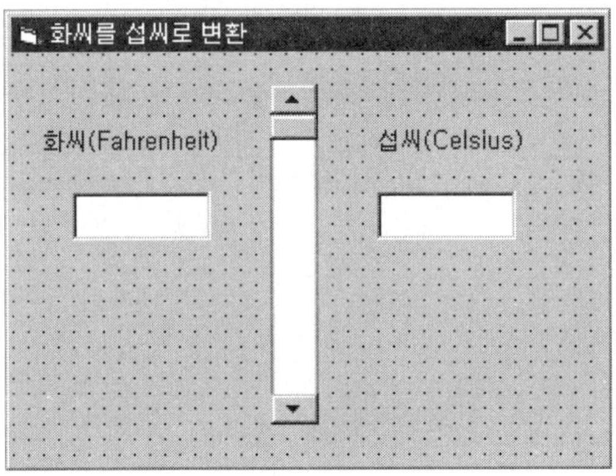

□ 프로그램 코드

Project1 - frmTemperature (코드)

(일반) (선언)

```
Option Explicit

Dim TempF As Integer
Dim TempC As Integer


Private Sub Form_Load()

    '초기설정 화씨 0도
    TempF = vsbTemp.Min
    txtFahren.Text = Str(TempF)

    '초기설정 섭씨 -18도
    TempC = CInt((TempF - 32) * 5 / 9)
    txtCel.Text = Str(TempC)

End Sub

Private Sub txtFahren_GotFocus()

    txtFahren.SetFocus
    txtFahren.SelStart = 0
    txtFahren.SelLength = Len(txtFahren.Text)

End Sub
```

폼의 로드 시에는 화씨(Fahrenheit)를 0℃로 섭씨(Celsius)는 -18℃로 설정한다. 화씨를 섭씨를 바꾸는 공식은 다음과 같다.

Celsius = ((Fahrenheit - 32) * 5) / 9

GotFocus() 프로시저는 텍스트 박스에 포커스가 위치한 경우의 동작을 나타낸다. 텍스트 문자열을 선택하도록 설정한다.

Project1 - frmTemperature (코드)

(일반) (선언)

```
Private Sub txtFahren_KeyPress(KeyAscii As Integer)

    If KeyAscii = vbKeyReturn Then
        TempF = Val(txtFahren.Text)

        If TempF >= 0 And TempF <= 100 Then

            TempC = CInt((TempF - 32) * 5 / 9)
            txtCel.Text = Str(TempC)
            vsbTemp.Value = TempF

            txtFahren.SetFocus
            txtFahren.SelStart = 0
            txtFahren.SelLength = Len(txtFahren.Text)
        Else
            MsgBox "입력범위는 0에서 100사이 입니다.", vbOKOnly, "입력초과 오류"
            txtFahren.Text = ""
            txtCel.Text = ""
            txtFahren.SetFocus
            Exit Sub

        End If
    End If

End Sub

Private Sub vsbTemp_Change()

    '스크롤바의 값을 TempF변수에 설정
    TempF = vsbTemp.Value
    txtFahren.Text = Str(TempF)

    '화씨를 섭씨로 변환
    TempC = CInt((TempF - 32) * 5 / 9)
    txtCel.Text = Str(TempC)

End Sub

Private Sub vsbTemp_Scroll()

    '스클롤바를 이동하는경우
    Call vsbTemp_Change

End Sub
```

Fahrenheit_KeyPress()프로시저에서는 텍스트 값을 입력한 후 엔터키(Enter Key)를 누르면 입력 값의 범위가 0에서 100사이인 경우에는 화씨를 섭씨로 바꾸며 스크롤바의 값에 변화를 반영한다.

만약 범위를 벗어나는 경우에는 화씨입력상자와 섭씨입력상자의 값을 삭제한 후 새로운 화씨의 입력 값을 받기 위해서 포커스를 이동한 후 프로시저를 빠져나온다.

텍스트 박스에 입력을 하지 않고 스크롤바를 이동(vsbTemp_Change()) 하는 경우에도 현재스크롤에 설정된 값을 텍스트박스에 표시하며 마찬가지로 화씨를 섭씨로 변환한다.

스크롤바를 스크롤(vsbTemp_Scroll())하는 경우에도 vsbTemp_Change()프로시저를 호출하므로 스크롤바를 이동하는 경우와 동일하다.

□ 프로그램 동작

▶ 프로그램 초기화면

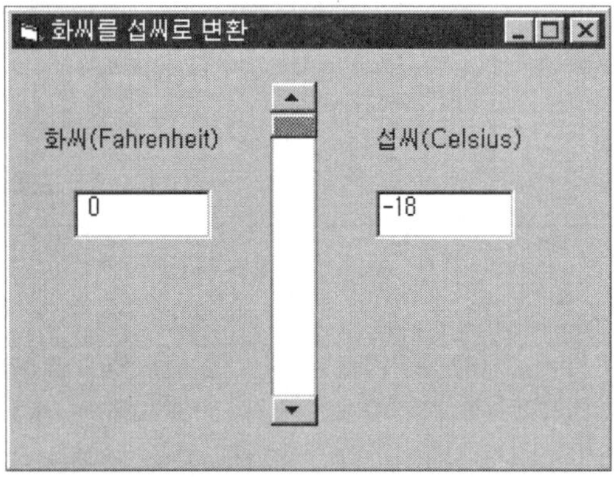

▶ 프로그램 입력사항 변경 시

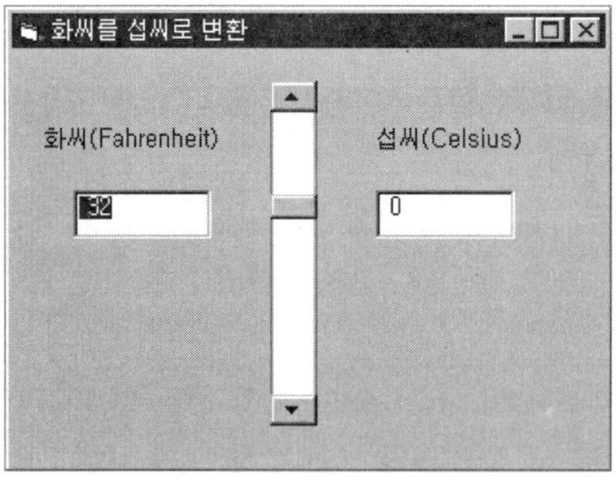

▶ 프로그램에서 화씨온도가 0에서 100사이의 범위를 벗어난 경우

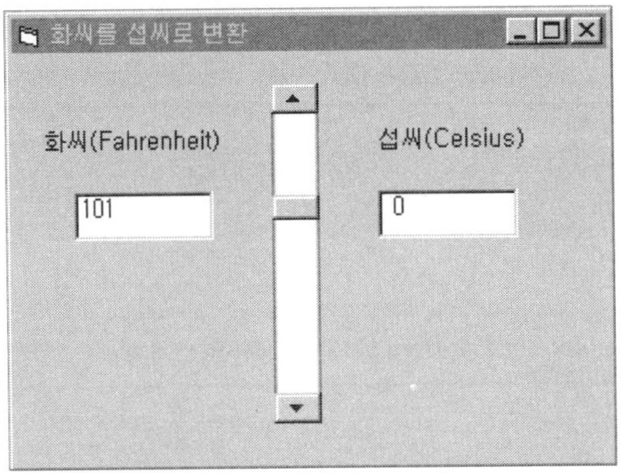

9.2 파일 컨트롤(File Control)

파일을 다루는 컨트롤에는 드라이브 리스트박스, 디렉토리(폴더) 리스트 박스, 파일 리스트박스 등이 있다.

□ 드라이브 리스트 박스(DriveListBox)

드라이브 리스트박스 컨트롤은 컴퓨터의 유효한 모든 드라이브의 목록을 표시하여 선택할 수 있도록 하는데 사용한다.

속성	설 명
Appearance	평면 : 0, 3D : 1 (평면이나 3차원으로 설정)
Enabled	사용가능하도록 할지의 여부를 설정
Name	드라이브 리스트박스의 이름
Visible	드라이브 리스트박스를 보이도록 할지의 여부를 설정

□ 디렉토리 리스트박스(DirListBox)

디렉토리 리스트박스 컨트롤은 현재 드라이브의 디렉토리(폴더)를 표시하는데

사용된다.

속성	설 명
Appearance	평면 : 0, 3D : 1 (평면이나 3차원으로 설정)
Enabled	사용가능하도록 할지의 여부를 설정
Name	디렉토리 리스트박스의 이름
Visible	디렉토리 리스트박스를 보이도록 할지의 여부를 설정

□ 파일 리스트 박스(FileListBox)

파일 리스트박스 컨트롤은 현재 디렉토리의 파일목록을 표시하는데 사용한다.

속성	설 명
Appearance	평면 : 0, 3D : 1 (평면이나 3차원으로 설정)
Enabled	사용가능하도록 할지의 여부를 설정
Name	파일 리스트박스의 이름
Visible	파일 리스트박스를 보이도록 할지의 여부를 설정
Archive	기록 속성을 가진 파일을 나타낼지의 여부를 설정
Hidden	숨기기 속성을 가진 파일을 표시할지의 여부를 설정
Normal	표준 속성을 가진 파일을 표시할지의 여부를 설정
ReadOnly	읽기전용 속성을 가진 파일을 표시할지의 여부를 설정
System	시스템 속성을 가진 파일을 표시할지의 여부를 설정
MultiSelect	여러 파일을 동시에 선택할 수 있는지의 여부를 설정
Pattern	파일 리스트박스에 나타낼 파일의 확장자를 설정

9.3 그림 상자(PictureBox)와 이미지(Image)

□ 그림상자(PictureBox)

PictureBox 컨트롤은 비트맵(*.bmp), jpg, gif 등의 그림파일을 표시하는데 사용한다.

속성	설 명
Appearance	평면 : 0, 3D : 1 (평면이나 3차원으로 설정)
AutoSize	그림크기에 맞게 자동으로 Picturebox의 크기를 설정
BorderStyle	PictureBox의 테두리 모양을 설정
Name	PictureBox의 이름
Picture	PictureBox에 나타낼 그림 설정
Visible	PictureBox를 보이도록 할지의 여부를 설정

□ 이미지(Image)

Image 컨트롤도 PictureBox와 마찬가지로 그림을 표시한다. 하지만 Image 컨트롤은 PictureBox 컨트롤보다 더 적은양의 시스템 자원을 사용하여 그림을 그리는 속도가 빠릅니다.

속성	설 명
Appearance	평면 : 0, 3D : 1 (평면이나 3차원으로 설정)
BorderStyle	Image의 테두리 모양을 설정
Name	Image의 이름
Picture	Image에 나타낼 그림 설정
Stretch	Image 컨트롤의 크기에 맞게 그림의 크기를 설정
Visible	Image를 보이도록 할지의 여부를 설정

■ 예제 9-2

윈도우 탐색기와 비슷한 탐색창 프로그램을 만들어서 파일컨트롤을 연계시켜 선택한 파일이 화면에 나타나도록 구성해 보자.

□ 컨트롤 박스 설정 및 속성값

컨트롤	Name	Catpion	Porperty
Form	frmImageViewer	이미지뷰어 (Image Viewer)	
DriveListBox	drvDrive		
DirListBox	dirFolder		
FileListBox	filFile		pattern : *.bmp;*.gif;*.jpg
PictureBox	picImage		
Image	imgPicture		Stretch : False
ScrollBar	hsbWidth		Min : 0 Max : 100 SmallChange : 1 LargeChange :10
	vsbHeight		
Lable	Label1	파일크기	
	Label2	파일경로	
TextBox	txtFileLen		파일크기
	txtFilePath		파일경로

□ 프로그램 폼 디자인

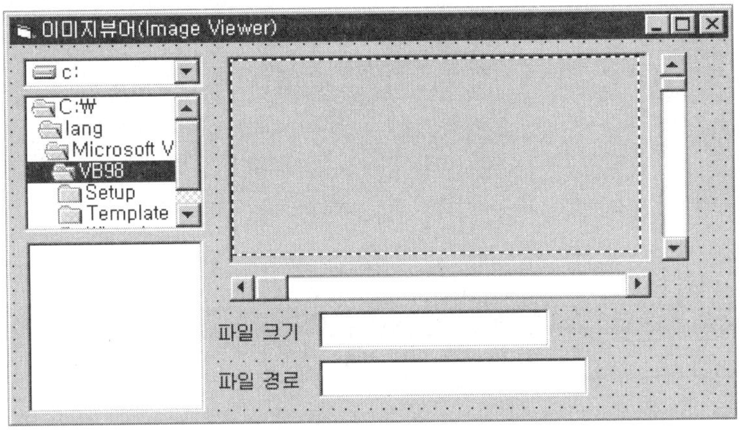

□ 프로그램 코드

Project1 - frmImageVeiwer (코드)

drvDrive | Change

```
Option Explicit

Private Sub dirFolder_Change()

    '디렉토리(폴더)의 변경을 파일리스트에 반영
    filFile.Path = dirFolder.Path

End Sub

Private Sub drvDrive_Change()

On Error GoTo DriveError

    '드라이브의 경로를 디렉토리에 반영
    dirFolder.Path = drvDrive.Drive
    Exit Sub

DriveError:     '오류 발생시
        MsgBox "드라이브 변경에러", vbCritical, "드라이브 오류"
        drvDrive.Drive = dirFolder.Path

End Sub
```

먼저, 파일을 열기위해서는 우선 드라이브, 디렉토리, 파일 순으로 선택하게 된다.

따라서 폼에 있는 드라이브 리스트박스와 디렉토리 리스트 박스, 파일 리스트박스를 서로 연결해줘야 한다.

드라이브를 선택하면 드라이브의 내용을 표시하기 위해서 드라이브(drvDrive)의 내용이 변경되면 드라이브의 변경사항은 디렉토리(폴더)에 알려줍니다. 만약에, 드라이브에 오류가 발생하면 오류메시지를 알려주고 드라이브가 선택되기 이전의 원상태로 돌려줍니다. 마찬가지로 폴더(dirFolder)의 경로가 변경되면 파일리스트 박스(filFile)에 디렉토리 리스트 박스의 Path를 파일 리스트박스의 Path로 설정한다.

Project1 - frmImageVeiwer (코드)

drvDrive | Change

```
Private Sub filFile_Click()

    If Right(dirFolder.Path, 1) = "₩" Then  '디렉토리의 경로를 검사
        '선택한 이미지를 불러들임
        imgPicture.Picture = LoadPicture(dirFolder.Path & filFile.FileName)

        '이미지의 경로를 텍스트 박스에 표시
        txtFilePath.Text = dirFolder.Path & filFile.FileName

        '이미지의 사이즈를 텍스트 박스에 표시
        txtFileLen.Text = FileLen(dirFolder.Path & filFile.FileName) _
                        / 1024 & " K Byte"
    Else
        '선택한 이미지를 불러들임
        imgPicture.Picture = LoadPicture(dirFolder.Path & "₩" & filFile.FileName)

        '이미지의 경로를 텍스트 박스에 표시
        txtFilePath.Text = dirFolder.Path & "₩" & filFile.FileName

        '이미지의 사이즈를 텍스트 박스에 표시
        txtFileLen.Text = FileLen(dirFolder.Path & "₩" & filFile.FileName) _
                        / 1024 & " K Byte"
    End If
```

파일 리스트박스(filFile)에서 파일을 선택하면 디렉토리의 마지막 오른쪽 한 문자를 추출하여 "\"인지 검사한다. 왜냐하면, 예를 들어, "test.gif"라는 파일이 C:\WinNT 폴더에 있다면 FileName에는 "C:\WinNT\test.gif"이 되어야 하지만, C:\에 있다면 "C:\test.gif"가 되어야 하기 때문에 Right()함수를 사용하여 마지막 한 문자를 검사하여 "\"문자를 파일의 경로상에 추가할 것인지를 결정해야 하기 때문이다.

다음은 LoadPicture()함수를 사용하여 선택한 그림파일을 이미지 개체(imgPicture)에 나타냅니다. LoadPicture 함수의 인수로는 불어들일 파일이름이 오게 된다.

파일경로 문자열상자(txtFilePath)에는 선택한 그림파일의 경로를 표시하고, 파일크기 문자열상자(txtFileLen)에는 선택한 그림파일의 사이즈를 Kbyte단위로 표시하여 나타낸다. 1Kbyte는 1024byte 이다.

Project1 - frmImageVeiwer (코드)

drvDrive | Change

```
    '이미지의 크기가 픽쳐박스 보다 크다면(넓이)
    If imgPicture.Width < picImage.ScaleWidth Then
        hsbWidth.Enabled = False
        hsbWidth.Value = 0
    Else
        hsbWidth.Enabled = True
        hsbWidth.Value = 0
        hsbWidth.Max = imgPicture.Width - picImage.ScaleWidth
    End If

    '이미지의 크기가 픽쳐박스보다 크다면(높이)
    If imgPicture.Height < picImage.ScaleHeight Then
        vsbHeight.Enabled = False
        vsbHeight.Value = 0
    Else
        vsbHeight.Enabled = True
        vsbHeight.Value = 0
        vsbHeight.Max = imgPicture.Height - picImage.ScaleHeight
    End If


End Sub
```

불러들인 이미지의 넓이(폭)가 픽쳐박스의 넓이(폭)보다 큰지를 비교한다. 만약, 그림의 폭이 작다면 스크롤바를 활성화시킬 필요가 없게 된다. 그리고 스크롤바의 값을 0으로 설정하여 항상 그림의 첫부분 부터 보이도록 한다. 불러들인 그림의 폭이 픽쳐박스보다도 더 크면 그 차이를 수평스크롤바의 최대값(Max)로 설정한다.

다음에는 불러들인 이미지의 크기(높이)가 픽쳐 박스의 크기(높이)보다 큰 지를 비교하여 이미지가 작으면 수직스크롤바를 False로 설정하여 동작시키지 않다. 만약 이미지가 픽쳐 박스보다 크면 그 차이를 수직스크롤바의 최대값(Max)로 설정한다.

```
Project1 - frmImageVeiwer (코드)
vsbHeight                          Scroll

Private Sub hsbWidth_Change()

    '이미지의 좌표값(왼쪽)을 변환
    imgPicture.Left = -hsbWidth.Value

End Sub

Private Sub hsbWidth_Scroll()

    hsbWidth_Change

End Sub

Private Sub vsbHeight_Change()

    '이미지의 좌표값(위쪽)을 변환
    imgPicture.Top = -vsbHeight.Value

End Sub

Private Sub vsbHeight_Scroll()

    vsbHeight_Change

End Sub
```

수평스크롤바(hsbWidth)를 값을 변화시키면 현재스크롤바의 값을 이미지의 왼쪽으로 설정한다. 여기에서 마이너스(-)를 붙인 이유는 스크롤바를 이동시키면 이미지가 픽쳐박스보다 크기 때문에 보이지 않는 영역을 보여주어야 한다. 그러면 현재스크롤바의 값이 -값으로 화면의 맨왼쪽으로 설정이 되어있어야 화면상에서 오른쪽의 보이지 않는 부분이 나타나게 된다. 즉, 화면에서 왼쪽으로 화면이 더 들어가는 효과가 나타나게 된다.

마찬가지로 수직스크롤바(vsbHeight)를 이동시키면 현재스크롤바의 값을 위쪽으로 이동하게 된다. 여기에서도 마이너스(-)를 붙인 이유는 스크롤바를 이동시키면 이미지가 픽쳐 박스보다 크기 때문에 보이지 않은 영역을 보여주기 위해서 현재 스크롤바의 값이 -값으로 화면의 맨위쪽으로 설정이 되어있어야 화면의 보이지 않는 부분이 보이게 된다. 즉, 화면에서 위쪽으로 화면이 더 들어가는 효과가 나타나게 되는 것이다.

□ 프로그램 실행

▶ 프로그램 시작 화면

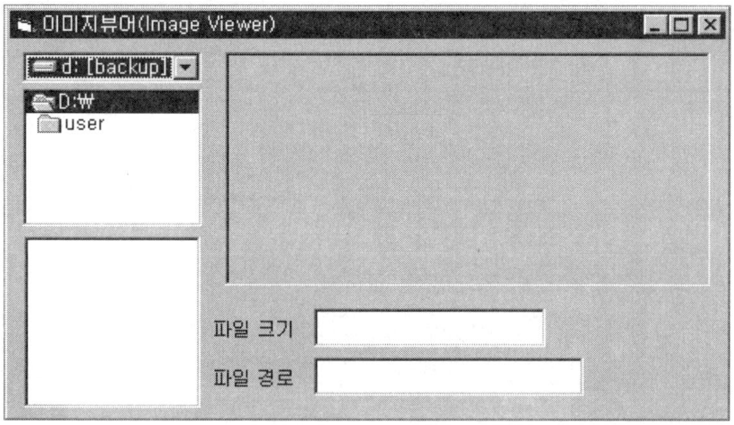

▶ 그림파일 선택시(픽쳐박스 영역보다 큰 그림)

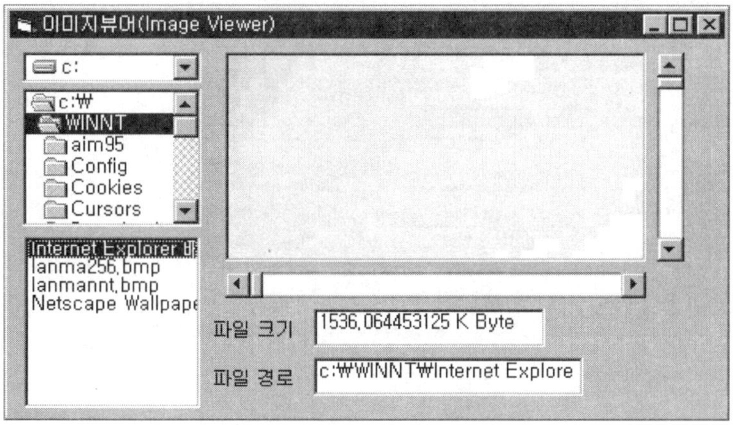

▶ 그림파일 선택시(수직, 수평스크롤바 이동시)

▶ 그림 파일 선택시(픽쳐박스보다 작은 그림)

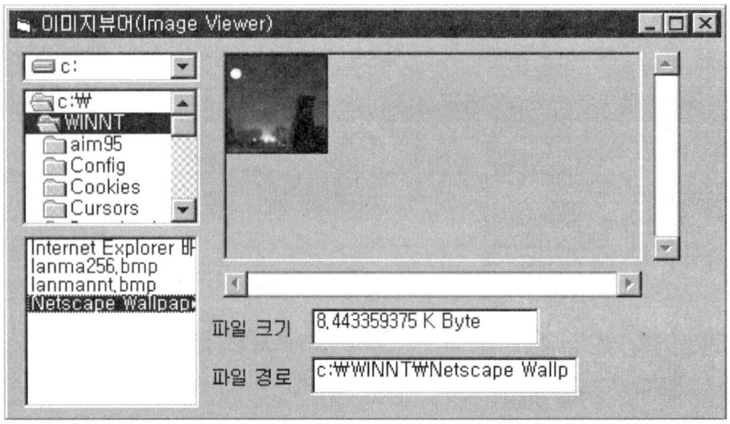

▶ 그림파일 선택시(Image 속성 : Stretch = True)

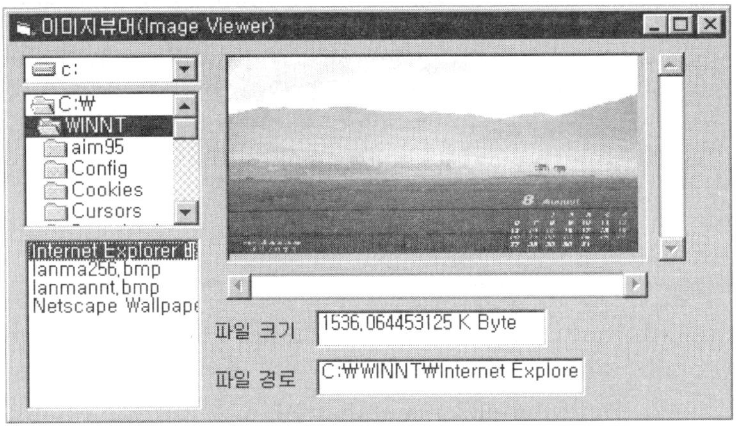

9.4 플렉스그리드(FlexGrid), TabStrip, MSChart 컨트롤

□ 플렉스 그리드

표(Table)형식의 데이터를 표현하고자 할 때 많이 사용하는 것으로서 플렉스 그리드가 있다. Col(열) 속성과 Row(행) 속성을 사용하여 열과 행의 수를 조절할 수 있으면 현재 셀(Cell)의 위치를 지정할 수도 있다. 플렉스 그리드에는 눈금 하나하나를 셀 이라고 한다. 또한 Text 속성을 사용하여 셀의 내용을 가져오거나 셀에 내용을 입력할 수 있다.

속성	설 명
AllowUserResizing	셀의 크기를 마우스로 변경하는 기능을 설정 0 - flexResizeNone : 변경불가 1 - flexResizeColumns : 열 2 - flexResizeRows : 행 3 - flexResizeBoth : 행과 열 모두
Cols	그리드의 열수를 지정
Rows	그리드의 행수를 지정
ScrollBars	0 - flexScrollNone : 없음 1 - flexScrollHorizental : 수평 2 - flexScrollVertical : 수직 3 - flexScrollBoth : 수평과 수직 모두
Text	액티브 셀에 표시할 문자열을 설정
TextMatrix(r,c)	그리드 각각의 셀에 대응한 배열 r ; 행 c ; 열
CellAlignment	액티브 셀의 데이터의 표시위치 설정 0 - flexAlignLeftTop 수평 : 왼쪽, 수직 : 위쪽 1 - flexAlignLeftCenter 수평 : 왼쪽, 수직 : 중앙 2 - flexAlignLeftBottom 수평 : 왼쪽, 수직: 아래쪽 3 - flexAlignCenterTop 수평 : 중앙, 수직 : 위쪽 4 - flexAlignCenterCenter 수평 : 중앙, 수직 : 중앙
CellPicture	액티브 셀에 표시할 픽쳐(Picture)를 설정
ColWidth	셀의 열넓이를 설정
RowHeight	셀의 행높이를 설정

□ MSChart 컨트롤

MSChart 컨트롤은 사용자가 원하는 모양으로 지정한 데이터에 대한 챠트(Chart)를 그릴 수 있다. 챠트를 그리는 데 사용되는 데이터는 속성페이지나 다른 프로그램의 데이터 또는 플렉스 그리드의 데이터도 가능하다. 속성페이지에서는 챠트의 모양과 종류, 축의 모양과 눈금, 글꼴 등을 설정할 수 있다.

속성	설 명
Column	액티브 열을 반환하거나 설정
ColumnCount	열의 수를 설정
ColumnLab디	열과 관련된 라벨을 설정
Row	액티브 행을 반환하거나 설정
RowCount	행의 수를 설정
RowLabel	행과 관련된 라베을 설정
Data	열과 행으로 식별되는 data 배열에서 지정 데이타의 값을 설정
TitleText	차트 제목으로 사용된 텍스트를 반환하거나 설정
FootnoteText	차트 각주로 사용된 텍스트를 반환하거나 설정
ChartType	데이터를 그리는데 사용된 챠트형식을 설정

□ TabStrip

탭형식의 메뉴를 사용하고자 할 경우에 사용하는 컨트롤이다.

.

속성	설 명
MultiSelect	Ctrl 키를 누른상태에서 다중탭을 선택할 수 있는지의 여부를 결정
Separator	탭스트립사이에 있는 단추들 사이에 구분선의 그려지는 여부를 설정
ShowTips	Tooltip 텍스트를 사용할 것인지의 여부를 결정
Style	TabStrip 컨트롤의 유형을 설정 0 - tabTabs , 1 - tabButtons, 2 - tabFlatButton
TabStyle	새탭이 선택될 때 나머지 탭들이 위치되는 방법을 결정 0 - tabTabStandard , 1 - tabTabOpposite
TabWidthStyle	tabStrip 컨트롤의 모든 탭에 대한 너비와 양쪽맞춤을 설정 0 - tabJustified , 1 - tabNonJustified, 2 - tabFixed

■ 예제 9-3

엑셀프로그램 같은 셀에 입력된 데이터를 가지고 여러 가지 형태의 그래프로 표현하는 프로그램을 만들어 보자. 표준 Exe 프로젝트를 시작하면, 도구상자에는 기본적인 컨트롤만이 표시되므로, MSFlexGrid와 MSChart, 컨트롤과 같은 ActiveX 컨트롤들을 사용하려면 메뉴에서 [프로젝트]-[구성요소]를 선택한 후 컨트롤 탭에서 Microsoft Chart Control 6.0(OLEDB), Microsoft FlexGrid Control 6.0, Microsoft Windows Common Controls 6.0등을 체크해 준다.

□ FlexGrid Control

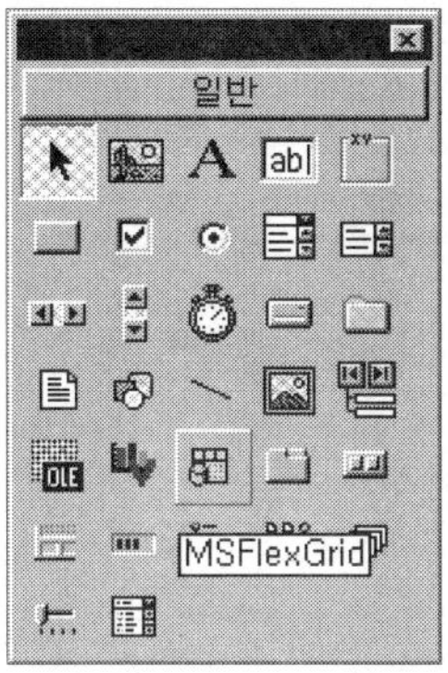

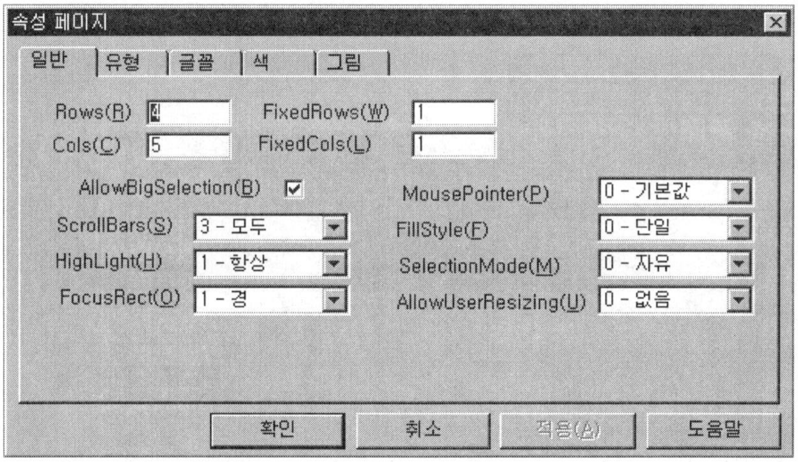

□ MSChart Control

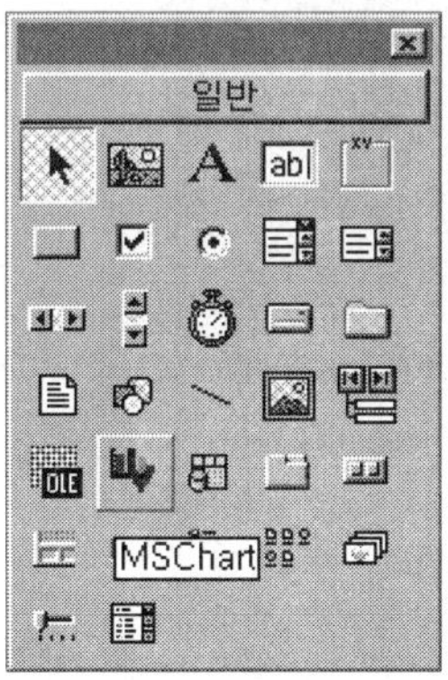

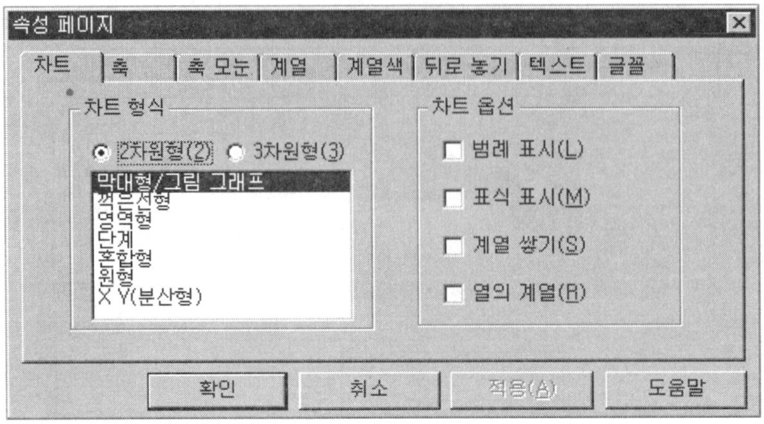
속성 페이지
차트
축
축 모눈
계열
계열색
뒤로 놓기
텍스트
글꼴
차트 형식
2차원형(2)
3차원형(3)
막대형/그림 그래프
꺾은선형
영역형
단계
혼합형
원형
X Y(분산형)
차트 옵션
범례 표시(L)
표식 표시(M)
계열 쌓기(S)
열의 계열(R)
확인
취소
적용(A)
도움말

□ MSChart 종류

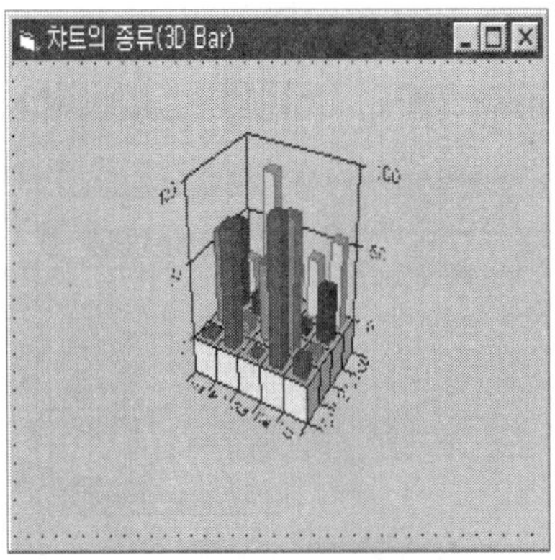
챠트의 종류(3D Bar)

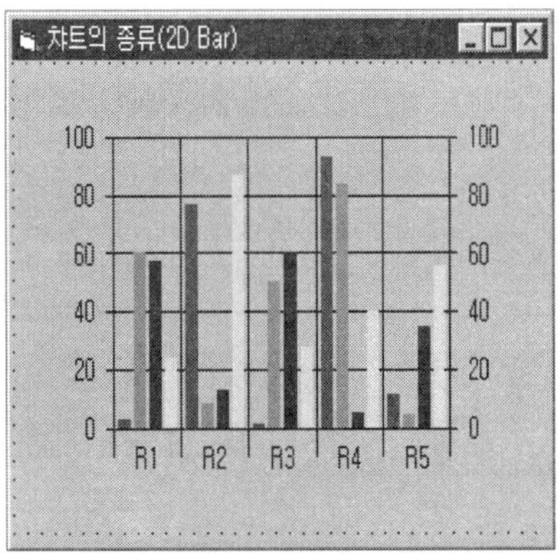
챠트의 종류(2D Bar)
100
80
60
40
20
0
R1
R2
R3
R4
R5

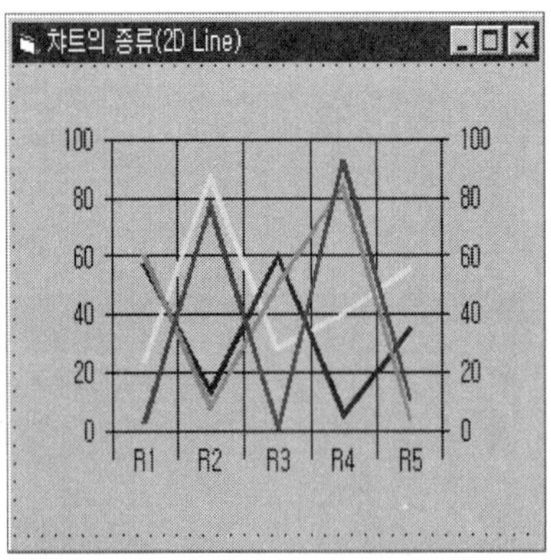
챠트의 종류(2D Line)
100
80
60
40
20
0
R1
R2
R3
R4
R5

챠트의 종류(3D Line)

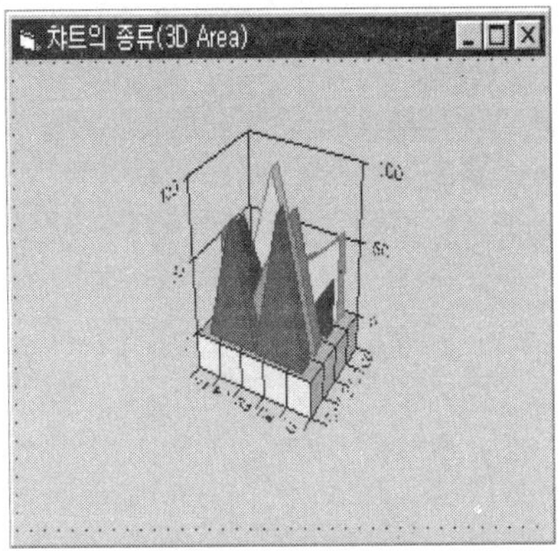
차트의 종류(3D Area)

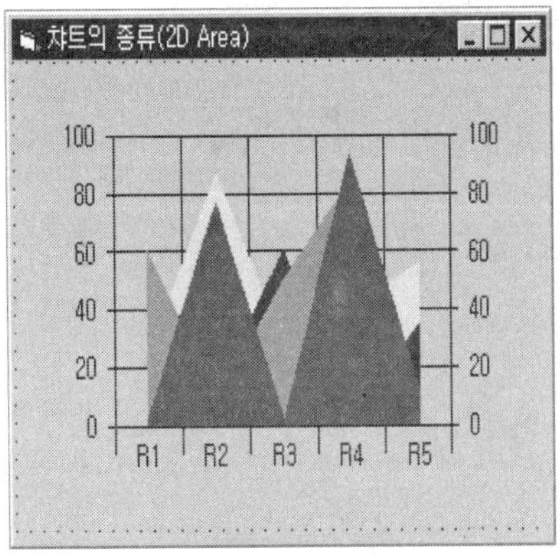
차트의 종류(2D Area)
100
80
60
40
20
0
R1
R2
R3
R4
R5

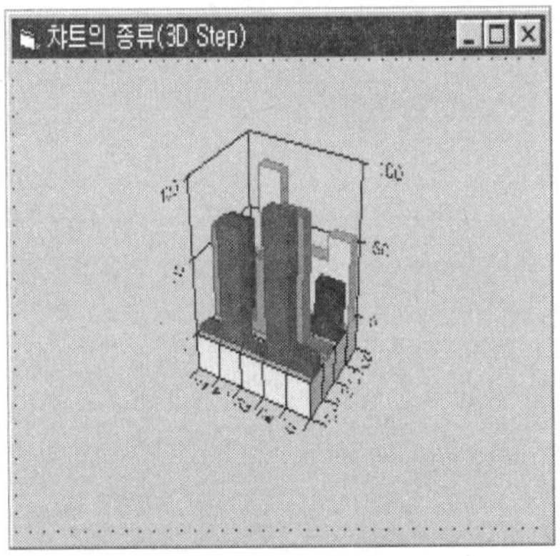
차트의 종류(3D Step)

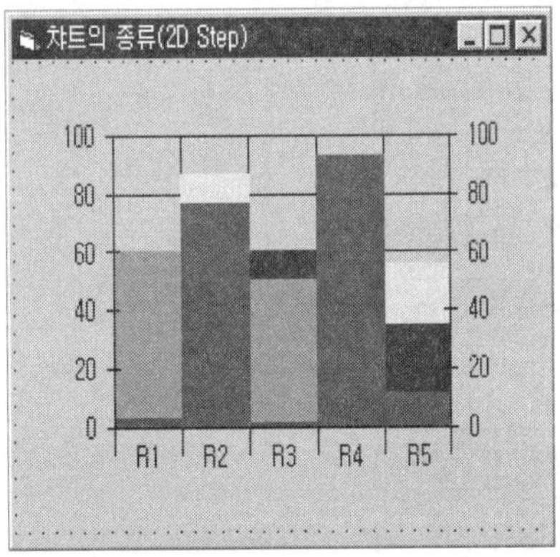
차트의 종류(2D Step)
100
80
60
40
20
0
R1
R2
R3
R4
R5

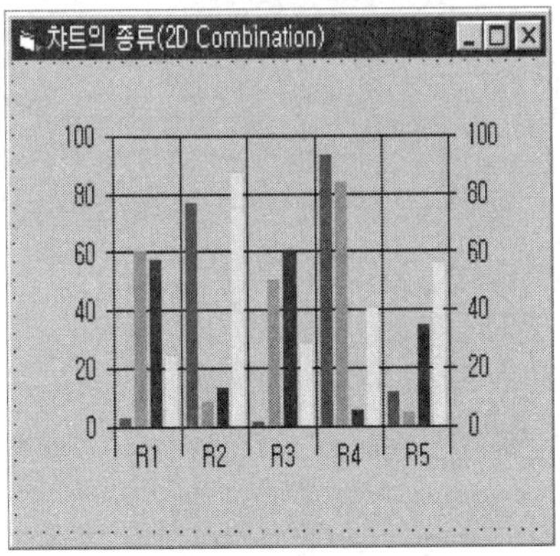
차트의 종류(2D Combination)
100
80
60
40
20
0
R1
R2
R3
R4
R5

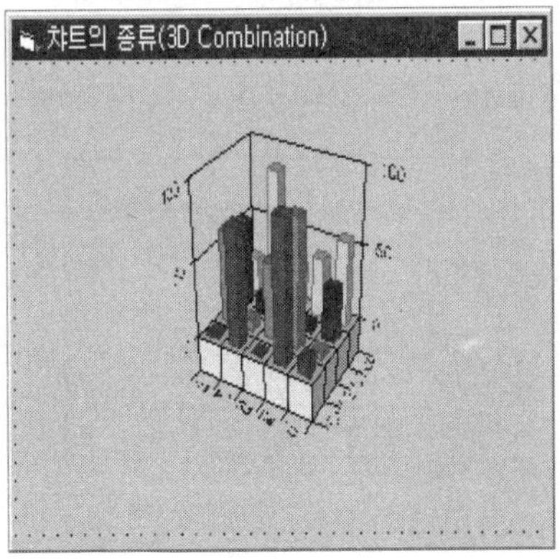
차트의 종류(3D Combination)

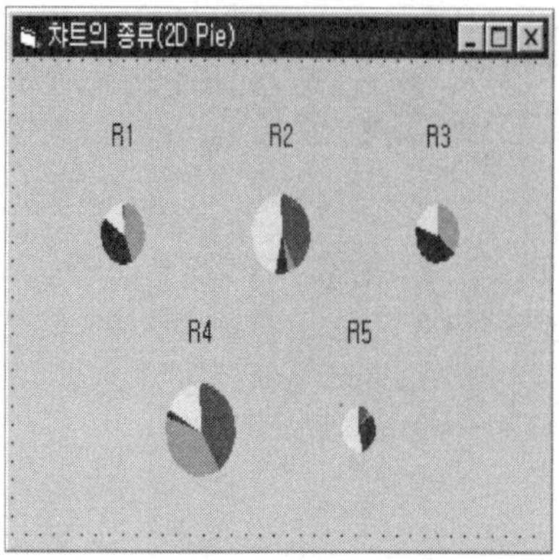

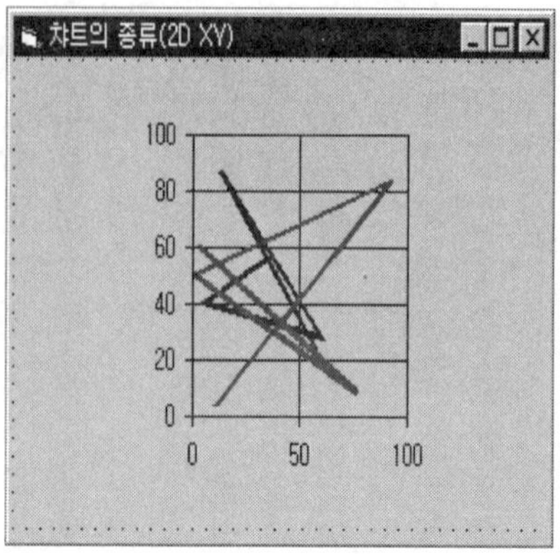

□ TabStrip Control

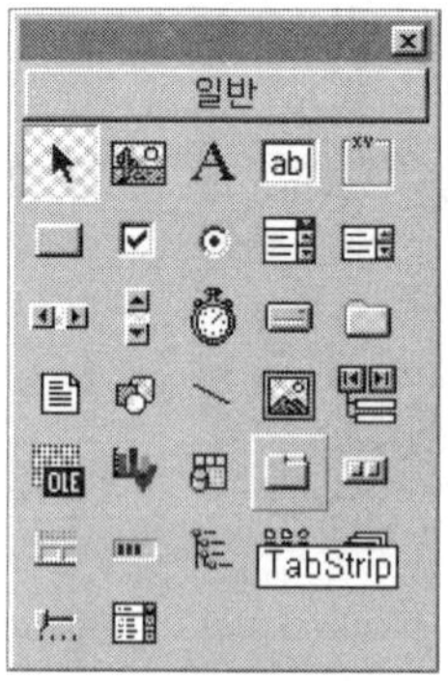

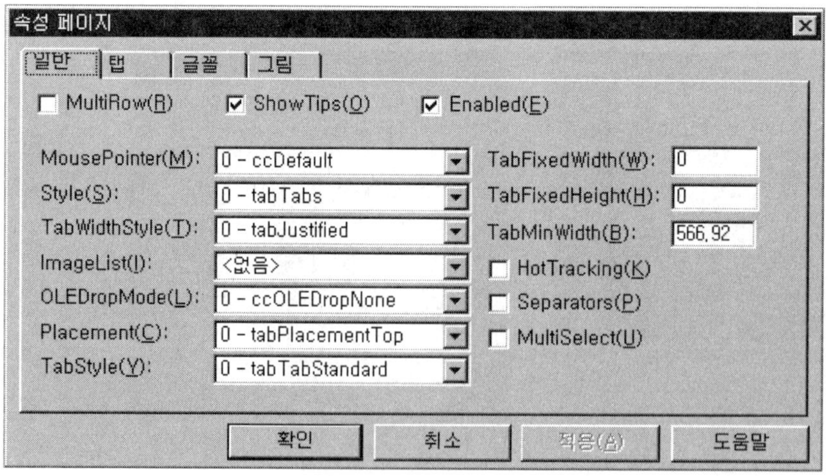

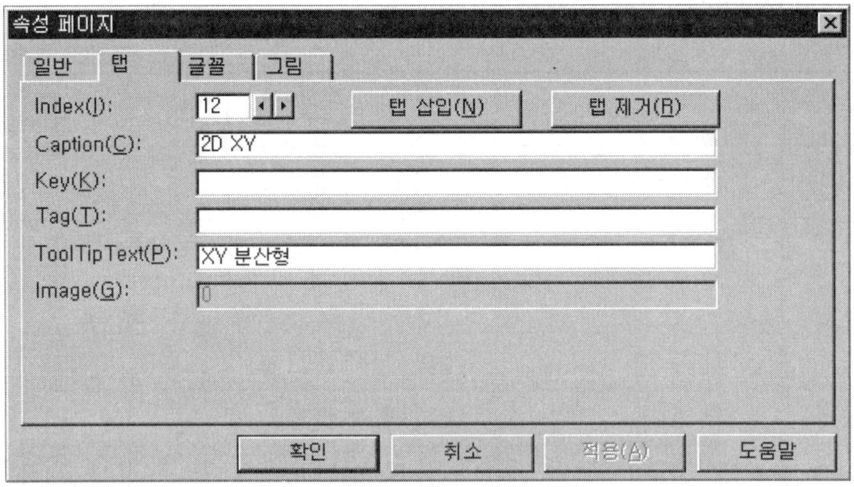

사용자 정의 속성은 컨트롤의 속성을 지정하기 편하게 하기 위하여 컨트롤에 제공되는 속성으로서 개체를 선택한 후 오른쪽 마우스를 선택한 후 속성을 선택하면 된다.

TabStrip의 탭(Tab)을 표시하기 위해 TabStrip의 사용자 속성을 선택한다. 사용자 정의 속성 중 탭 메뉴를 보면 각 텝에 대한 Index, Caption, ToolTipText를 지정할 수 있다. Index값은 탭 수에 따라 자동으로 증가하게 되어있지만 다른 속성들은 지정해 주어야 한다. ToolTipText는 풍선도움말을 나타낸다.

□ TabStrip Control 속성 값

Index	Caption	ToolTipText
1	3D Bar	3차원 막대형
2	2D Bar	2차원 막대형
3	3D Line	3차원 꺽은선형
4	2D Line	2차원 꺽은선형
5	3D Area	3차원 영역형
6	2D Area	2차원 영역형
7	3D Step	3차원 단계형
8	2D Step	2차원 단계형
9	3D Combination	3차원 혼합형
10	2D Combination	2차원 혼합형
11	2D Pie	2차원 원형
12	2D XY	3차원 분산형

□ 컨트롤박스 설정 및 속성

컨트롤	Name	Catpion	Porperty
Form	frmChart	챠트 만들기	
TabStrip	tabChart		
MSChart	msChart		
MSFlexGrid	msfGrid		Cols : 4 Rows : 5

□ 프로그램 폼 디자인

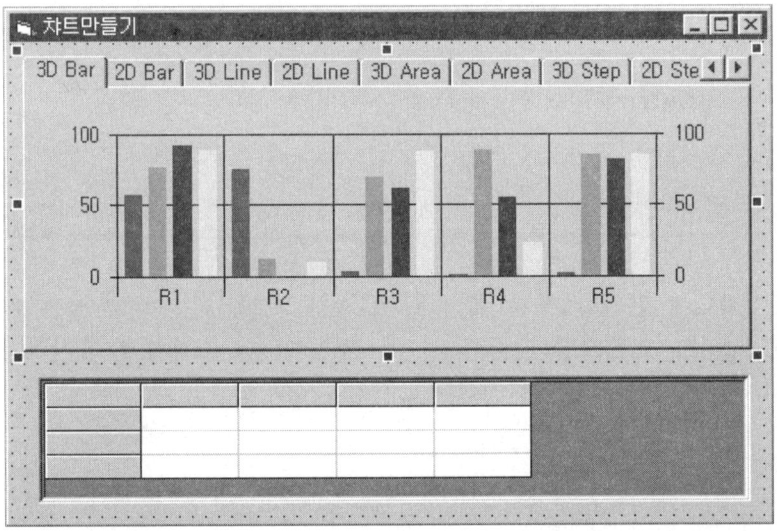

□ 프로그램 코드

폼의 Load 될 때는 플렉스 그리드의 첫 번째 행에 표시할 항목들을 배열로 선언한다. 다음으로는 플렉스그리드의 AllowUserResizing속성을 flexResizeBoth로 설정하여 마우스로 열/행 크기를 양쪽으로 변경할 수 있도록 한다. TextMatrix(i,j) 속성을 이용하여 인덱스(i : 행번호, j : 열번호)에 해당하는 문자열을 나타낸다.

Project1 - frmChart (코드)

Form | Load

```
Option Explicit

Private Sub Form_Load()

    Dim i As Integer
    Dim j As Integer
    Dim Item(4) As String

    '배열값 초기화
    Item(0) = "주문상품명"
    Item(1) = "10대 주문율"
    Item(2) = "20대 주문율"
    Item(3) = "30대 주문율"
    Item(4) = "전체수주량"

    '플렉스그리드의 항목설정
    With msfGrid

        .AllowUserResizing = flexResizeBoth
        .TextMatrix(1, 0) = "세탁기"
        .TextMatrix(2, 0) = "책장"
        .TextMatrix(3, 0) = "탁자"

         For i = 0 To 4
             .TextMatrix(0, i) = Item(i)
         Next i

    End With
```

차트항목에서는 챠트에 표시할 행과 열의 항목 수를 지정한다. 다음으로는 각 행의 라벨을 표시한다. 그리고 프로그램의 시작 시 챠트에 아무런 그래프를 표시하지 않기 위해 각 챠트의 데이터를 0으로 초기화시킨다.

Project1 - frmChart (코드)

Form / Load

```
    '챠트 항목설정
    With msChart
        '차트의 X, Y축 선언
        .ColumnCount = 4
        .RowCount = 3

        '차트 라벨 설정
        .Row = 1
        .RowLabel = "세탁기"
        .Row = 2
        .RowLabel = "책장"
        .Row = 3
        .RowLabel = "탁자"

        '초기그래프 데이타는 0으로 설정
        For i = 1 To 3
            .Row = i
            For j = 1 To 4
                .Column = j
                .Data = 0
            Next j
        Next i

    End With

End Sub
```

Project1 - frmChart (코드)

Form / Load

```
Private Sub msfGrid_KeyDown(KeyCode As Integer, Shift As Integer)

    If KeyCode = vbKeyReturn Then        'Enter키를 누르면
            With msfGrid
                If .Row < 3 Then     '3행미만이면 다음행으로 이동
                    .Row = .Row + 1
                ElseIf .Row = 3 And .Col < 4 Then    '3행이면서 4열이하
                    .Row = .Row - 2
                    .Col = .Col + 1
                End If

            End With

    ElseIf KeyCode = vbKeyDelete Then    'Delete키를 누르면
            msfGrid.Text = ""                       '셀의 내용을 삭제
            msChart.Column = msfGrid.Col            '그래프에 셀의내용을 반영
            msChart.Row = msfGrid.Row
            msChart.Data = Val(msfGrid.Text)

    End If


End Sub
```

플렉스그리드(msfGrid)의 KeyDown 프로시저에서는 그리드의 내부에서 Enter(vbKeyReturn)키를 누른 경우에, 행번호(Row)가 3보다 작은 경우에는 행 번호를 1증가시킨다. 만약 행 번호가 3이 되면 열 번호(Col)가 4보다 작은지를 조사하여 작으면 행 번호는 2 감소, 열 번호는 1추가시킨다.

예를 들어, 1행 1열에서 엔터키를 누르면 2행 1열, 3행 1열 순으로 이동하게 된다. 다음에는 3행이 되었으므로 3에서 2를 뺀 1행과 1에서 1을 더한 2열로 이동하므로 1행 2열로 이동하게 된다.

그리고 삭제(vbKeyDelete)키를 누른 경우에는 그리드의 텍스트 내용을 삭제한 후 그리드와 연결된 챠트의 행과 열에 삭제된 값을 반영시킨다.

Project1 - frmChart (코드)

msfGrid | KeyPress

```
Private Sub msfGrid_KeyPress(KeyAscii As Integer)

    With msfGrid
        .Text = .Text + Chr(KeyAscii)    '셀의 내용에 키보드 입력값을 추가
        msChart.Column = .Col            '그래프에 셀의 내용을 반영
        msChart.Row = .Row
        msChart.Data = Val(.Text)
    End With

End Sub
```

플렉스그리드(msfGrid)의 KeyPress 프로시저에서는 키보드에서 입력한 값을 해당 셀의 텍스트 박스에 입력한 다음, 역시 그리드와 연결된 챠트의 해당 열과 행에 입력값의 변화를 반영시킨다.

Project1 - frmChart (코드)

msfGrid | KeyPress

```
Private Sub tabChart_Click()

    Select Case tabChart.SelectedItem.Index

        Case 1
            msChart.chartType = VtChChartType3dBar   '3D Bar
        Case 2
            msChart.chartType = VtChChartType2dBar   '2D Bar
        Case 3
            msChart.chartType = VtChChartType3dLine '3D Line
        Case 4
            msChart.chartType = VtChChartType2dLine '2D Line
        Case 5
            msChart.chartType = VtChChartType3dArea '3D Area
        Case 6
            msChart.chartType = VtChChartType2dArea '2D Area
        Case 7
            msChart.chartType = VtChChartType3dStep '3D Step
        Case 8
            msChart.chartType = VtChChartType2dStep '2D Step
        Case 9
            msChart.chartType = VtChChartType3dCombination  '3D Combination
        Case 10
            msChart.chartType = VtChChartType2dCombination  '2D Combination
        Case 11
            msChart.chartType = VtChChartType2dPie   '2D Pie
        Case 12
            msChart.chartType = VtChChartType2dXY    '2D XY

    End Select

End Sub
```

tabChart 컨트롤의 탭을 통해 챠트종류를 선택할 수있다. TabStrip컨트롤을 클릭하면 컨트롤 선택시 선택된 아이템(SelectedItem)의 Index값(Index), tabChart.SelectedItem.Index을 알 수있다. 이것을 이용하여 각 인덱스의 값에 따라 다양한 12가지 각기 다른 챠트를 선택할 수있다.

□ 프로그램 동작

▶ 프로그램 시작 화면, 데이터를 입력한 후 원하는 챠트 유형을 선택한다.

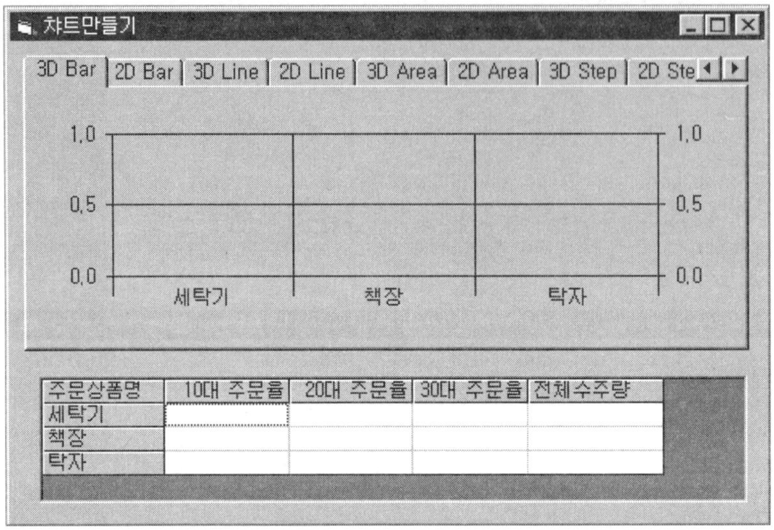

▶ 프로그램 출력 화면 (2D Pie 선택시)

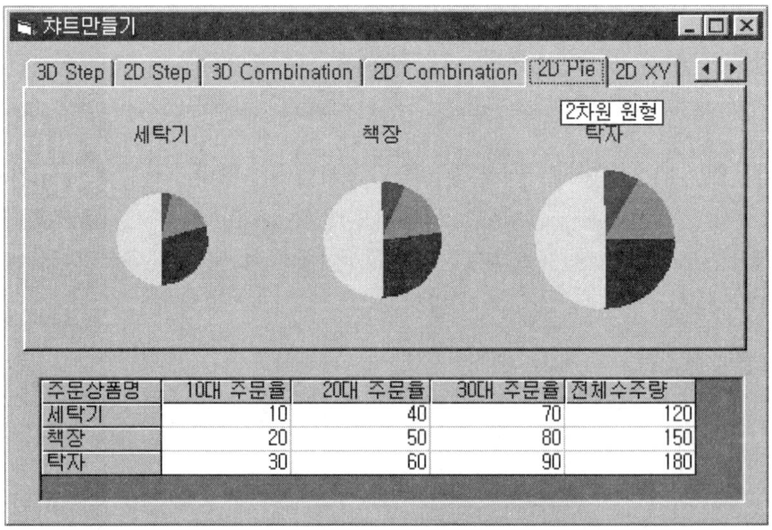

▶ 프로그램 출력 화면(2D Bar 선택시)

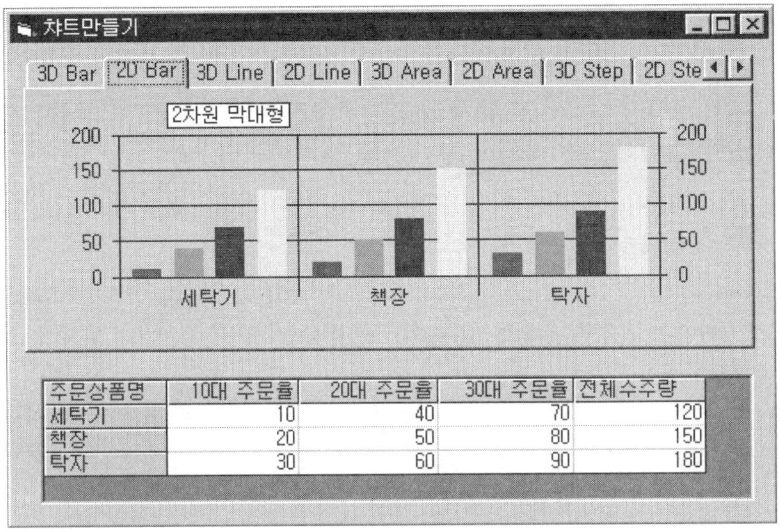

▶ 프로그램 출력 화면(3D Bar 선택시)

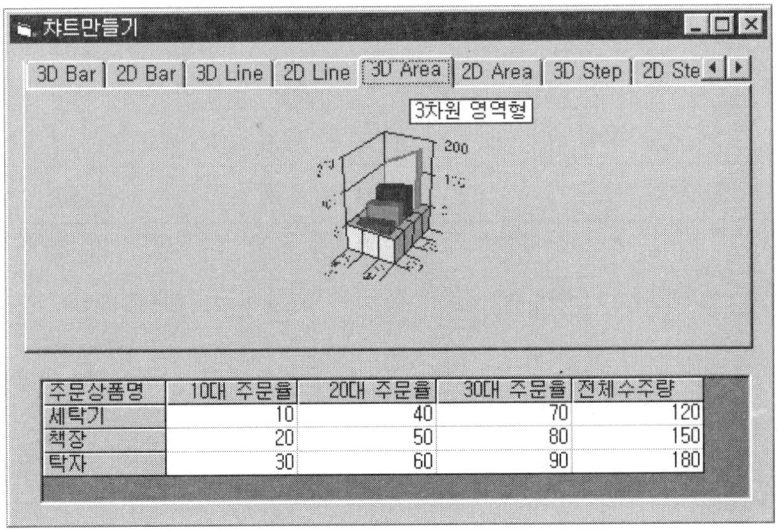

10. 메시지 박스(MsgBox)와 입력 박스(InputBox)

프로그램에서 대화상자는 응용프로그램에 대하여 필요한 데이터를 입력받거나 확인 또는 사용자에게 특정한 상황을 알려주는 용도로 사용된다. 대화상자에는 메시지박스, 입력박스 그리고 공통대화상자(Common DialogBox) 등이 있는데 여기에서는 많이 사용되는 메시지박스와 입력박스에 대하여 알아본다.

10.1 메시지 박스(MsgBox)

일반적으로 메시지박스는 사용자에게 간단한 메시지를 보여주고 사용자의 반응을 기다리는데 사용한다.

MsgBox(Prompt [,Buttons] [,Title] [,Helpfile, Context])

속성	설 명
Prompt	대화상자내의 메시지로 나타내는 문자열 (필수요소)
Buttons	대화상자에 나타낼 버튼의 종류와 수, 아이콘의 형태 생략시 button의 기본값은 0
Title	대화상자의 제목 표시줄에 나타나는 문자열
Helpfile	도움말 파일을 이용하여 도움말 파일을 지정
Context	도움말 항목에 부여된 도움말 번호를 나타내는 숫자

Buttons의 인수는 대화상자에 나타낼 버튼과 아이콘의 형태를 지정한다.

□ Buttons 인수 설정

속성	값	설명
vbOkOnly	0	[확인] 버튼만 표시
vbOkCancel	1	[확인]과 [취소] 버튼을 표시
vbAbortRetryIgnore	2	[중단], [재시도], [무시]버튼을 표시
vbYesNoCancel	3	[예], [아니오], [취소]버튼을 표시
vbYesNo	4	[예], [아니오]버튼을 표시
vbRetryCancel	5	[재시도], [취소]버튼을 표시
vbCritical	16	오류 아이콘을 표시
vbQuestion	32	질의 아이콘을 표시
vbExclamation	48	경고 아이콘을 표시
vbInformation	64	정보 아이콘을 표시

메시지박스의 버튼을 클릭하면 이에 대한 값을 반환한다. 이 반환 값을 이용하여 다양한 처리를 할 수 있다.

□ 메시지박스의 반환 값

속성	값	설명
vbOk	1	[확인] 버튼
vbCancel	2	[취소] 버튼
vbAbort	3	[중단] 버튼
vbRetry	4	[재시도] 버튼
vbIgnore	5	[무시] 버튼
vbYes	6	[예] 버튼
vbNo	7	[아니오] 버튼

10.2 입력박스(InputBox)

대화상자에 메시지와 함께 입력상자를 표시하여 사용자로 하여금 데이터를 입력할 수 있도록 한다. 사용자가 입력문자열을 입력하고 [확인] 버튼을 누르면 입력문자열을 반환한다.

InputBox(Prompt [,Title][,Default][,Xpos][,Ypos][,Helpfile, Context])

속성	설 명
Prompt	대화상자내의 메시지로 나타내는 문자열
Title	대화상자에 나타낼 제목 문자열
Default	대화상자의 입력란에 나타낼 기본 문자열
Xpos	화면 왼쪽에서 대화상자까지의 위치
Ypos	화면 위쪽에서 대화상자까지의 위치
Helpfile	도움말 파일을 이용하여 도움말 파일을 지정
Context	도움말 항목에 부여된 도움말 번호를 나타내는 숫자

■ 예제 10-1

국어, 영어, 수학점수를 입력박스로 입력받아서 평균을 구하는 프로그램을 만들어 보자.

□ 컨트롤박스 설정 및 속성

컨트롤	Name	Catpion	Porperty
Form	frmMean	평균 구하기	
Label	lblTitle	국어,영어,수학 점수를 입력해 주세요?	
	lblResult		
Command Button	cmdMean	평균구하기	

□ 프로그램 폼(Form) 디자인

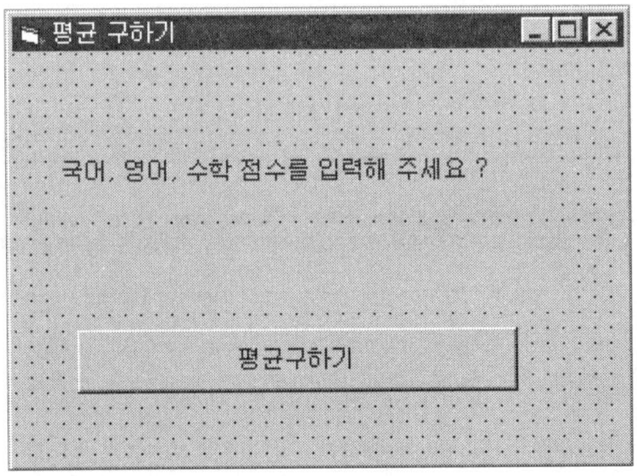

□ 프로그램 코드

평균구하기(cmdMean)버튼을 클릭하면 국어, 영어, 수학점수를 나타내는 임시변수를 선언한 후 입력박스를 사용하여 각각의 점수를 입력받는다.

만약 각과목의 점수가 0에서 100사이의 범위를 벗어나면 오류메시지를 메시지박스를 사용하여 표시한 후, 지정한 라벨로 이동하며 프로그램을 멈춘다.

모든 과목의 점수가 정상적으로 입력되었다면 Total이라는 변수에 모든 점수를 합산한다. 그리고 Mean변수에 각 과목의 평균점수를 기록한다. 끝으로 라벨에 결과물을 출력한다.

Project1 - frmMean (코드)

(일반) | (선언)

```
Option Explicit
Private Sub cmdMean_Click()

    Dim Kor As Integer
    Dim Eng As Integer
    Dim Math As Integer
    Dim Total As Integer
    Dim Mean As Single

    '입력값을 변수에 대입
Kor_Error:

    Kor = InputBox("국어점수를 입력하세요!", "국어")

    If Kor < 0 Or Kor > 100 Then
        MsgBox "국어점수는 0에서 100사이입니다.", vbOKOnly + vbCritical, "국어점수 오류"
        GoTo Kor_Error
        Exit Sub
    End If

Eng_Error:

    Eng = InputBox("영어점수를 입력하세요!", "영어")

    If Eng < 0 Or Eng > 100 Then
        MsgBox "영어점수는 0에서 100사이입니다.", vbOKCancel + vbQuestion, _
               "영어점수 오류"
        GoTo Eng_Error
        Exit Sub
    End If
```

Project1 - frmMean (코드)

cmdMean | Click

```
Math_Error:

    Math = InputBox("수학점수를 입력하세요!", "수학")

    If Math < 0 Or Math > 100 Then
        MsgBox "수학점수는 0에서 100사이입니다.", vbAbortRetryIgnore + vbExclamation, _
               "수학점수 오류"
        GoTo Math_Error
        Exit Sub
    End If

    '총점을 구한다
    Total = Kor + Eng + Math

    '평균을 구한다.
    Mean = Total / 3

    '평균을 출력
    lblTitle.Caption = "당신의 평균은 ?"
    lblResult.Caption = Str(Mean)

End Sub
```

□ 프로그램 실행 동작

▶ 프로그램 초기화면

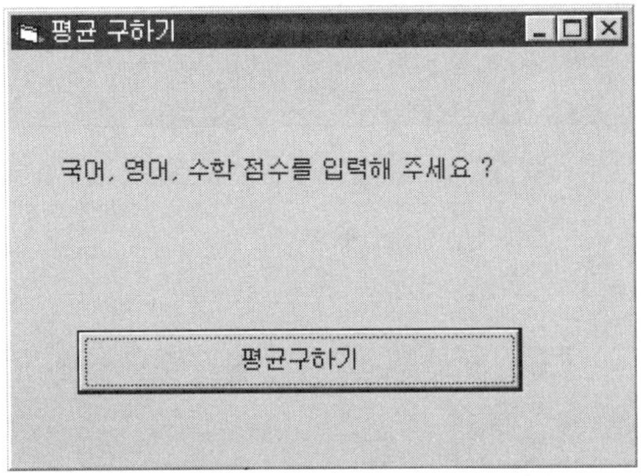

▶ 평균 구하기를 누른 후(국어점수 입력)

▶ 평균 구하기를 누른 후(영어점수 입력)

▶ 평균 구하기를 누른 후(수학점수 입력)

▶ 출력 화면

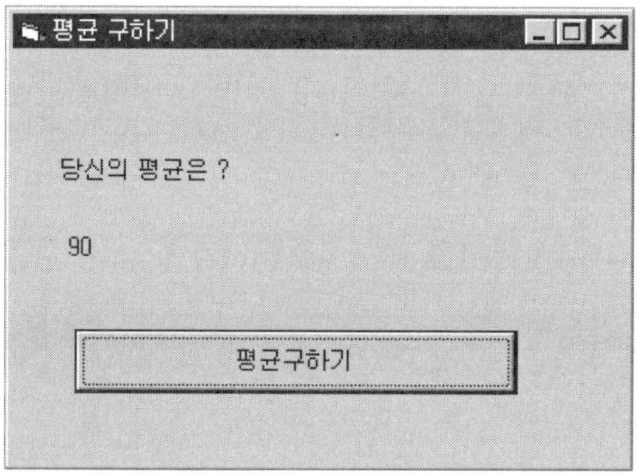

▶ 점수를 잘못입력한 경우(영어점수 오류)

▶ 점수를 잘못 입력한 경우(국어점수 오류)

▶ 점수를 잘못 입력한 경우(수학점수 오류)

11. 파일 컨트롤(File Control) 응용 프로젝트

응용프로그램에서 작업한 파일을 열거나 새로운 내용을 저장하는 일은 일반적인 작업이다. 비주얼 베이직에서는 이러한 작업을 Sequential Acess(순차 액세스)라는 방법을 사용한다. Sequential Acess에는 데이터를 읽어 들이는 Input 모드, 데이터를 입력하여 저장하기 위한 Output 모드, 그리고 추가 저장하는 Append 모드 등 3가지 모드가 있다.

11.1 Input 모드

읽기 전용 모드(Mode)로 열린 파일의 맨 앞에서부터 차례대로 데이터를 읽어들이다. 주로 텍스트 데이터를 처리하는 데 유용한 데 파일을 도중에 읽어들일 수는 없다.

□ 형식

```
Open 파일명 For Input As #N
        Line Input #N, 변수명
Close #N
```

지정한 파일명을 Open 문으로 열어서, Line Input 문을 사용하여 데이터를 한 라인씩 읽어 들이다. 이것을 변수명에 저장한다. 마지막으로 Close 문을 사용하여 파일을 종료한다. 여기에서 N은 파일번호를 나타내는데 1에서 511까지의 정수를 지정할 수 있다.

11.2 Output 모드

열린 파일의 맨 앞에서부터 순서대로 입력(저장)해 나갑니다. 맨 앞부터 저장하므로 만약에, 이미 저장되어 있던 데이터가 있다면 새로운 입력 데이터에 의해서 덮어쓰게(Overwrite) 된다.

□형식

```
Open 파일명 For Output As #N
```

```
        Print #N, 자료1, 자료2,...
Close #N
```

지정한 파일명을 Open 문으로 열고, Print#(또는 Write#) 문을 사용하여 1라인을 새로 저장한다. 다음에는 2라인을 새로 저장하며... 마지막에는 Close 문을 사용하여 파일을 종료한다.

11.3 Append 모드

열린 파일명의 맨 끝에서부터 데이터를 입력(저장)하기 시작한다. 끝에서부터 데이터를 저장하므로 이미 저장되어있는 데이터는 계속 존재한다. Append 모드는 데이터를 추가할 때에 사용한다.

□ 형식

```
Open 파일명 For Append As #N
        Print #N, 자료1, 자료2,...
Close #N
```

지정한 파일명을 Open 문으로 열고, Print#(또는 Write#) 문을 사용하여 1라인을 새로 추가하여 저장한다. 다음에는 2라인을 새로 추가 저장하며... 마지막에는 Close 문을 사용하여 파일을 종료한다. 한마디로 추가모드에서는 파일명이 디스크에 존재하지 않으면 파일을 새로 생성하여 열고 존재하면 기존의 파일 뒤에 파일을 추가해서 여는 것이다.

■ 예제 11-1

Sequential Access를 사용하여 텍스트 파일을 열기, 저장, 추가 저장할 수 있는 프로그램을 작성한다.

□ 컨트롤박스 설정 및 속성

컨트롤	Name	Catpion	Porperty
Form	frmFile	파일 처리	
DriveListBox	drvDrive		
DirListBox	dirFolder		
FileListBox	filFile		Pattern : *.txt
Label	Label1	파일명 :	
TextBox	txtFile		Multiline : True Scrollbars : 3(양방향)
	txtFileName		
Command Button	cmdOpen	열기	
	cmdSave	저장	
	cmdAppend	추가저장	
	cmdExit	종료	

□ 프로그램화면(폼) 디자인

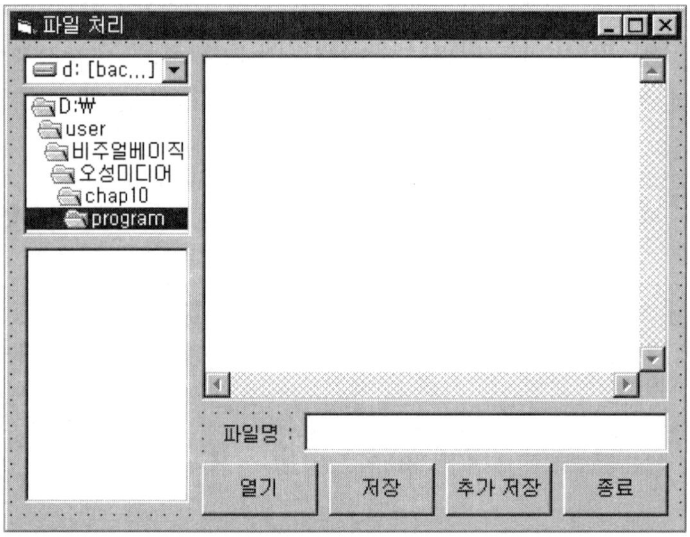

□ 프로그램 코드

File - frmFile (코드)

cmdOpen | Click

```
Private Sub cmdOpen_Click()

    '/************************************************/
    '/ 파일을 선택하여 순차파일 형식으로 열기
    '/************************************************/
    Dim FileNum As Integer
    Dim FileContent As String
    Dim Line As String
    Dim FileName As String

    On Error GoTo FileOpenError

    '파일을 선택하지 않았을때
    If Trim(txtFileName.Text) = "" Or filFile.FileName = "" Then
        MsgBox "파일을 선택해주세요!", vbQuestion, "선택파일 오류"
        Exit Sub
    End If
    '/************************************************/
    '/ 파일경로를 검사하여 파일명을 추출
    '/************************************************/
    If Right(dirFolder.Path, 1) = "₩" Then
        FileName = dirFolder.Path & txtFileName.Text
    Else
        FileName = dirFolder.Path & "₩" & txtFileName.Text
    End If

    FileNum = FreeFile  '파일 번호 얻기

    Open FileName For Input As FileNum  '파일을 입력용으로 열기

    '파일의 끝까지 내용을 읽음
    While Not EOF(FileNum)
        Line Input #FileNum, Line
        FileContent = FileContent + Line + vbCrLf
    Wend

    '읽은 내용을 텍스트 박스에 나타냄.
    txtFile.Text = FileContent

    Close FileNum
    Exit Sub

FileOpenError:
    MsgBox "파일을 열수 없습니다.", vbExclamation, "파일열기 오류"
End Sub
```

열기(cmdOpen)버튼을 누르면 파일리스트 박스나 텍스트파일박스에 파일명이 존재하는지를 검사하여 없으면 메시지박스를 사용하여 오류메시지를 나타낸다. 다음으로는 파일을 열기위해서 경로를 포함한 파일이름을 추출하는 부분으로서 Right()함수를 사용하여 파일경로의 맨끝이 " \" 인지 검사하여 "\"이면 디렉토리경로 + 파일명을 파일이름으로 설정하고, 아니면 디렉토리경로 + \ + 파일명을 파일이름으로

설정한다. 예를 들어, C:\에 test.txt 파일이 존재하면 파일이름은 C:\test.txt가 되며, C:\User에 test.txt파일이 존재하면 파일이름은 C:\User\test.txt가 된다. 다음으로는 파일번호를 구하기 위해서 FreeFile()함수를 사용한다. 보통 파일번호는 1에서 511사이의 정수를 입력해도 된다. 다음은 파일을 열고 데이터를 한 줄씩 읽어들이다. 한 줄을 다 읽은 다음에는 vbCrLF를 사용하여 줄을 바꾸고 While ~ Wend구문을 사용하여 마지막 줄을 다 읽을 때까지 계속 읽어들이다. 여기에서 Line변수는 한 줄을 저장하는 문자열변수이며, FileContent변수는 Line변수에 저장된 문자열을 누적해서 저장하는 변수이다. 다음으로는 FileContent에 저장된 문자열을 텍스트박스(txtFile)에 열고 파일을 닫는다.

File - frmFile (코드)

cmdOpen | Click

```
Private Sub cmdSave_Click()

    Dim FileNum As Integer   '파일번호
    Dim FileName As String   '파일명

On Error GoTo SaveError

    '/************************************************/
    '/ 파일경로를 검사하여 파일명을 추출
    '/************************************************/
    If Right(dirFolder.Path, 1) = "₩" Then
        FileName = dirFolder.Path & txtFileName.Text
    Else
        FileName = dirFolder.Path & "₩" & txtFileName.Text
    End If

    '사용가능한 파일번호 구하기
    FileNum = FreeFile

    Open FileName For Output As FileNum '출력모드
        Print #FileNum, txtFile.Text
    Close FileNum

    filFile.Refresh              '파일의 변경내용을 갱신
    Exit Sub

SaveError:

    '오류 발생시
    MsgBox "파일을 저장할 수 없습니다.", vbInformation, "파일저장 오류"

End Sub
```

저장(cmdSave)버튼을 눌렀을 때의 동작도 열기버튼을 누른 것과 거의 유사하다. 단지, 모드(Mode)가 Output 모드이며 Print #문으로 입력한 데이터를 텍스트박스(txtFile)에 저장한다. 그리고 저장한 후 데이터의 변화를 즉시 반영하기 위해서 filFile.Refresh를 사용하여 파일리스트박스를 새롭게 갱신한다.

File - frmFile (코드)

cmdSave | Click

```
Option Explicit

Private Sub cmdAppend_Click( )

    Dim FileNum As Integer  '파일번호
    Dim FileName As String  '파일명

On Error GoTo AppendError

    '/*********************************************/
    '/ 파일경로를 검사하여 파일명을 추출
    '/*********************************************/
    If Right(dirFolder.Path, 1) = "₩" Then
        FileName = dirFolder.Path & txtFileName.Text
    Else
        FileName = dirFolder.Path & "₩" & txtFileName.Text
    End If

    '사용가능한 파일번호 구하기
    FileNum = FreeFile

    Open FileName For Append As FileNum '추가모드
        Print #FileNum, txtFile.Text
    Close FileNum                       '파일 닫기

    filFile.Refresh             '파일의 변경내용을 갱신
    Exit Sub

AppendError:
    '오류 발생시
    MsgBox "파일을 추가저장할 수 없습니다.", vbInformation, "추가저장 오류"

End Sub
```

추가저장(cmdAppend)버튼을 눌렀을 때의 동작도 저장버튼을 누른 것과 거의 유사하다. 단지, 모드(Mode)가 Append 모드이다.

```
File - frmFile (코드)(읽기 전용)
drvDrive                                  Change

Private Sub dirFolder_Change()

    '/***********************************************/
    '/ 디렉토리를 선택했을 경우..
    '/ 디렉토리의 변경을 파일리스트에 전달..
    '/***********************************************/
    filFile.Path = dirFolder.Path

End Sub

Private Sub drvDrive_Change()

On Error GoTo DriveError

    '/***********************************************/
    '/ 드라이브를 선택했을 경우..
    '/ 드라이브의 위치를 폴더에 반영..
    '/***********************************************/
    dirFolder.Path = drvDrive.Drive
    Exit Sub

DriveError:
    MsgBox "드라이브 장치가 준비되지 않았습니다.", vbCritical, "드라이브 장치오류
    drvDrive.Drive = dirFolder.Path      '원상태 복구...

End Sub

Private Sub filFile_Click()
```

일반적으로 파일을 열 때는 먼저 드라이브를 선택한 후, 디렉토리, 파일 순으로 선택한다. 따라서 폼에 있는 드라이브 리스트박스와 디렉토리 리스트박스, 파일 리스트박스를 서로 연결해주어야 한다. 먼저 드라이브를 선택하면 드라이브의 드라이브(Drive) 속성 값을 디렉토리의 경로(Path)에 전달해 줍니다. 만약 드라이브에서 오류가 발생하면 디렉토리의 경로를 드라이브의 드라이브 속성에 반환함으로써 복귀를 시킨다.

디렉토리의 경로가 바뀌면 디렉토리내의 파일 목록을 파일 리스트박스에 나타내기 위하여 디렉토리의 경로(Path) 속성 값을 파일 리스트박스에 전달한다.

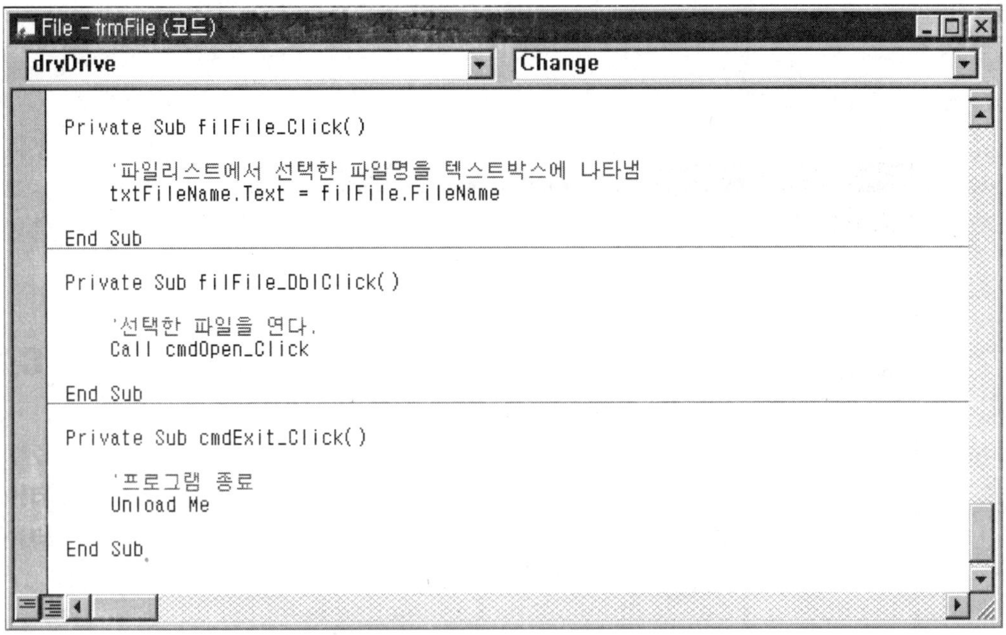

파일 리스트박스(filFile)를 클릭하면 파일 리스트박스에서 선택한 파일명을 텍스트박스(txtFileName)에 표시한다.

파일 리스트박스를 더블클릭하면 파일리스트 박스에 있는 파일을 선택한 후 열기(cmdOpen)버튼을 누른것과 동일한 동작을 취한다.

마지막으로 종료(cmdExit)버튼을 클릭하면 프로그램을 종료하게 된다.

□ 프로그램 실행

▶ 프로그램 초기화면

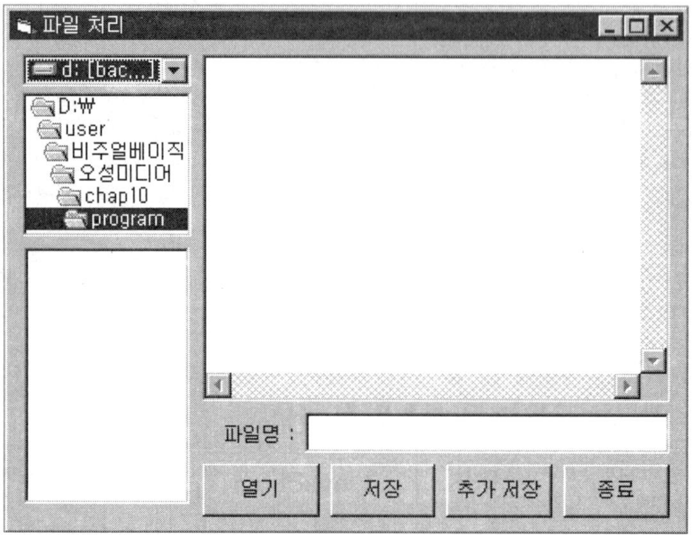

▶ 프로그램 실행화면(드라이브를 변경)

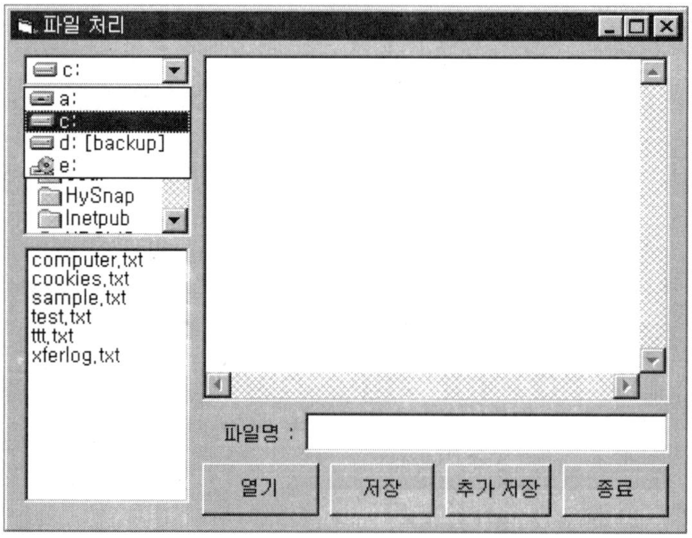

▶ 프로그램 실행화면(파일을 열었을 때)

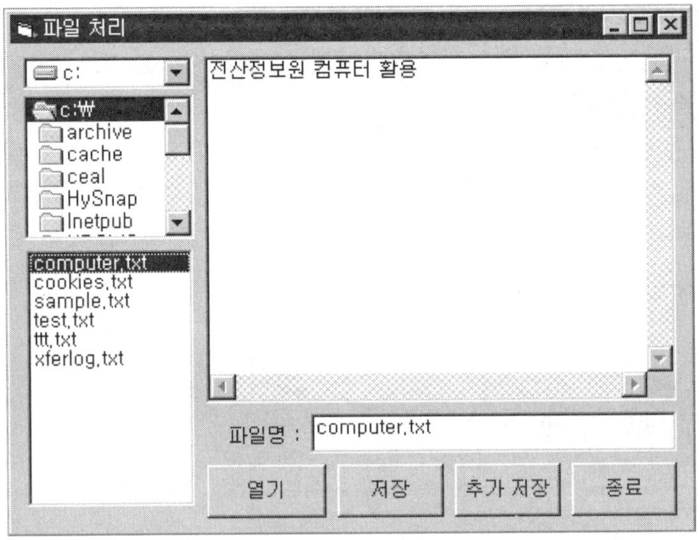

▶ 프로그램 실행화면(파일을 수정하여 저장버튼을 눌렀을 때)

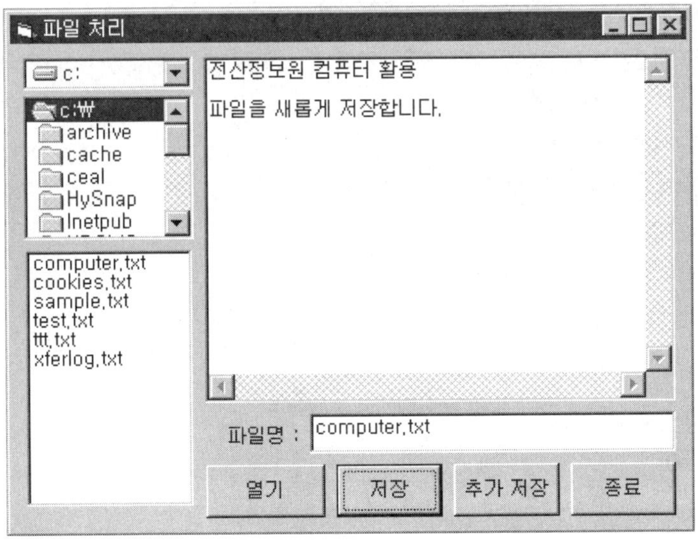

▶ 프로그램 실행화면(저장한 파일을 수정하여 추가저장 버튼을 눌렀을때)

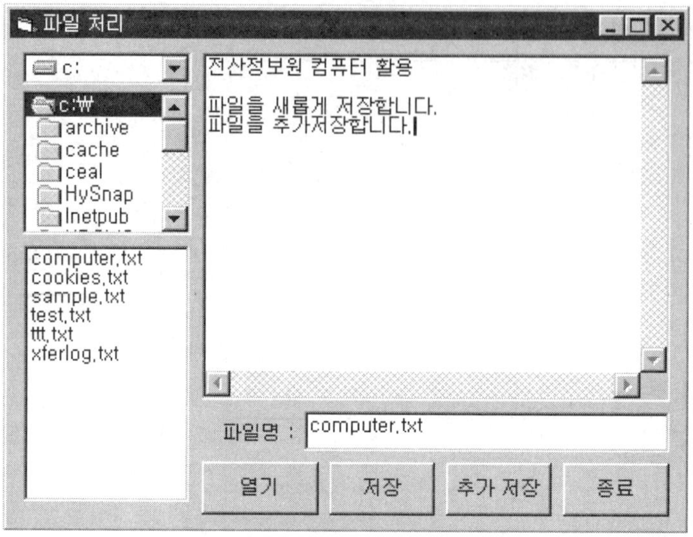

▶ 프로그램 실행화면(추가저장한 파일을 다시 열었을때)

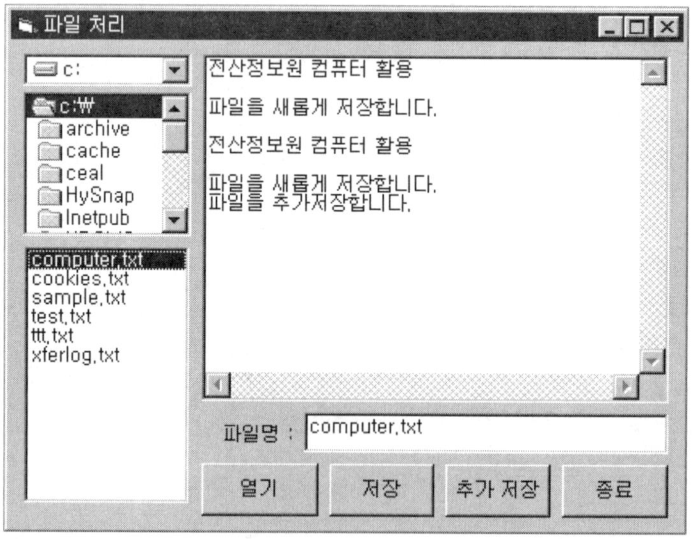

▶ 프로그램 실행화면(선택한 파일이 없이 열기버튼을 눌렀을때)

12. 공용대화상자(CommonDialogBox)와 메뉴(Menu)

12.1 공용대화상자(CommonDialogBox)

일반적으로 사용하는 파일열기와 저장, 인쇄, 색 설정, 글꼴 설정 등의 대화상자를 나타내는데 공용대화상자(Microsoft Common Dialog Control)를 사용하면 아주 쉽게 필요한 기능의 대화상자를 불러오는 프로그램을 구성할 수 있다. 공용대화상자를 불러오려면 먼저 툴박스에서 팝업메뉴를 사용하여 Microsoft Common Dialog Control을 추가해야 한다.

툴박스에서 마우스 오른쪽버튼을 누르고 [구성요소]메뉴를 클릭하면 구성요소 추가창이 나타난다.

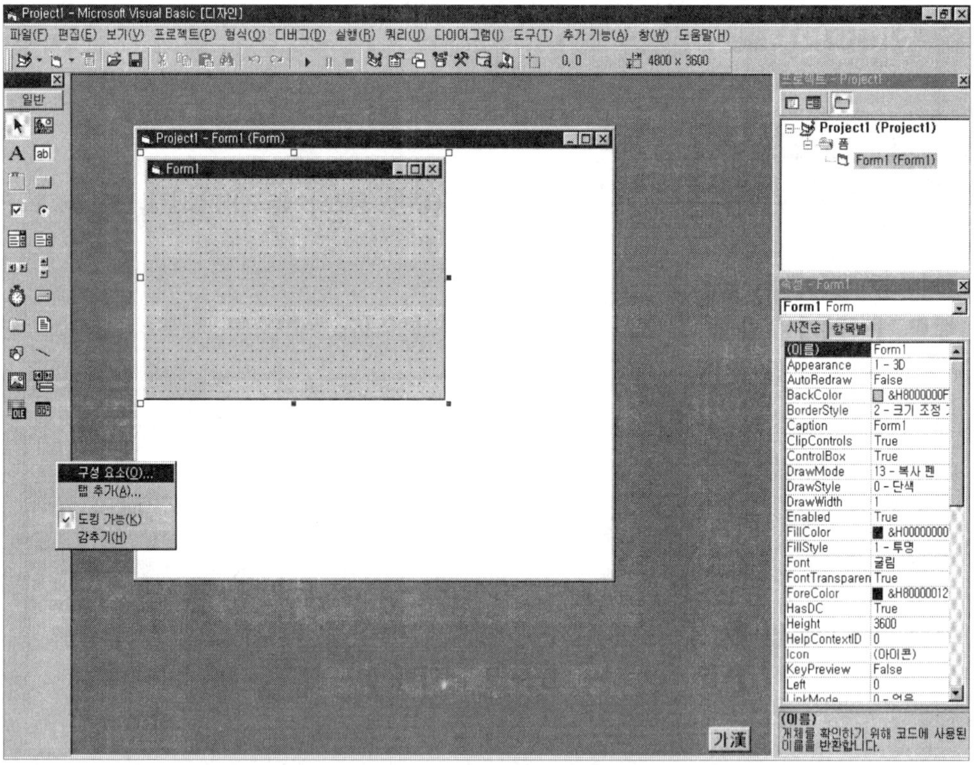

여기에서 Microsoft Common Dialog Control 6.0(COMDLG32.OCX)을 선택한 후 확인버튼을 클릭한다.

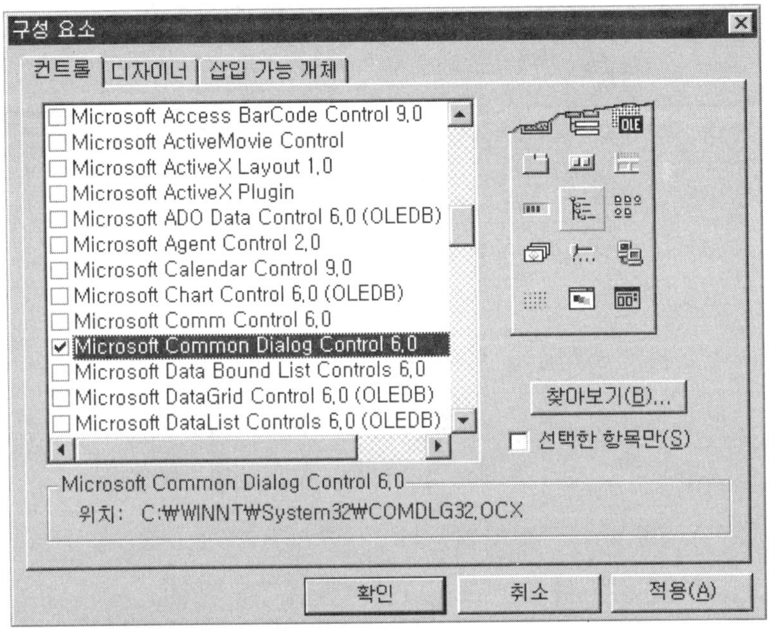

그러면 다음과 같이 툴박스에 공용대화상자가 추가되는 것을 알 수 있다. 이 공용대화상자를 선택하여 폼에 드래그하여 적당한 위치에 배치한 후 코드입력창에서 원하는 대화상자를 호출하면 불러올 수가 있다.

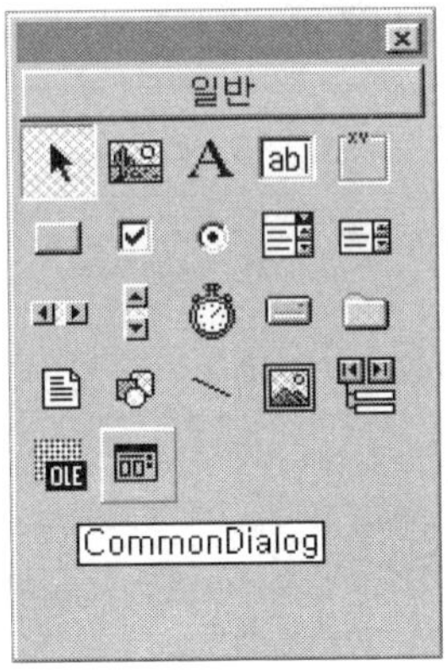

12.2 공용대화상자(CommonDialogBox)의 속성

속성	설 명
CancelError	대화상자의 [취소] 선택시 에러를 발생하는가 여부 설정
Flags	대화상자의 옵션을 설정
Name	공용대화상자의 이름을 설정
DefaultExt	공용대화상자의 기본확장자를 설정
DialogTitle	공용대화상자의 제목에 표시되는 문자열을 설정
FileName	공용대화상자에서 지정한 파일이름을 설정
Filter	파일 형식 목록상자에 표시되는 문자열을 설정
FilterIndex	파일 형식 목록상자에 처음에 표시되는 항목을 설정
InitDir	대화상자가 나타낼 초기 디렉토리 설정

12.3 메서드(Method)의 종류

상수	상수 값(Action Value)	설명
ShowOpen	1	열기 대화상자
ShowSave	2	파일 저장 대화상자
ShowColor	3	색상지정 대화상자
ShowFont	4	글꼴지정 대화상자
ShowPrint	5	인쇄설정 대화상자
ShowHelp	6	윈도우 도움말 대화상자

□ 열기 대화상자

□ 저장 대화상자

□ 글꼴 대화상자

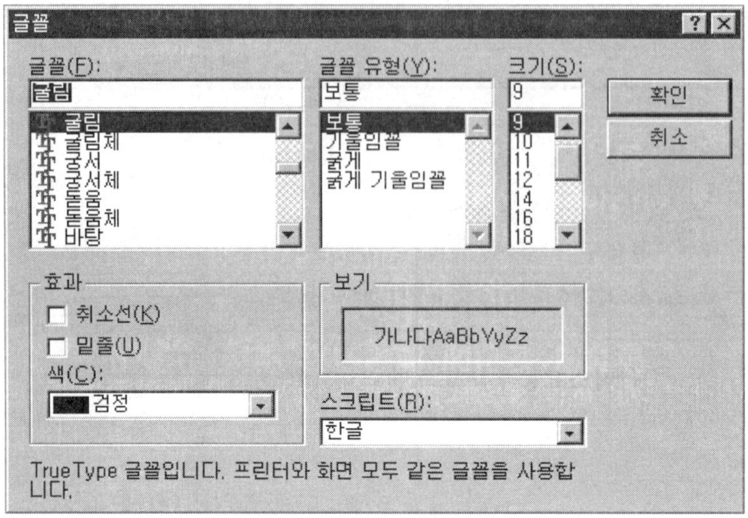

□ 색상 대화상자

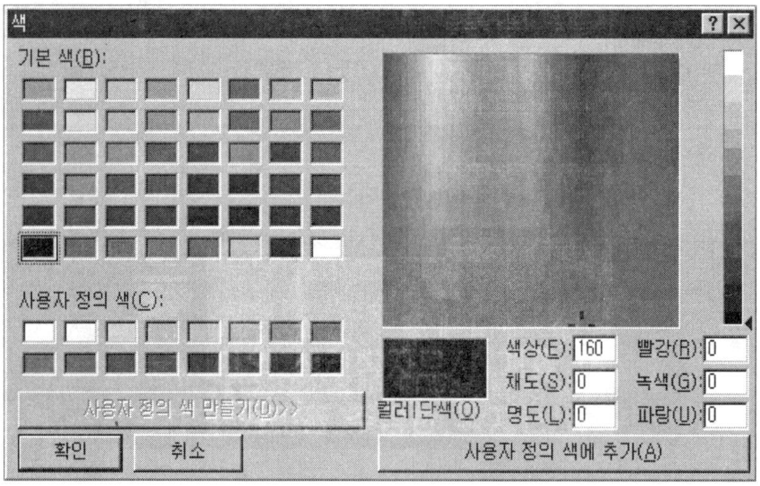

□ 인쇄 대화상자

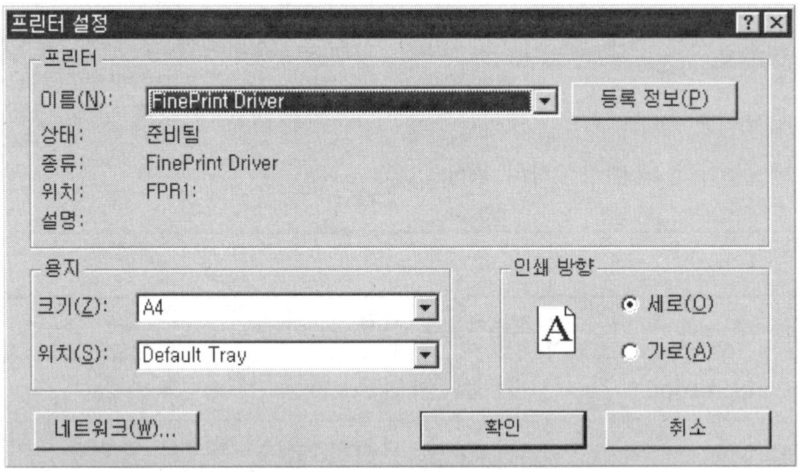

□ 윈도우 도움말 대화상자

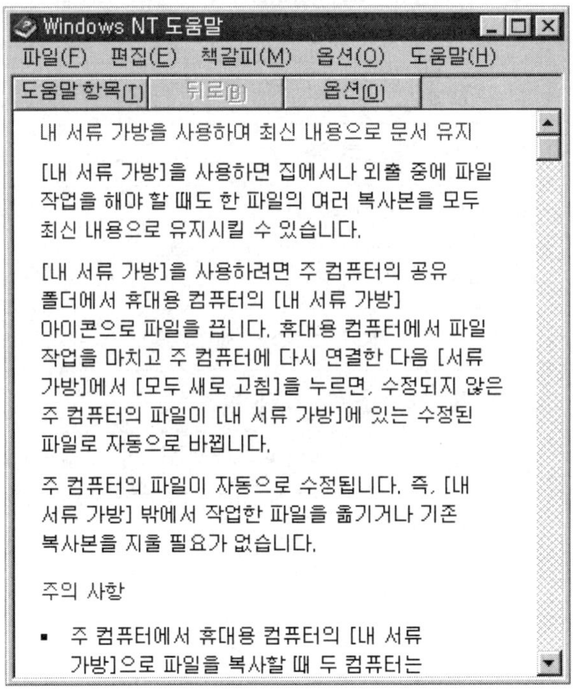

12.4 Flag 상수

각각의 공용대화상자는 다양한 기능의 Flag 상수를 이용하여 기능을 제한하거나 추가할 수 있다.

□ File Open / Save 공용대화상자의 Flag 상수

Flag	기 능
cdlOFNAllowMultiselect	복수개의 선택을 허용
cdlOFNCreatePrompt	새로운 파일을 생성
cdlOFNExplorer	윈도우 탐색기와 같은 형태의 화면
CdlOFNExtensionDifferent	파일의 확장자가 초기값과 다른 경우를 허용
cdlOFNFileMustExist	유효한 파일명만 허용
cdlOFNHelpButton	Help 호출버튼을 출력
cdlOFNHideReadOnly	읽기전용 체크박스 숨김
cdlOFNLongNames	긴 파일이름 허용
cdlOFNNoChangeDir	파일경로 변경 불가
cdlOFNNoLongNames	긴 파일이름 허용 불가
CdlOFNNoReadOnlyReturn	읽기 전용 체크박스의 세트 불가
cdlOFNNoValidate	선택된 이름을 체크하지 않음
cdlOFNOverwritePrompt	이미 존재하는 파일을 선택한 경우 에러처리
cdlOFNPathMustExist	유효한 경로명만 가능
cdlOFNReadOnly	읽기전용 체크박스 선택여부를 체크
CdlOFNShareAware	파일공유에 의한 에러 무시

□ Color 공용대화상자의 Flag 상수

Flag	기 능
cdCClFullOpen	전체 색상 선택 부분까지 표시
cdlCCShowHelp	Help 호출 버튼 출력
cdlCCPreventFullOpen	전체 색상 선택부분을 열수 없음
cdlCCRGBInit	색상 초기값 지정

□ Font 공용대화상자의 Flag 상수

Flag	기 능
cdlCFANSIOnly	윈도우용 글꼴만 표시
cdlCFApply	대화 상자의 [적용] 단추를 활성화합니다
cdlCFBoth	화면용과 프린터용 글꼴을 모두 표시
cdlCFEffects	문자에 효과를 주는 컨트롤 표시
cdlCFFixedPitchOnly	고정피치 글꼴만 표시
cdlCFForceFontExist	선택한 글꼴이 사용불가할 경우 에러출력
cdlCFHelpButton	Help 호출 버튼 클릭
cdlCFLimitSize	글꼴의 크기를 제한
cdlCFNoFaceSel	글꼴 이름을 선택하지 않았습니다.
cdlCFNoSimulations	글꼴의 미리보기를 사용하지 않음
cdlCFNoSizeSel	글꼴 크기를 선택하지 않았습니다
cdlCFNoStyleSel	글꼴 유형을 선택하지 않았습니다
cdlCFNoVectorFonts	벡터 글꼴 사용 불가
cdlCFPrinterFonts	인쇄용 글꼴만 표시
cdlCFScalableOnly	크기조절이 가능한 글꼴만 표시
cdlCFScreenFonts	화면용 글꼴만 표시
cdlCFTTOnly	트루타입 글꼴만 표시
cdlCFWYSIWYG	인쇄용과 화면용이 동시사용이 가능한 글꼴표시

□ Print 공용대화상자의 Flag 상수

Flag	기 능
cdlPDAllPages	전체 범위 설정
cdlPDCollate	페이지 순서 맞춤 설정
cdlPDDisablePrintToFile	[파일로 인쇄] 불가
cdlPDHelpButton	대화 상자에 [도움말] 단추를 표시합니다
cdlPDHidePrintToFile	[파일로 인쇄] 숨김
cdlPDNoPageNums	범위 지정 불가
cdlPDNoSelection	[선택] 영역 옵션 단추를 비활성화합니다
cdlPDNoWarning	기본 프린터 없을 때 경고를 출력하지 않음
cdlPDPageNums	일부 범위 지정
cdlPDPrintSetup	프린터 설정 화면 표시
cdlPDPrintToFile	[파일로 인쇄] 확인란의 상태를 설정한다.
cdlPDReturnDefault	기본 프린터 이름을 반환합니다
cdlPDSelection	현재 페이지 설정
cdlPDUseDevModeCopies	인쇄 매수 지정 불가

□ Help 공용대화상자의 Flag

Flag	기 능
cdlHelpCommandHelp	특정 명령에 대한 도움말을 표시합니다
cdlHelpContents	현재 도움말 파일의 목차 항목을 표시합니다
cdlHelpContext	특정 항목에 대한 도움말을 표시합니다
cdlHelpContextPopup	구문 번호로 식별한 항목을 표시한다.
cdlHelpForceFile	한 가지 글꼴만으로 문자열을 표시하는 도움말 파일을 만듭니다.
cdlHelpHelpOnHelp	도움말 사용 자체에 대한 도움말을 표시합니다
cdlHelpIndex	지정된 도움말 파일의 색인을 표시한다.
cdlHelpKey	특정 키워드에 대한 도움말을 표시합니다
cdlHelpPartialKey	Windows 도움말의 검색 엔진을 호출한다.
cdlHelpQuit	지정된 도움말 파일을 사용하지 않는 도움말을 알려줍니다.
cdlHelpSetContents	특정 항목을 목차 항목으로 지정합니다
cdlHelpSetIndex	다중 색인 도움말에 대해 현재 색인을 설정합니다

12.5 메뉴(Menu)

수많은 응용프로그램을 보면 메뉴가 항상 존재하는 것을 알 수 있다. 응용프로그램 대부분은 수많은 기능을 수행하는 명령들을 풀다운(FullDown)메뉴의 형태로서 제공한다. 비주얼베이직에서 메뉴를 작성하기 위해서는 먼저 메뉴를 만들려는 폼을 선택한 후 도구 모음의 메뉴 편집기 단추를 누르거나 메뉴에서 [도구]-[메뉴편집기]를 선택한다. 그러면, 메뉴편집기 대화상자가 나타나는데 여기서 메뉴를 만들면 된다.

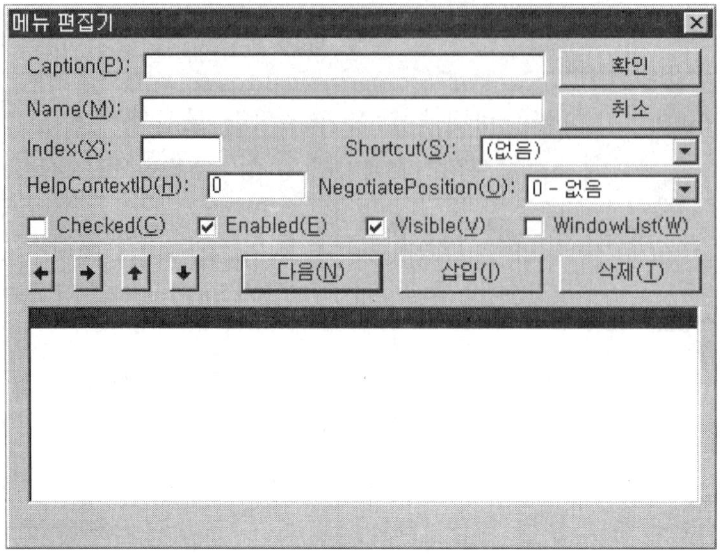

속성	설 명
Caption	메뉴에 나타낼 문자를 설정
Name	메뉴의 이름을 설정
Index	컨트롤 배열을 작성하는 경우 즉, 같은 이름을 가진 배열을 만들 때 각 항목들을 구분하기 위한 값
바로가는키	단축키를 설정
HelpContextID	도움말 파일에서 이 메뉴의 도움말로 사용될 도움말의 ID를 설정
Checked	메뉴의 왼쪽에 체크표시를 설정
Enabled	메뉴를 선택가능하게할지의 여부를 설정
Visible	지정한 메뉴항목일 보이도록할지의 여부를 설정
WindowList	MDI(Multiple Document Interface) 폼을 작성하는 경우에 사용

속성	설　명
←	목록상자에서 선택한 메뉴의 계층을 한단계 상위로 이동
→	목록상자에서 선택한 메뉴의 계층을 한단계 하위로 이동
↑	선택한 메뉴를 위로 이동시킨다
↓	선택한 메뉴를 아래로 이동시킨다
다음(N)	선택한 메뉴의 다음 메뉴항목으로 이동
삽입(I)	선택한 메뉴의 위치에 새로운 메뉴를 삽입
삭제(T)	선택한 메뉴를 삭제

□ 분리선(Separator)을 표시하는 경우는 Caption 항목에 하이픈(-)을 설정한다.

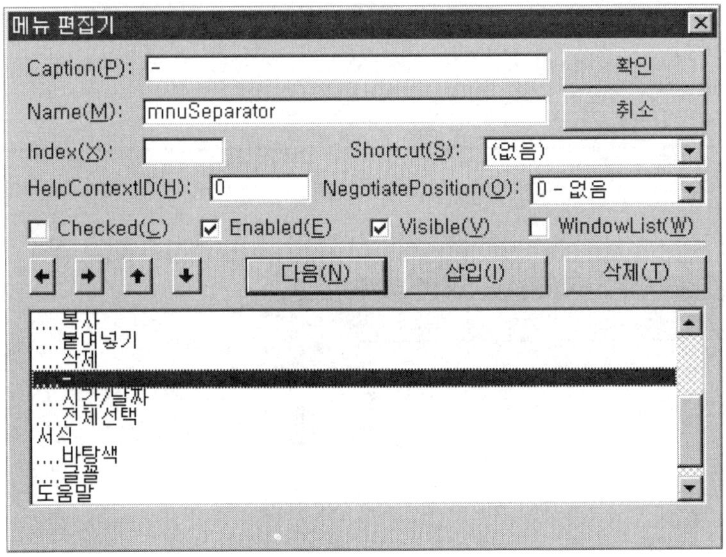

■ 예제 12-1

공용대화상자와 텍스트박스 그리고 메뉴를 이용한 메모장 프로그램을 만들어 보자.

□ 컨트롤박스의 설정 및 속성값

컨트롤	Name	Catpion	Porperty
Form	frmNotepad	메모장	Icon : notepad.ico
TextBox	txtOpen		HideSelection : False IMEMode : 10-한글 MultiLine : True ScrollBars : 3-양방향
Common DialogBox	dlgFile		CancelError : True DefaultExt : *.txt
Menu	mnuFile mnuNew mnuOpen mnuSave mnuSeparator1 mnuPrint mnuSeparator2 mnuExit mnuEdit mnuSearch mnuHelp	파일 …새파일(&N) …열기(&O) …저장(&S) …- …인쇄(&P) …- …종료(&X) 편집 찾기 도움말	Enabled : True Visible : True

□ 프로그램 폼화면 디자인

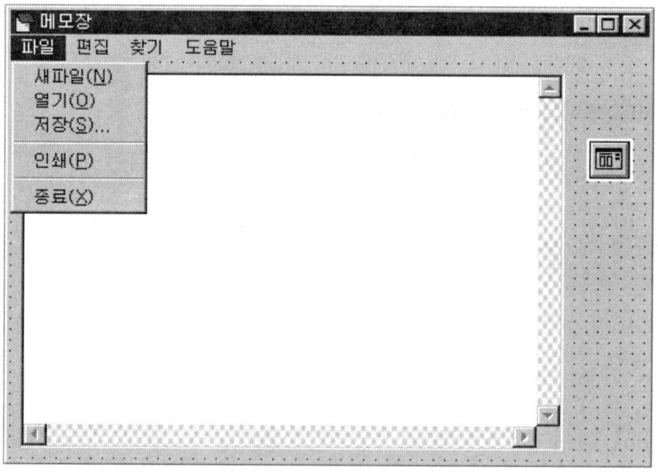

□ 프로그램 코드

File - frmNotepad (코드)

mnuHelp | Click

```
Option Explicit

Private Sub Form_Load()

    '텍스트 박스를 메모장 폼의 크기로 변경
    txtOpen.Left = frmNotepad.ScaleLeft
    txtOpen.Top = frmNotepad.ScaleTop
    txtOpen.Width = frmNotepad.ScaleWidth
    txtOpen.Height = frmNotepad.ScaleHeight

    '현재 폼을 스크린 화면의 한가운데로 표시
    Me.Left = (Screen.Width - Me.Width) / 2
    Me.Top = (Screen.Height - Me.Height) / 2

    '텍스트 박스의 내용을 제거
    txtOpen.Text = ""

    '제목을 표시
    FileName = "제목없음"
    frmNotepad.Caption = FileName & " - " & "메모장"

    '텍스트 박스의 내용변화 없음
    Text_Change = False

End Sub
Private Sub Form_Resize()

    '텍스트 박스를 메모장 폼의 변경에 따라 조정된다.
    txtOpen.Left = frmNotepad.ScaleLeft
    txtOpen.Top = frmNotepad.ScaleTop
    txtOpen.Width = frmNotepad.ScaleWidth
    txtOpen.Height = frmNotepad.ScaleHeight

End Sub
```

폼 로드에서는 텍스트 박스의 크기를 폼의 크기로 설정을 맞춥니다. 다음은 폼을 화면의 중앙에 배치시킨다. 그리고 텍스트 박스의 내용을 삭제시킨 후, 폼의 타이틀에 나타낼 문자열을 표시한다. 폼의 초기에는 "제목없음 - 메모장"이 되도록 한다. 마지막으로 폼의 시작 시에는 텍스트박스 내용에 변경사항이 없으므로 Text_Change라는 Boolean 변수의 값을 False로 설정한다. Text_Change는 모듈에 전역변수로 선언한다.

폼의 크기가 변경되는 프로시저는 Form_Resize()입니다. 여기에서도 마찬가지고 텍스트 박스의 크기를 폼의 사용자 영역크기로 바꿉니다. 이렇게 함으로 폼의 크기가 변경되더라도 같은 비율로 텍스트박스의 크기도 변경된다.

File - frmNotepad (코드)

txtOpen | MouseUp

```
Private Sub txtOpen_Change()

    '텍스트 박스의 내용이 변경되었을 경우
    Text_Change = True

End Sub
```

텍스트박스(txtOpen)의 내용이 변경되었는가를 확인하는 프로시저가 txtOpen_Change() 프로시저입니다. 여기에서 Text_Change라는 전역변수를 True로 설정해줍니다. 이와같이 설정하면 Text_Change라는 변수를 이용하여 텍스트박스의 변경여부를 알 수 있다.

File - frmNotepad (코드)

mnuHelp | Click

```
Private Sub mnuNew_Click()

    Dim Answer As Integer

    If Text_Change = True Then
        Answer = MsgBox(FileName & " 파일의 내용이 변경되었습니다." & vbCrLf & _
                "변경사항을 저장하시겠습니까?", vbInformation + vbYesNoCancel, "메모장")

        Select Case Answer
            Case vbYes
                mnuSave_Click
            Case vbNo

            Case vbCancel
                Exit Sub
        End Select
    End If

    '폼의 제목을 표시
    FileName = "제목없음"
    frmNotepad.Caption = FileName & " - " & "메모장"

    '텍스트박스 내용 변경사항 없음으로 설정
    Text_Change = False

    '텍스트박스의 내용을 삭제
    txtOpen.Text = ""

End Sub
```

메뉴에서 새파일(mnuNew) 메뉴를 선택하면 먼저 현재 텍스트 박스의 내용이 변경되었는지를 확인한다. 확인하는 변수는 Text_Change변수다.

만약 변경이 되었다면 즉, Text_Change변수가 True라면 메시지 박스를 표시한 후 메시지상자의 선택버튼(예, 아니오, 취소)에 따라서 [예]를 눌렀으면 저장(mnuSave)메뉴를 호출하고, [아니오]를 눌렀으면 저장하지 않고 폼의 제목을 표시한 후, 텍스트박스의 변경사항이 없음으로 설정한다. 다음으로 텍스트 박스의 내용을 삭제하여 새파일을 선택한 것과 같은 효과를 나타낸다. [취소]를 누른 경우에는 프로그램을 빠져나온다.

File - frmNotepad (코드)

mnuOpen | Click

```
Private Sub mnuOpen_Click()

    Dim FileNum As Integer
    Dim Line As String
    Dim Total_Line As String
    Dim Answer As Integer

    On Error GoTo OpenError

    If Text_Change = True Then
        Answer = MsgBox(FileName & " 파일의 내용이 변경되었습니다." & vbCrLf & _
                "변경사항을 저장하시겠습니까?", vbInformation + vbYesNoCancel, "메모장")

        Select Case Answer
            Case vbYes
                mnuSave_Click
            Case vbNo

            Case vbCancel
                Exit Sub
        End Select
    End If

    '/***********************************************/
```

메뉴에서 열기(mnuOpen)을 선택한 경우에도 우선 현재텍스트 박스의 내용이 변경여부를 체크하여 변경되었으면 메시지박스를 표시하고 [확인], [아니오], [취소] 버튼 중에서 선택값에 따라서 [예]를 눌렀으면 저장(mnuSave)메뉴를 호출하고, [아니오]를 눌렀으면 저장하지 않고 다음 코드를 수행한다. [취소]를 선택하면 프로그램을 빠져나온다.

```
File - frmNotepad (코드)
mnuOpen                                     Click

    '/************************************************/
    '/ 다이얼로그 박스를 연다.
    '/ 파일의 종류를 선택한다.
    '/************************************************/
    With dlgFile
        .Filter = "텍스트파일(*.txt)|*.txt|모든파일(*.*)|*.*"
        .DefaultExt = "txt"
        .DialogTitle = "텍스트 파일 불러오기"
        .ShowOpen    '.Action=1 동일한 행동
    End With

    FileName = dlgFile.FileName '파일명 얻기
    FileNum = FreeFile          '파일 번호 얻기

    Open FileName For Input As FileNum  '파일을 입력용으로 열기
    '파일의 끝까지 내용을 읽음
    While Not EOF(FileNum)
        Line Input #FileNum, Line
        Total_Line = Total_Line + Line + vbCrLf
    Wend

    '읽은 내용을 텍스트 박스에 나타냄.
    txtOpen.Text = Total_Line
    Close FileNum   '파일을 닫는다.

    '제목타이틀을 표시
    frmNotepad.Caption = FileName & " - " & "메모장"
    '텍스트 박스의 내용 변경없음으로 설정
    Text_Change = False
    Exit Sub

OpenError:     '오류 발생시
    If Err.Number <> cdlCancel Then
        MsgBox "파일을 열수 없습니다.", vbCritical, "열기 오류"
    End If

End Sub
```

다음에는 다이얼로그박스를 호출하여 열기대화상자를 나타낸다.

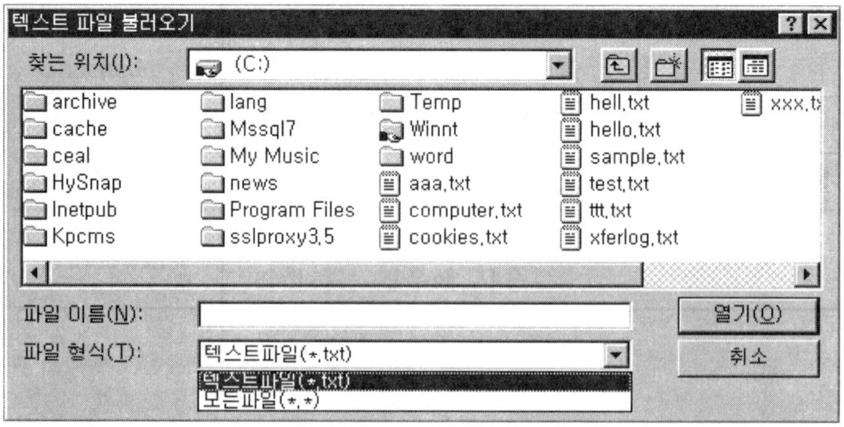

대화상자에서 선택한 파일을 파일명(FileName)으로 선택한 후 파일입력모드로 선택한파일의 마지막 라인까지 열어서 텍스트박스(txtOpen)에 나타낸다. 다음에는 폼의 타이틀을 Open한 파일명으로 변경하며, 텍스트박스의 내용이 변경 없음으로 설정한다.

File - frmNotepad (코드)

mnuOpen | Click

```
Private Sub mnuSave_Click()

    Dim Result_Msg As String      '메시지 박스에 나타날 문자열
    Dim Answer As Integer         'MsgBox 반환값
    Dim FileNum As Integer

    On Error GoTo SaveError

Retry:
    With dlgFile
        .Filter = "텍스트 파일(*.txt)|*.txt|모든파일(*.*)|*.*|"
        .DefaultExt = "txt"
        .DialogTitle = "텍스트 파일 저장하기"
        .ShowSave               '저장 대화상자


        If Dir(.FileName) = "" Then     '파일이 공용대화상자에 존재하지 않을 경우

            '경로명을 포함한 파일명 결정
            FileName = .FileName

            '사용가능한 파일번호 구하기
            FileNum = FreeFile

            Open FileName For Output As FileNum '출력모드
                Print #FileNum, txtOpen.Text
            Close FileNum

        Else

            '파일이 존재할 경우(기존의 이름과 중복되는 경우)
            Result_Msg = .FileTitle & "파일이 이미 존재합니다." & vbCrLf & _
                        "덮어 쓸까요?"
            Answer = MsgBox(Result_Msg, vbQuestion + vbYesNoCancel, "파일 중복")
```

메뉴에서 저장(mnuSave)메뉴를 선택하면 다이얼로그박스를 호출하여 저장대화상자를 Open한다. 저장대화상자에서 입력한 파일명이 중복되지 않으면 선택한 파일명으로 순차파일의 Output 모드로 저장한다. 만약, 입력한 파일명이 이미 존재한다면, 메시지박스를 사용하여 중복사실을 알립니다. 사용자가 선택한 결과값(Answer)에 따라서 처리한다.

File - frmNotepad (코드)

mnuOpen | Click

```
            Answer = MsgBox(Result_Msg, vbQuestion + vbYesNoCancel, "파일 중복")

            Select Case Answer
                Case vbYes

                    '경로명을 포함한 파일명 결정
                    FileName = .FileName

                    '사용가능한 파일번호 구하기
                    FileNum = FreeFile

                    Open FileName For Output As FileNum '출력모드
                        Print #FileNum, txtOpen.Text
                    Close FileNum

                Case vbNo
                    GoTo Retry:

                Case vbCancel
                    Exit Sub

            End Select
        End If
    End With

    '폼의 제목을 표시
    frmNotepad.Caption = FileName & " - " & "메모장"

    '텍스트 박스의 변경내용이 없음으로 초기화
    Text_Change = False

    Exit Sub

SaveError:
    '오류 발생시
    If Err.Number <> cdlCancel Then
        MsgBox "파일을 저장할 수 없습니다.", vbCritical, "저장 오류"
    End If

End Sub
```

선택 값이 [예]인 경우에는 대화상자에서 선택한 파일명으로 저장하며, [아니오]를 선택한 경우에는 GoTo를 사용하여 Retry: 라벨로 이동하여 다시 저장대화상자를 호출 다른 이름을 선택하여 저장한다. [취소]를 선택하면 프로그램을 빠져나온다.

저장을 완료한 다음에는 폼의 제목을 저장한 파일명으로 표시하며, 텍스트박스의 변경사항이 없음으로 초기화시킨다.

File - frmNotepad (코드)

mnuPrint | Click

```
Private Sub mnuPrint_Click()

    On Error GoTo PrintError:

    dlgFile.Flags = cdlPDPrintSetup      '프린트 설정화면 표시
    dlgFile.ShowPrinter

    Printer.NewPage
    Printer.Print txtOpen.Text
    Printer.EndDoc

    Exit Sub

PrintError:
    '오류 발생시
    If Err.Number <> cdlCancel Then
        MsgBox "오류가 발생했습니다.", vbCritical, "오류'"
    End If


End Sub
```

메뉴에서 프린트(mnuPrint)를 선택하면 공용대화상자의 Flag를 프린터 설정화면으로 설정하며, 프린터 대화상자를 호출한다. 새로운 페이지로 프린트하기 위해서 NewPage를 나타낸 후, 프린트 명령을 사용하여 텍스트박스의 내용을 출력한다. 출력이 완료된 후에는 EndDoc를 사용하여 인쇄를 종료시킨다.

File - frmNotepad (코드) — mnuExit / Click

```
Private Sub mnuExit_Click()

    Dim Answer As Integer

    If Text_Change = True Then
        Answer = MsgBox(FileName & " 파일 내용이 변경되었습니다." & vbCrLf & _
                 "변경사항을 저장하시겠습니까?", vbInformation + vbYesNoCancel, "메모장")

        Select Case Answer
            Case vbYes
                mnuSave_Click
            Case vbNo

            Case vbCancel
                Exit Sub
        End Select
    End If

    Unload Me   '프로그램 종료
End Sub
```

메뉴에서 종료(mnuExit)를 선택하면 현재 텍스트박스의 내용이 변경되었는지를 검사하여 변경되었으면 메시지 박스를 이용하여 저장유무를 표시한다. [예]를 선택하면 저장(mnuSave)메뉴를 호출하고, [아니오]를 선택하면 아래로 이동하여 프로그램을 종료한다. [취소]를 선택하면 프로그램을 빠져나온다.

모듈에서는 파일이름을 나타내는 FileName , 텍스트박스의 변경여부를 확인하는 Text_Change변수를 선언한다.

File - Notepad (코드) — (일반) / (선언)

```
Option Explicit

Public FileName As String             '파일이름
Public Text_Change As Boolean         '메모장 내용 변경 여부
```

□ 프로그램 실행

▶ 프로그램 시작화면

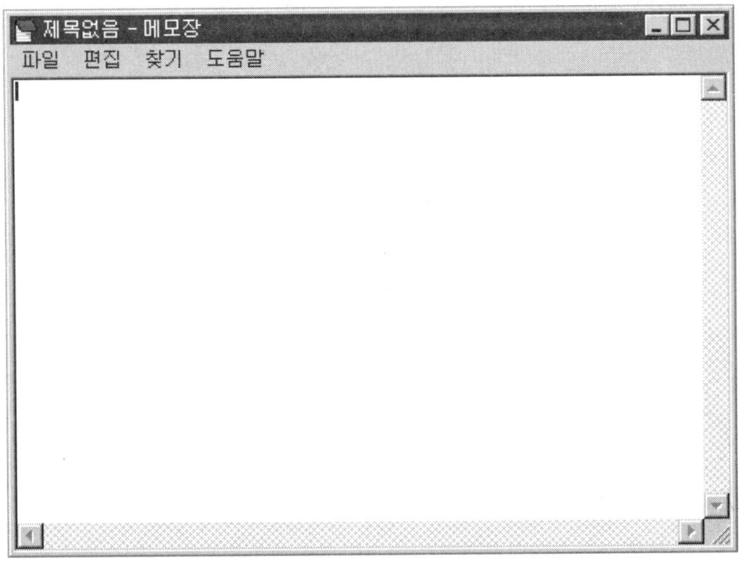

▶ 프로그램 시작화면(새파일선택)

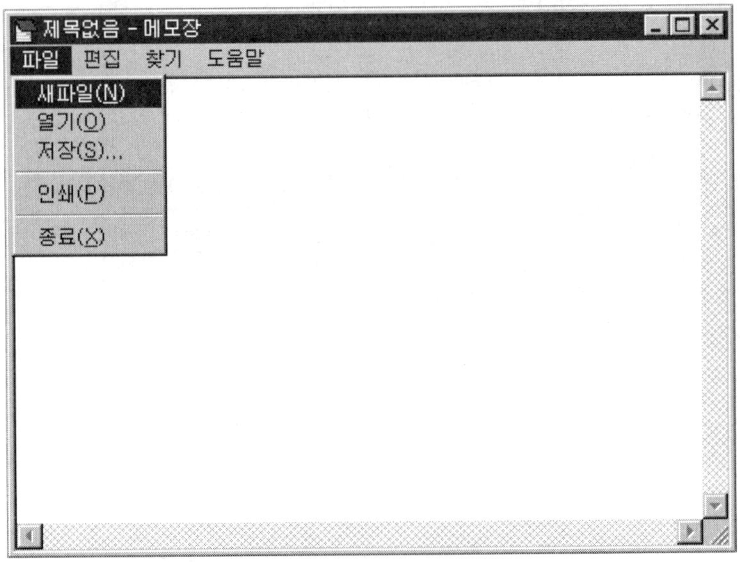

▶ 프로그램 시작화면(열기선택)

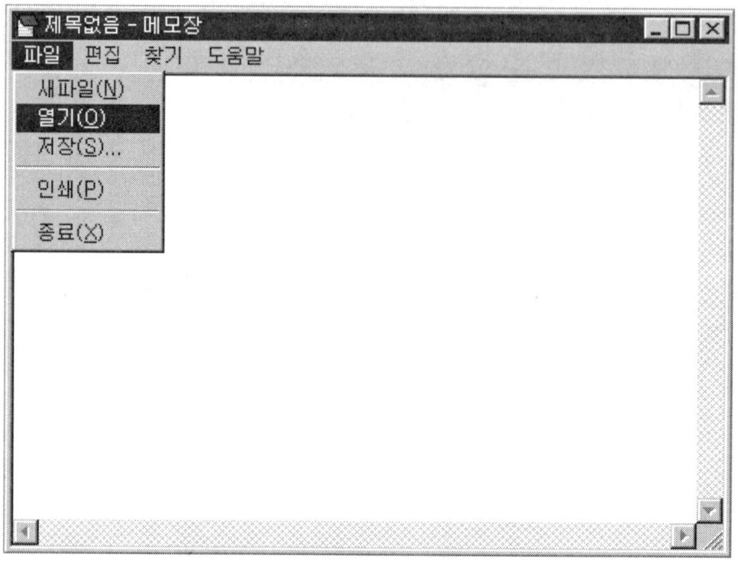

▶ 프로그램 Open 화면(computer.txt 선택)

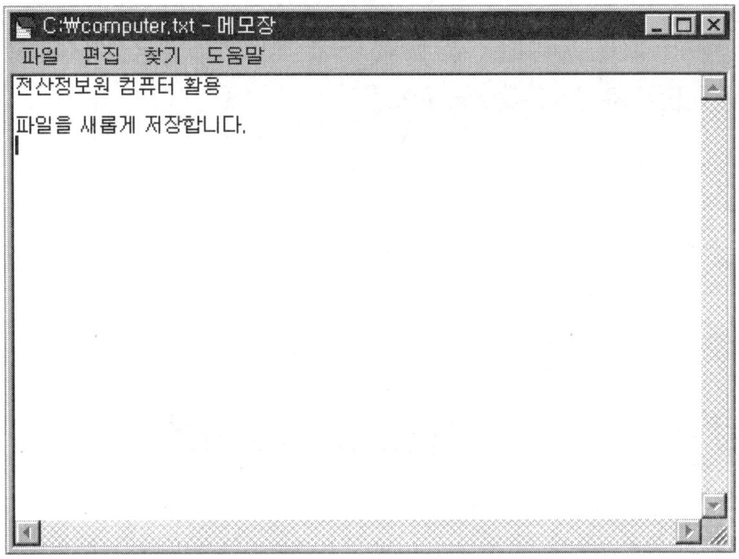

▶ 프로그램 Save화면
- 저장하려는 파일명이 이미 존재하는 경우 파일 중복 메시지 박스가 나타난다.

▶ 프로그램 시작화면(프린트 선택)

▶ 프로그램 시작화면(종료선택)

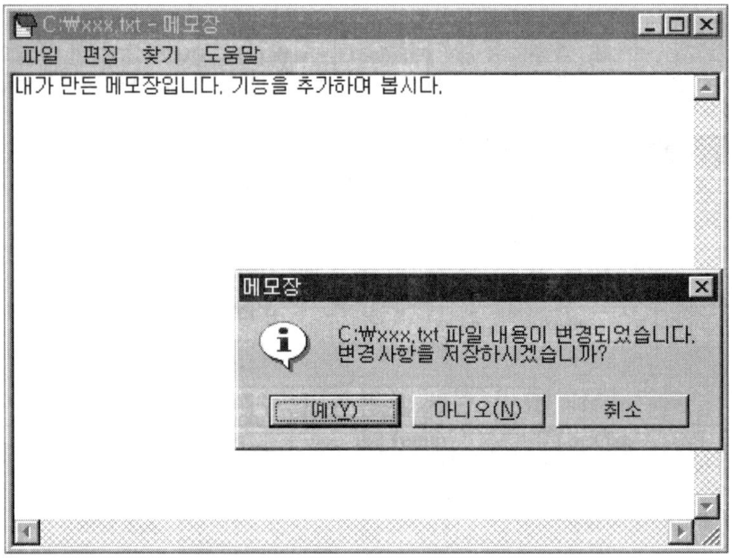

■ 예제 12-2

클립보드(Clipboard)라는 것은 응용프로그램에서 데이터를 주고 받으려고할 때에 그 데이터를 일시적으로 기억하는 영역(일종의 메모리버퍼)이다.

이러한 클립보드를 이용하여 메모장에서 텍스트박스에 기록한 문자열을 복사, 잘라내기, 붙여 넣기 등을 할 수 있는 편집기능을 메뉴에 추가한다.

□ 컨트롤 속성 및 설정

컨트롤	Name	Catpion	Porperty
Menu	mnuEdit …mnuCut …mnuCopy …mnuPaste …mnuDel …mnuSeparator3 …mnuSelectAll …mnuEditTime …mnuFormat ……mnuColor ……mnuFont	편집 …잘라내기(&T) …복사(&C) …붙여넣기(&P) …삭제(&L) …- …전체선택(&A) …시간/날짜 …서식 ……바탕색 ……글꼴	ShortCut : Ctrl+X Ctrl+C Ctrl+V Del F5

□ 프로그램 폼 화면 디자인

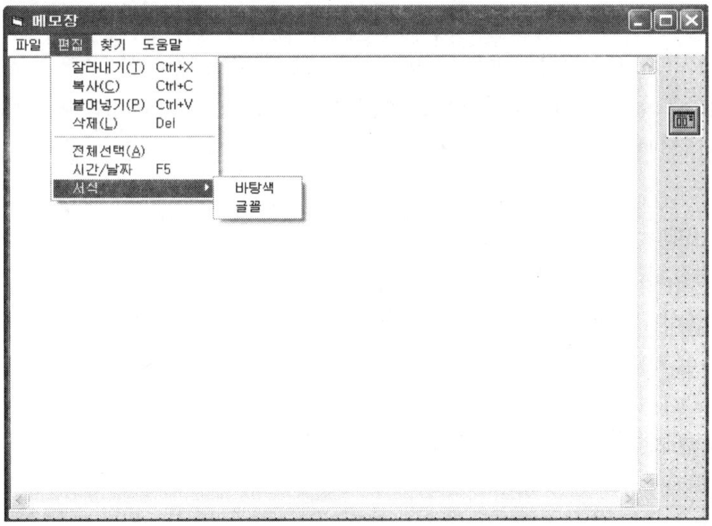

□ 프로그램 코드

File - frmNotepad (코드)

mnuColor | Click

```
Private Sub mnuCut_Click()

    '선택한 영역을 잘라내기.
    Clipboard.SetText (txtOpen.SelText)

    '선택한 문자열을 삭제
    txtOpen.SelText = ""

End Sub
Private Sub mnuCopy_Click()

    '선택한 영역을 복사
    Clipboard.SetText (txtOpen.SelText)

End Sub
Private Sub mnuPaste_Click()

    '선택한 영역을 붙여 넣기
    txtOpen.SelText = Clipboard.GetText()

End Sub
Private Sub mnuDel_Click()

    '선택한 영역을 삭제
    txtOpen.SelText = ""

End Sub
```

편집메뉴의 잘라내기(mnuCut)를 선택하면 텍스트 박스의 선택한 문자열을 클립보드의 SetText메소드를 이용하여 클립보드에 텍스트로 지정한 문자열을 보관한다. 다음에는 텍스트박스의 선택한 문자열을 삭제한다.

편집메뉴의 복사(mnuCopy)를 선택하면 텍스트박스의 선택한 문자열을 Clipboard.SetText 메소드를 이용하여 클립보드에 선택한 문자열을 복사한다.

편집메뉴의 붙여넣기(mnuPaste)를 선택하면 클립보드에 저장된 텍스트문자열을 Clipboard.GetText 메소드를 이용하여 텍스트박스의 커서가 위치한곳이나 선택된 문자열이 있는 경우에는 그 문자열 위에 복사한다.

편집메뉴의 삭제(mnuDel)를 선택하면 텍스트박스의 선택한 문자열을 삭제한다.

File - frmNotepad (코드)

mnuColor | Click

```
Private Sub mnuSelectAll_Click()

    '텍스박스의 모든 내용을 선택
    txtOpen.SelStart = 0
    txtOpen.SelLength = Len(txtOpen.Text)

End Sub

Private Sub mnuEditTime_Click()

    '현재 시간과 날짜를 삽입합니다.
    txtOpen.SelText = Now()

End Sub
```

편집메뉴의 전체선택(mnuSelectAll)을 선택하면 텍스트박스의 맨 처음으로 이동하여 텍스트박스의 모든 문자열을 다 선택함으로써 문장전체를 선택하게 된다.

편집메뉴의 시간/날짜(mnuEditTime)를 선택하면 텍스트 박스의 커서가 위치한 곳에 현재 시스템의 날짜와 시간을 Now()함수를 사용하여 출력한다.

File - frmNotepad (코드)

mnuColor | Click

```
Private Sub mnuColor_Click()

    '다이얼로그 박스를 이용하여 색깔을 지정
    On Error GoTo ColorError

    dlgFile.ShowColor
    'dlgFile.Color = txtOpen.BackColor   '현재 색 표시
    txtOpen.BackColor = dlgFile.Color   '색 설정
    Exit Sub

ColorError:
    If Err.Number <> cdlCancel Then
        MsgBox "색상설정에 오류가 발생하였습니다.", vbCritical, "색상 오류"
    End If

End Sub

Private Sub mnuFont_Click()

    '다이얼로그 박스를 불러서 글꼴을 설정
    On Error GoTo FontError

    With dlgFile
        .Flags = cdlCFBoth Or cdlCFEffects
        .ShowFont

        '텍스트 속성 설정
        txtOpen.FontName = .FontName
        txtOpen.FontSize = .FontSize
        txtOpen.FontBold = .FontBold
        txtOpen.FontItalic = .FontItalic
        txtOpen.FontUnderline = .FontUnderline
        txtOpen.FontStrikethru = .FontStrikethru
        txtOpen.ForeColor = .Color
    End With

    Exit Sub
FontError:
    If Err.Number <> cdlCancel Then
        MsgBox "글꼴설정에 오류가 발생하였습니다.", vbCritical, "글꼴 오류"
    End If

End Sub
```

편집메뉴의 서식-바탕색(mnuColor)을 선택하면 색설정 대화상자를 호출하여 대화상자에서 선택한 색깔이 텍스트박스의 배경으로 전달되어 텍스트박스의 색상이 바뀌게 된다.

편집메뉴의 서식-글꼴(mnuColor)을 선택하면 공용대화상자의 Flag를 cdlCFBoth 와 cdlCFEffects를 설정하여 화면용과 프린터용 글꼴 및 문자에 효과를 주는 컨트롤을 표시하는 글꼴대화상자를 표시한다. 글꼴대화상자에서 선택한 각각의 글꼴 속성 값은 텍스트박스의 문자열 속성으로 전달된다.

□ 프로그램 실행

▶ 프로그램 실행 화면

▶ 프로그램 실행화면(편집-시간/날짜 선택)

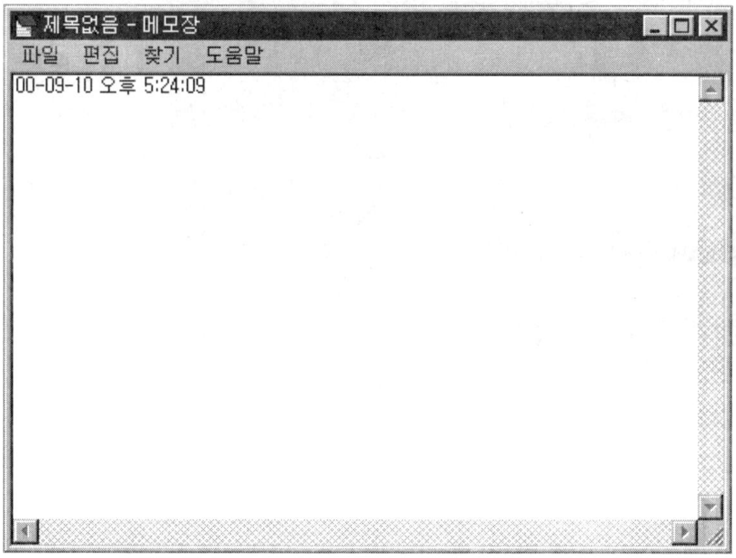

▶ 프로그램 실행화면(편집-서식-바탕색)

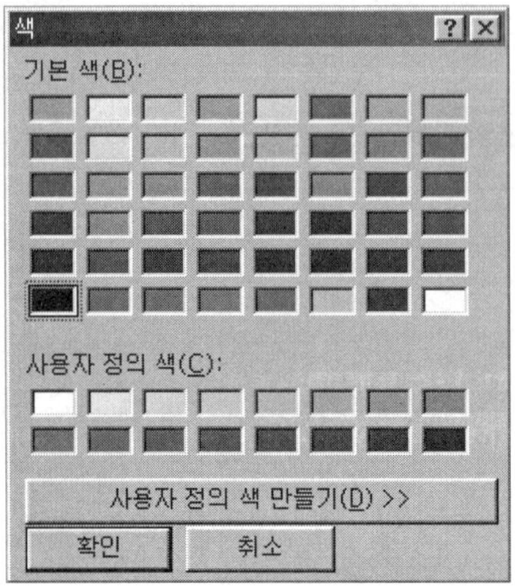

▶ 프로그램 실행화면(편집-서식-글꼴선택)

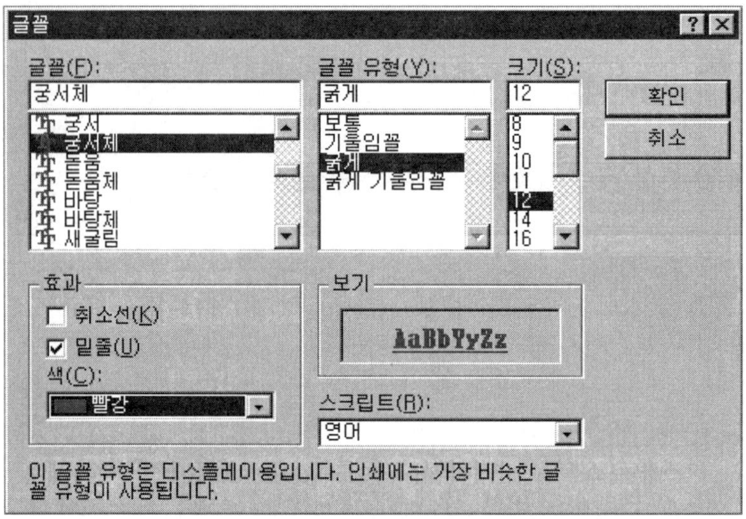

■ 예제 12-3

앞에서 작성한 메모장 프로그램에 문자열 찾기 기능을 추가한다.

□ 메뉴 속성 및 설정

컨트롤	Name	Catpion	Porperty
Menu	mnuSearch …mnuFind …mnuNextFind	찾기 …찾기(&F) …다음 찾기(&N)	 ShortCut : F3

□ 찾기 폼 컨트롤 속성 및 설정

컨트롤	Name	Catpion	Porperty
Form	frmFind	찾기	Icon : notepad.ico
Label	Label1	찾을 문자열(&N) :	
TextBox	txtFind		
Command Button	cmdFind	다음 찾기(&F)	Default : True
	cmdCancel	취소	
Frame	Frame1	찾을 방향	
CheckBox	chkCase	대/소문자 구분(&C)	
Option Button	optDirection_1	위로(&U)	
	optDirection_2	아래로(&D)	

□ 찾기 폼 디자인

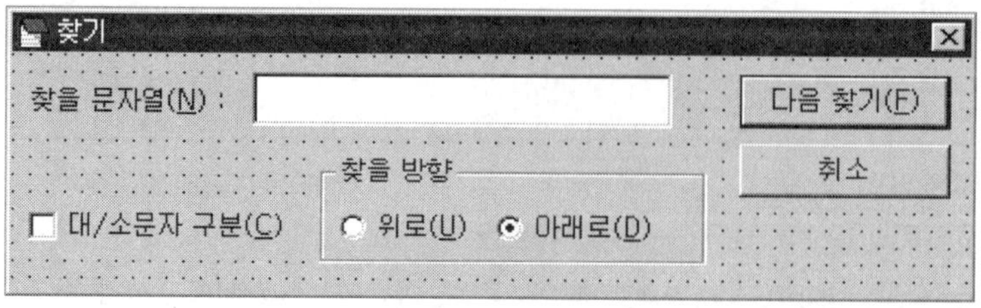

□ 메모장 폼 메뉴화면

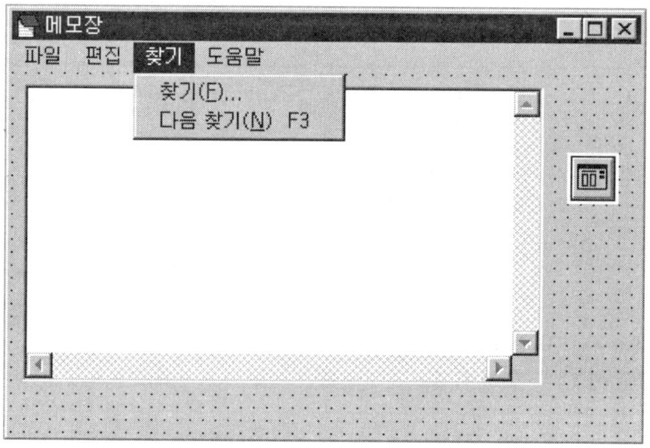

□ 프로그램 코드

File - frmNotepad (코드)

mnuFind | Click

```
Private Sub mnuFind_Click()

    '입력란에 문자열이 있는 경우 찾기 폼의 입력란에 지정
    '다른경우에는 마지막 검색문자열을 텍스트로 정합니다.
    If Me.txtOpen.SelText <> "" Then
        frmFind.txtFind.Text = Me.txtOpen.SelText
    Else
        frmFind.txtFind.Text = FindString
    End If

    '문자열의 처음부터 찾기설정
    FirstFind = True

    '대/소문자 구분확인란을 공용변수와 일치하도록 설정합니다
    If FindCase Then
        frmFind.chkCase = 1
    End If

    '찾기폼을 표시
    frmFind.Show vbModal

End Sub
```

```
Private Sub mnuNextFind_Click()

    '찾을문자열이 있으면 찾기를 시작합니다.
    '그렇지 않으면 찾기메뉴를 호출합니다.
    If Len(FindString) > 0 Then
        Search_String
    Else
        mnuFind_Click
    End If

End Sub
```

먼저, 메모장 폼에서 찾기(mnuFind)메뉴를 선택한 경우에는 메모장의 텍스트박스에 선택한 문자열이 있는지를 비교하여 있으면 찾기 폼의 텍스트박스에 전달하고, 없으면 이전에 선택되었던 문자열을 전달한다. 그리고 찾는 위치는 텍스트박스의 처음부터 찾기로 설정한다. 그리고 대/소문자 구분항목이 체크되었으면 chkCase를 1로 선택한다. 다음으로는, 찾기폼을 모달로 설정하여 화면에 나타낸다.

다음 찾기(N)(mnuNextFind) 메뉴를 선택한 경우에는 찾을 문자열의 길이가 0보다 크면, 즉, 찾을 문자열이 존재하면 문자열을 검색하고, 그렇지 않으면 찾기(mnuFind)메뉴를 선택한 것과 동일한 동작을 한다.

File - frmFind (코드)

optdirection_2 | Click

```
Private Sub Form_Load()

    '찾기단추를 사용할 수 없습니다. -찾을문자열이 아직없을 경우
    cmdfind.Enabled = False

End Sub

Private Sub optdirection_1_Click()

    '위로 옵션버튼을 선택시
    finddirection = 0
    optdirection_1.Value = 1
    optdirection_2.Value = 0

End Sub

Private Sub optdirection_2_Click()

    '아래로 옵션버튼을 선택시
    finddirection = 1
    optdirection_1.Value = 0
    optdirection_2.Value = 1

End Sub

Private Sub txtfind_Change()

    '문자열의 처음부터 찾기설정
    firstfind = True

    '입력란이 비어있으면 찾기단추를 사용할 수 없습니다.
    If txtfind.Text = "" Then
        cmdfind.Enabled = False
    Else
        cmdfind.Enabled = True
    End If

End Sub
```

찾기 폼(frmFind)이 로드(Load)되면 먼저 찾기(cmdFind)버튼을 비활성화시킨다. 다음에는, 방향을 가리키는 공용변수 FindDirection을 가져와서 검색방향(0 : 위로(U), 1 :아래로(D)) 을 설정한다.

찾기 폼에서 검색문자열을 지정하는 txtFind 텍스트 박스의 내용이 변경(txtFind_Change)된 경우에는 메모장 폼의 문자열내용을 처음부터 검색하는 공용변수 FirstFind를 True로 설정한다. txtFind텍스트 박스의 내용이 널(Null) 문자열인지 비교하여 널문자가 아니면 다음찾기(cmdFind)버튼을 활성화(Enable)시킨다.

```
File - frmFind (코드)
cmdfind                              Click

Private Sub chkcase_Click()

    '대,소문자 구분
    findcase = chkcase.Value

End Sub

Private Sub cmdcancel_Click()

    '값을 공용변수로 저장
    findstring = txtfind.Text
    findcase = chkcase.UseMaskColor

    '찾기대화상자를 지웁니다.
    Unload frmfind

End Sub

Private Sub cmdfind_Click()

    '텍스트 문자열을 공유변수로 저장
    findstring = txtfind.Text

    '문자열 검색시작
    search_string

End Sub
```

찾기 폼(frmFind)에 있는 다음찾기(cmdFind)버튼을 선택하면 찾을 문자열 텍스트를 공용변수 FindString에 입력한다. 다음으로 Search_String이라는 프로시저를 호출하여 검색을 시작한다. 이 때 프로시저 Search_String는 모듈에서 작성한다.

취소(cmdCancel)버튼을 클릭하면 찾을문자열을 공용변수 FindString에 전달하고, 대/소문자구분 체크 항목 값(chkCase)을 공용변수 FindCase에 저장한다. 다음으로는 현재 폼(Me)인 찾기(frmFind)폼을 삭제한다.

대/소문자 구분(chkCase)항목을 선택하면 공용변수 FindCase에 저장하며, 찾을 방향은 optDirection_1 항목을 선택하면 위로(U), optDirection_2 항목을 선택하면 아래로(D)가 선택되고 공용변수 FindDirection에는 optDirection_1 항목을 선택시 0가 optDirection_2 항목을 선택시 1의 값이 각각 저장된다.

모듈(Module)코드에서는 이전에 선언된 FileName, Text_Change변수이외에 다른 추가적인 변수들을 선언한다. 다음으로는 Serach_String 프로시저를 선언하여 실제로 이 코드에서 문자열을 검색하는 기능을 수행하도록 한다.

Seach_String 프로시저를 살펴보면 먼저 공용변수 CursorPosition과 메모장 폼의 텍스트박스의 SelStart(선택된 텍스트의 시작위치)를 동일한지 비교한다. 갈다면 Offset변수를 1로 설정하여 그렇지 않으면 0으로 설정한다. 이렇게 하는 이유는 만약, 현재위치가 0이라면 다음에는 1부터 문자열을 검색하기 때문이다.

File - Notepad (코드)

(일반) | Search_String

```
Option Explicit

Public FileName As String                   '파일이름
Public Text_Change As Boolean               '메모장 내용 변경 여부

Public FirstFind As Boolean                '문장의 처음부터 찾기 설정/해제
Public FindString As String                '찾을문자열
Public FindCase As Integer                 '대,소문자구분
Public FindDirection As Integer            '찾을 방향 설정
Public CursorPosition As Integer           '문장의 커서위치를 설정


Sub Search_String()

    Dim Start As Integer                '시작위치를 나타내는 변수
    Dim Position As Integer             '찾은위치를 나타내는 변수
    Dim strFindString As String         '찾을 문자열
    Dim strSourceString As String       '검색할 문자열
    Dim strMsg As String                '오류메시지
    Dim Response As Integer             '메시지에대한 응답
    Dim Offset As Integer               '문자열 검색시 실제 이동범위

    '현재 커서위치를 기초로하여 오프셋변수를 설정합니다.
    If (CursorPosition = frmNotepad.txtOpen.SelStart) Then
        Offset = 1
    Else
        Offset = 0
    End If
```

File - Notepad (코드)

(일반) | Search_String

```
'문자열의 처음부터 찾기 설정모드인지 검사
If FirstFind = True Then
    Offset = 0
End If

'검색할 시작위치를 정합니다.
Start = frmNotepad.txtOpen.SelStart + Offset

'대/소문자를 구분하지 않으면 문자열을 대문자로 변환
If FindCase Then
    strFindString = FindString
    strSourceString = frmNotepad.txtOpen.Text
Else
    strFindString = UCase(FindString)
    strSourceString = UCase(frmNotepad.txtOpen.Text)
End If
```

공용변수 FirstFind를 비교하여 True(문자열의 처음부터 찾기설정모드)이면 Offset변수를 0으로 설정하여, 문자열의 처음부터 검색한다.

다음에는 Start변수를 사용하여 텍스트박스의 검색할 위치를 지정한다.

다음은 대/소문자 구분항목을 나타내는 공용변수 FindCase를 비교하여 체크되었으면 검색문자열을 나타내는 공용변수 FindString을 strFindString 임시변수에 저장하고, 메모장의 텍스트박스의 내용은 strSourceString에 저장한다. 만약, 대/소문자를 구분하지 않으면 Ucase()함수를 사용하여 검색할 문자열이나 검색할 문자열 모두 대문자로 변환하여 대입한다. Lcase()함수를 사용하여 모두 소문자로 변환하여도 무방하다.

File - Notepad (코드)

(일반) | Search_String

```
'문자열을 찾습니다.
If FindDirection = 1 Then       '아래로 찾기
   Position = InStr(Start + 1, strSourceString, strFindString)

Else                            '위로 찾기
   For Position = Start - 1 To 0 Step -1
      If Position = 0 Then
         Exit For      '찾는 문자열이 없는 경우
      End If

      If Mid(strSourceString, Position, Len(strFindString)) = _
         strFindString Then Exit For
   Next
End If
```

다음은 문자열을 검색하는 루틴입니다. 공용변수 FindDirection이 가리키는 값이 1이면 아래방향으로 검사하고, 0이면 위로 검사한다.

여기에서 InStr함수는 검색 대상 문자열에서 찾을 문자열을 찾아 그 위치를 반환(Long값)한다. 문자열을 찾지 못한 경우에는 0을 반환한다.

InStr(Start, String1, String2 [,Compare])

구성요소	설명
Start	찾을 시작위치(생략시는 처음부터)
String1	검색 대상 문자열
String2	검색 문자열
Compare	문자열 비교형식 (기본값 : 이진비교)

만약, 검색방향이 아래로(D)이면 Instr함수를 사용하여 검색한다. 검색된 결과값(Long형)이 Position변수에 저장되며 검색된 문자열이 없는 경우에는 0이 반환된다.

검색방향이 위로(U)이면 For 함수를 사용하여 검색한다. Position값이 0이면 검색된 문자열이 없으므로 For 루틴을 빠져나온다. 검색된 문자열이 존재하면 Mid()함수를 사용하여 검색된 위치(Position)를 구한다.

File - Notepad (코드)

(일반) | Search_String

```
    '그 문자열을 찾은 경우
    If Position <> 0 And Position > 0 Then

        frmNotepad.txtOpen.SelStart = Position - 1
        frmNotepad.txtOpen.SelLength = Len(strFindString)

    Else
        strMsg = Chr(34) & FindString & Chr(34) & "을(를) 찾을수 없습니다."
        Response = MsgBox(strMsg, vbOKOnly, "메모장")
    End If

    '현재 커서의 위치를 다시 설정
    CursorPosition = frmNotepad.txtOpen.SelStart

    '문자열의 처음부터 찾기해제
    FirstFind = False

End Sub
```

다음은 검색문자열을 찾은경우입니다. 원하는 문자열을 찾은 경우는 Position 변수의 값이 0이 아니거나 0보다 큰 경우입니다. 찾은 문자열을 반전시키기 위하여 SelStart와 SelLength속성을 이용한다. SelStart는 선택된 텍스트의 시작 위치를 나타내며, SelLength는 선택된 문자의 수를 나타낸다.

검색문자열을 찾지못한 경우는 메시지박스를 사용하여 검색문자열(FindString)을 찾을수 없다는 문자열을 표시한다. 여기에서 사용된 Chr(34)는 인용부호(“”)를 나타낸다.

마지막으로 검색한 문자열위치를 공용변수 CursorPosition 값으로 갱신시킨 후, 문자열의 처음부터 검색모드를 해제시킨다.

□ 프로그램 동작

▶ 프로그램 실행화면(입력문자열을 입력)

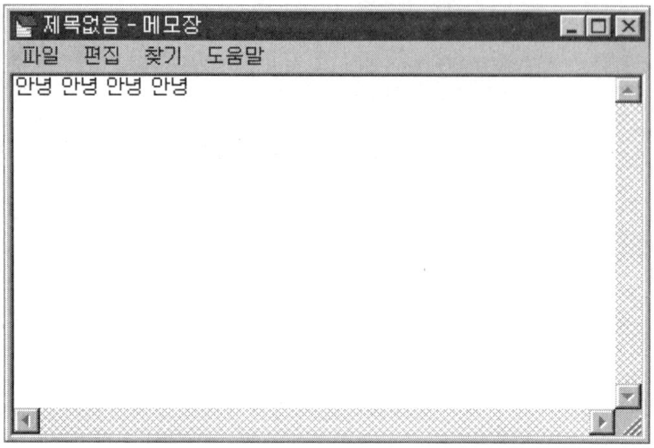

▶ 프로그램 실행화면(찾기메뉴에서 찾기 선택)

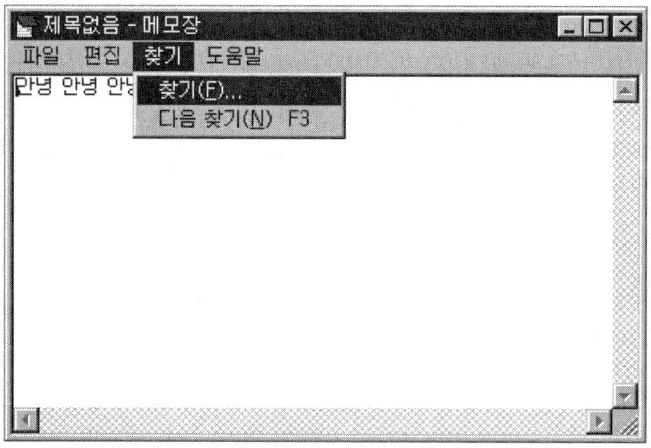

▶ 프로그램 실행화면(찾을 문자열을 지정한 후 다음찾기 클릭)

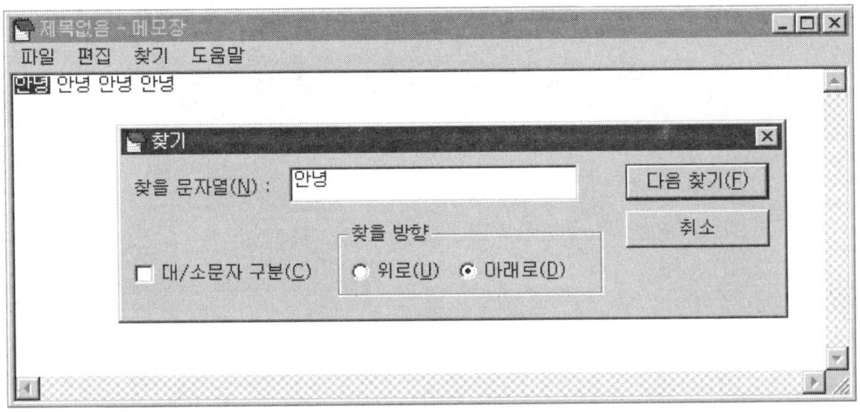

▶ 프로그램 실행화면(다음찾기버튼을 계속 선택시)

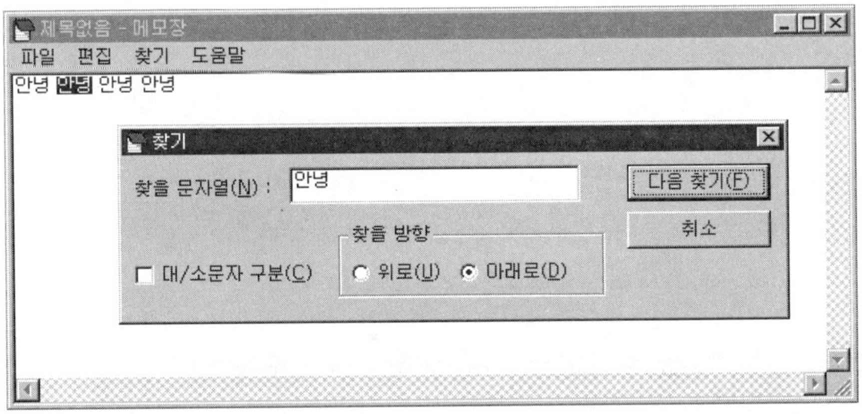

▶ 프로그램 실행화면(문자열을 모두 찾은 경우)

▶ 프로그램 실행화면(메뉴에서 다음 찾기를 선택한 경우)

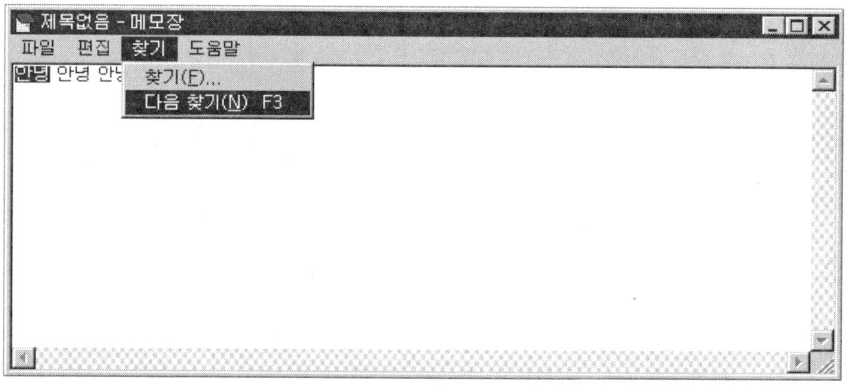

■ 예제 12-4

앞에서 작성한 메모장 프로그램에 도움말 기능을 추가한다.

대부분의 응용프로그램을 사용하다 보면 도움말 메뉴가 있는 것을 볼 수 있다. 우리가 만든 메모장에도 도움말 기능을 추가하도록 한다. 도움말 기능을 추가하려면 먼저 도움말 파일을 작성하여야 한다. 여기에서는 윈도우즈에 자체적으로 내장된 메모장 도움말 파일(notepad.hlp)을 사용하도록 한다.

□ 메뉴 속성 및 설정

컨트롤	Name	Catpion	Porperty
Menu	mnuHelp …mnuHelpItem …mnuSeparator4 …mnuAbout	도움말 …도움말 항목(&H) …- …메모장 정보(&A)...	

□ 메모장 정보(frmAbout) 폼 컨트롤 속성 및 설정

컨트롤	Name	Catpion	Porperty
Form	frmAbout	메모장 정보	Icon : notepad.ico
PictureBox	picIcon		Picture : notepad.ico BorderStyle : 1
Label	lblTitle	내가 만든 메모장	
	lblVersion	버전 1.0	
	lblDescription	자유롭게 사용할 수 있는 메모장	
Command Button	cmdOK	확인	

□ 메모장 폼 디자인 화면

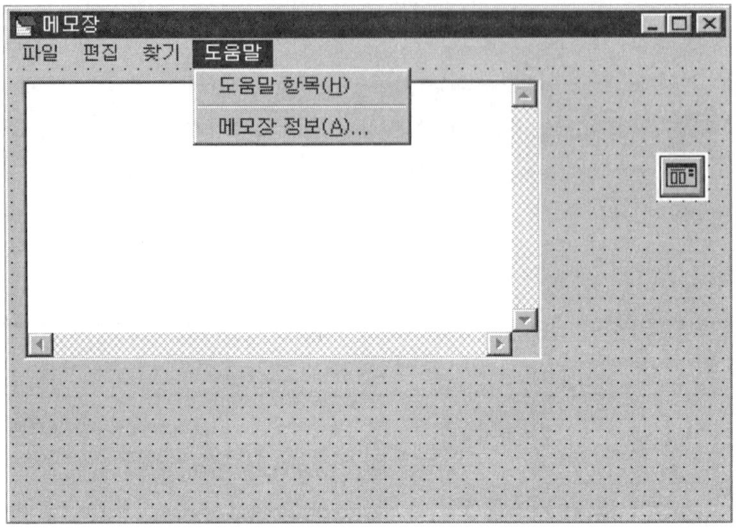

□ 메모장 정보 폼 화면

메모장 프로그램에서 메모장 정보 폼(frmAbout)을 추가하기 위해서는 비주얼베이직 메뉴에서 [프로젝트]-[폼추가]를 선택한 후 폼추가 대화상자에서 정보대화상자 폼을 선택한다.

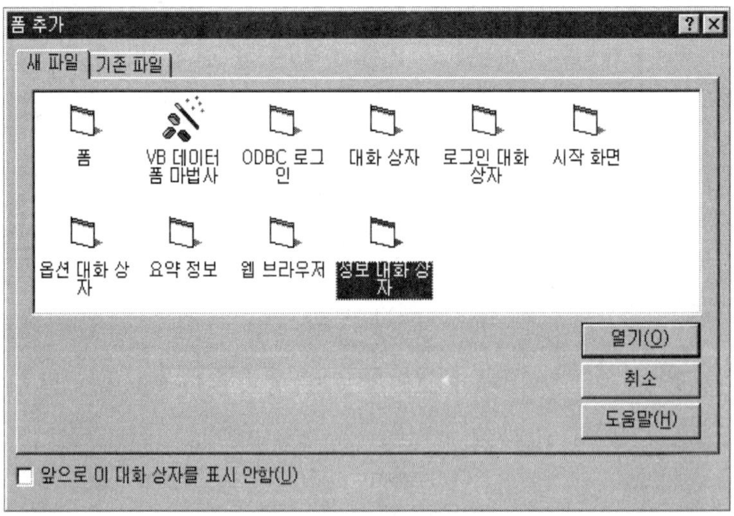

다른 방법으로는 메모장 프로젝트(Memopad) 창에서 프로젝트를 선택한 후 오른쪽 마우스를 선택하여 팝업메뉴가 나오면 [추가]-[폼]을 선택하여 폼추가 대화상자를 호출한다.

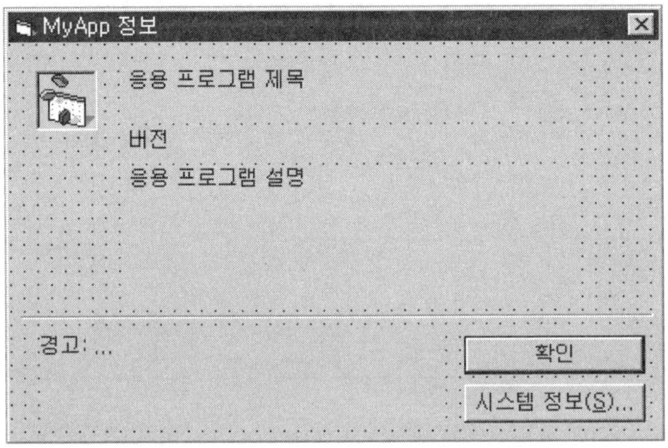

정보대화상자 폼을 선택하여 나타난 폼을 그대로 사용하거나 아래와 같이 적절히 변형한다.

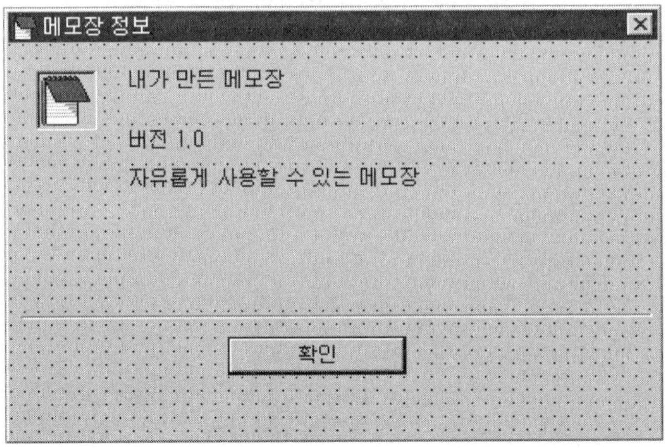

□ 프로그램 코드

File - frmNotepad (코드)

mnuHelpItem | Click

```
Private Sub mnuHelpItem_Click()

    With dlgFile
        .HelpFile = "notepad.hlp"           '윈도우 도움말 파일을 설정
        .HelpCommand = cdlHelpContents   '현재 도움말 파일의 목차 항목을 표시
        .ShowHelp                           '도움말 표시
    End With

End Sub

Private Sub mnuAbout_Click()

    frmAbout.Show vbModal                   '정보대화상자 표시

End Sub
```

메모장 폼에 있는 도움말 메뉴에서 도움말 항목(H) 메뉴를 클릭하면 공용대화상자를 사용하여 도움말 파일을 설정한 후 도움말 대화상자를 표시한다.

메모장 정보(A) 메뉴를 선택한 경우에는 메모장 정보(frmAbout)폼을 화면에 로드(Load)시킨다.

□ 프로그램 실행화면

▶ 메뉴에서 도움말 항목을 선택한 경우

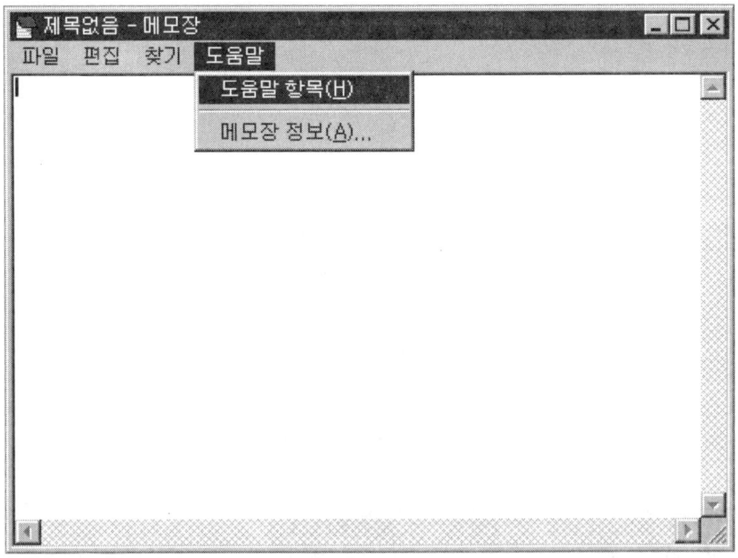

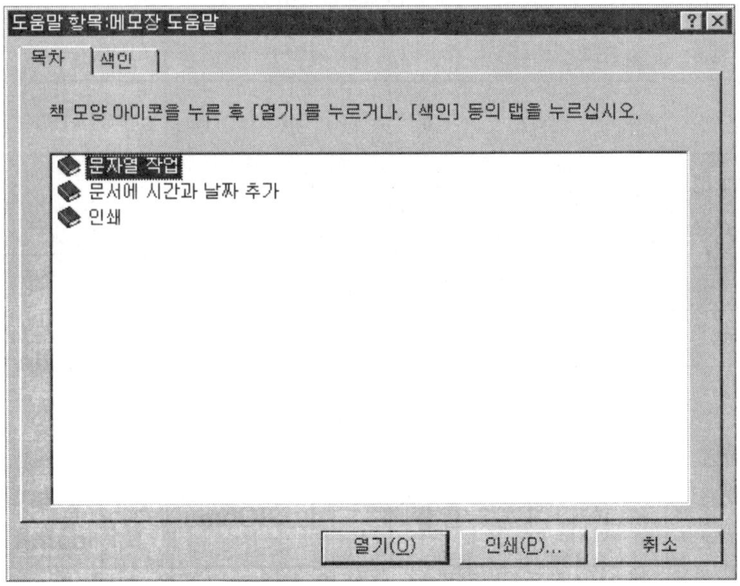

▶ 메뉴에서 메모장 정보를 선택한 경우

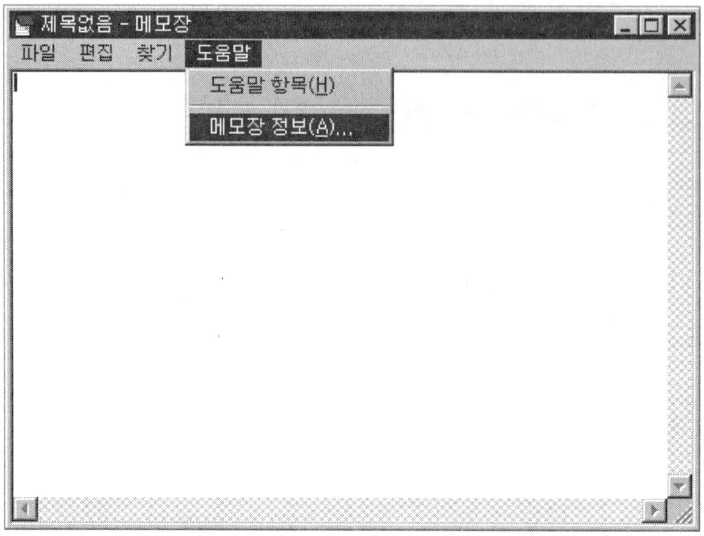

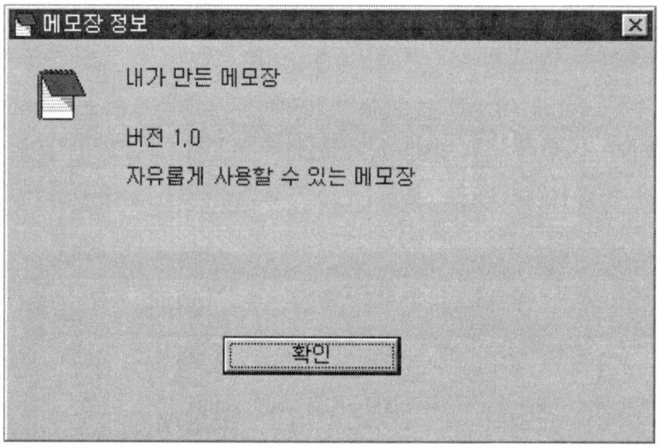

메모장에서 도구바(ToolBar), 상태바(StatusBar) 그리고 ImageList 컨트롤을 활용하여 보자.

비주얼 베이직에서 ToolBar, StatusBar, ImageList를 사용하려면 메뉴에서 [프로젝트]-[구성요소]를 선택하여 구성요소 창을 나타내거나, 컨트롤 박스에서 오른쪽 마우스를 클릭하여 팝업메뉴에서 구성요소를 선택한다.

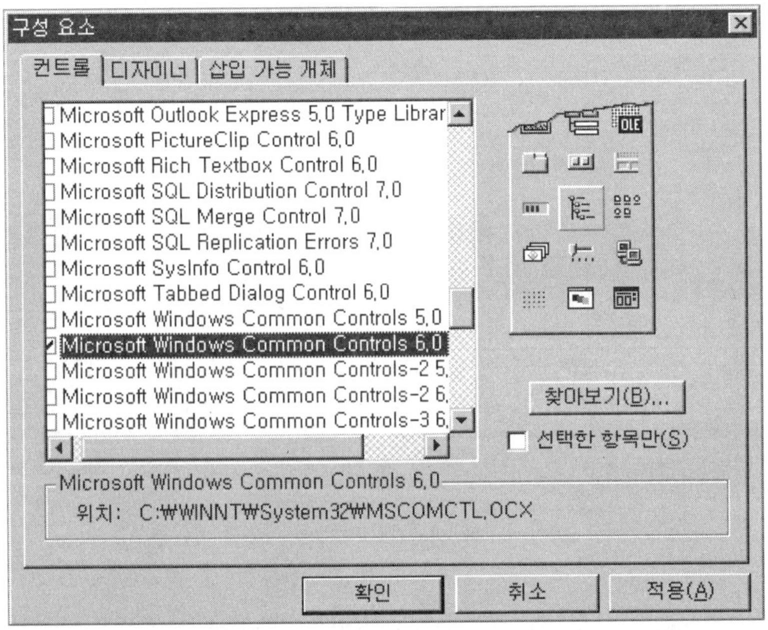

구성요소에서 Microsoft Windows Common Controls 6.0을 선택한 후 확인을 누르면 컨트롤박스에 새로운 컨트롤이 추가되었음을 볼 수 있다.

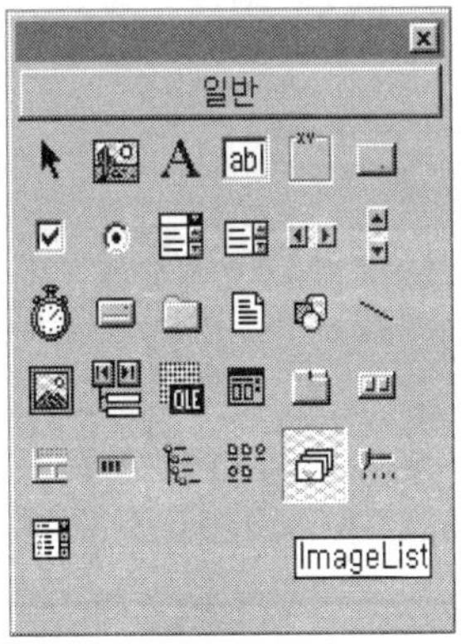

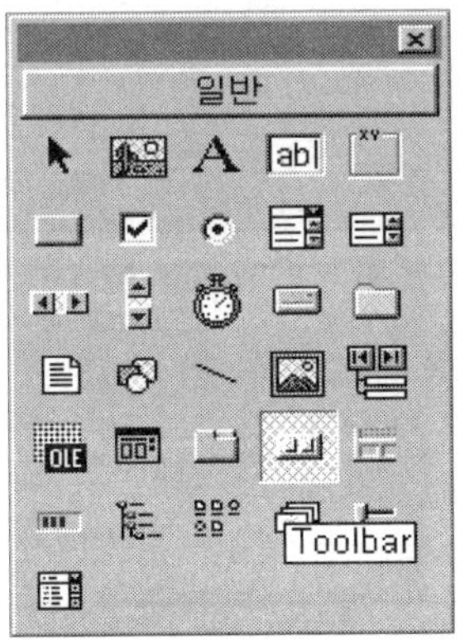

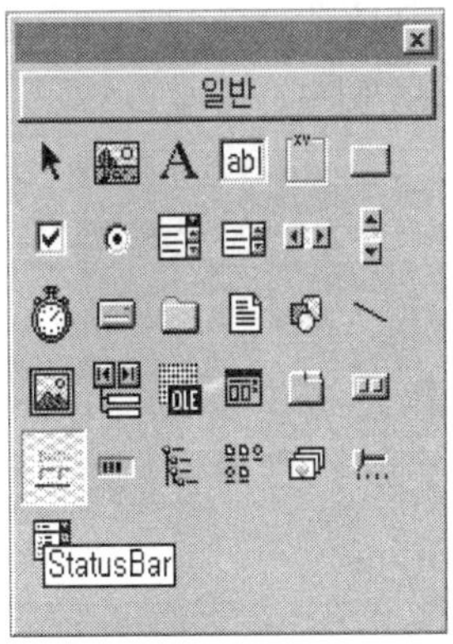

Toolbar 컨트롤은 응용프로그램의 메뉴에 해당하는 버튼을 만들어서 사용자가 자주 사용하는 메뉴의 기능을 더욱 쉽게 사용하는데 사용한다.

□ Toolbar의 속성

속성	설 명
AllowCustomize	사용자 정의할 수 있는지의 여부를 설정
ShowTips	풍선도움말을 보이도록 할지의 여부를 설정
Visible	toolbar가 보이도록 할지의 여부를 설정
Wrappable	폼의 너비가 좁을 경우 toolbar가 줄바꿈 되는지의 여부를 설정
Align	폼에서의 toolbar 위치를 설정
Enabled	사용 가능하도록 할지의 여부를 설정
Name	toolbar 개체의 이름 설정
ImageList	도구모음에 사용할 ImageList 개체 설정

□ Toolbar에 있는 단추버튼의 주요 속성과 의미

속성	설 명
Index	각각의 버튼을 구별하기 위한 인덱스 번호
Caption	각 버튼에 나타낼 문자열
Key	각 버튼을 구별하기위한 키 설정
Value	각 버튼의 누름여부를 설정
Style	각 버튼의 형태를 설정
ToolTipText	각 버튼의 풍선도움말 설정
Image	각 버튼에 나타낼 이미지를 설정

상태바(Statusbar) 컨트롤은 시스템의 날짜, 시간, 키보드의 상태, 문서상태 정보제공

등 응용프로그램의 상태를 사용자에게 전달하는 역할을 한다. StatusBar는 패널(Panel) 개체로 이루어지는데 최대 16개의 패널을 표시할 수 있다.

□ 상태바(Statusbar)의 속성

속성	설 명
ShowTips	각 패널의 풍선도움말을 보이도록 할것인지를 설정
Style	상태바의 스타일을 설정
Visible	상태바를 보이도록 할지를 설정
Align	폼에서의 상태바 위치를 설정
Name	상태바의 이름을 설정
Enabled	사용 가능하도록 할지의 여부를 설정
SimpleText	상태바에 나타낼 문자열 설정

□ 상태바의 패널(Panel)에 대한 주요 속성과 의미

속성	설 명
Index	각 패널을 구분하기 위한 인덱스 번호
Text	각 패널에 나타낼 문자열 설정
ToolTipText	패널의 풍선도움말 설정
Key	패널 개체를 구별하기 위한 키 문자열
Alignment	패널에 나타난 문자열의 정렬방식 설정
Style	패널개체의 형태를 설정
Bevel	패널 개체의 Bevel 형태를 설정
AutoSize	패널 개체의 크기조절 방법을 설정
Enabled	사용가능하도록 할지의 여부를 설정
Visible	패널이 보이도록 할지의 여부를 설정

ImageList 컨트롤은 응용프로그램에서 사용하기 위한 이미지의 창고 역할을 한다.

ImageList 컨트롤은 Image 개체의 모임으로 이루어져 있다.

□ ImageList 컨트롤의 속성

속성	설 명
Index	Image 개체를 구별하기 위한 인덱스 번호
Key	Image 개체를 구별하기 위한 Key 문자열

■ 예제 12-5

메모장 프로그램에 도구바와 상태바를 추가하고 팝업메뉴를 만들어 보자.

□ 컨트롤박스의 속성 및 설정1

컨트롤	Name		
ImageList	imgList		
	Image	Index	Key
	New.bmp	1	New
	Open.bmp	2	Open
	Save.bmp	3	Save
	Print.bmp	4	Print
	Cut.bmp	5	Cut
	Copy.bmp	6	Copy
	Paste.bmp	7	Paste
	Font.bmp	8	Font

메모장 폼에 컨트롤박스의 이미지리스트 컨트롤을 선택한 후 적당한 크기로 그립니다. 다음에는 이미지리스트를 선택한 후 오른쪽 마우스를 선택하여 팝업메뉴에서 속성을 선택한다.

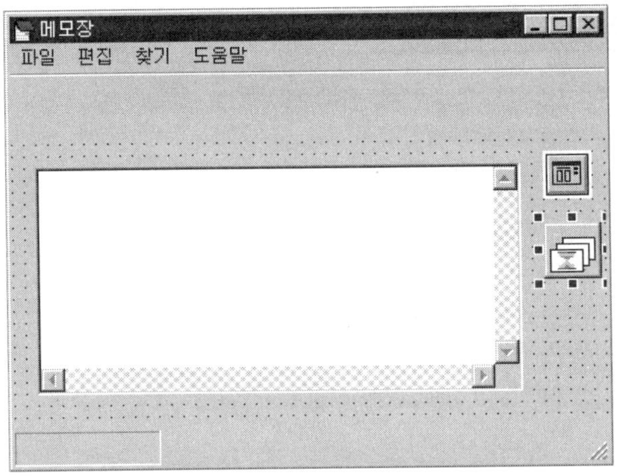

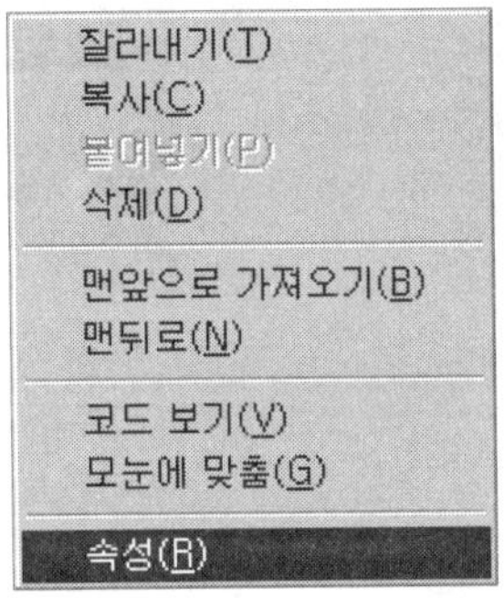

속성 페이지 창에서 이미지 버튼을 선택한 후 그림 삽입(P)버튼을 클릭한다. 다음에는 대화상자에서 적당한 이미지를 선택하여 클릭한다.

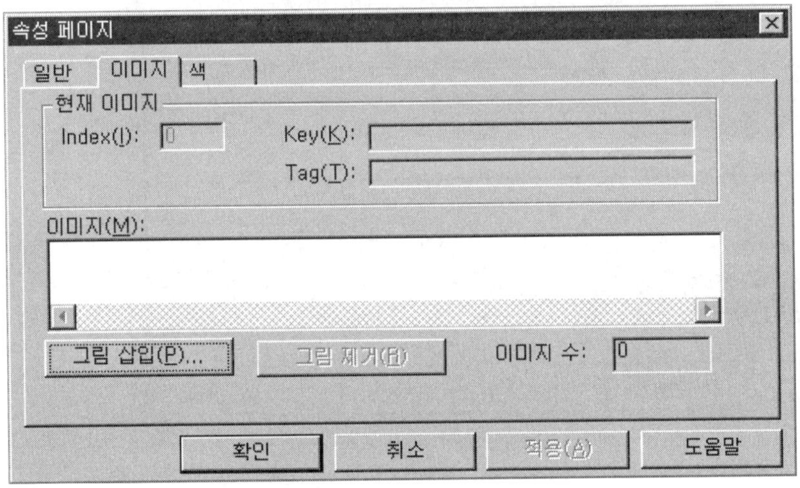

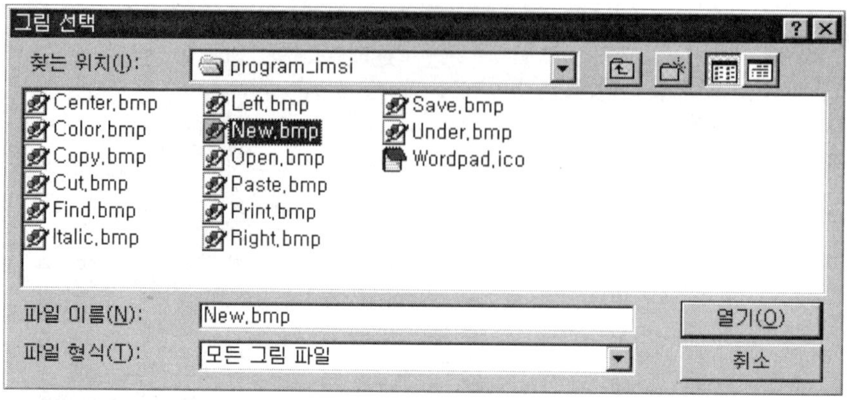

□ New.bmp를 선택한 경우

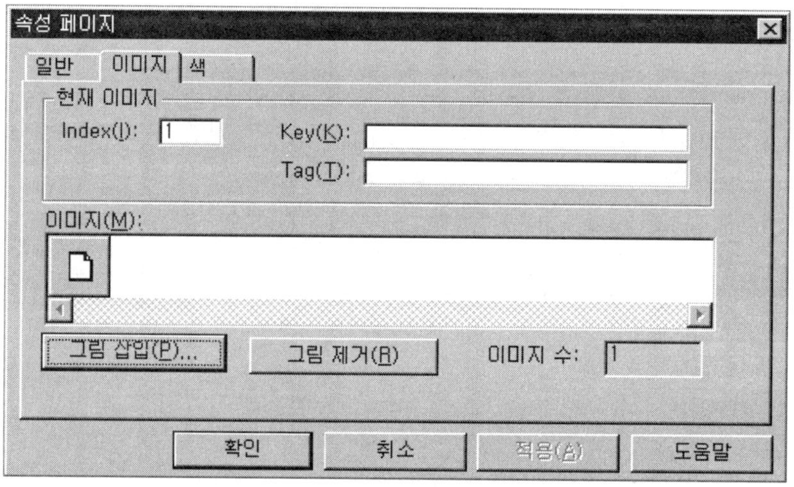

□ 그림삽입이 완료된 후

□ 컨트롤박스의 속성 및 설정2

메모장 폼에 컨트롤박스의 툴바(도구바) 컨트롤을 선택한 후 메뉴 밑에 적당한 크기로 그립니다. 다음에는 툴바를 선택한 후 오른쪽 마우스를 선택하여 팝업메뉴에서 속성을 선택한다.

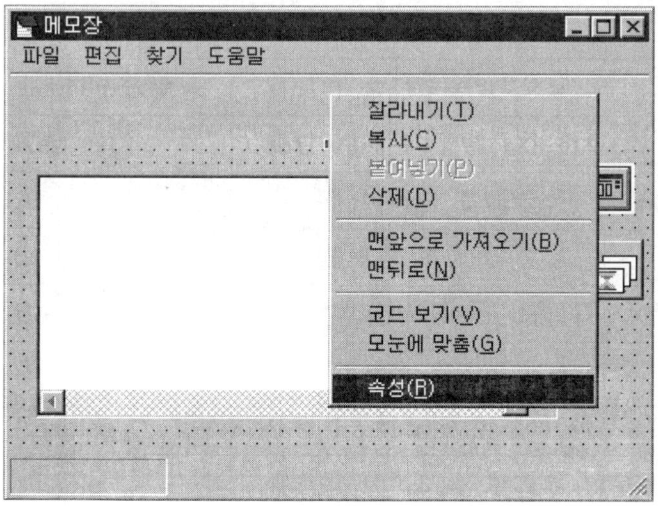

속성 페이지 창에서 일반 탭을 선택한다. 일반 탭에 있는 ImageList 콤보 버튼을

클릭하여 이미지리스트를 imgList로 선택한다.

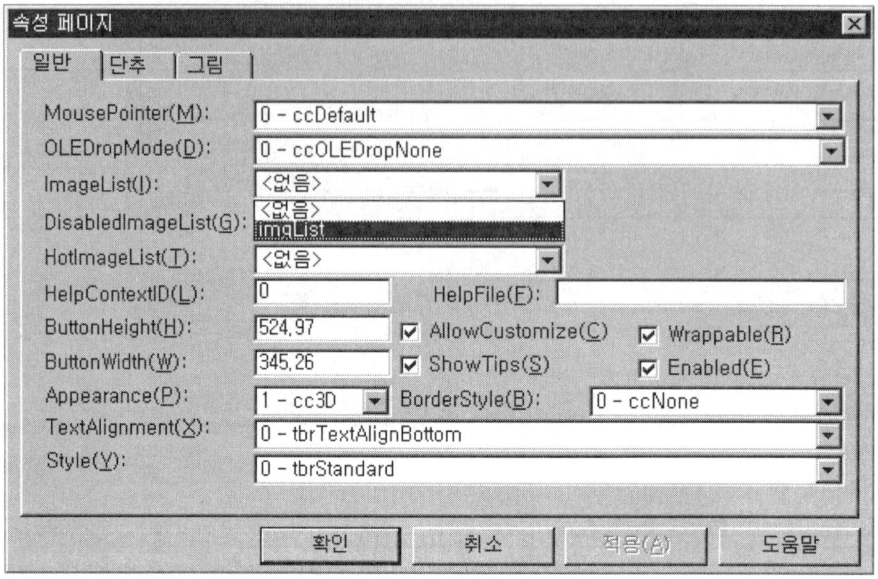

이번에는 단추탭으로 이동하여 단추삽입(N)버튼을 클릭한다.

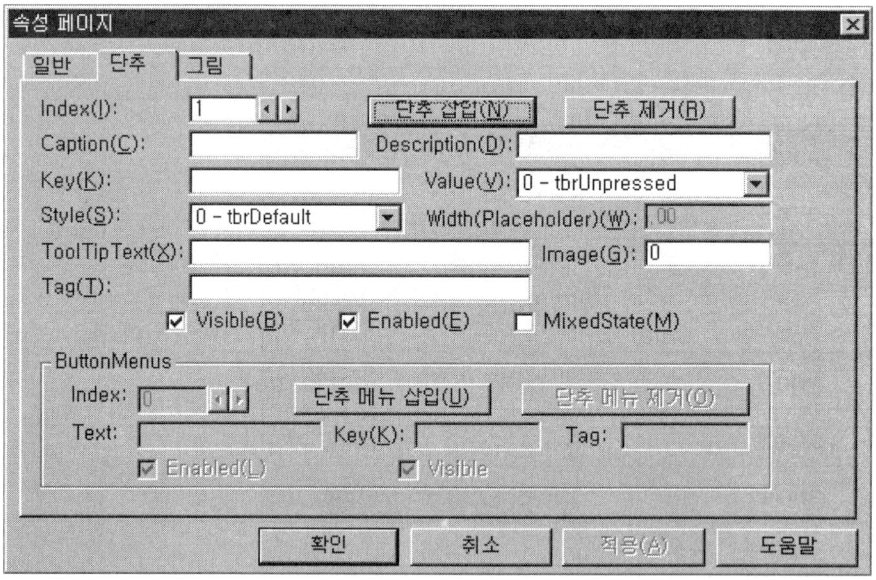

다음은 아래와 같이 Key, Style, ToolTipText, Image항목을 지정한다.

컨트롤	Name				
ToolBar	tbrTool				
	Index	Key	Style	ToolTipText	Image
	1	New	0-tbrDefault	새파일	1
	2	Open	0-tbrDefault	열기	2
	3	Save	0-tbrDefault	저장	3
	4	Print	0-tbrDefault	인쇄	4
	5	Cut	0-tbrDefault	잘라내기	5
	6	Copy	0-tbrDefault	복사	6
	7	Paste	0-tbrDefault	붙여넣기	7
	8	Font	0-tbrDefault	글꼴	8

Key는 툴바에 삽입된 각각의 버튼을 식별하는 요소가 되고, Imge는 리스트 박스에서 삽입한 이미지의 순서에 대응된다. ToolTipText는 툴바의 각 버튼에 마우스를 이동시 풍선도움말을 나타낸다.

첫 번째 항목을 입력 완료한 경우에는 단추삽입버튼을 클릭하여 두 번째 버튼(Index2) 항목을 입력한다.

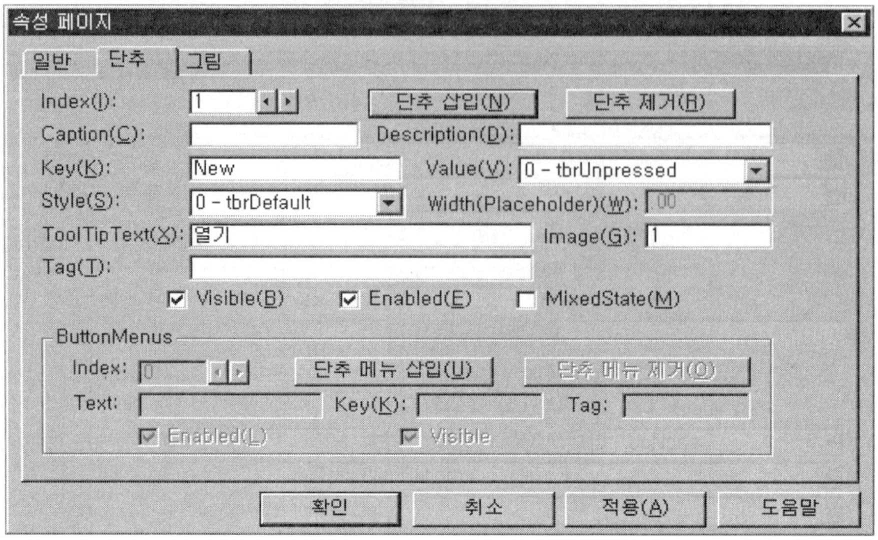

□ 컨트롤박스의 속성 및 설정3

메모장 폼에 컨트롤박스의 상태바 컨트롤을 선택한 후 메모장 폼의 하단 부에 적당한 크기로 그립니다. 다음에는 상태바를 선택한 후 오른쪽 마우스를 선택하여 팝업메뉴에서 속성을 선택한다.

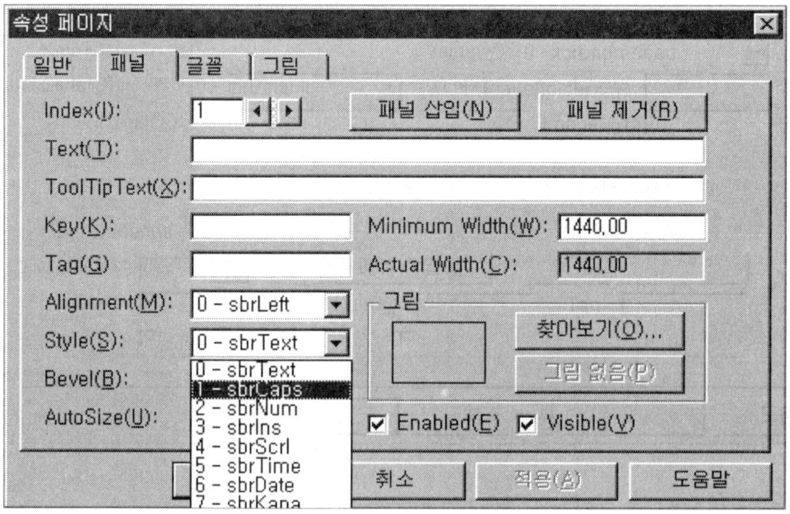

컨트롤	Name		
StatusBar	stbStatus		
	Index	Alignment	Style
	1	0-sbrLeft	1-sbrCaps
	2	0-sbrLeft	3-sbrIns
	3	0-sbrLeft	5-sbrTime
	4	0-sbrLeft	6-sbrDate

속성 페이지 창이 나타나면 패널 탭으로 이동한 후 Style을 sbrCaps로 지정한다. 다음으로 패널 삽입(N)버튼을 클릭한다.

이번에는 오른쪽 검색버튼(▶)을 클릭해서 다음 패널(Index2)로 이동한다. 두 번째 패널의 Style은 sbrIns로 지정하여 상태 표시줄의 두 번째 패널에 키보드의 Insert 키 전환여부가 표시되도록 설정한다.

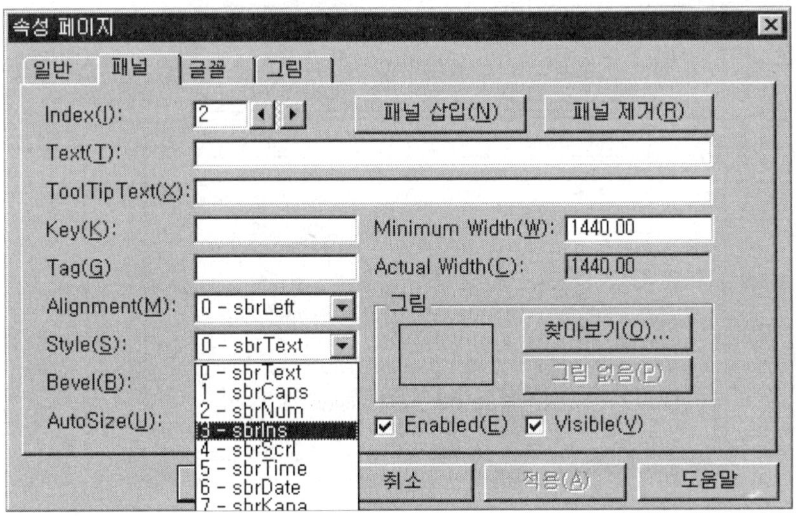

다음에는 세 번째 패널을 상태표시줄에 추가하고 Style을 sbrTime으로 지정한다. sbrTime은 시간을 표시한다.

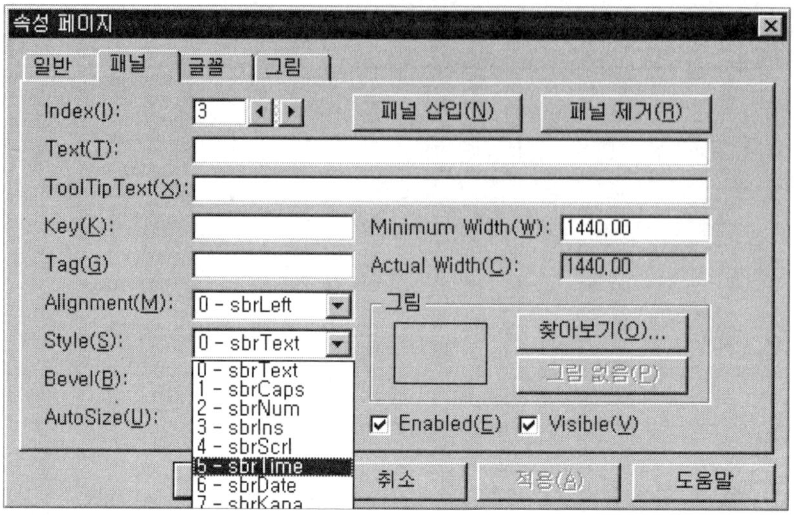

이번에는 마지막으로 네 번째 패널을 추가하고 현재의 날짜를 표시하는 sbrDate를 Style로 지정한다.

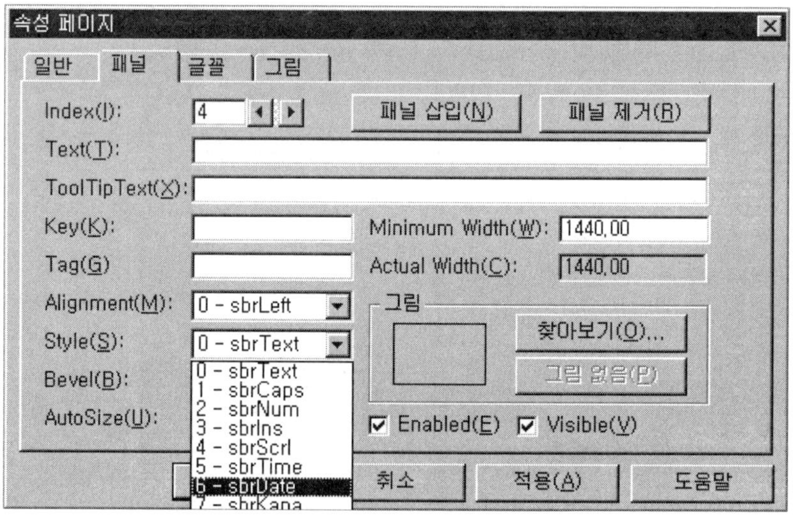

□ 폼 디자인

툴바와 상태바, 이미지리스트의 모든 속성이 완료된 후의 폼이다.

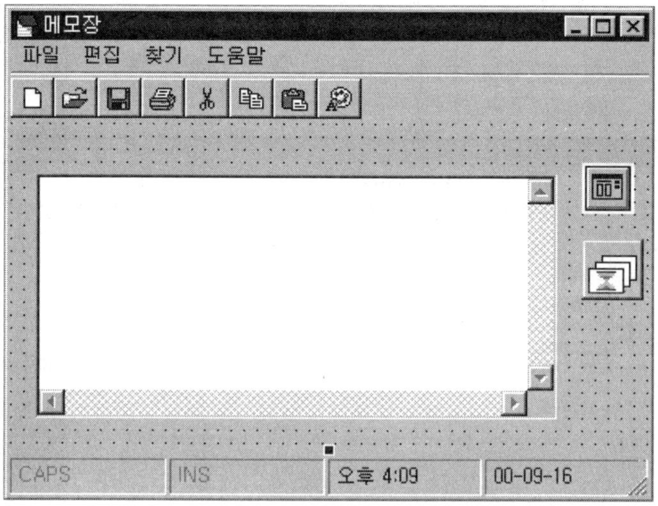

□ 프로그램 코드

Memopad - frmNotepad (코드)

Form | Load

```
Option Explicit

Private Sub Form_Load( )

    '텍스트 박스를 메모장 폼의 사용자영역의 크기로 조정
    txtOpen.Left = frmNotepad.ScaleLeft
    txtOpen.Top = frmNotepad.ScaleTop + tbrTool.Height
    txtOpen.Width = frmNotepad.ScaleWidth
    txtOpen.Height = frmNotepad.ScaleHeight - tbrTool.Height - stbStatus.Height


    '현재 폼을 스크린 화면의 한가운데로 표시
    Me.Left = (Screen.Width - Me.Width) / 2
    Me.Top = (Screen.Height - Me.Height) / 2

    '텍스트 박스의 내용을 제거
    txtOpen.Text = ""

    '제목을 표시
    FileName = "제목없음"
    frmNotepad.Caption = FileName & " - " & "메모장"

    '텍스트 박스의 내용변화 없음
    Text_Change = False

    '찾기방향을 아래로 설정
    FindDirection = 1

End Sub
```

폼의 로드(Load)시에는 폼에 추가된 툴바와 상태바의 길이를 고려하여 텍스트 박스의 크기를 재설정한다. 나머지 코드는 이전과 동일하다.

Memopad - frmNotepad (코드)

Form | Resize

```
Private Sub Form_Resize()

    '텍스트 박스를 메모장 폼의 사용자 영역의 크기로 저장한다.
    txtOpen.Left = frmNotepad.ScaleLeft
    txtOpen.Top = frmNotepad.ScaleTop + tbrTool.Height
    txtOpen.Width = frmNotepad.ScaleWidth
    txtOpen.Height = frmNotepad.ScaleHeight - tbrTool.Height - stbStatus.Height


End Sub
```

폼의 사이가 변하는 경우에는 마찬가지로 툴바와 상태바의 길이를 고려하여 텍스트박스의 크기를 재설정한다.

Memopad - frmNotepad (코드)

tbrTool | ButtonClick

```
Private Sub tbrTool_ButtonClick(ByVal Button As MSComctlLib.Button)

    Select Case Button.Key
        Case "New"
            Call mnuNew_Click    '새파일 메뉴
        Case "Open"
            Call mnuOpen_Click   '열기 메뉴
        Case "Save"
            Call mnuSave_Click   '저장 메뉴
        Case "Print"
            Call mnuPrint_Click  '인쇄 메뉴
        Case "Cut"
            Call mnuCut_Click    '잘라내기 메뉴
        Case "Copy"
            Call mnuCopy_Click   '복사 메뉴
        Case "Paste"
            Call mnuPaste_Click  '붙이기 메뉴
        Case "Font"
            Call mnuFont_Click   '글꼴 메뉴
    End Select

End Sub
```

폼에서 툴바를 더블클릭하면 코드 입력창으로 전환한다. 툴바 프로시저에서는 다음과 같이 Select Case 문을 사용하여 툴바의 단추 속성창에서 지정한 Key값을 이용하여 메뉴의 새파일, 열기, 저장 등과 같은 프로시저를 호출하여 버튼을 클릭했을 때 메뉴를 선택한 것과 동일한 기능을 구현한다.

마지막으로 팝업메뉴를 만들어 보도록 하겠습니다. 일반적으로 팝업메뉴란 응용프로그램의 배경에서 오른쪽 마우스 버튼을 눌렀을 경우에 나타나는 메뉴를 말한다. 메모장에서는 텍스트 박스에서 오른쪽 마우스 버튼을 클릭하면 편집메뉴에 있는 서식메뉴가 나타나도록 한다.

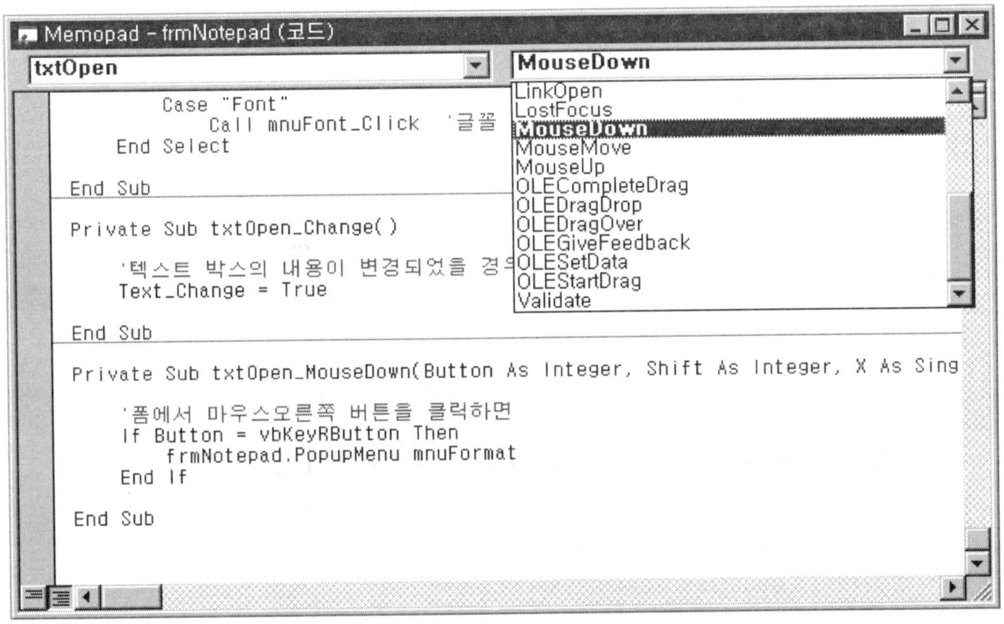

코드 입력창에서 텍스트박스(txtOpen)을 선택한 후 메소드에서 MouseDown을 클릭한다. MouseDown 프로시저에 다음과 같이 코드를 입력한다. 위 코드에서는 텍스트박스에서 마우스 오른쪽 버튼이 눌러졌을 경우에 서식(mnuFormat)메뉴가 팝업메뉴 형식으로 호출되도록 구성하였다.

□ 프로그램 실행화면

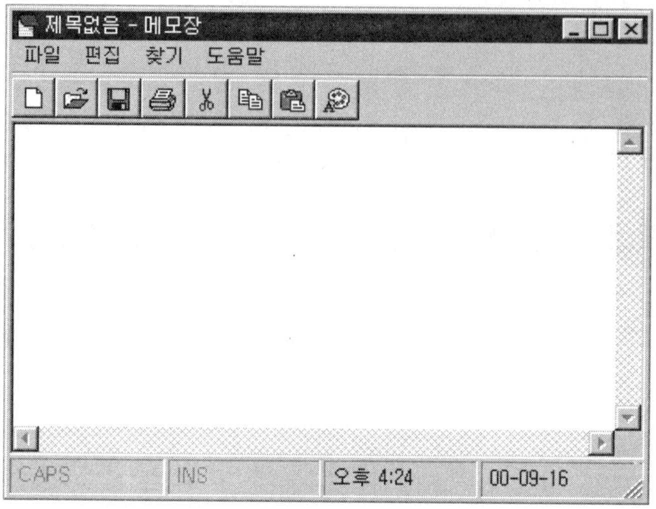

▶ 툴바에 있는 열기아이콘을 선택하여 파일을 선택한 경우

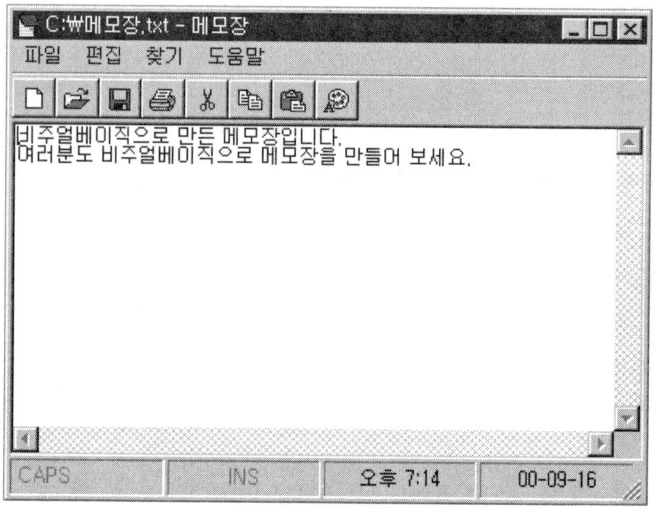

▶ 텍스트박스에서 오른쪽 마우스를 선택하여 바탕색을 선택한 경우

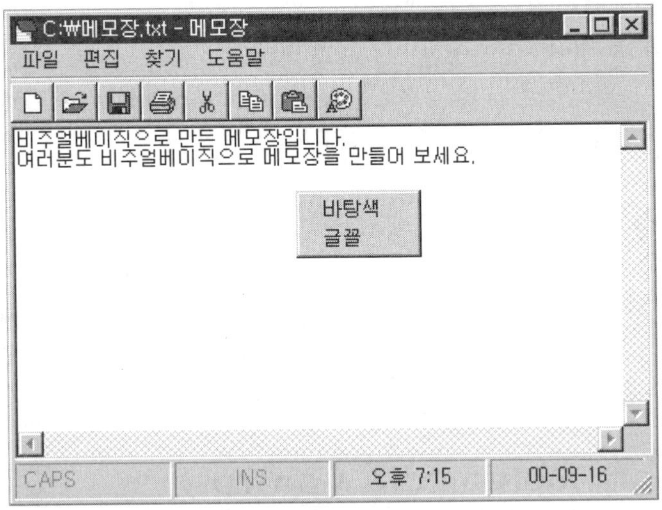

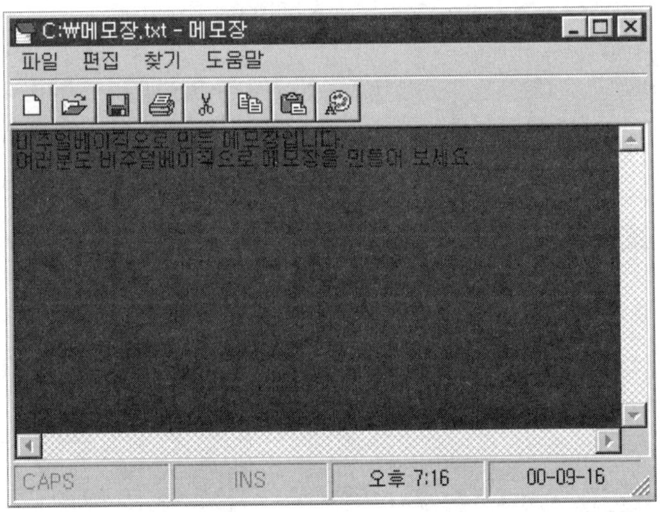

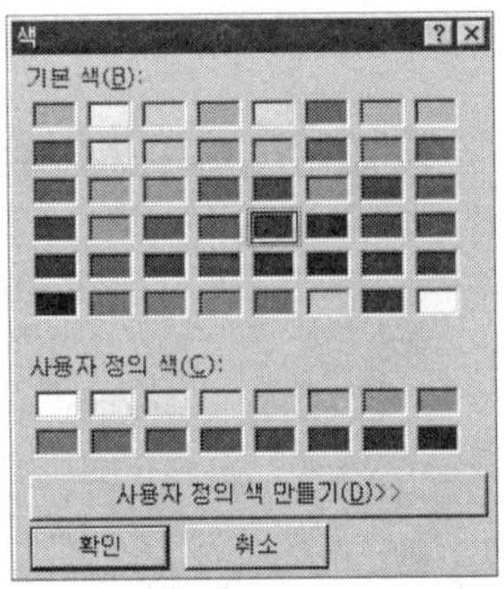

13. 멀티미디어 프로그래밍

멀티미디어(Multimedia)란 동영상, 정지영상, 사운드, 텍스트 등을 함께 구동할 수 있는 매체다. 마이크로소프트의 멀티미디어 컨트롤(Microsoft Multimedia Control)을 사용하면 AVI 비디오, CD 오디오, Wave 오디오, Sequencer등의 멀티미디어 파일들을 재생할 수 있다.

Media Control Interface(MCI)는 다양한 매체 장치를 제어하기 위한 표준 스트링 인터페이스를 사용하는 윈도우 API 함수의 하나다. 본래 MS 와 IBM에 공동 개발된 윈도우 3.1 OS/2에서 멀티미디어 기기를 제어하기 위한 인터페이스(Interface)로 출발했다. MMC 컨트롤은 Win32 API함수를 직접 사용할 필요가 없도록 비주얼 베이직에서 자체 인터페이스를 제공하며, MCI장치의 파일들을 관리한다.

13.1 MMC(Microsoft Multimedia Control)

MMC는 기업용버전과 전문용버전에만 존재한다. Custom Control이기 때문에 비주얼베이직의 메뉴에서 [프로젝트]-[구성요소]를 선택하거나, 컨트롤 박스에서 오른쪽 마우스를 클릭하여 구성요소를 선택한 후, 구성요소 창에서 Microsoft Multimedia Control 6.0을 선택하면 된다. 이외에도 대표적인 컨트롤로 ActiveMovie Control, MCIWindX Control 등이 있다.

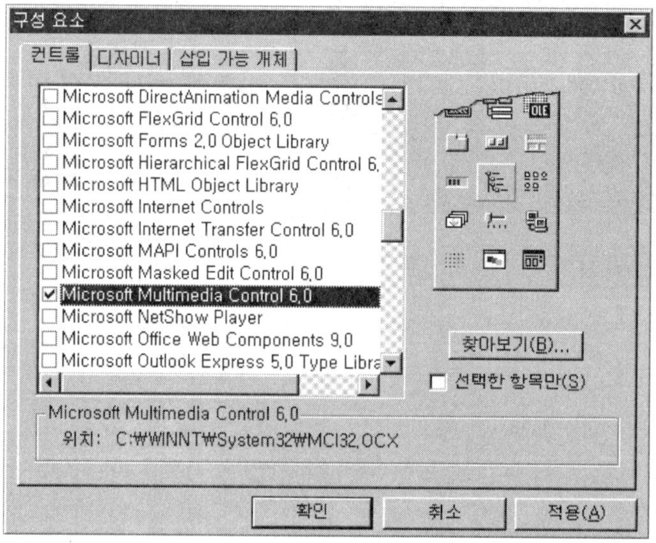

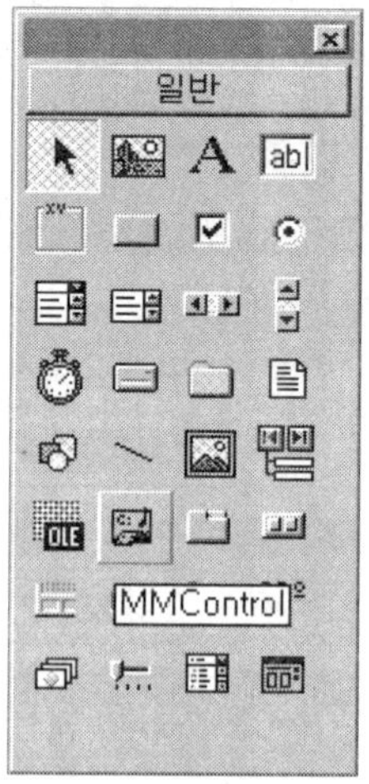

□ 폼에 배치된 MMC 컨트롤

□ MMConrol의 속성

속성	설 명
AutoEnable	값이 True로 설정되어 있으면 Open된 MCI 장치의 종류에 따라 자동으로 사용가능 버튼만 Enable시킨다.
Button Enabled	AutoEnable 속성이 False인 경우, 버튼의 사용여부를 결정한다.
Button Visible	버튼을 보이게 할 것인지를 설정
CanPlay	MCI 장치를 재생 가능하게 할 것인지 설정
CanRecord	MCI 장치가 녹음기능을 지원할 것인지 설정
CanEject	MCI 장치가 매체를 추출할 것인지를 설정
CanStep	MCI 장치가 한번에 한 프레임을 진행할 것인지 설정
Command	Open, Close, Play, Pause, Back, Step, Prev, Next, Seek, Record, Eject, Sound, Save 등의 명령어를 설정
FileName	열어야 하는 멀티미디어 파일명을 설정
Shareable	두 개 이상의 프로그램에서 동일한 MCI 장치의 공유여부를 결정. False이면 다른 컨트롤이나 응용프로그램에서는 이 장치에 접근할 수 없다.
Wait	True이면, MCI는 응용프로그램으로 제어를 돌려주기 전에 다음 MCI 명령이 종료될 때가지 대기한다.
DeviceID	현재 열린 MCI 장치에 장치 ID를 지정한다.
DeviceType	CDaudio : 오디오 CD WaveAudio : WAV 호환 사운드 카드 Sequencer : MIDI 장치 AVIVideo : Video for Windows 파일 MMMovie : 멀티미디어 영화

속성	설 명
Notify	True일 경우 MCI 명령이 완료될 때 Done 이벤트를 발생
Length	MCI 장치내에 있는 매체의 길이를 지정
Position	MCI 장치내에 있는 현재 위치를 지정
Track	현재의 연주 트랙
Tracks	전체 총 트랙 갯수
hWndDisplay	MCI 장치의 출력윈도우를 설정. 비디오 관련 MCI 장치는 Play 할 경우 자동으로 출력윈도우가 생성된다. 만일 특정 윈도우에 비디오를 재생하고 싶으면 Play 명령을 내리기 전에 hWndDisplay 속성에 자신만의 Window 핸들을 지정해 놓으면 해당 윈동우에 비디오가 재생된다.

□ MMConrol의 TimeFormat 속성

현재 시간 유형을 지정할 때 쓰이는 속성으로, 프로그램에서 트랙이나 시간, 프레임에 대한 정보를 얻기 위해 사용되며, 4Byte의 정수로 반환된다.

설정	값	설 명
mciFormatMilliseconds	0	1/1000(0.001)초 단위가 4바이트 정수 변수로 저장
mciFormatHms	1	시, 분, 초가 4바이트 정수에 들어간다.
mciFormatMsf	2	분, 초, 프레임이 4바이트 정수에 들어간다.
mciFormatFrames	3	프레임이 4바이트 정수 변수로 저장된다.
mciFormatBytes	8	바이트 수가 4바이트 정수 변수에 저장된다.
mciFormatSamples	9	예제가 4바이트 정수 변수에 저장된다.
mciformatTmsf	10	트랙, 분, 초, 프레임이 4 바이트 변수에 들어간다.

□ MMConrol의 Command 속성

속성	설 명
Open	장치를 연다.
Close	장치를 닫는다.
Play	장치를 재생한다.
Pause	재생이나 녹음을 일시 정지한다.
Stop	재생이나 녹음을 정지한다.
Back	매체의 위치를 뒤로 한 단계 진행시킨다.
Step	매채의 위치를 앞으로 한 단계 진행시킨다.
Prev	현재 트랙의 시작 위치로 이동한다.
Next	다음 트랙의 시작 위치로 이동한다.
Save	열린 파일을 저장한다.
Seek	재생중이면 재생을 계속 수행하고, 재생중이 아닐 경우에만 위치를 찾는다.
Record	녹음한다.
Sound	사운드를 재생한다.
Eject	매체를 꺼낸다.

□ MMConrol의 Mode 속성

Mode 속성은 MCI 장치의 현재모드를 반환하는 것으로, 이걸 통해 MMControl의 현재 진행 상태를 파악할 수 있다.

설정	값	설 명
mciModeNotOpen	524	장치가 열리지 않은 상태
mciModeStop	525	장치가 정지 상태
mciModePlay	526	장치가 재생 중
mciModeRecord	527	장치가 기록 중
mciModeSeek	528	장치가 탐색 중
mciModePause	529	장치가 일시 정지 상태
mciModeReady	530	장치가 준비된 상태

□ MMConrol의 NotifyValue 속성

NotifyValue 속성은 MCI 명령이 내려졌을 때 그 수행결과를 반환한다. 따라서 NotifyValue 속성은 프로그램 실행 중에 MCI 명령이 올바르게 수행되었는지를 파악할 때 필요하다.

속성	설 명
1(mciNotifySuccessful)	MCI 명령이 성공적으로 수행됨
2(mciNotifySuperseded)	MCI 명령이 변경됨
4(mciNotifyAborted)	사용자가 MCI 명령을 취소함
8(mciNotifyFailure)	MCI 명령이 실패함

■ 예제 13-11

앞에서 설명한 MMC를 이용하여 멀티미디어 플레이어를 만든다. 먼저 멀티미디어 플레이어에 필요한 컨트롤을 추가하기 위해서 구성요소 대화상자에서 Microsoft Multimedia Control(MCI32.OCX), Microsoft Common Dialog Control 6.0(COMDLG32.OCX), Microsoft Windows Common Control 6.0(MSCOMCTL.OCX)를 선택한다.

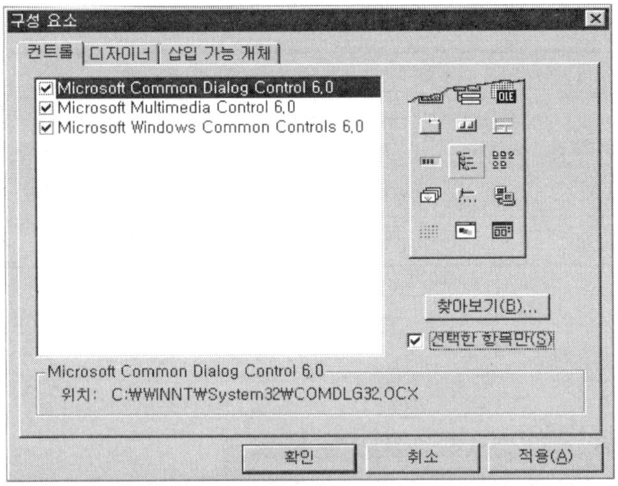

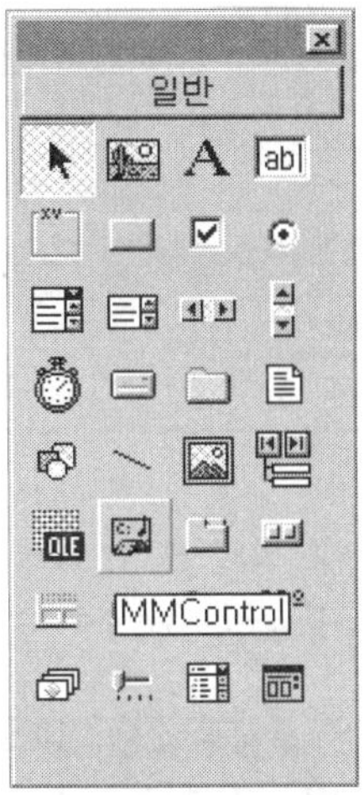

□ 상태바(StatusBar) 컨트롤의 속성

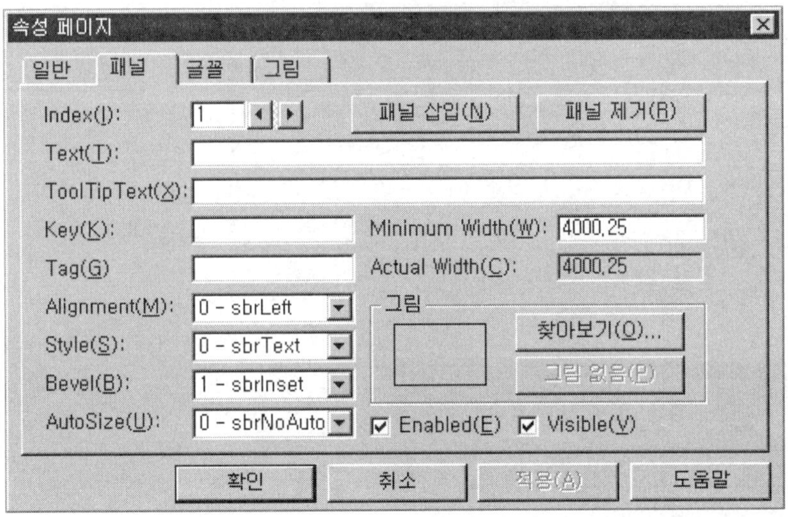

컨트롤	Name		
StatusBar	stbStatus		
	Index	Style	Minimum Width
	1	0-sbrText	4000
	2	0-sbrText	4000

□ MMC 컨트롤의 속성

- MMControl

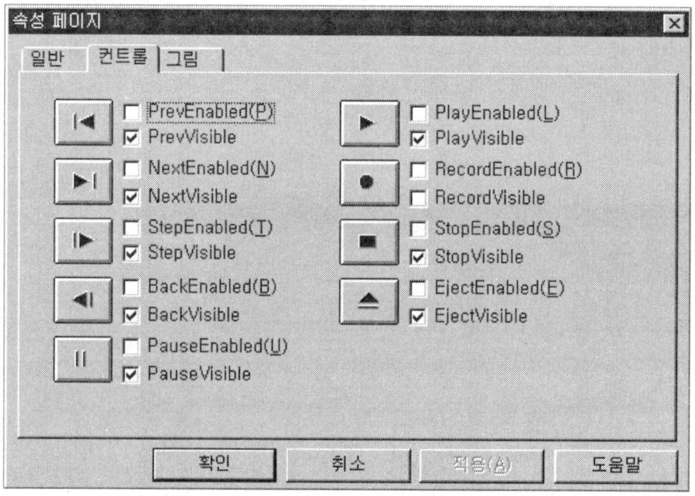

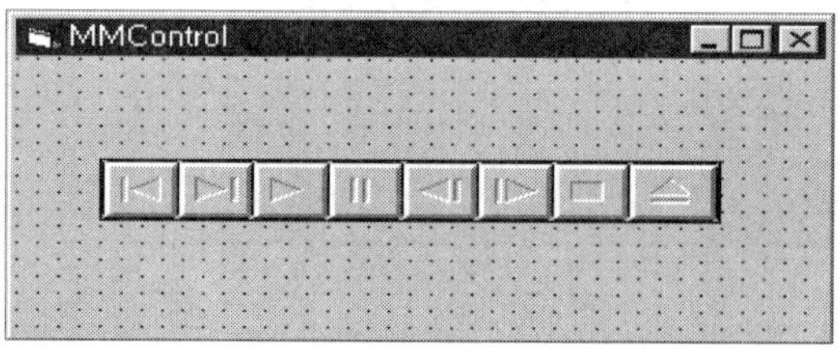

- MMControlCD

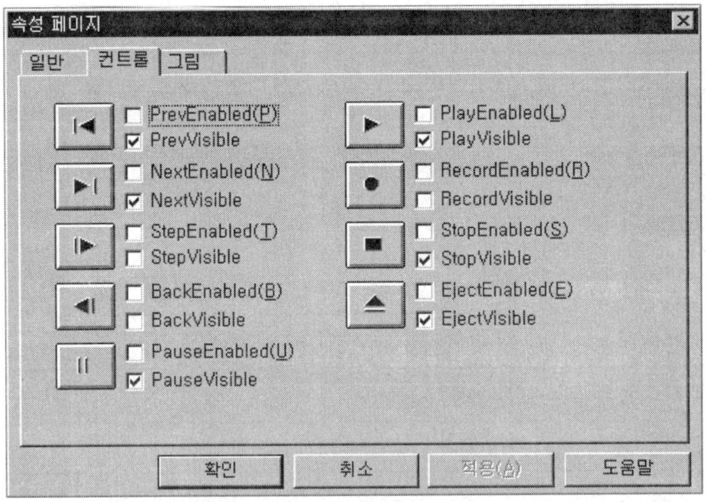
속성 페이지
일반
컨트롤
그림
PrevEnabled(P)
PrevVisible
NextEnabled(N)
NextVisible
StepEnabled(T)
StepVisible
BackEnabled(B)
BackVisible
PauseEnabled(U)
PauseVisible
PlayEnabled(L)
PlayVisible
RecordEnabled(R)
RecordVisible
StopEnabled(S)
StopVisible
EjectEnabled(E)
EjectVisible
확인
취소
적용(A)
도움말

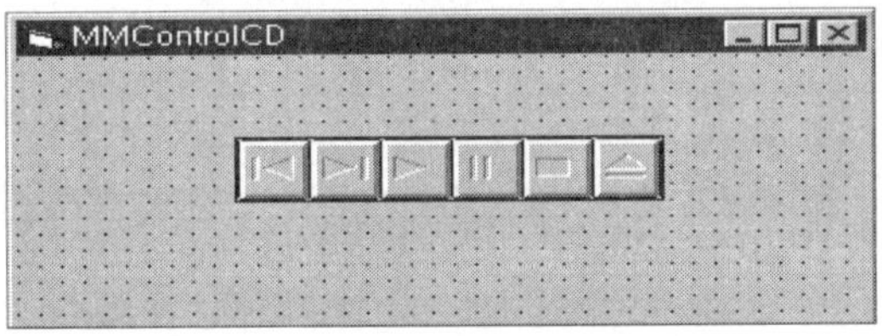
MMControlCD

□ 컨트롤 박스 설정 및 속성

컨트롤	Name	Catpion	Porperty
Form	frmMultimedia	멀티미디어 플레이어 Ver 1.0	
Label	lblTitle	현재 시간 / 총 재생시간 :	
	lblTrack		
Command Button	cmdAvi	Avi	
	cmdWav	Wav	
	cmdCD	CD	
	cmdMidi	Midi	
Common Dialog	dlgFile		
PictureBox	picAvi		AutoSize : True
ProgressBar	ProgressBar		
StatusBar	stbStatus		
MMControl	MMcontrol		
	MMcontrolCD		
Menu	mnuMultimedia …mnuAvi …mnuWav …mnuCD …mnuMid …mnuSeparator …mnuExit	멀티미디어 …Avi …Wave …CD …Midi …– …종료	

□ 프로그램 폼 디자인

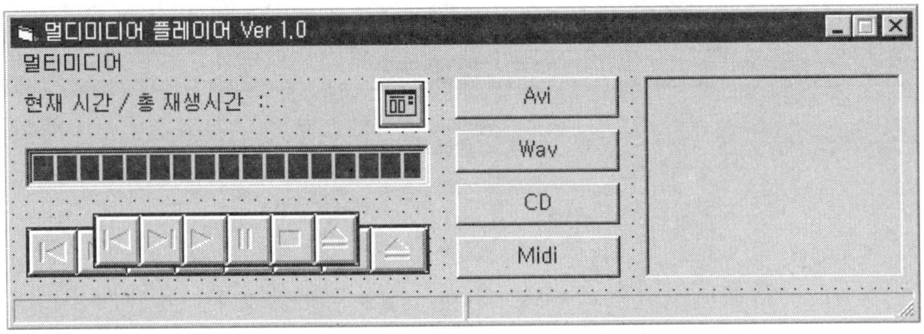
멀티미디어 플레이어 Ver 1.0
멀티미디어
현재 시간 / 총 재생시간 :
Avi
Wav
CD
Midi

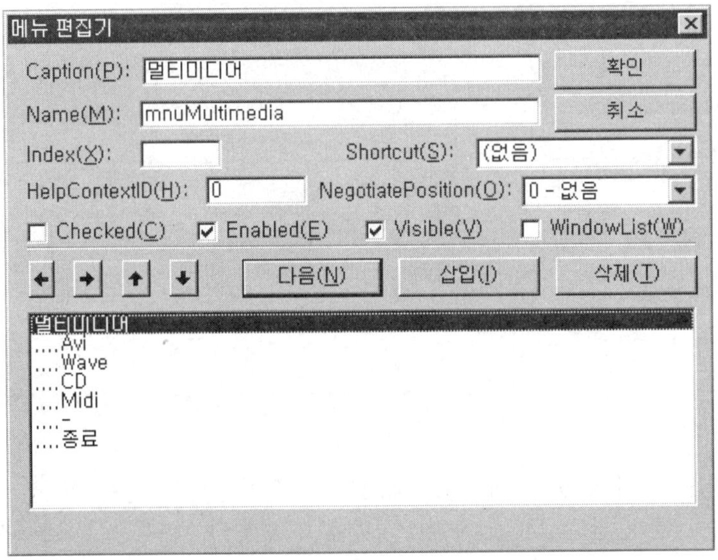
메뉴 편집기
Caption(P): 멀티미디어
확인
Name(M): mnuMultimedia
취소
Index(X):
Shortcut(S): (없음)
HelpContextID(H): 0
NegotiatePosition(O): 0 - 없음
Checked(C)
Enabled(E)
Visible(V)
WindowList(W)
다음(N)
삽입(I)
삭제(T)
멀티미디어
....Avi
....Wave
....CD
....Midi
....-
....종료

□ 프로그램 코드

Project1 - frmMultimedia (코드)

Form | Load

```
Option Explicit

Const Interval = 100     '멀티미디어 컨트롤 타임을 0.1초 주기로 Update
Private Sub Form_Load()

    '폼을 화면의 중앙에 위치시킨다.
    Me.Left = (Screen.Width - Me.Width) / 2
    Me.Top = (Screen.Height - Me.Height) / 2

    stbStatus.Panels(1).Text = "멀티미디어 파일을 선택하세요!!!"

    '멀티미디어 컨트롤 보이기 설정
    MMControl.Visible = True
    MMControlCD.Visible = False
    ProgressBar.Visible = False

    '레이블 문자열 초기화
    lblTitle.Caption = ""
    lblTrack.Caption = ""

End Sub
Private Sub Form_Unload(Cancel As Integer)

    '프로그램을 종료시 멀티미디어 컨트롤을 종료...
    MMControl.Command = "Stop"
    MMControl.Command = "Close"
    MMControlCD.Command = "Stop"
    MMControlCD.Command = "Close"

End Sub
```

폼이 화면에 로드(Form_Load)될 때에는 화면의 중앙에 배치하며, Wav, Midi, Audio파일을 재생하는 MMC인 MMControl만 화면에 나타난다. 다음으로 트랙정보를 표시하는 라벨은 초기화시킨다.

폼 언로드(Form_Unload)에서는 두 개의 MMC 컨트롤의 재생을 중지한 후 장치를 닫는다. 폼의 Unload 이벤트는 폼의 오른쪽 상단에 있는 ☒아이콘을 누를 때 발생한다.

Project1 - frmMultimedia (코드)

Form | Load

```
Private Sub cmdAvi_Click()

    'Multimedia Control을 사용해 AVI 파일을 재생합니다.
    On Error GoTo OpenError

   '멀티미디어 컨트롤 동작 설정
    MMControl.Command = "Stop"
    MMControl.Command = "Close"
    MMControlCD.Command = "Stop"
    MMControlCD.Command = "Close"

    '라벨 위치 설정
    lblTitle.Left = ProgressBar.Left
    lblTitle.Top = ProgressBar.Top - 200
    lblTrack.Top = ProgressBar.Top - 200

    '멀티미디어 컨트롤 보이기 설정
    MMControl.Visible = True
    MMControlCD.Visible = False
    ProgressBar.Visible = True

    MMControl.UpdateInterval = 0      '시간설정을 0으로 초기화
    MMControlCD.UpdateInterval = 0     '시간설정을 0으로 초기화

    '공용대화상자를 이용하여 열기대화상잘 호출
    With dlgFile                      '공용대화상자 설정
        .CancelError = True           '취소 선택시 에러를 발생
        .DialogTitle = "AVI파일(*.avi) 불러오기"
        .InitDir = App.Path           '프로그램이 있는 디렉토리
        .Filter = "AVI 파일(*.avi)|*.avi"
        .ShowOpen
    End With
```

Avi 커맨드 버튼(cmdAvi)를 누르면 먼저 두 개의 MMC 컨트롤의 동작을 정지한다. 다음에는 Video 파일의 트랙정보를 표시하는 라벨의 위치를 적절히 배치한다. Video 파일을 재생하는 MMControl을 보이게 설정한다. 시간설정을 0으로 초기화함으로써 Play 버튼을 누를 때까지는 MMC가 동작하지 않습니다. 다음으로는 공용대화상자를 사용하여 재생하고자 하는 파일을 선택한다. 초기경로는 App.Path로 설정되었는데 이것은 현재 응용프로그램이 저장된 폴더를 나타낸다.

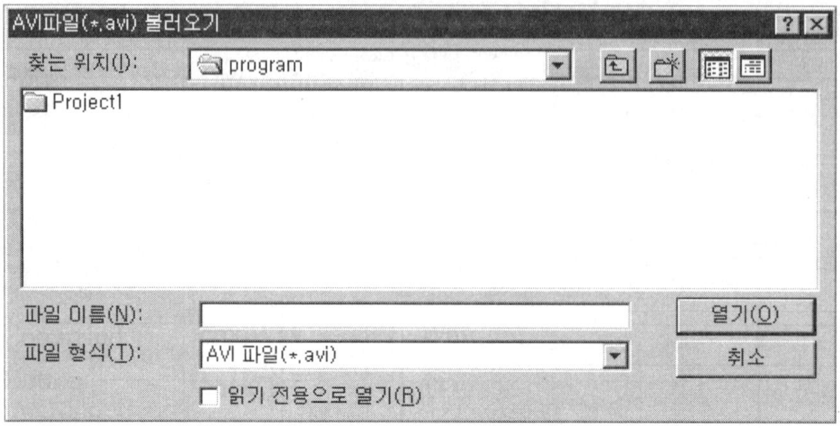

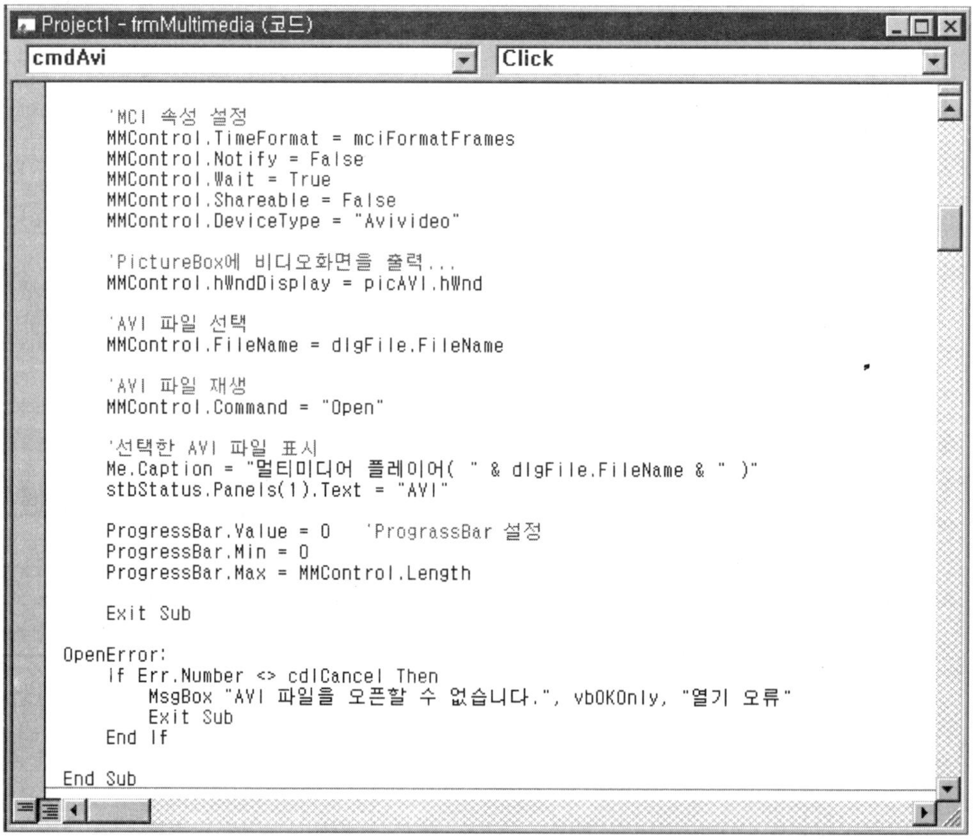

다음에는 Video(*.avi)파일을 재생하기 위한 멀티미디어 컨트롤을 초기화한다.

디바이스타입(DeviceType)은 "AVIVideo"로 설정한다. 동영상파일을 픽쳐박스에 출력시키기 위해 MMControl.hWndDiplay=picavi..hWnd로 설정한다.

Project1 - frmMultimedia (코드)

cmdWav | Click

```
Private Sub cmdWav_Click()

    'Multimedia Control을 사용해 wave(*.wav)파일을 재생합니다.
    On Error GoTo OpenError

    '멀티미디어 컨트롤 동작 설정
    MMControl.Command = "Stop"
    MMControl.Command = "Close"
    MMControlCD.Command = "Stop"
    MMControlCD.Command = "Close"

    '멀티미디어 컨트롤 보이기 설정
    MMControl.Visible = True
    MMControlCD.Visible = False
    ProgressBar.Visible = True

    '라벨 위치 설정
    lblTitle.Left = ProgressBar.Left
    lblTitle.Top = ProgressBar.Top - 200
    lblTrack.Top = ProgressBar.Top - 200

    MMControl.UpdateInterval = 0     '시간설정을 0으로 초기화
    MMControlCD.UpdateInterval = 0

    '공용대화상자를 이용하여 열기대화상잘 호출
    With dlgFile                    '공용대화상자 설정
        .CancelError = True         '취소 선택시 에러를 발생
        .DialogTitle = "웨이브파일(*.wav) 불러오기"
        .InitDir = App.Path         '프로그램이 있는 디렉토리
        .Filter = "웨이브 파일(*.wav)|*.wav|"
        .ShowOpen
    End With
```

웨이브 커맨드버튼(cmdWav)을 선택한 경우에는 공용대화상자를 호출하여 확장자가 *.wav 파일만 표시한다. Avi 버튼과 마찬가지로 시간설정을 0으로 초기화하여 MMControl의 Play버튼을 누를 때까지 대기한다.

Project1 - frmMultimedia (코드)

cmdWav | Click

```
    'MCI 속성 설정
    MMControl.TimeFormat = mciFormatMilliseconds
    MMControl.Notify = False
    MMControl.Wait = True
    MMControl.Shareable = False
    MMControl.DeviceType = "WaveAudio"

    'Wave 파일 선택
    MMControl.FileName = dlgFile.FileName

    'Wave 파일 재생
    MMControl.Command = "Open"

    '선택한 Wave 파일 표시
    Me.Caption = "멀티미디어 플레이어( " & dlgFile.FileName & " )"
    stbStatus.Panels(1).Text = "Wave"

    ProgressBar.Min = 0
    ProgressBar.Max = MMControl.Length
    ProgressBar.Value = 0

    Exit Sub

OpenError:
    If Err.Number <> cdlCancel Then
        MsgBox "Wave 파일을 오픈할 수 없습니다.", vbOKOnly, "열기 오류"
        Exit Sub
    End If

End Sub
```

웨이브파일을 구동할 수 있도록 MCI의 속성을 설정 한 후 공용대화상자에서 선택한 파일을 멀티미디어 컨트롤의 파일명으로 전달한다. 상태바의 첫 번째 텍스트와 폼의 타이틀에 메시지를 설정한 후 진행바의 최소, 최대값을 선택한 파일의 길이에 맞춰 설정한다.

Project1 - frmMultimedia (코드)

cmdCD | Click

```
Private Sub cmdCD_Click()

    'Multimedia Control을 사용해 음악 CD 파일을 재생합니다.
    On Error GoTo OpenError

    '멀티미디어 컨트롤 동작 설정
    MMControl.Command = "Stop"
    MMControl.Command = "Close"
    MMControlCD.Command = "Stop"
    MMControlCD.Command = "Close"

    '멀티미디어 컨트롤 보이기 설정
    MMControl.Visible = False
    MMControlCD.Visible = True
    ProgressBar.Visible = False     'ProgressBar 숨기기

    '시간설정을 0으로 초기화
    MMControl.UpdateInterval = 0 'Interval
    MMControlCD.UpdateInterval = 0
```

Project1 - frmMultimedia (코드)

cmdCD | Click

```
    'MCI 속성 설정
    MMControlCD.TimeFormat = mciFormatMsf
    MMControlCD.Notify = False
    MMControlCD.Wait = True
    MMControlCD.Shareable = False
    MMControlCD.DeviceType = "CDaudio"

    'CD 파일 재생
    MMControlCD.Command = "Open"

    '라벨위치 조절
    lblTitle.Left = ProgressBar.Left
    lblTitle.Top = ProgressBar.Top
    lblTrack.Top = ProgressBar.Top

    '선택한 CD 파일 표시
    Me.Caption = " 멀티미디어 플레이어(음악CD)"
    stbStatus.Panels(1).Text = "CD"

    Exit Sub

OpenError:
    If Err.Number <> cdlCancel Then
        MsgBox "CD 파일을 오픈할 수 없습니다.", vbOKOnly, "열기 오류"
        Exit Sub
    End If

End Sub
```

CD 커맨드(cmdCD)버튼을 선택한 경우에는 공용대화상자를 호출하지 않는다. 그 이유는 보통 D드라이브(CD Rom Drive)에서 바로 음악파일을 재생하기 때문이다. 앞에서 살펴본 바와 같이 MMC의 사용 순서는 다음과 같다.

▶ MCI 장치의 종류를 설정합니다(DeviceType 속성으로)
▶ MCI 장치가 파일인 경우에는 반드시 파일명을 지정한다.
(FileName속성으로)
▶ MCI 장치를 오픈한다.(Command 속성으로)
▶ Play와 같은 명령을 사용하여 파일을 재생한다.(Command 속성으로)
▶ 사용이 끝나면 Close 명령을 사용하여 종료해야 한다. (Command 속성으로)

Project1 - frmMultimedia (코드)

cmdCD | Click

```
Private Sub cmdMidi_Click()

    'Multimedia Control을 사용해 Midi(*.mid)파일을 재생합니다.
    On Error GoTo OpenError

    '멀티미디어 컨트롤 동작 설정
    MMControl.Command = "Stop"
    MMControl.Command = "Close"
    MMControlCD.Command = "Stop"
    MMControlCD.Command = "Close"

    '라벨 위치 설정
    lblTitle.Left = ProgressBar.Left
    lblTitle.Top = ProgressBar.Top - 200
    lblTrack.Top = ProgressBar.Top - 200

    '멀티미디어 컨트롤 보이기 설정
    MMControl.Visible = True
    MMControlCD.Visible = False
    ProgressBar.Visible = True

    MMControl.UpdateInterval = 0     '시간설정을 0으로 초기화
    MMControlCD.UpdateInterval = 0

    '공용대화상자를 이용하여 열기대화상잘 호출
    With dlgFile                    '공용대화상자 설정
        .CancelError = True         '취소 선택시 에러를 발생
        .DialogTitle = "MIDI파일(*.mid) 불러오기"
        .InitDir = App.Path         '프로그램이 있는 디렉토리
        .Filter = "MIDI파일(*.mid)|*.mid|"
        .ShowOpen
    End With
```

마지막으로 4번째에 위치한 Midi 버튼(cmdMidi)을 선택한 경우에는 공용대화상자를 사용하여 확장자가 *.mid 파일을 선택한 후 MMC의 커맨드를 Open으로 설정하여 미디파일을 재생하기 위한 준비를 한다.

Project1 - frmMultimedia (코드)

cmdMidi | Click

```
    'MCI 속성 설정
    MMControl.TimeFormat = 0
    MMControl.Notify = False
    MMControl.Wait = True
    MMControl.Shareable = False
    MMControl.DeviceType = "Sequencer"

    'Midi 파일 선택
    MMControl.FileName = dlgFile.FileName

    'midi 파일 재생
    MMControl.Command = "Open"

    '선택한 midi 파일 표시
    Me.Caption = "멀티미디어 플레이어( " & dlgFile.FileName & " )"
    stbStatus.Panels(1).Text = "MIDI"

    ProgressBar.Min = 0     'ProgressBar 설정
    ProgressBar.Max = MMControl.Length
    ProgressBar.Value = 0

    Exit Sub

OpenError:
    If Err.Number <> cdlCancel Then
        MsgBox "MIDI파일을 오픈할 수 없습니다.", vbOKOnly, "열기 오류"
        Exit Sub
    End If


End Sub
```

Project1 - frmMultimedia (코드)

MMControl | PlayCompleted

```
Private Sub MMControl_PlayClick(Cancel As Integer)

    '멀티미디어 컨트롤의 Play 버튼을 클릭하면 파일을 재생
    MMControl.UpdateInterval = Interval
    MMControl.Command = "Play"

End Sub

Private Sub MMControl_PlayCompleted(Errorcode As Long)

    'Play 진행 완료
    MMControl.PlayEnabled = False
    '오픈 파일의 확장자를 추출...

    Select Case Right(Trim(Me.Caption), 3)
        Case "wav"
            stbStatus.Panels(1).Text = "Wave"
        Case "mid"
            stbStatus.Panels(1).Text = "MIDI"
        Case "avi"
            stbStatus.Panels(1).Text = "AVI"

    End Select

End Sub
```

MMControl의 Play(▶)버튼을 클릭(PlayClick)할 때는 UpdateInterval값을 Interval(100)으로 설정한다. 이것은 Play동작이 0.1초(100/1000)마다 자동으로 발생하게 한다. 그리고 Play Command를 설정해주어 실제로 멀티미디어 파일을 재생시킨다.

PlayCompleted이벤트는 재생동작이 완료된 경우에 발생한다. 재생이 완료한 경우에는 PlayEnabled 속성을 False로 설정하여 Play버튼을 비활성화 시킨다. 다음에는 폼의 타이틀에 표시된 멀티미디어 파일의 확장자를 Right()함수를 사용하여 추출한다. 추출한 확장에 따라 폼의 아래에 위치한 상태바의 첫 번째 텍스트에 매체파일의 형식을 표시한다.

```
Project1 - frmMultimedia (코드)
MMControlCD                    StopClick

Private Sub MMControlCD_PlayClick(Cancel As Integer)

    '멀티미디어 컨트롤의 Play 버튼을 클릭하면 파일을 재생
    MMControlCD.UpdateInterval = Interval
    MMControlCD.Command = "Play"

End Sub

Private Sub MMControlCD_PauseClick(Cancel As Integer)

    '멀티미디어 컨트롤의 Pause 버튼을 클릭하면 UpdateInterval을 0으로 설정
    '하여 재생중인 파일을 일시적으로 중지
    MMControl.UpdateInterval = 0
    stbStatus.Panels(2).Text = "현재 Track을 일시정지합니다."

End Sub

Private Sub MMControlCD_StopClick(Cancel As Integer)

    '멀티미디어 재생작업을 정지.
    MMControlCD.Command = "Stop"
    MMControlCD.UpdateInterval = 0

End Sub
```

MMControlCD 컨트롤은 CD파일을 재생하기 위한 컨트롤입니다.

PuaseClick 이벤트는 일시정지버튼을 누를 때 발생한다. 이 때는 UpdateInterval 값을 0으로 설정하여 Play 동작을 잠시 중지한다. 다음에는 상태바의 두 번째 텍스트 박스에 현재동작상태를 표시한다. 다시 Play 버튼을 선택하면 중지한 그 다음부터 다시 연주가 된다.

StopClick 이벤트는 일시정지가 아닌 Play동작의 중지를 나타난다. 중지버튼을 누른 후 다시 Play 버튼을 누르면 CD 파일의 맨 첫 곡부터 연주가 된다.

```
Project1 - frmMultimedia (코드)
MMControlCD                    PrevClick

Private Sub MMControlCD_EjectClick(Cancel As Integer)

    '멀티미디어 컨트롤의 EjectClick버튼을 누를때...
    MMControl.Command = "Eject"
    stbStatus.Panels(2).Text = "CD Player를 Open합니다"

End Sub

Private Sub MMControlCD_NextClick(Cancel As Integer)

    '멀티미디어 컨트롤의 NextClick버튼을 누를때...
    stbStatus.Panels(2).Text = "Next Track으로 이동합니다"

End Sub

Private Sub MMControlCD_PrevClick(Cancel As Integer)

    '멀티미디어 컨트롤의 PrevClick버튼을 누를때...
    MMControlCD.Command = "Prev"
    stbStatus.Panels(2).Text = "Previous Track으로 이동합니다"

End Sub
```

EjectClick 이벤트는 MMControlCD의 추출(Eject)버튼을 누를 때 발생한다.
NextClick 이벤트는 MMControlCD의 다음(Next)버튼을 누를 때 발생한다.
PrevClick 이벤트는 MMControlCD의 이전(Previous)버튼을 누를 때 발생한다.

메뉴의 '도구' → '프로시저 추가'를 선택하면 프로시저 추가 팝업창이 뜬다. 여기에 그림과 같이 프로시저 이름을 'StringMode'로 입력하고 'Fuction' 및 'Public' 옵션을 선택 후 확인 버튼을 누른다.

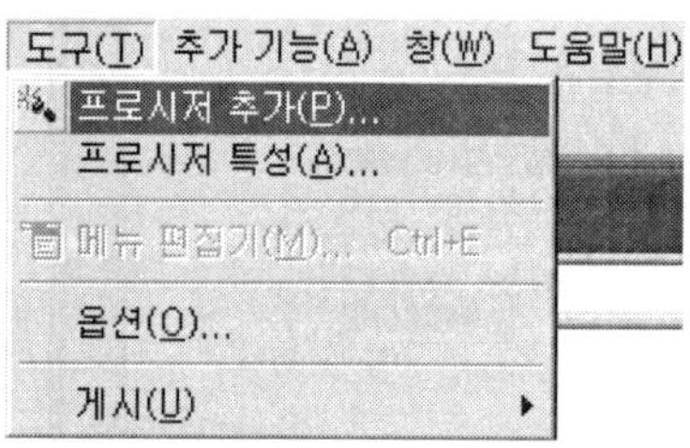

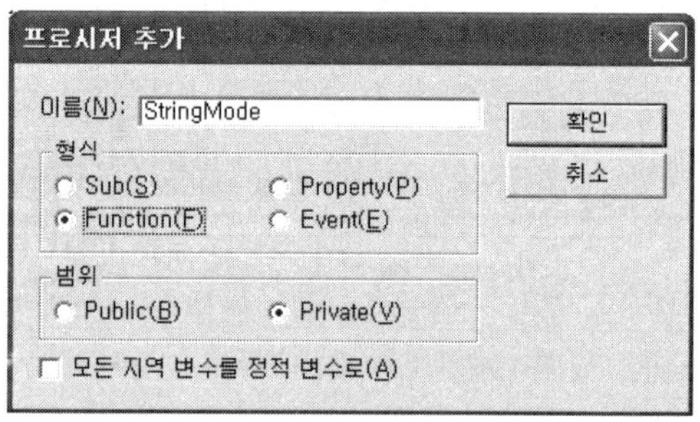

프로시저 코드 작성창에서 다음과 같이 StringMode 함수프로시저를 기록한다. 이 프로시저는 멀티미디어 컨트롤 MMC의 상태를 점검한다. 그래서 다음에 나오는

StatusUpdate 프로시저에서 MMC의 이상이 체크되면 이 함수 프로시저에 오류 메시지를 상태바에 표시하도록 설정한다.

Project1 - frmMultimedia (코드)

(일반) | StringMode

```
Private Function StringMode(Mode As Long) As String

    Select Case Mode
        Case mciModeNotOpen       '524
            StringMode = "장치가 열리지 않았습니다."
        Case mciModeStop          '525
            StringMode = "장치가 정지하였습니다."
        Case mciModePlay          '526
            StringMode = "장치가 재생중입니다."
        Case mciModeSeek          '528
            StringMode = "장치가 탐색 중입니다."
        Case mciModePause         '529
            StringMode = "장치가 잠시 멈춘 상태입니다."
    End Select

End Function
```

Project1 - frmMultimedia (코드)

MMControlCD | StatusUpdate

```
Private Sub MMControlCD_StatusUpdate()

        Dim lmsi As String
        Dim Min As String
        Dim Sec As String
        Dim ReturnMode As Long

        '장치가 준비되어 있는지 검사...
        If MMControlCD.Mode = mciModeReady Then    '539
            Exit Sub
        End If

        '현재 트랙의 상태를 표시
        lblTitle.Caption = "현재 트랙 / 총 트랙 "
        lblTrack.Caption = MMControlCD.Track & " / " & MMControlCD.Tracks

        '함수 Hex()로 16진수 값을 구하고 함수 Cstr()로 문자열로 변환한다.
        lmsi = CStr(Hex(MMControlCD.Position))
        lmsi = Right(lmsi, 4)

        '분에 해당하는 부분을 구한다.
        Min = Right(lmsi, 2)
        Min = "&H" & Min    '&H는 16진수...

        '초에 해당하는 부분을 구한다.
        Sec = Left(lmsi, 2)
        Sec = "&H" & Sec
```

Project1 - frmMultimedia (코드)

MMControlCD | StatusUpdate

```
        '구한값들을 다시 10진수의 정수로 바꾸어 현재진행시간을 표시한다.
        stbStatus.Panels(1).Text = "현재 진행시간 " & Format(Val(Min), "00") & _
                        " : " & Format(Val(Sec), "00")

        '음악 CD의 총 시간을 구하는 부분.
        Imsi = CStr(Hex(MMControlCD.Length))
        Imsi = Right(Imsi, 4)
        Min = Right(Imsi, 2)
        Min = "&H" & Min
        Sec = Left(Imsi, 2)
        Sec = "&H" & Sec

        stbStatus.Panels(1).Text = stbStatus.Panels(1).Text & "      " & _
                                " 총 시간 " & Format(Val(Min), "00") & _
                                " : " & Format(Val(Sec), "00")
    '현재 장치의 상태를 출력...
    ReturnMode = MMControlCD.Mode
    stbStatus.Panels(2).Text = StringMode(ReturnMode)

End Sub
```

MMControlCD의 StatusUpdate 이벤트는 0.1(∵ Interval=100)초 주기로 발생한다. 이 프로시저에서 음악 CD의 트랙과 각 트랙에 대한 경과시간 및 총 트랙 연주 시간 등을 표시하게 한다. 예를 들어서 MMControlCD .Position 값이 101010이라면 여기서 앞의 10은 프레임을 나타내고 가운데 10은 초, 뒤의 10은 분을 나타난다. 즉, 음악 CD의 10번째 곡이 10분 10초 연주되었다는 것을 말한다. 매초마다 증가하므로 이 특성을 이용하여 경과시간을 추출할 수 있다. 우선 Hex(MMControl CD.Position)의 결과를 CStr()함수를 사용하여 문자열로 변환시킨 다음 Right()함수와 Left()함수를 사용하여 음악 CD의 원하는 부분을 추출하여 총 연주시간 및 현재 진행시간을 구한다.

Project1 - frmMultimedia (코드)

MMControl | StatusUpdate

```
Private Sub MMControl_StatusUpdate()

    'UpdateInterval 속성에 설정한 시간마다 발생
    '멀티미디어 컨트롤의 상태가 변하면, StatusUpdate 이벤트를 사용해서
    '파일의 진행율이 실질적으로 ProgressBar에 적용
    Dim Time As Double
    Dim Time2 As Double
    Dim Frame As String
    Dim ReturnMode As Long

    If stbStatus.Panels(1).Text = "AVI" Then

        Frame = MMControl.Position
        Frame = Frame & " / "
        Frame = Frame & MMControl.Length
        lblTitle.Caption = "현재 프레임 / 총 프레임"
        lblTrack.Caption = Frame      '프레임의 변화 계산

        '컨트롤의 현재위치가 진행바의 최대값보다 크면...
        If MMControl.Position > ProgressBar.Max Then
            ProgressBar.Value = ProgressBar.Max
        Else
            ProgressBar.Value = MMControl.Position
        End If
    Else
        '현재경과 시간 계산
        Time = (CDbl(MMControl.Position) / 1000)

        '선택한 Wave, midi 파일의 총 연주 시간 계산
        Time2 = (CDbl(MMControl.Length) / 1000)
        lblTitle.Caption = "현재 진행시간 / 총 시간"
        lblTrack.Caption = Format(Time, "0.00") & " / " & Format(Time2, "0.00")
        ProgressBar.Value = MMControl.Position
    End If

    '현재 장치의 상태를 출력...
    ReturnMode = MMControl.Mode
    stbStatus.Panels(2).Text = StringMode(ReturnMode)

End Sub
```

MMControl의 StatusUpdate 이벤트도 0.1초 간격마다 발생한다. Video, Wave, Midi 파일을 재생하는 MMControl은 이벤트가 발생할 때마다 상태바의 텍스트를 조사하여 “AVI"이면 동영상 파일의 프레임의 변화를 레이블에 표시한다. IF 함수를 사용하여 MMControl의 Position값이 진행바의 최대값보다 큰 경우에는 그 때의 MMControl.Position값을 진행바(ProgressBar)의 Value로 설정한다. 여기에서 MMControl.Position은 현재 재생하는 동영상파일의 프레임을 나타낸다.

다음은 상태바의 텍스트 문자열이 “AVI"가 아닌 경우 즉, "Wave", "MIDI"등 Audio 파일인 경우에는 현재 진행시간을 나타내는 MMControl.Position과 총 연주시간을 나타내는 MMControl.Length를 초를 변환하여 레이블에 표시한다.

```
Project1 - frmMultimedia (코드)
mnuExit                                  Click

Private Sub mnuAvi_Click()

    'cmdAvi를 호출합니다.
    cmdAvi_Click

End Sub
Private Sub mnuWav_Click()

    'cmdWav를 호출합니다.
    cmdWav_Click

End Sub
Private Sub mnuCD_Click()

    'cmdCD를 호출합니다.
    cmdCD_Click

End Sub
Private Sub mnuMid_Click()

    'cmdMidi를 호출합니다.
    cmdMidi_Click

End Sub
Private Sub mnuExit_Click()

    '프로그램을 종료
    MMControl.Command = "Stop"
    MMControl.Command = "Close"

    MMControlCD.Command = "Stop"
    MMControlCD.Command = "Close"

    Unload Me

End Sub
```

다음은 명령버튼 대신 메뉴를 선택한 경우에는 해당 명령버튼을 호출한다. 마지막으로 종료버튼을 누른 경우에는 모든 MMC를 중지하고 장치들을 닫는다.

□ 프로그램 실행화면(실행 초기화면)

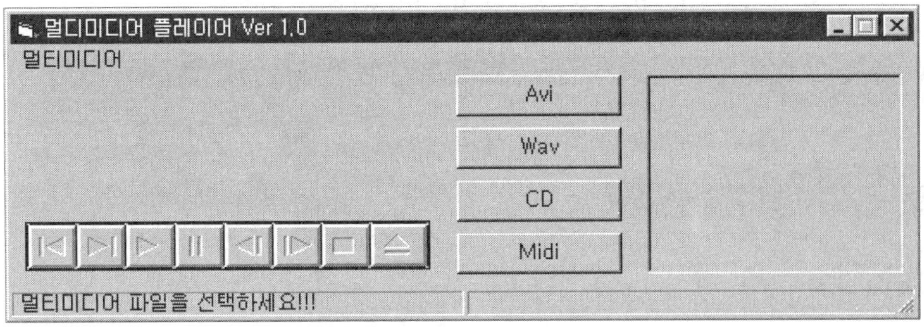

▶ Avi 버튼을 선택한 경우(FindFile.avi파일 선택)

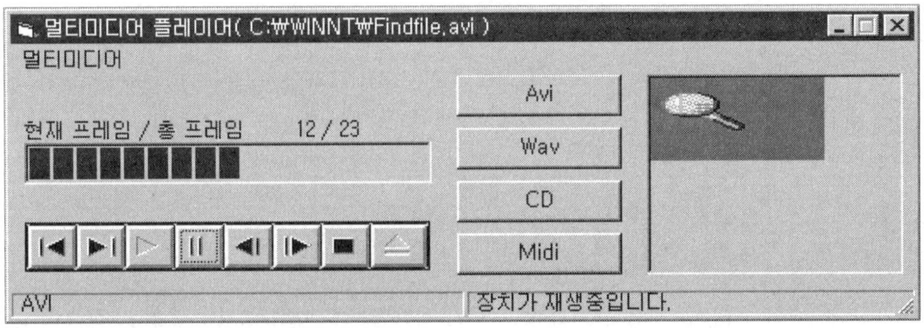

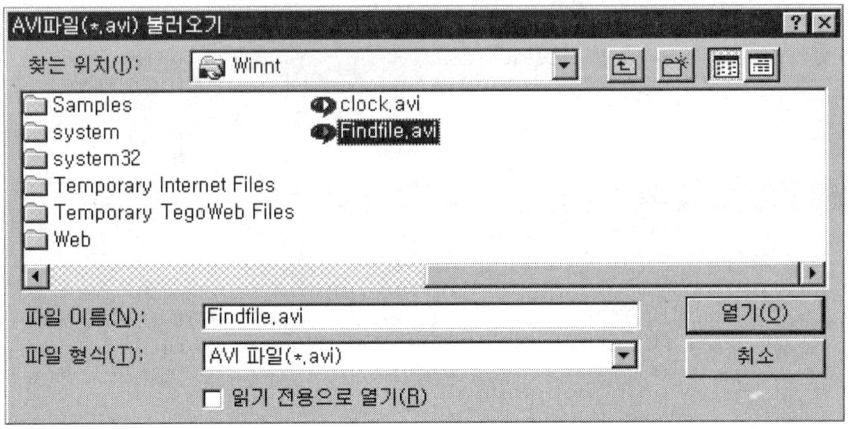

▶ Avi 버튼을 일시정지(Pause)한 경우(FindFile.avi파일 선택)

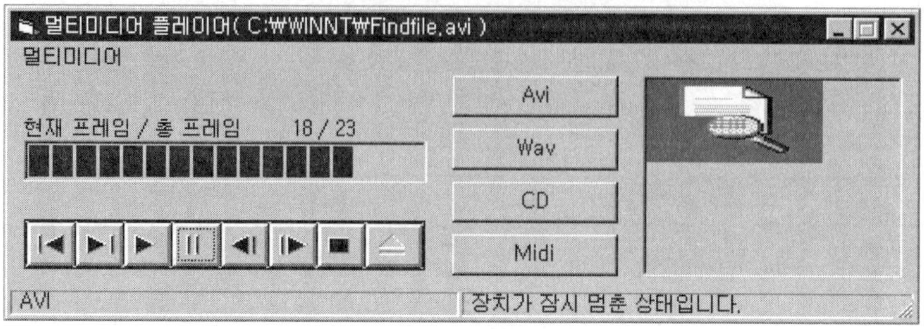

▶ Avi 버튼을 이전(Prev)한 경우(FindFile.avi파일 선택)

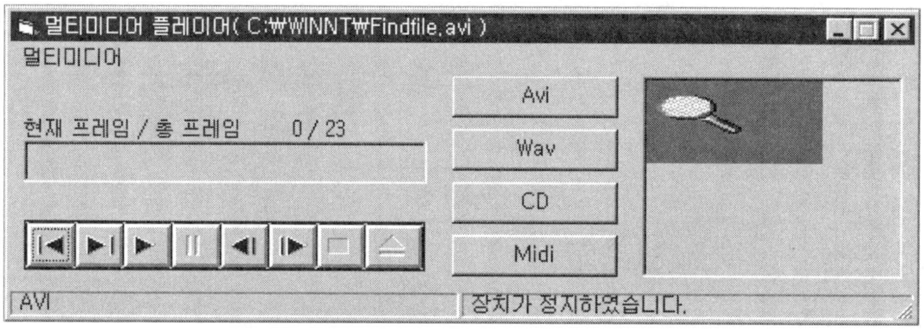

▶ Avi 버튼을 다음(Next)한 경우(FindFile.avi파일 선택)

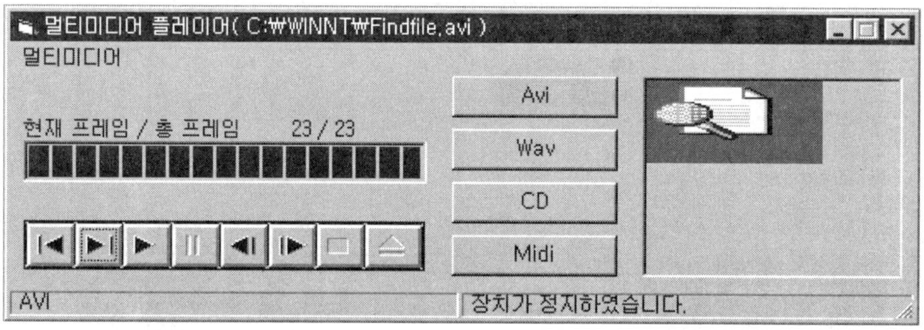

▶ Avi 버튼을 중지(Stop)한 경우(FindFile.avi파일 선택)

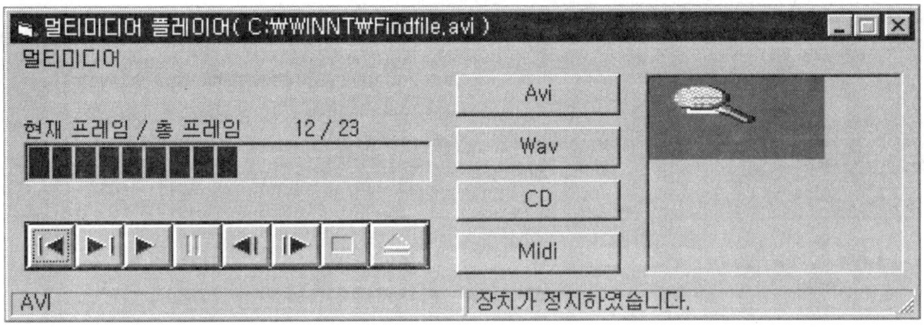

▶ Wav 버튼을 선택한 경우(Windows NT로그온 소리.wav파일 선택)

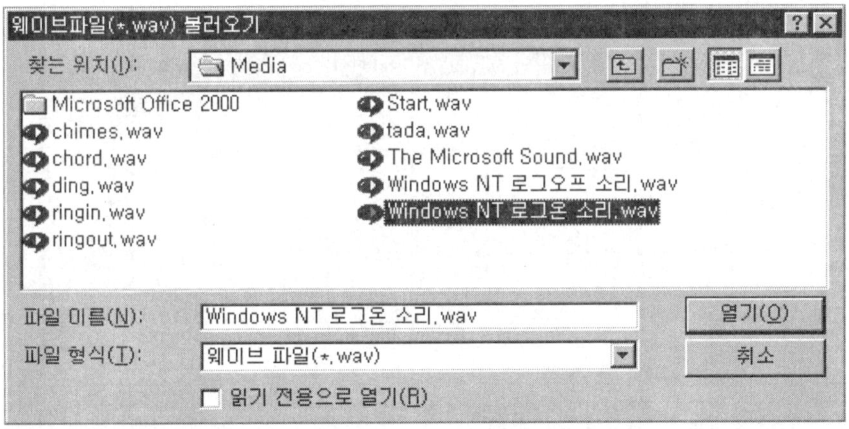

▶ Wav파일을 일시정지(Pause)한 경우

▶ Wav파일을 중지(Stop)한 경우

▶ Wav파일을 이전(Prev)으로 선택한 경우

▶ Wav파일을 다음(Next)으로 선택한 경우

▶ CD버튼을 선택한 경우

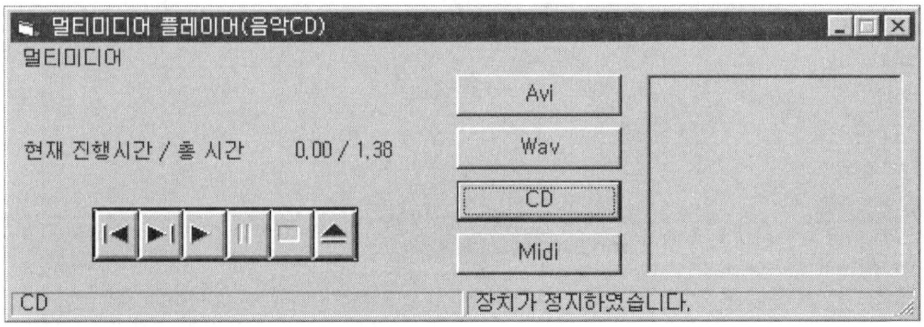

▶ 음악 CD Play버튼을 선택한 경우

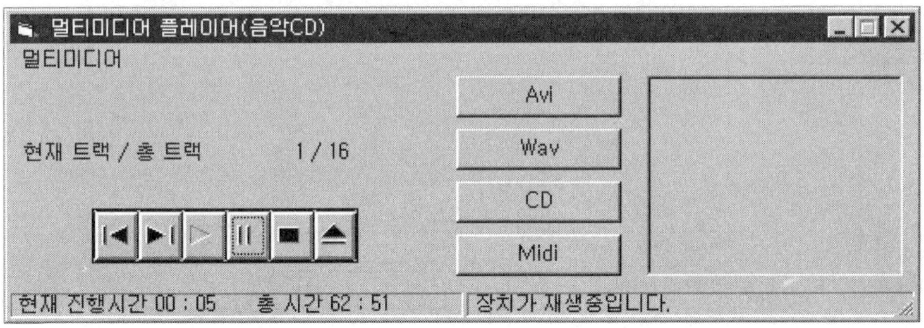

▶ 음악 CD Eject버튼을 선택한 경우

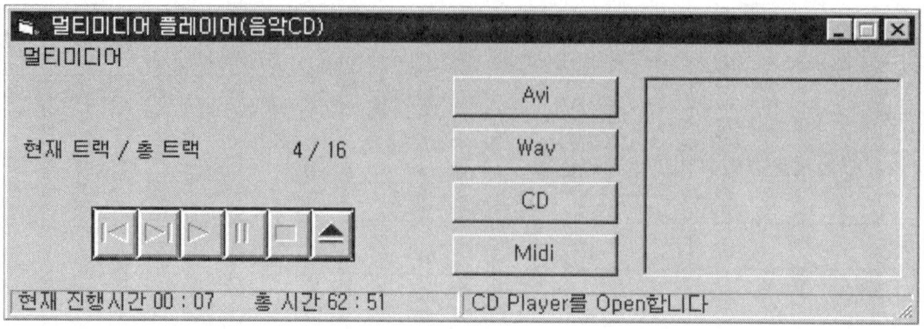

▶ Midi버튼을 선택한 경우(canyon.mid파일 선택)

▶ Midi버튼을 다음(Next)한 경우(canyon.mid파일)

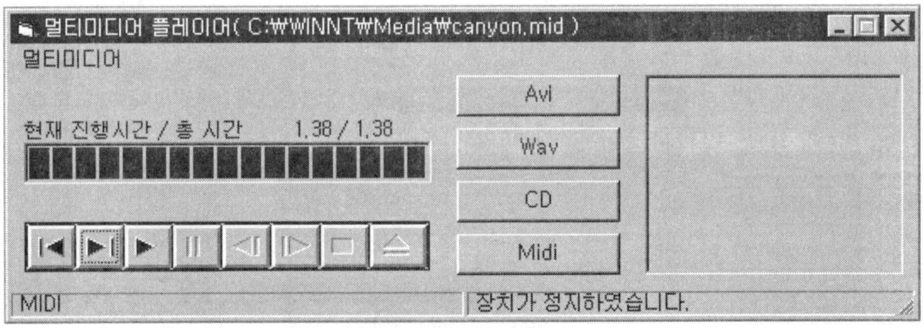

▶ 메뉴에서 CD를 선택한 경우(Wave 파일 재생중...)

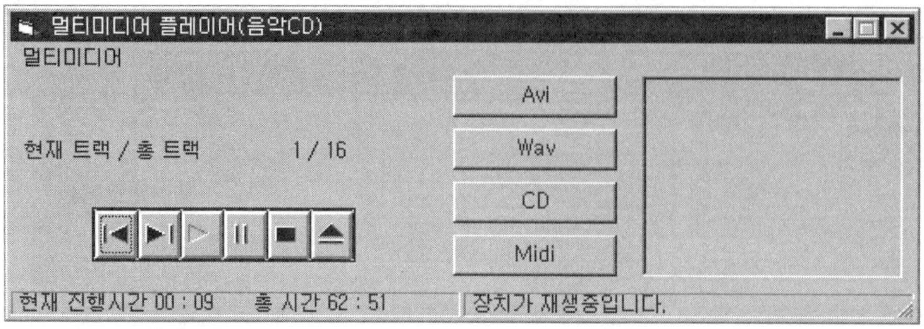

■ 예제 13-2

Windows Media Player Control을 사용해서 동영상 파일을 재생한다.

Windows Media Player 컨트롤을 도구상자에 추가하기 위해서, 컨트롤박스의 빈영역에 마우스 포인터를 위치한 후, 마우스의 오른쪽 버튼을 클릭하여 구성요소를 선택하여 구성요소 창을 표시한다. 여기에서 제일 아래에 위치한 Windows Media Player 컨트롤을 선택한다.

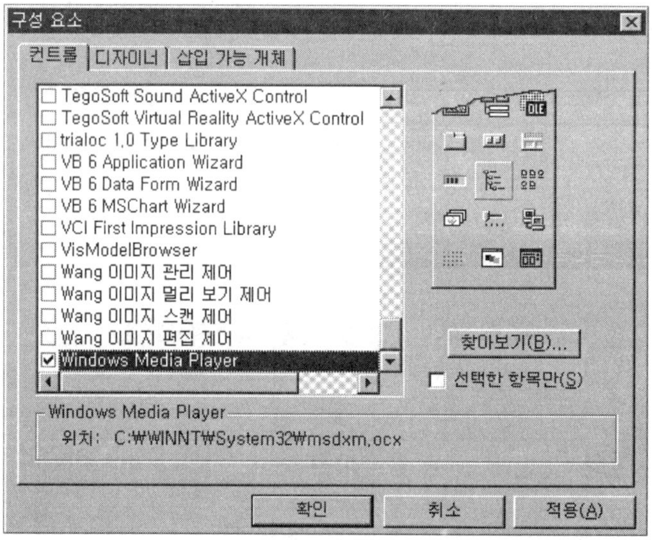

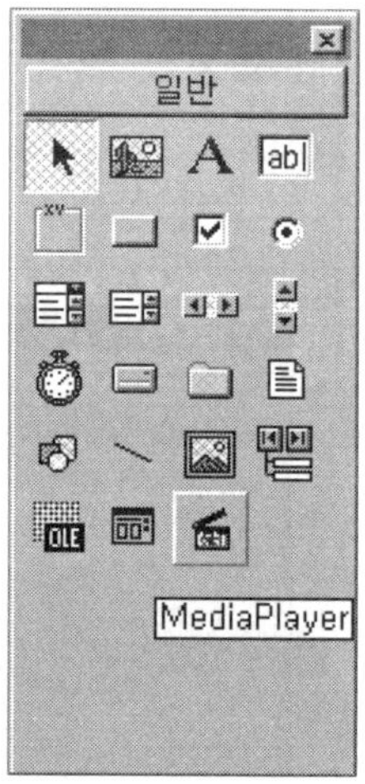

□ 컨트롤 속성 및 설정

컨트롤	Name	Catpion	Porperty
Form	frmWMP	Windows Media Player	
MediaPlayer	MediaPlayer		
Common Dilaog	dlgFile		
Menu	mnuFile …mnuAvi	파일 …동영상파일	

□ 프로그램 폼 디자인

□ 프로그램 코드

Project1 - frmWMP (코드)

mnuAvi | Click

```
Option Explicit
Private Sub Form_Load()

    '폼의 위치를 화면 중앙에 위치
    Me.Left = (Screen.Width - Me.Width) / 2
    Me.Top = (Screen.Height - Me.Height) / 2
End Sub
Private Sub MediaPlayer_OpenStateChange(ByVal NewState As Long)

    'Windows Media Player를 Open,
    '컨트롤의 상태가 바뀌는 경우
    frmWMP.Height = MediaPlayer.Height + 1000
    frmWMP.Width = MediaPlayer.Width + 500

End Sub

Private Sub MediaPlayer_PlayStateChange(ByVal NewState As Long)

    'Windows Media Player를 Play,
    '컨트롤의 상태가 바뀌는 경우
    frmWMP.Height = MediaPlayer.Height + 1000
    frmWMP.Width = MediaPlayer.Width + 500

End Sub

Private Sub mnuAvi_Click()

    '메뉴에서 동영상 파일을 선택하면 공용대화상자를 호출
    With dlgFile
        .CancelError = True
        .DialogTitle = "동영상 파일(AVI) 불러오기"
        .InitDir = "c:₩winnt"
        .Filter = "동영상파일(*.avi)₩|*.avi|"
        .ShowOpen
        MediaPlayer.FileName = .FileName
    End With

End Sub
```

폼 로드(Form_Load)시에는 폼을 화면의 중앙에 위치시킨다.

메뉴에서 동영상파일(mnuAvi)을 클릭하면 공용대화상자를 호출하여 확장자가 .avi파일을 표시한다. 사용자가 특정한 파일을 선택하면 선택한 파일을 Windows Media Player의 파일명으로 전달한다.

끝으로 MediaPlayer_OpenStateChange, MediaPlayer_PlayStateChange 이벤트는 Windows Media Player가 Open, Play 작동 시 컨트롤의 상태가 바뀔 경우에 코드를 작성하는 부분입니다. Windows Media Player의 Height 속성과 Width속성을 조절하여 동영상파일의 크기에 따라 Windows Media Player 크기도 변경 가능하도록 설정한다.

□ 프로그램 동작 (초기 화면)

▶ 메뉴를 선택한 경우(동영상 파일)

▶ 동영상 파일에서 팝업메뉴를 호출

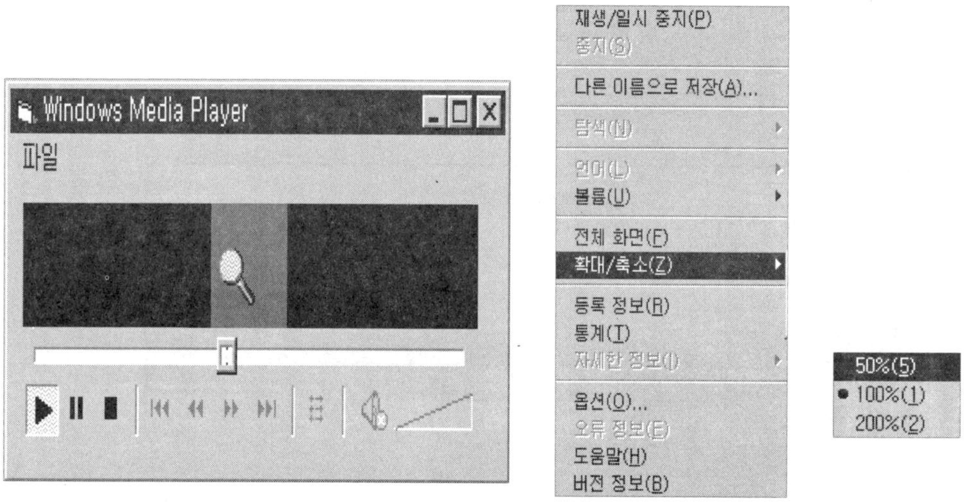

■ 예제 13-3

다음의 응용 프로그램을 작성해 보자. 이를 이용하여 소리 재생 파일과 동영상 파일의 혼용 프로그램을 통하여 다른 기능을 추가로 사용하는 방법에 대해 알아보자.

□ 컨트롤 속성 및 설정

컨트롤	Name	Catpion	Porperty
Form	form1		
MMControl	MMC1		
Common Dialog	cmdialog		
command Button	cmd1	사운드	
	cmd2	동영상	

□ 실행 폼

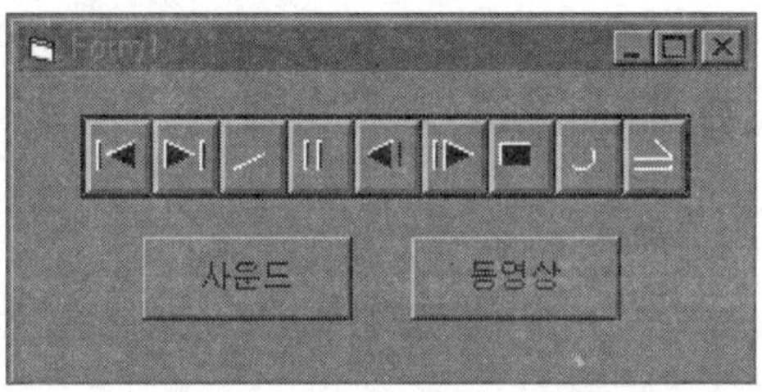

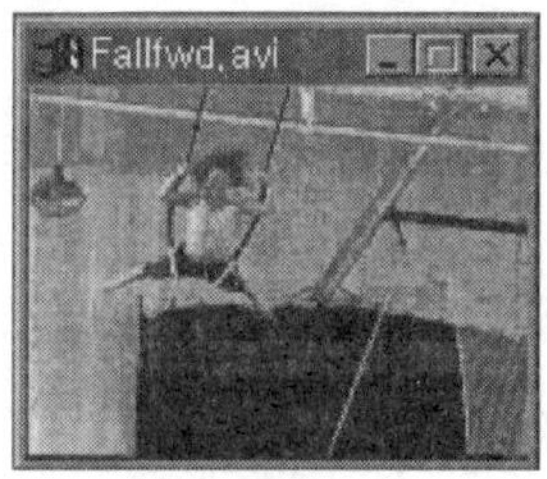

□ 폼 작성

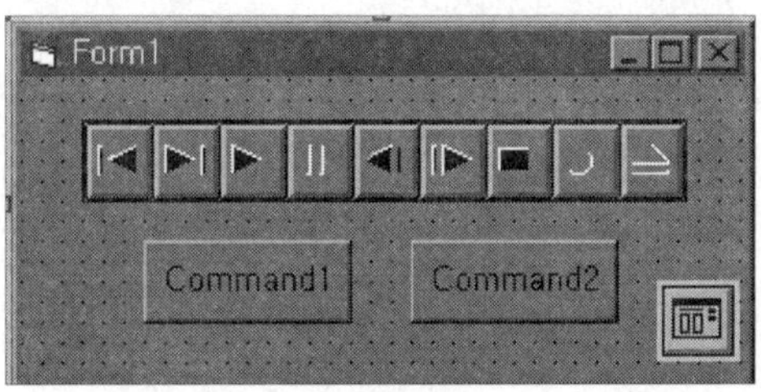

commonDialog 컨트롤을 사용시 cancelError 속성을 Falue로 설정할시 나타난 대화상자에서 종료버튼(☒)과 취소 단추로 대화상자를 닫을 수 있게 된다. 하지만 True로 설정했을 시 대화상자의 종료버튼을 사용한다면 Error가 발생하게 된다.

□ 프로그램 코드

```
Project1 - Form1 (코드)
cmd2                                Click

Private Sub Form_Load()
    MMC1.Command = "open"
    MMC1.Command = "play"
End Sub

Private Sub Form_Unload(Cancel As Integer)
    MMC1.Command = "stop"
    MMC1.Command = "close"
End Sub

Private Sub cmd1_Click()
    cmdialog.Filter = "사운드 파일(*.wav)|*.wav"
    cmdialog.FilterIndex = 1
    cmdialog.Action = 1
    openplay
End Sub

Private Sub cmd2_Click()
    cmdialog.Filter = "동영상 파일(*.avi)|*.avi"
    cmdialog.FilterIndex = 1
    cmdialog.Action = 1
    openplay
End Sub

Private Sub openplay()
    MMC1.FileName = cmdialog.FileName
    MMC1.Command = "open"
End Sub

Private Sub MMC1_Done(NotifyCode As Integer)
    MMC1.Command = "close"
    MMC1.Command = "open"
End Sub
```

□ 코드 설명

이 부분은 앞 프로그램에서 해와서 그대로 한 사람도 있을 것이다. 하지만 이 부분은 있어도 아무 상관이 없으니 신경 쓰지 않아도 된다. 깔끔한 것을 좋아한다면 삭제해도 좋다.

Private Sub Form_Load()
⇒ MMC1.Command = "open"
⇒ MMC1.Command = "play"

```
End Sub
```

⇒ 폼의 종료버튼(☒)을 누를 때 실행되는 부분이다. 이 부분은
⇒ [종료]버튼에 대한 프로그램이다.
⇒ 종료 버튼을 만든다면 이 코딩은 하지 않아도 된다.

```
Private Sub Form_Unload(Cancel As Integer)
MMC1.Command = "stop"
MMC1.Command = "close"
End Sub
```

⇒ 사운드 버튼을 클릭할시 실행이 된다

```
Private Sub cmd1_Click()
```

⇒ 공통대화 상자에 나타낼 파일의 종류를 필터에 설정하는 부분

```
cmdialog.Filter = "사운드 파일(*.wav)|*.wav"
```

⇒ 위의 구문에서 설정된 필터를 1번으로 사용함을 의미한다.
⇒ 간단한 프로그램에서는 사용하지 않아도 된다

```
cmdialog.FilterIndex = 1
```

⇒ 파일 열기로 설정된 공통 대화 상자를 나타내어 원하는 파일을 선택하도록 하는 부분이다. 공통 대화 상자에서 선택된 wav 파일을 filename에 저장한다.

```
cmdialog.Action = 1
```

⇒ 선택된 파일을 재생하는 부분이다.

```
openplay
End Sub
```

```
Private Sub cmd2_Click()
cmdialog.Filter = "동영상 파일(*.avi)|*.avi"
```

⇒ 위의 구문에서 설정된 필터를 1번으로 사용함을 의미한다.
⇒ 간단한 프로그램에서는 사용하지 않아도 된다

cmdialog.FilterIndex = 1

⇒ 파일 열기로 설정된 공통 대화 상자를 나타내어 원하는 파일을 선택하도록 하는 부분이다. 공통 대화 상자에서 선택된 wav 파일을 filename에 저장한다.

cmdialog.Action = 1

⇒ 선택된 파일을 재생하는 부분이다.

openplay

End Sub

⇒ 선택한 파일을 재생하는 부분이다

Private Sub openplay()

⇒ 공통 대화 상자에서 선택한 파일을 MMC1으로 보낸다

MMC1.filename = cmdialog.filename

⇒ 공통 대화 상자에서 받은 파일을 재생할수 있게 한다

MMC1.Command = "open"

End Sub

⇒ 재생이 끝났을 때 실행되는 부분이다

Private Sub MMC1_Done(NotifyCode As Integer)

⇒ 파일을 그 파일의 처음으로 돌리기 위한 코딩 부분이다

MMC1.Command = "close"

⇒ 다시 파일을 재생 가능토록 열어두는 코딩 부분이다.

MMC1.Command = "open"

End Sub

MMControl과 비교하여 MCIWndX와의 차이점을 알아보기 위한 프로그램으로 Playbar와 Menu를 사용하여 동영상을 볼 수 있게 하는 프로그램을 작성해 보자.

MCIWNDX 컨트롤은 소리나 동영상 등을 재생할 때 유용하게 사용되는 컨트롤이다. 이 컨트롤은 VB6 안에는 들어있지 않기 때문에 직접 등록해서 사용해야 한다.

1) 예제13-4 폴더에 MCIWNDX.ocx, MCIWNDX.oca 2개의 파일이 있다.
2) '프로젝트' → '구성요소' → '컨트롤' 탭에서 '찾아보기' 버튼을 클릭한다. 그 다음에 1)의 MCIWNDX.ocx 파일을 선택한다.
3) '확인'을 누르면 도구상자에 등록되어 사용할 수 있다.

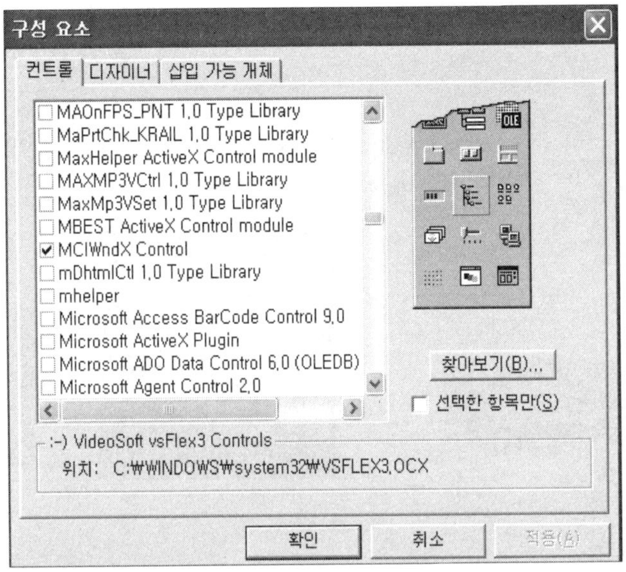
구성 요소
컨트롤
디자이너
삽입 가능 개체
MAOnFPS_PNT 1.0 Type Library
MaPrtChk_KRAIL 1.0 Type Library
MaxHelper ActiveX Control module
MAXMP3VCtrl 1.0 Type Library
MaxMp3VSet 1.0 Type Library
MBEST ActiveX Control module
MCIWndX Control
mDhtmlCtl 1.0 Type Library
mhelper
Microsoft Access BarCode Control 9.0
Microsoft ActiveX Plugin
Microsoft ADO Data Control 6.0 (OLEDB)
Microsoft Agent Control 2.0
찾아보기(B)...
선택한 항목만(S)
:-) VideoSoft vsFlex3 Controls
위치: C:\WINDOWS\system32\VSFLEX3.OCX
확인
취소
적용(A)

일반
MCIWnd

□ 실행 폼

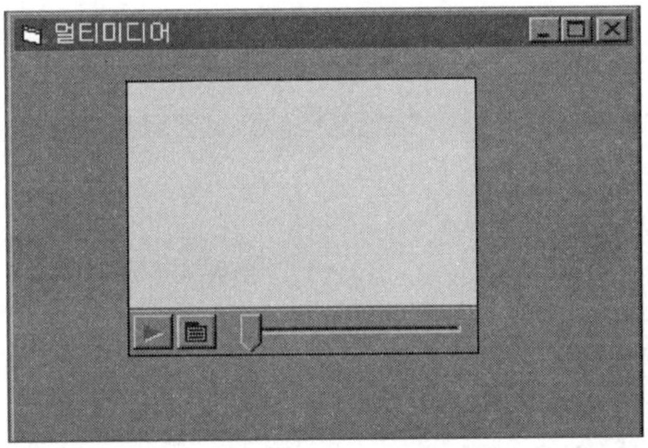
멀티미디어

□ 폼 작성

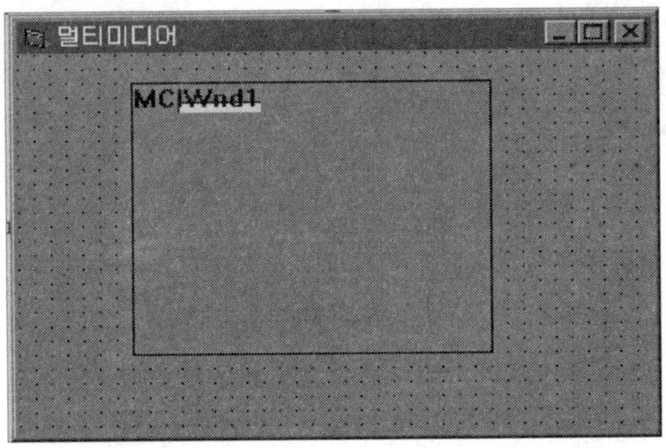
멀티미디어
MCIWnd1

□ 컨트롤 설명

MCIWndX의 동영상 화면에서 마우스 커서 우측 버튼을 클릭 하면 다음 그림 과 같이 보기, 볼륨, 속도 등의 스타일을 설정할 수 있는 단축메뉴가 나타난다

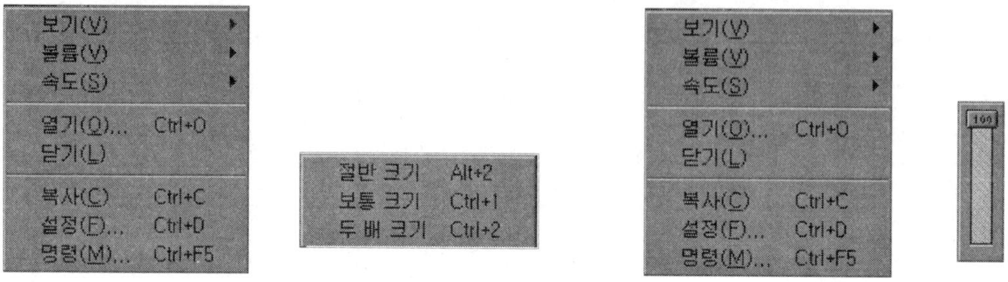

위의 그림에서와 같이 보기는 마우스를 이동하면 동영상을 재생하는 화면의 크기를 설정하는 것으로 사용자가 원하는 크기를 선택할 수 있다. 다음의 그림은 동영상의 볼륨과 속도를 조절할 수 있게 한다.

MCIWndX의 Menu(▤)를 클릭할 때 폼 위에 아래의 대화상자가 나타난다.

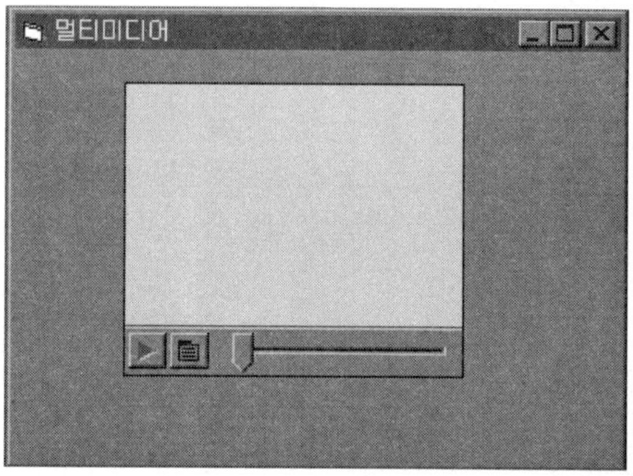

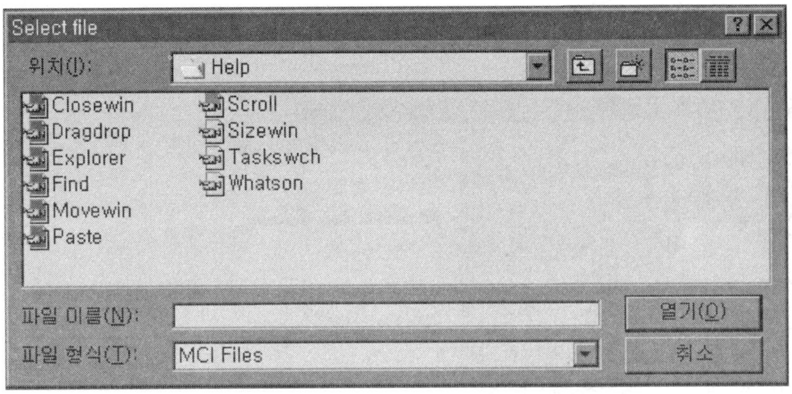

위의 그림에서 하나의 파일(Paste)을 선택하면 아래 그림과 같이 실행 폼이 재생할 준비가 된다.

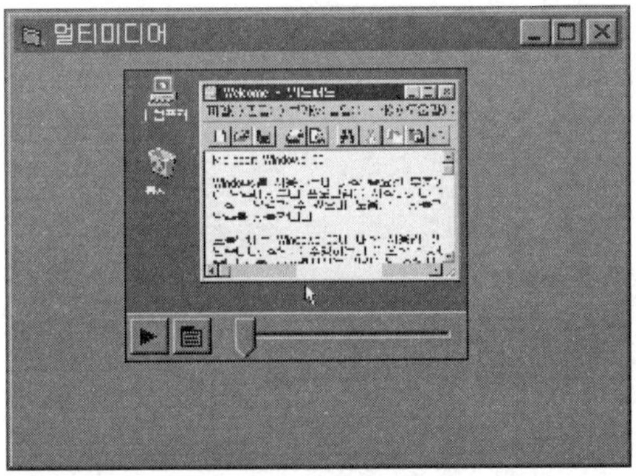

■ 예제 13-4

MCIWndX 컨트롤은 초보자가 아주 쉽게 멀티미디어(동영상) 프로그램을 작성할 수 있도록 만든 컨트롤이다. 이를 이용하여 단계별로 멀티미디어 프로그램을 작성해 보자.

□ 실행된 폼

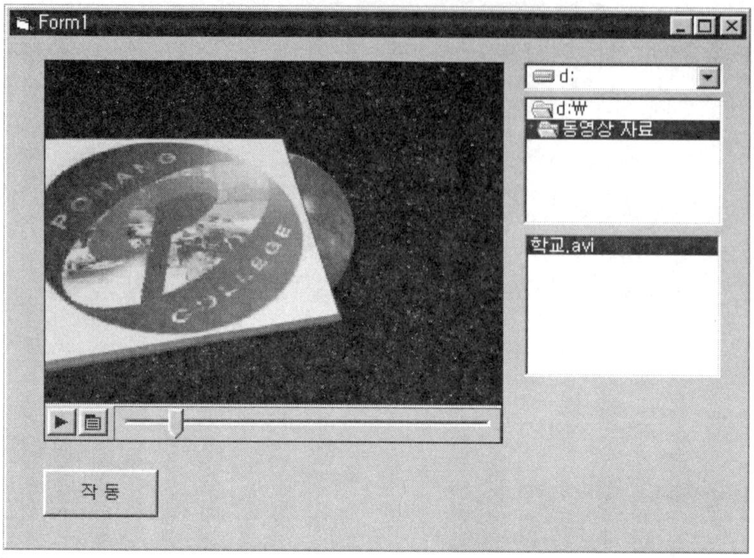
Form1
d:
d:₩
동영상 자료
학교.avi
작 동

□ 실행전 폼

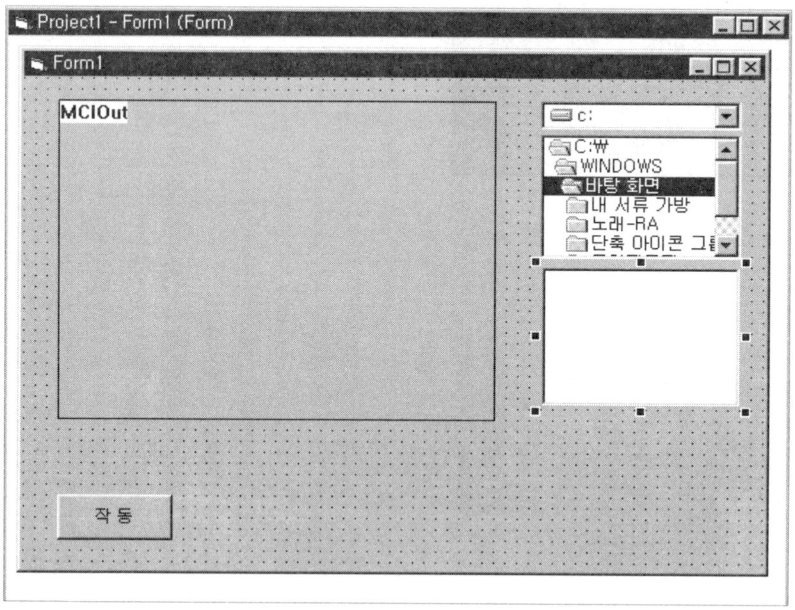
Project1 - Form1 (Form)
Form1
MCIOut
c:
C:₩
WINDOWS
바탕 화면
내 서류 가방
노래-RA
작 동

□ 컨트롤 속성

컨트롤 명	컨트롤 이름	속성 변경
폼	Form1	
MCIWndX	MCIOut	
파일 리스트 컨트롤	File1	Pattern = "*.avi;*.wav;*.mid; *.mp3"
디렉토리 리스트 컨트롤	Dir1	
드라이브 리스트 컨트롤	Drv1	
커멘드 컨트롤	cmdPlay	Caption="작동"

□ 프로그램 코드

Project1 - Form1 (코드)

File1 | Click

```
Private Sub cmdPlay_Click()
    MCIout.Command = "play"
End Sub

Private Sub Dir1_Change()
    File1.FileName = Dir1.Path
End Sub

Private Sub drv1_Change()
    On Error GoTo handler
    Dir1.Path = drv1.Drive
Exit Sub

handler:
    MsgBox "유효하지 않는 드라이브 입니다", vbExclamation
    drv1.Drive = Dir1.Path
    Exit Sub
End Sub

Private Sub File1_Click()
    Dim filepath As String
    filepath = Dir1.Path
    If Right$(filepath, 1) <> "₩" Then
        filepath = filepath + "₩"
    End If
    MCIout.FileName = filepath & File1.FileName
    cmdplay.Enabled = True
End Sub
```

□ 실행된 폼

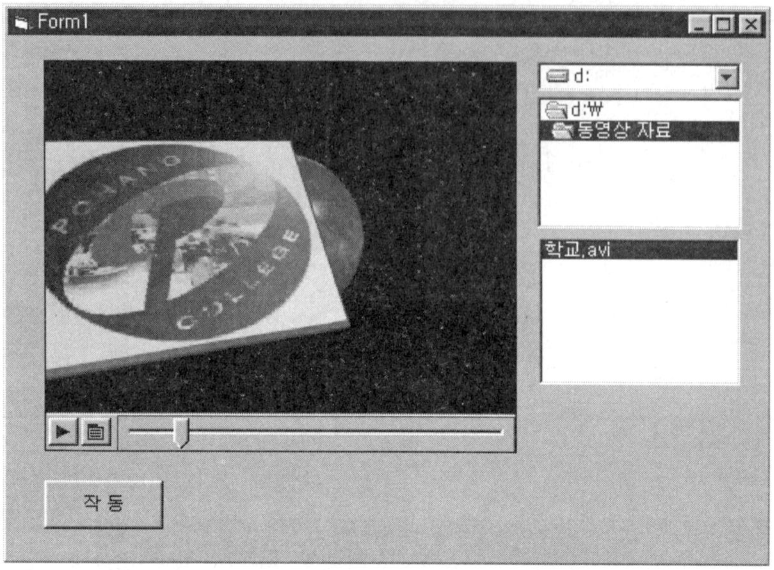

□ 코드 설명

Private Sub cmdPlay_Click()
MCIOut.Command = "play"
⇒ "작동" 버튼을 클릭하면 동영상이 펼쳐집니다.
⇒ 명령어 Play -> 동영상을 작동
End Sub

Private Sub Dir1_Change()
File1.filename = Dir1.Path
⇒ 디렉토리가 변하면 파일도 변함
End Sub

Private Sub drv1_Change()
⇒ 드라이브가 변하면
On Error GoTo handler
⇒ 주로 드라이브에 디스켓이 없는 경우 에러가 많이 발생함
⇒ 에러가 나면 handler로 감

Dir1.Path = drv1.Drive
⇒ 드라이브가 변하면 디렉토리가 변함
Exit Sub

handler:
MsgBox "유효하지 않는 드라이브 입니다", vbExclamation
⇒ 경고 메시지 박스를 출력

drv1.Drive = Dir1.Path
⇒ 다시 경로가 바뀜

Exit Sub
⇒ 부프로그램이 빠져 나옴.

End Sub

Private Sub File1_Click()
⇒ 파일을 클릭하면

Dim filepath As String
⇒ 파일 경로를 변수로 입력하기 위해 선언함.
filepath = Dir1.Path
⇒ 디렉토리 경로를 변수에 기억

If Right$(filepath, 1) <> "\" Then
⇒ 만약 디렉토리 경로에서 오른쪽으로부터 첫 번째 글자가 "\"라면
⇒ 즉, 보통 드라이브 경로가 "C:\WINDOWS\"하고 끝에 "\"로 끝난다. 그런데 "C:"인 경우 끝에 "\"이 없으므로 경로를 지정할 때 에러가 나기 마련이므로 아래와 같이 "\"를 붙여서 사용해야 사전에 에러를 막을 수가 있습니다.
filepath = filepath + "\"
⇒ 파일 경로 끝에 "\"를 붙여서 변수에 들어감.

End If

MCIOut.filename = filepath & File1.filename
⇒ 동영상 파일 = "디렉토리 경로" & "화일명"
⇒ 동영상을 작동하기위해 디렉토리 경로와 파일명을 입력

cmdPlay.Enabled = True
⇒ MCI컨트롤 작동

End Sub

■ 예제 13-5

MCIWndX 프로그램의 기능을 추가해 보자.

□ 실행된 폼

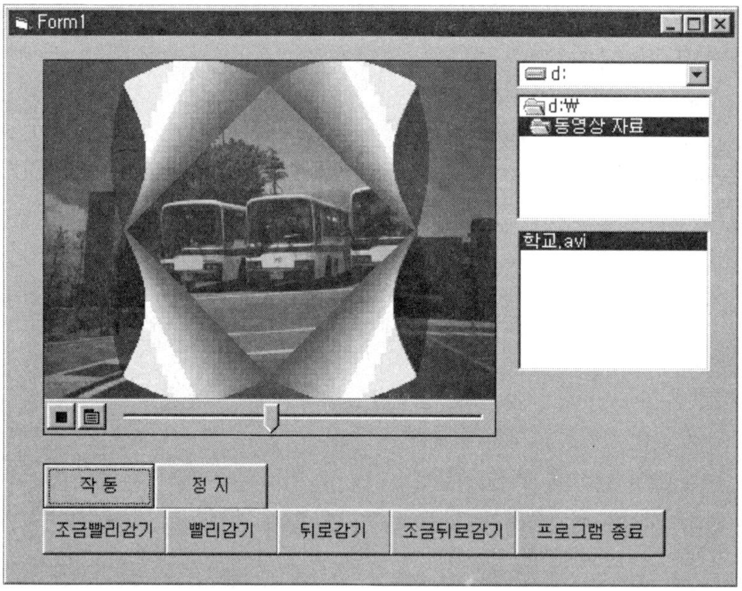

□ 추가된 컨트롤의 속성

컨트롤 명	컨트롤 이름	속성 변경
커멘트 컨트롤	cmdStop	Caption="정지"
커멘트 컨트롤	cmdFast	Caption="조금빨리감기"
커멘트 컨트롤	cmdFast1	Caption="빨리감기"
커멘트 컨트롤	cmdSlow	Caption="조금뒤로감기"
커멘트 컨트롤	cmdSlow1	Caption="뒤로감기"
커멘트 컨트롤	cmdExit	Caption="프로그램 종료"

□ 실행전 폼

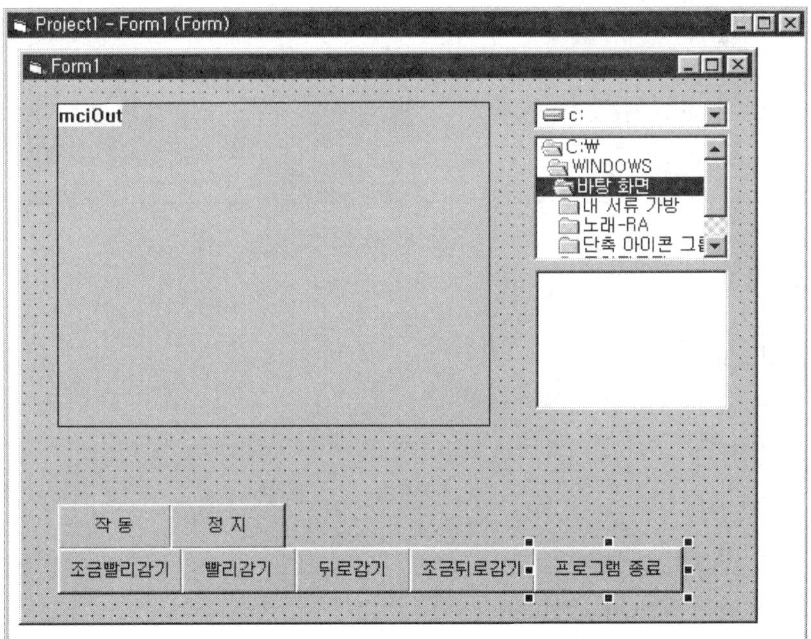

□ 추가된 코드

□ 추가된 코딩 설명

Private Sub cmdExit_Click()

    End

⇒ "프로그램 종료" 버튼 클릭시 종료

End Sub

Private Sub cmdFast_Click()

    mciOut.Position = mciOut.Position + 50

⇒ 동영상이 진행되는 위치에 50을 더하여 진행

⇒ 즉 50을 더하여 빨리 진행이 됨

    mciOut.Command = "play"

⇒ 계속 작동됨

```
End Sub

Private Sub cmdFast1_Click()
      mciOut.Position = mciOut.Position + 100
      mciOut.Command = "play"
⇒ 동영상이 진행되는 위치에 100을 더하여 진행
⇒ 즉 100을 더하여 빨리 진행이 됨
⇒ 계속 작동됨
End Sub

Private Sub cmdPlay_Click()
      mciOut.Command = "play"
End Sub

Private Sub cmdSlow_Click()
      mciOut.Position = mciOut.Position - 50
      mciOut.Command = "play"
⇒ 동영상이 진행되는 위치에 50을 빼서 진행
⇒ 즉 50을 감하여 뒤로 진행이 됨
⇒ 계속 작동됨
End Sub

Private Sub cmdSlow1_Click()
      mciOut.Position = mciOut.Position - 100
      mciOut.Command = "play"
⇒ 동영상이 진행되는 위치에 100을 빼서 진행
⇒ 즉 100을 감하여 뒤로 진행이 됨
⇒ 계속 작동됨
End Sub

Private Sub cmdStop_Click()
      mciOut.Command = "stop"
⇒ 동영상을 정지시킴
End Sub
```

14. 데이터베이스

14.1 개요

데이터베이스는 사람들이 관심을 가지고 있는 데이터를 모아둔 것이다. 일상생활에서 자주 접할 수 있는 데이터베이스의 예로는 은행의 고객 자료의 데이터베이스나 학교에서 학생 자료 데이터베이스, 도서관에서 도서 데이터베이스 등을 들 수가 있다. 이러한 예에서 보는 것처럼 하나의 데이터베이스에는 서로 관련된 데이터들이 저장되어있다. 데이터베이스에 저장된 데이터는 끊임없이 변화한다. 즉 데이터베이스는 새로운 데이터를 저장하거나 기존의 데이터를 삭제, 변경시키는 작업을 수행한다.

14.2 데이터 베이스 용어

□ 관계형 데이터베이스(Relational DataBase)

관계형 데이터베이스는 모든 데이터들을 테이블과 같은 형태로 나타내어 저장하는 데이터베이스다. 일상생활에서 데이터를 정리하여 표현할 때 흔히 표와 같은 방법을 사용하게 되는데, 관계형 데이터베이스는 이 '표'의 개념을 사용해서 데이터를 구성하는 방법을 사용한다.

예를 들어 성적 관리를 위한 관계형 데이터베이스를 구성한다면 다음과 같다.

학번	성명	국어	영어	수학	평균	학점
:	:	:	:	:	:	:
:	:	:	:	:	:	:
:	:	:	:	:	:	:

학번, 성명, 국어, 영어, 수학, 평균, 학점을 각각 표처럼 표현한다. 즉 테이블을 사용한다면, 첫번째 열은 학번, 두번째 열은 성명, 세번째 열은 국어 등을 써서 나타낼 수 있다. 관계형 데이터베이스에서는 단순히 데이터를 테이블의 형태로 나타낼 뿐만 아니라 저장된 데이터로부터 원하는 정보를 추출할 수 있는 방법을 정의한다.

□ 데이터베이스 관리 시스템 (Database Management System)

데이터베이스를 생성하고, 관리하며, 데이터로 부터 사용자의 물음에 대한 대답을 추출하는 프로그램의 집합을 데이터베이스 관리 시스템 (Database Management System)이라 한다. 데이터베이스 관리 시스템의 목표는 바로 데이터를 저장하고 이 데이터로부터 유용한 정보를 얻어내기 위한 효율적이면서도 편리한 방법을 사용자에게 주는데 있다.

데이터베이스 관리 시스템이 데이터를 관리하기 위해서는 저장할 데이터의 구조를 정의해야 하며, 이렇게 정의된 구조에 따라 효율적으로 데이터를 저장해야 한다. 또한 이렇게 저장된 데이터로 부터 좀 더 빠르게 정보를 추출할 수 있기 위한 방법들을 제공해야 한다.

□ SQL

Structured Query Language의 약어f이다. SELECT FROM WHERE- 구조로 특징지울 수 있는 관계 사상을 기초로 한 대표적 언어로서 입력 relation으로부터 원하는 출력 relation을 사상시키는 언어. IBM에서 처음에는 SEQUEL이란 이름으로 개발되었으나, 현재는 SQL로 널리 알려지게 되었다. SQL은 데이터 정의, 데이터 조작, 데이터 제어 기능에 대한 명령을 모두 포함하고 있다

□ Table

테이블은 행과 열로 배열된 관련 자료들의 모임으로 테이블의 행을 레코드(Record)라고 하며 열을 필드(Field)라고 한다.

□ Record

테이블의 각 행을 레코드라고 한다. 레코드는 서로 관련된 일련의 데이터들을 하나의 단위로 묶어 놓은 것으로 설정된 필드에 대한 자료를 갖고 있어 실질적인 데이터베이스 파일의 자료가 된다.

□ Index

화일 기억장소 내에 위치한 레코드들의 주소를 가진 컴퓨터 워드나 필드들의 표를

말하는 것으로 데이터를 신속하게 찾을 수 있도록 정렬된 목록이다.

□ Key

항목의 구별이나 그 위치를 찾기 위해 이용되는 영역을 형성하는 문자의 모임으로서, 데이터베이스에서 원하는 자료를 빨리 찾을 수 있도록 색인으로 설정된 테이블의 필드이다.

14.3 비주얼 베이직과 데이터베이스

데이터베이스의 구축방법은 여러 가지가 있다. 데이터베이스Ⅲ+, FoxPro 등과 같은 ISAM(Indexed Sequential Access Method)데이터베이스, 모델데이터베이스, 계층적 데이터베이스, MS-Access, MS-SQL, Oracle 등의 관계형 데이터베이스 등이 있는데 이중에서 관계형 DB가 설계 표준으로 자리잡고 있다. 그 이유는 SQL을 제공하여 서로 다른 수많은 DB를 일관성 있게 관리할 수 있기 때문이다. 비주얼 베이직에서는 이러한 모든 종류의 데이터베이스 파일에 접근할 수 있는데, 이는 중간에 연결통로를 만들어 처리해주는 툴이 있기 때문이다. 이 툴은 데이터베이스 엔진이라고 부른다. 비주얼 베이직에 내장된 DB 툴 중에서 가장 대표적인 것이 데이터컨트롤과 DAO(Data Access Object)다. 그리고 원격 DB를 처리하기 위한 RDC(Remote Data Control)와 RDO(Remote Data Object)가 있다. JET(Joint Engine Technology)엔진은 비주얼 베이직 프로그램과 데이터베이스간의 매개체로 작동하는 라이브러리 모음이다. 사용자는 단지 데이터 관리자를 이용하여 이 JET 엔진으로 만들 수 있는 데이터 파일 즉, MDB 파일을 만들 수 있다. 또한 데이터베이스와 연결만 시켜주는 데이터컨트롤을 사용하지 않고도 DAO 엔진을 사용하여 코딩으로 DB 파일을 조작할 수 있다. JET 엔진은 비주얼 베이직의 DB에서 가장 핵심이 되는 부분으로 엔진자체가 관계형 데이터베이스 관리 시스템(RDBMS : Relational Data Base Management System)형으로 제작됐기 때문에 RDBMS 인 오라클이나 MS-SQL, 인포믹스 등의 시스템과 연결하는데 ODBC(Open Data Base Connectivity) 드라이브만 있으면 된다.

□ 데이터 컨트롤

데이터 컨트롤은 비주얼 베이직 응용프로그램을 데이터베이스에 접속하는 기능을 가진 DAO를 컨트롤화 시킨 것이다. 툴박스에 컨트롤로 등록돼 있어 이 컨트롤을 이용해 더욱 편리하게 데이터베이스 프로그래밍을 진행할 수 있다. 데이터 컨트롤을 생성한 후 가장 먼저 해야 할 일은 데이터베이스를 연결해 주는 것이다. 연결할 데이터베이스는 이미 생성돼 있어야 한다.

□ 데이터 그리드 컨트롤

그리드 컨트롤은 데이터베이스에서 특정필드를 기존의 비주얼 베이직의 컨트롤에서 사용하도록 하여 폼에서 직접 데이터베이스의 내용을 처리하도록 해주는 컨트롤이다.

■ 예제 14-1

데이터베이스 관리자 실습 프로그램이다. 데이터베이스 응용프로그램을 만들기 위해서는 데이터베이스 파일이 있어야 한다. 작업 과정은 1단계 데이터베이스 테이블 구성 및 데이터베이스 파일 생성하기 그리고 구성된 데이터베이스 파일을 이용하여 2단계 응용 프로그램 만들기를 수행한다.

□ 1단계 : 데이터베이스 파일 만들기

비주얼 베이직에 포함되어 있는 비주얼 데이터 관리자를 이용하여 데이터베이스 파일을 생성할 수 있다. 그 외에도 데이터베이스 파일을 생성하고 열고 수정하기 위해서 Access, MS-SQL, Oracle 같은 전문 DB 프로그램을 이용하는 방법이 있다. 그러면 실제로 다음과 같은 필드로 구성된 "성적관리" 테이블을 만들어 본다.

학번	성명	국어	영어	수학
2001001	홍길동	99	98	97
:	:	:	:	:
:	:	:	:	:

□ 비주얼 베이직의 추가기능(Add In)메뉴에서 비주얼 데이터관리자(Visual Data Manager)항목을 선택한다.

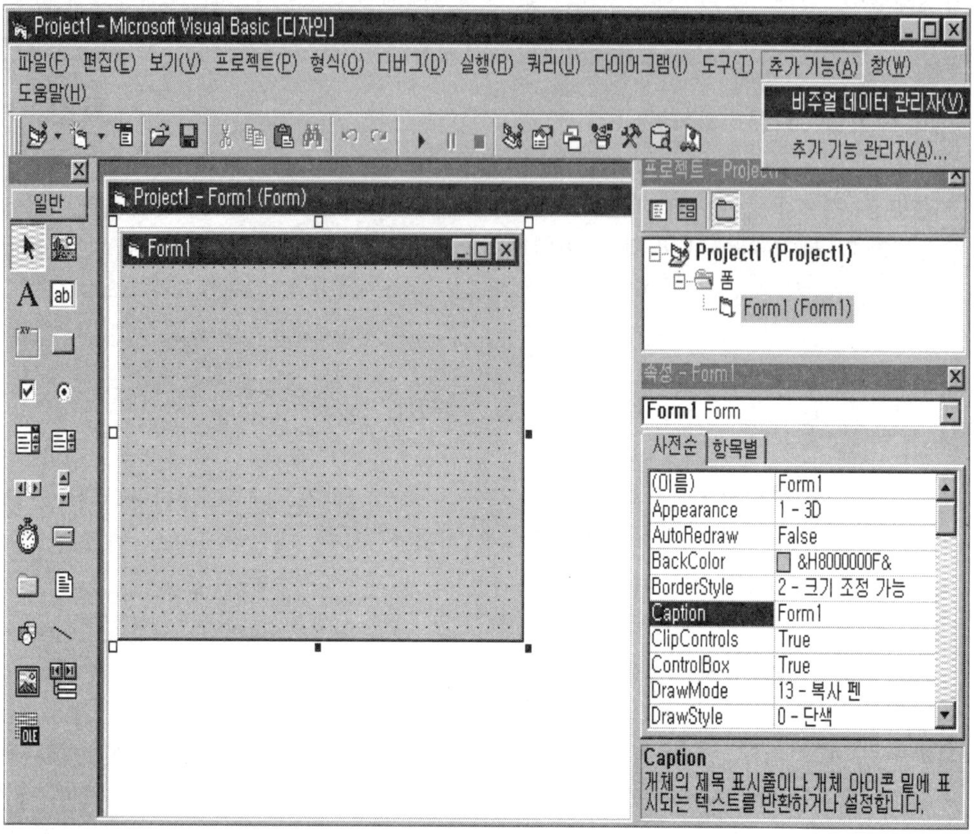

□ 그러면 비주얼 데이터 관리자의 초기화면이 나타난다. 다음은 파일메뉴에서 새파일-Microsoft Access-Version 7.0 MDB를 선택한다.

□ 작성할 DB 지정 대화박스 화면에서 파일이름에 “성적관리”를 입력한다.

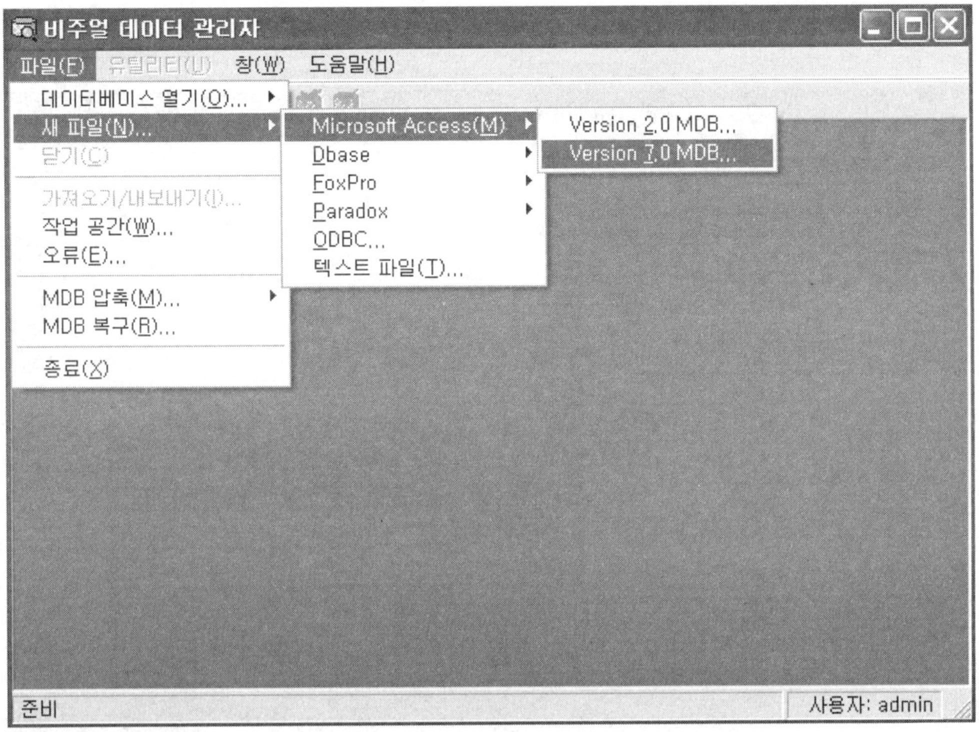

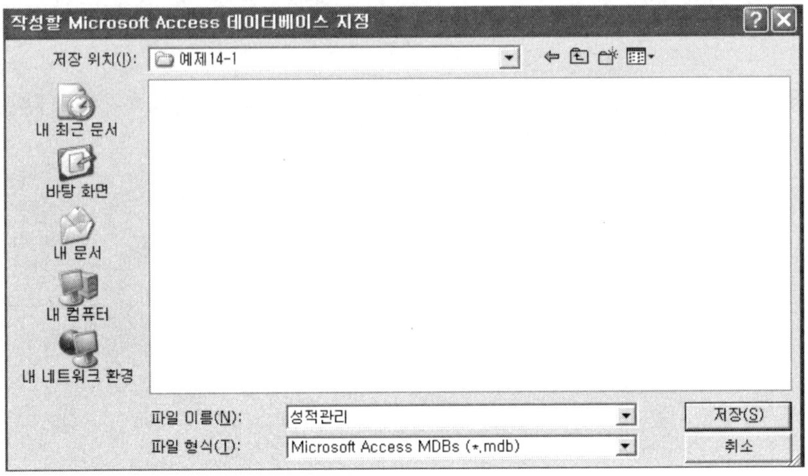

□ "저장" 버튼을 클릭하면 "데이터베이스창" 과 "SQL문"의 2개의 창이 나타납니다. 그러면 데이터베이스 창의 Propoerties에서 단축메뉴(오른쪽 마우스)를 클릭하여 "새 테이블"을 선택한다.

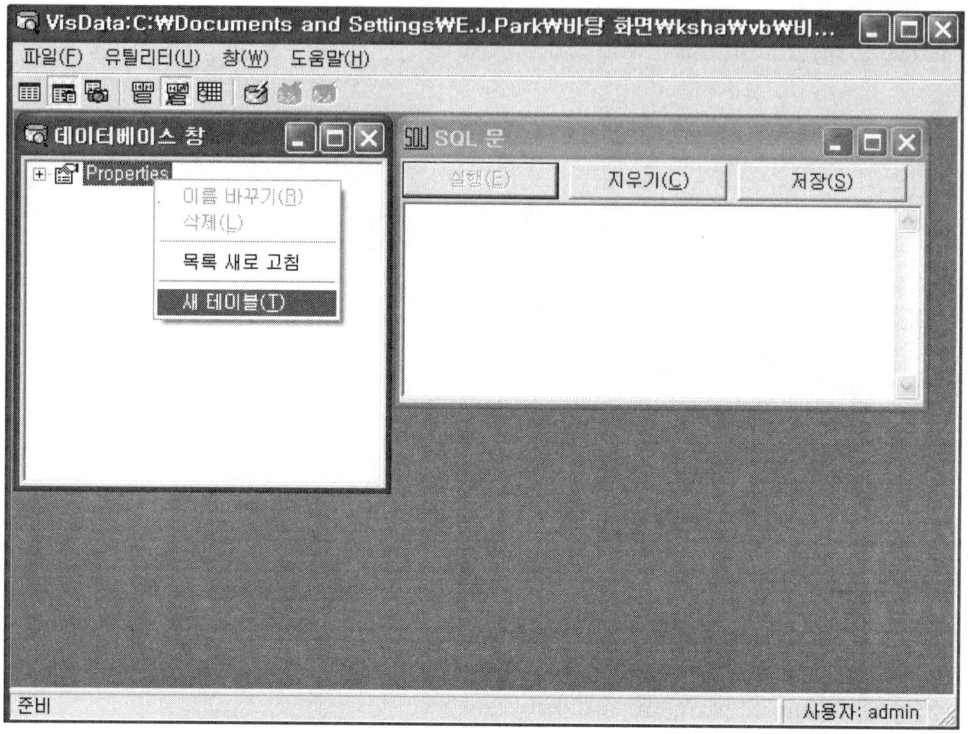

□ 테이블 구조 대화상자에서 테이블의 이름을 "성적관리"라고 입력한 후, 테이블의 필드를 입력하기 위해서 "필드 추가" 버튼을 선택한다.

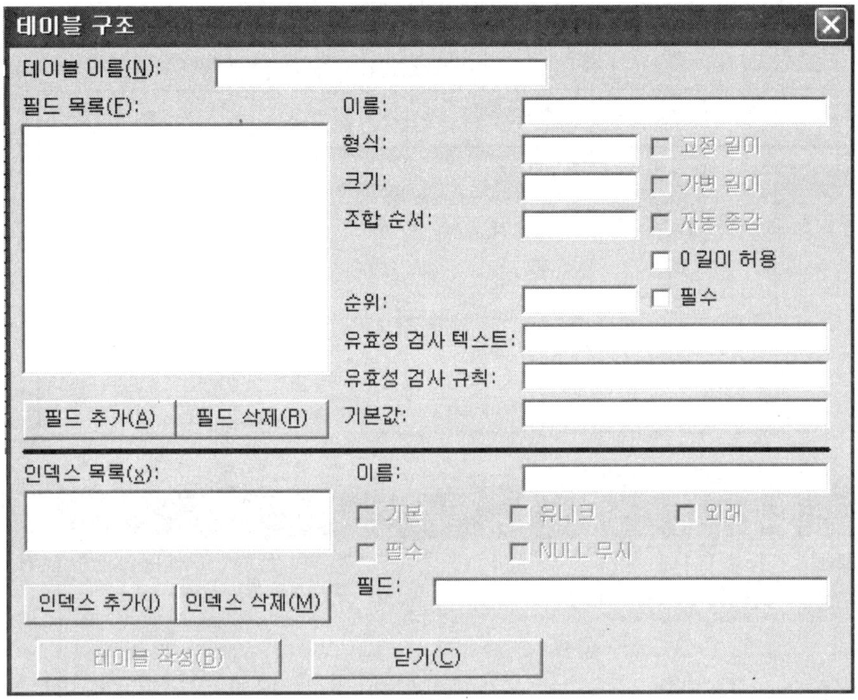

□ 필드추가 대화상자가 나타나면 아래와 테이블과 같이 데이터 필드를 설계하여 “이름‘, “형식’, “크기‘ 순으로 입력하고, ’0길이 허용‘, ’필수‘ 항목을 체크 한 후 “확인’ 버튼을 선택한다.

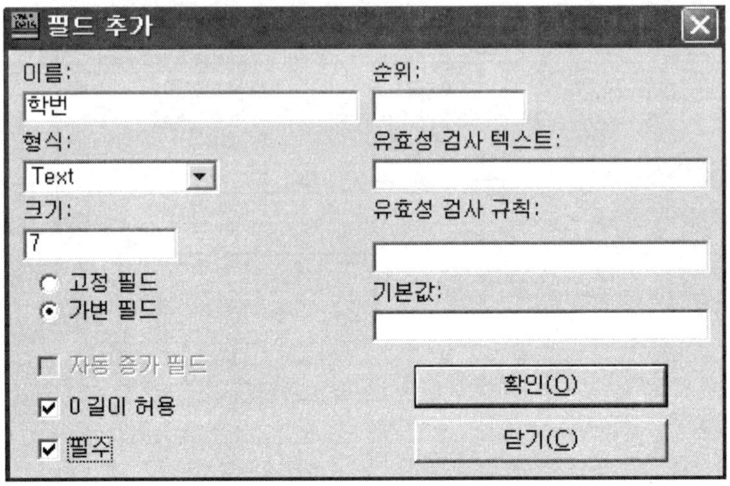

성명, 국어, 영어, 수학도 같은 방법으로 작성한 후 "닫기' 버튼을 선택한다.

Name	Type	Size	기본값	필수
학번	Text	7		○
성명	Text	8		○
국어	Integer	2	0	○
영어	Integer	2	0	○
수학	Integer	2	0	○

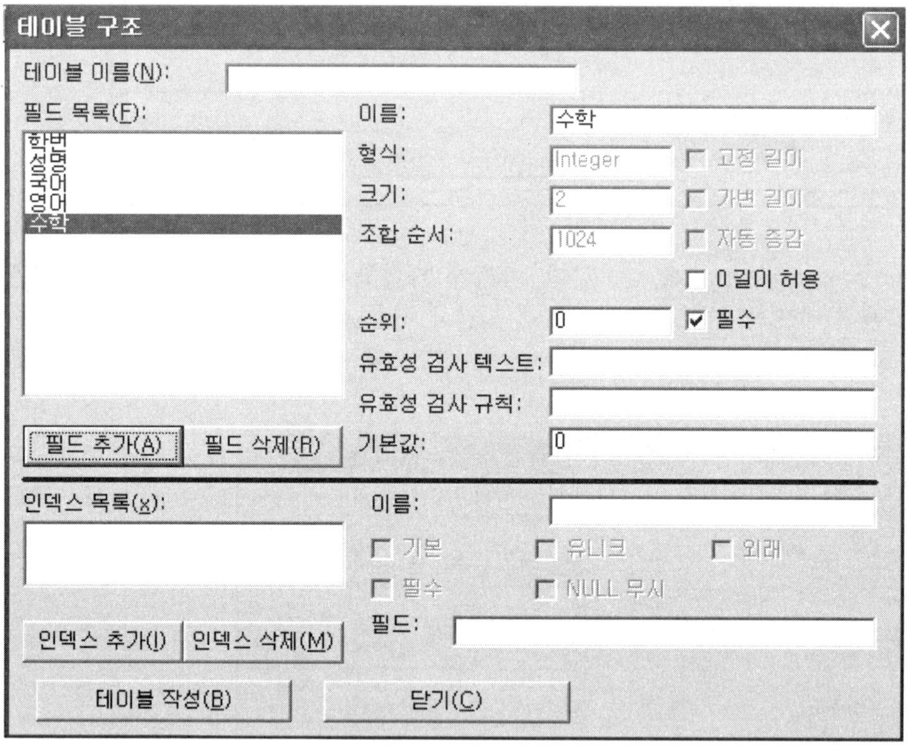

□ 인덱스를 추가하고 키(Primary Key)를 지정하기 위해서 "인덱스 추가'를 선택하여 인덱스 추가 대화상자를 호출한다. 다음 그림을 참조하여 인덱스 테이블의 이름은 'ID'로 인덱스 필드는 '학번'을 선택한다. 인덱스 선택이 끝나면 "확인' 및 "닫기' 버튼을 선택한다.

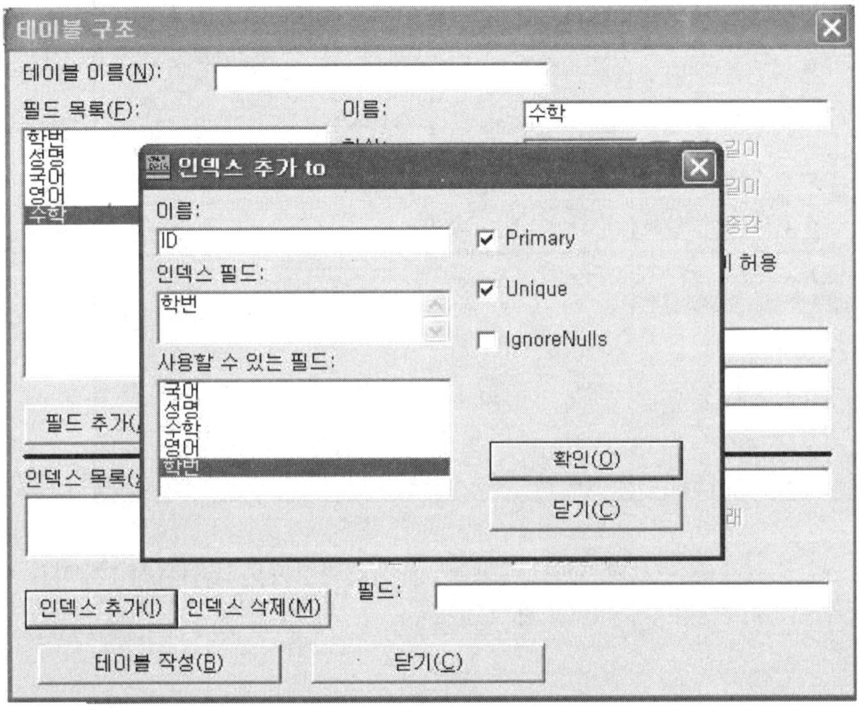

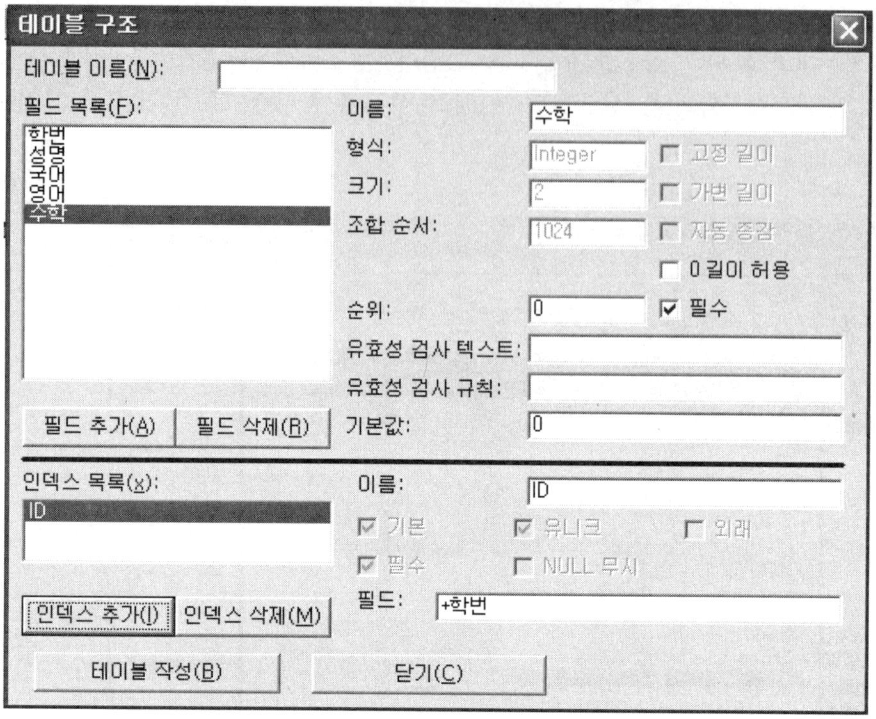

□ 테이블 필드 설계를 완료한 다음 테이블 구조 대화상자로 돌아와서 “테이블 작성‘ 버튼을 선택하면 “성적관리’ 테이블이 완성된다.

□ 데이터베이스 창에 “성적관리” 테이블이 생성되어 있다. 생성된 테이블에 데이터를 추가하거나, 삭제, 수정하는 등의 작업을 하려면 테이블을 더블 클릭하여 나타나는 대화상자를 통하여 수행할 수 있다.

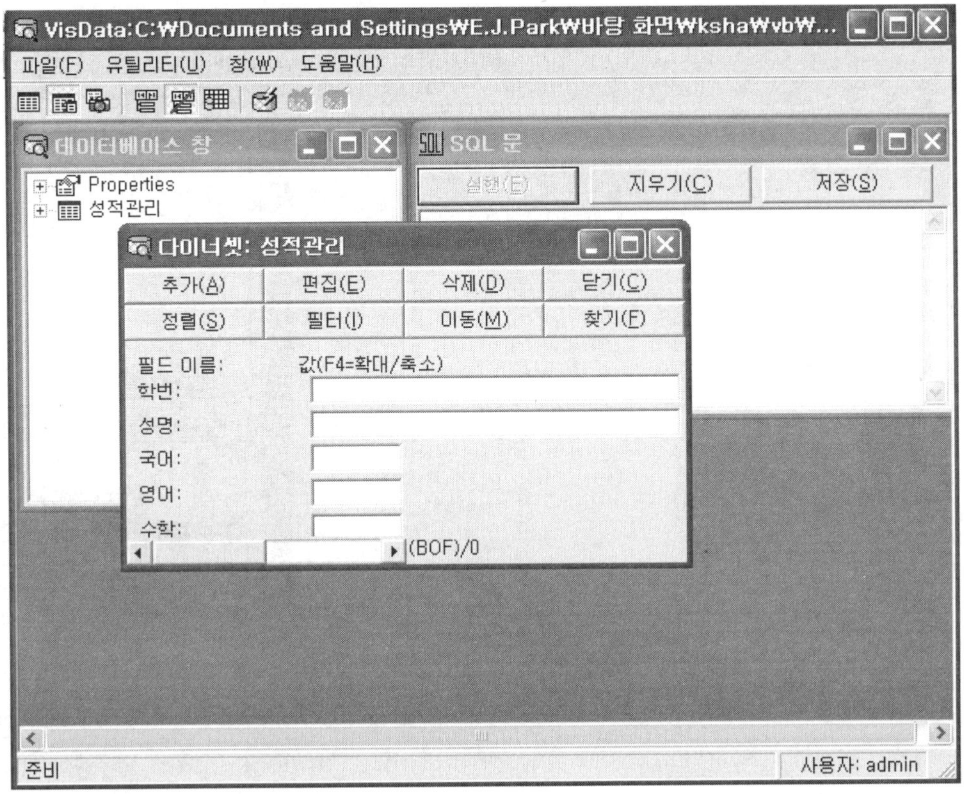

□ 데이터 관리자의 데이터 폼 작성기

이제 데이터베이스 파일을 만들었으니 프로그램 화면을 디자인한다. 비주얼 베이직은 자동으로 폼을 디자인해주는 폼 마법사 기능이 있다. 폼 마법사는 데이터베이스와 연결된 컨트롤과 프로시저를 포함하는 폼을 자동으로 만들어 주는 편리한 도구이다.

□ 메뉴바에서 추가기능-추가 기능 관리자 메뉴를 선택한다.

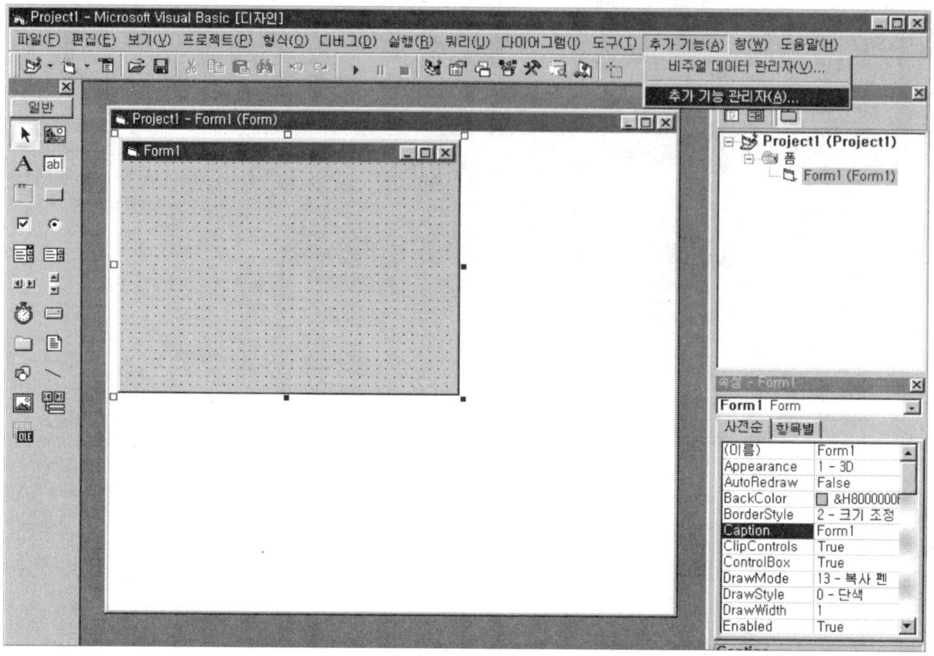

□ 추가기능 관리자 대화상자에서 "VB 6 데이터 폼 마법사" 항목을 선택한다. 로드동작 항목의 로드/언로드, 시작할 때 로드를 체크하여 확인 버튼을 누르면 추가기능 메뉴항목에 "데이터 폼 마법사"라는 메뉴가 추가됨을 알 수 있다.

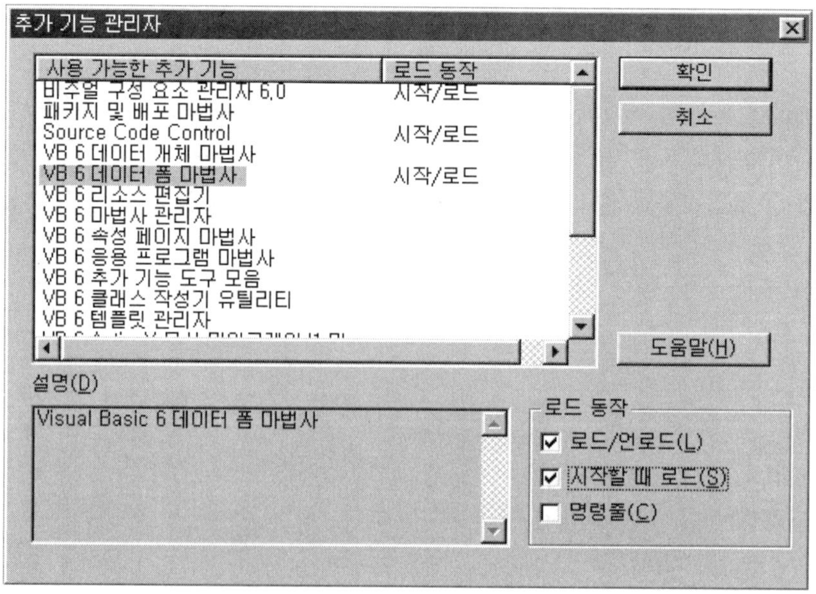

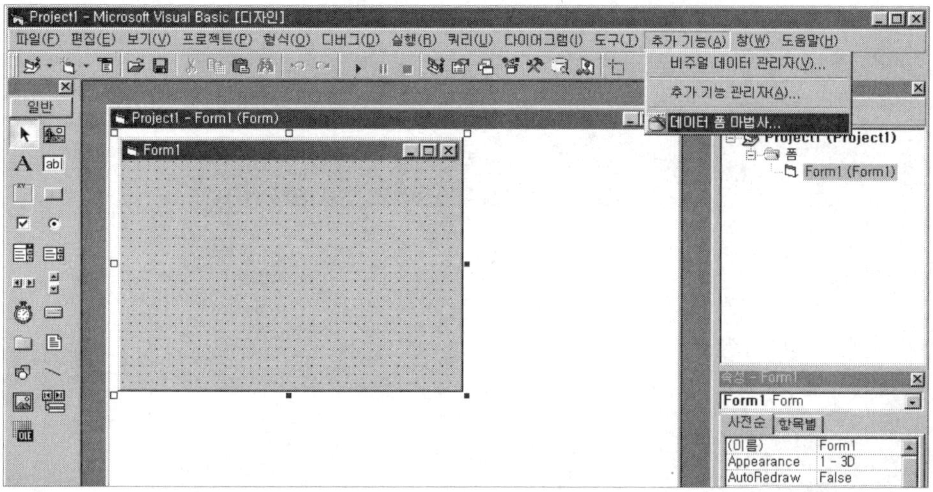

□ 데이터 폼 마법사 메뉴를 선택하거나 메뉴항목에서 프로젝트-폼 추가를 선택하여 "VB 데이터 폼 마법사"를 선택한다.

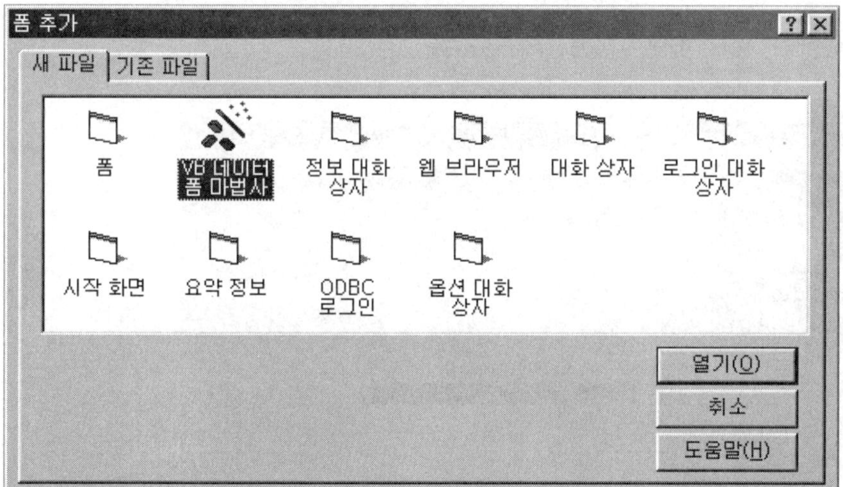

□ 데이터 폼 마법사의 첫 단계인 개요화면에서 “다음”을 선택한다.

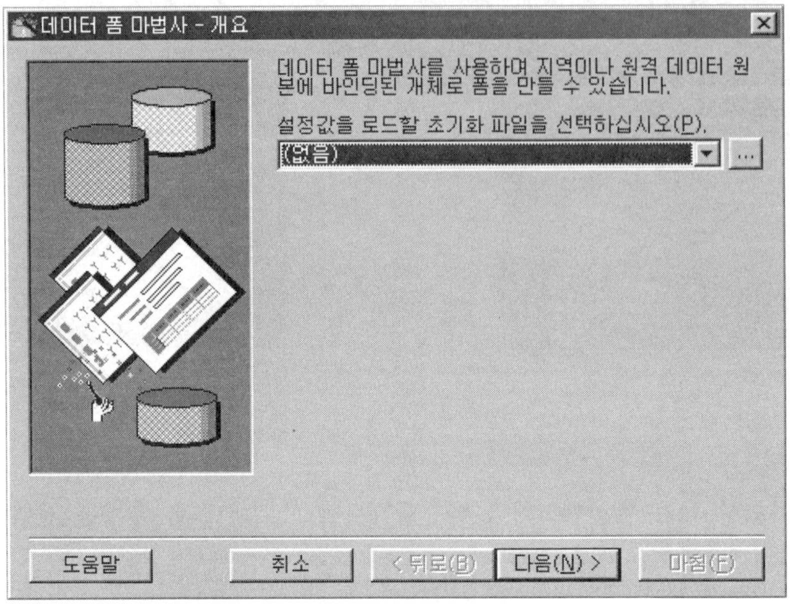

□ 데이터베이스 형식 화면에서는 “Access”를 선택한다.

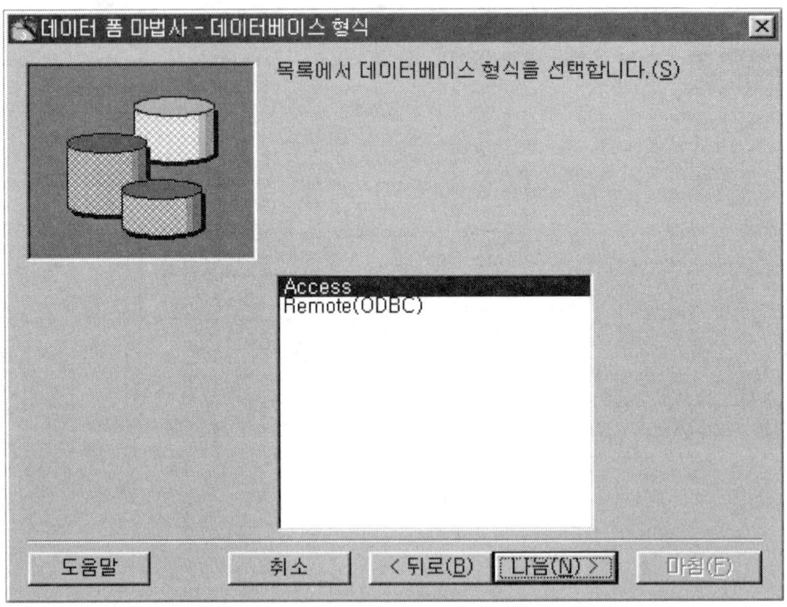

□ 다음은 찾아보기 버튼을 선택하여 앞에서 작성한 "성적관리.mdb" 데이터베이스 파일을 선택한 후 "다음"을 선택한다.

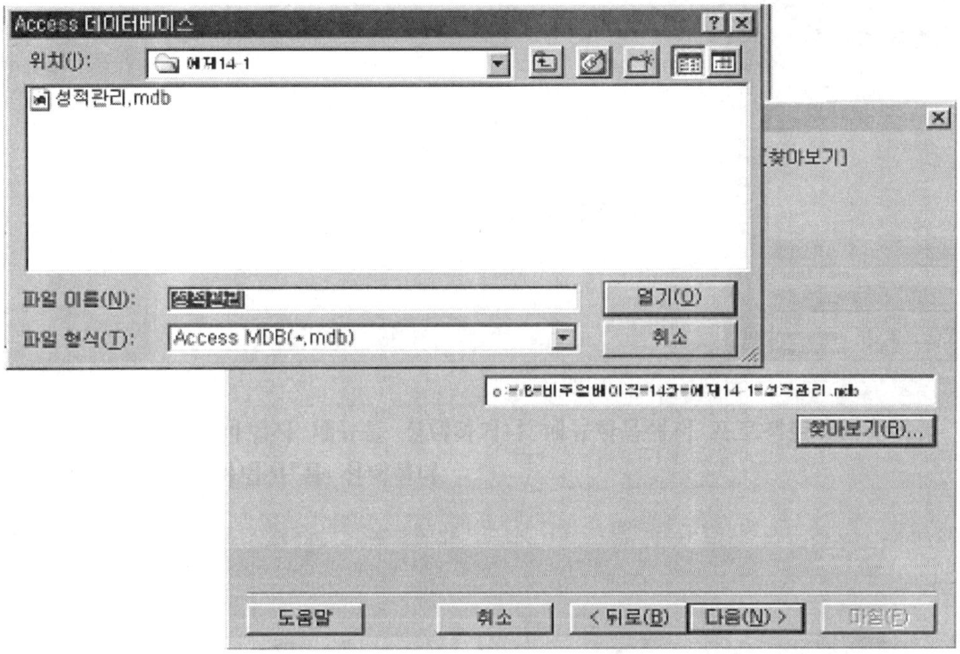

□ 폼의 이름을 "frm성적"을 입력한다. 폼의 레이아웃은 '단일레코드'를 선택한 후 다음을 누른다.

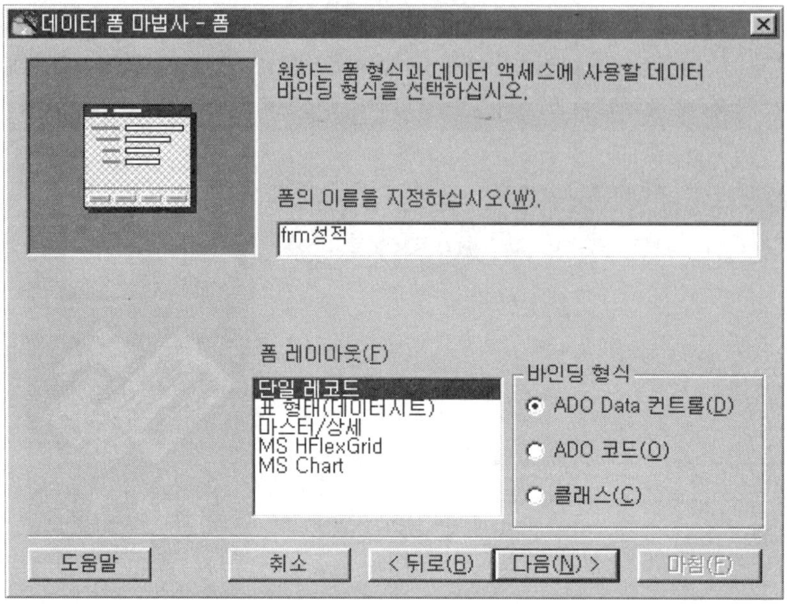

□ 레코드 원본은 "성적관리"를 선택하여 테이블의 필드를 호출한다. 테이블에 나타나는 모든 필드를 선택한 필드에 나타나도록 ▶▶ 버튼을 선택한다.

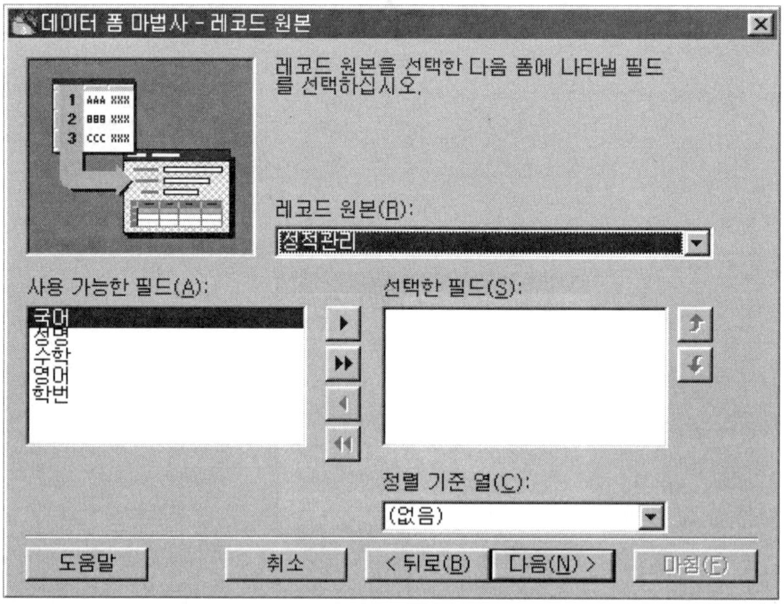

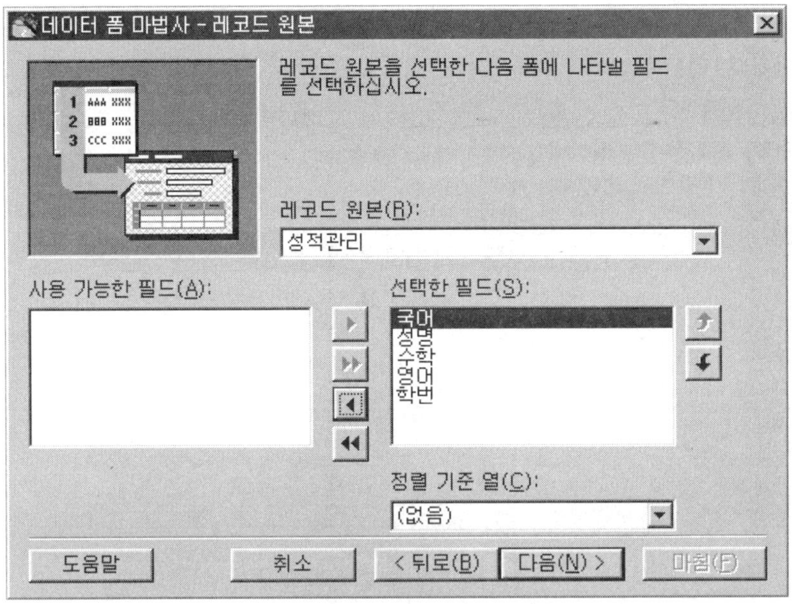

□ 다음은 마지막으로 폼에 나타날 컨트롤로 “추가단추”, “삭제단추”, “닫기단추”를 선택한다.

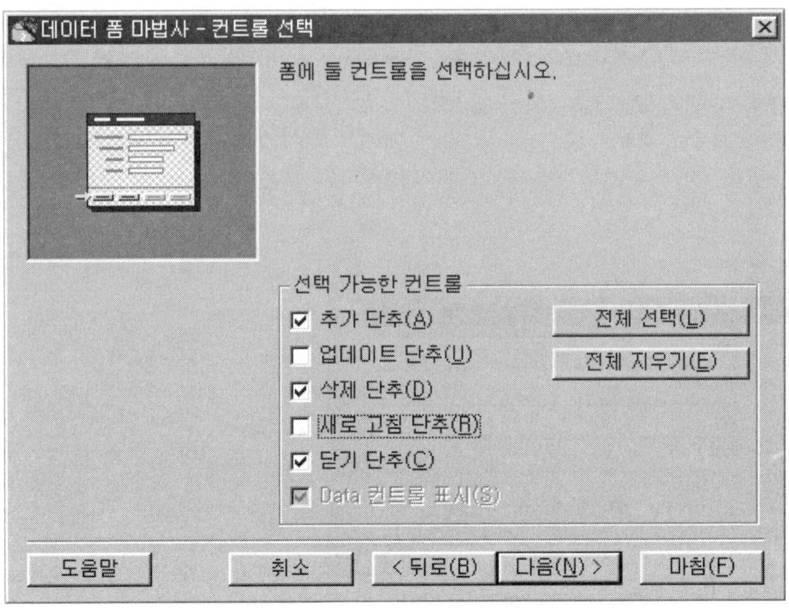

□ 끝으로 마침 버튼을 누르면 새로운 폼이 프로젝트에 추가되고 데이터 폼을 만들었다는 메시지가 나타난다.

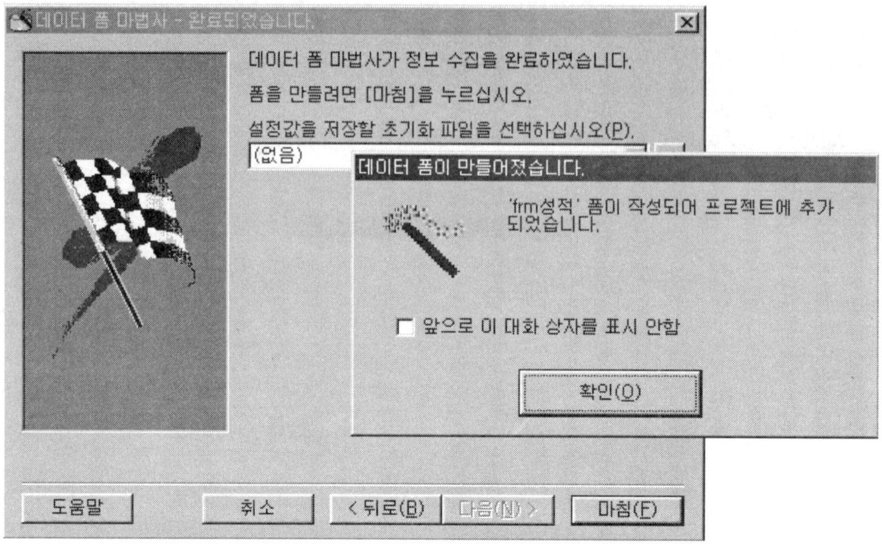

□ frm성적 폼 완성

폼 마법사를 사용하여 완성된 frm성적 폼의 결과이다. 단순하지만 폼에는 "성적관리" 테이블의 필드명으로 된 레이블과 텍스트 박스 [추가], [삭제], [닫기] 버튼, Data 컨트롤이 배치되어 있는 것을 알 수 있다. 데이터베이스에 저장된 필드 순으로 만들어진 폼이다. 성명, 학번, 라벨 및 각각에 해당하는 텍스트 박스를 적당히 위치를 옮겨서 배치한다.

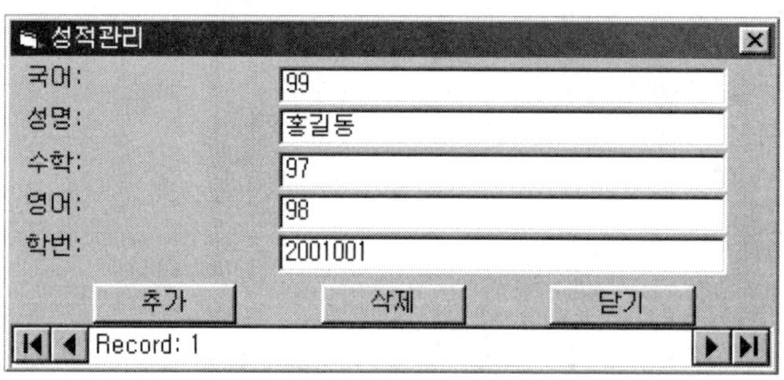

■ 예제 14-2

Data 컨트롤을 활용한 성적 관리 프로그램을 작성해 보자. 데이터 컨트롤은 데이터 바운드 컨트롤과 데이터베이스 파일 내에서 Recordset과 연결시켜준다. 아래와 같이 데이터 컨트롤을 이용하여 성적 보기 프로그램을 작성한다. 데이터베이스 파일은 앞에서 만든 "성적관리.mdb"를 사용한다.

속성	설 명
Connect	사용할 데이터베이스 형식과 데이터베이스 파일 지정
DatabaseName	데이터베이스의 파일 이름이나 디렉터리 이름 설정
RecordSource	액세스하려는 데이터베이스 테이블 이름 지정
RecordsetType	레코드의 집합이 테이블, 다이너셋, 스냅샷인지를 결정
Exclusive	데이터가 단일 사용자인가 아니면 다중 사용자 환경인가를 결정한다.

□ 프로그램 폼 디자인

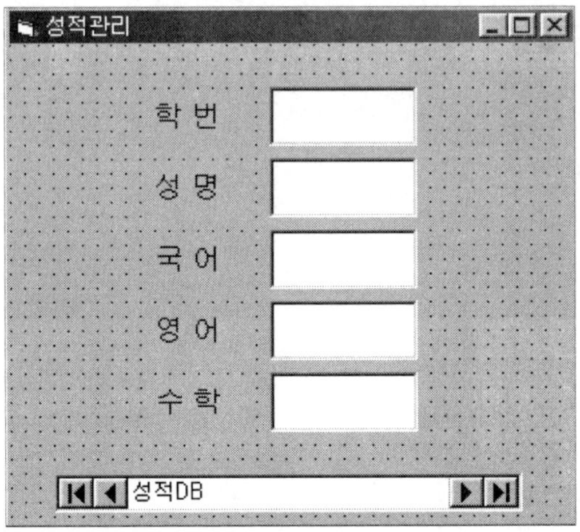

□ 컨트롤박스 설정 및 속성

컨트롤	Name	Catpion
Form	frm성적관리	성적관리
Label	label1 ~ label5	학번, 성명, 국어, 영어, 수학

컨트롤	Name	Caption	DatabaseName	RecordSource
Data	dat성적	성적DB	성적관리.mdb	성적관리

컨트롤	Name	DataSource	Datafield	Enabled
TextBox	txt학번	dat성적	학번	False
TextBox	txt성명	dat성적	성명	False
TextBox	txt국어	dat성적	국어	False
TextBox	txt영어	dat성적	영어	False
TextBox	txt수학	dat성적	수학	False

□ 결과 화면

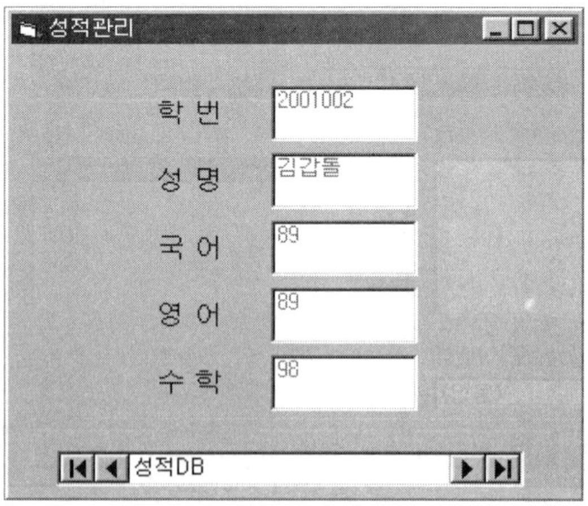

앞 장에서 작성된 Data 컨트롤을 이용한 성적 관리 프로그램에 추가, 삭제, 저장 및 종료 기능을 추가하여 성적 관리를 해 보자.

□ frm성적관리에 Command Button 추가 폼 디자인

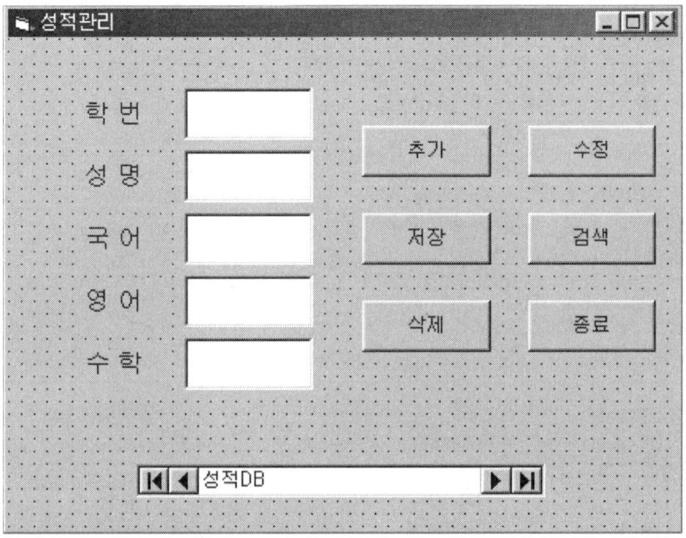

□ 추가 컨트롤 설정 및 속성

컨트롤	Name	Catpion
Command Button	cmd추가	추가
Command Button	cmd수정	수정
Command Button	cmd저장	저장
Command Button	cmd검색	검색
Command Button	cmd삭제	삭제
Command Button	cmd종료	종료

□ 프로그램 코드

Project1 - frm성적관리 (코드)

(일반) cmd수정_Click

```
Private Sub cmd검색_Click()
'찾는 학번을 받기위해 입력 상자를 이용한다.
    찾는학번 = InputBox("학번을 입력하시오", "검색")
'입력받은 학번을 검색
    dat성적.Recordset.FindFirst "학번= '" & 찾는학번 & "'"
'만약 찾는 학번이 없다면 "등록된 학생이 아닙니다" 라고출력한다.
    If dat성적.Recordset.NoMatch = True Then
            MsgBox "등록된 학생이 아닙니다."
    End If
End Sub

Private Sub cmd삭제_Click()
'현재 레코드를 삭제한다
    dat성적.Recordset.Delete
    dat성적.Recordset.MoveNext
'만약 삭제한 레코드가 마지막 레코드라면 그이전 레코드로 이동한다.
    If dat성적.Recordset.EOF Then
        dat성적.Recordset.MoveLast
    End If
End Sub

Private Sub cmd수정_Click()
'수정을 위한 환경 설정을 위해 Textbox를 사용할 수 있게 바꾼다.
    txt학번.Enabled = True
    txt성명.Enabled = True
    txt국어.Enabled = True
    txt영어.Enabled = True
    txt수학.Enabled = True
End Sub

Private Sub cmd저장_Click()
'Textbox스에 입력된 내용을 저장한다.
    dat성적.UpdateRecord
    dat성적.Recordset.Bookmark = dat성적.Recordset.LastModified
'Textbox를 사용할 수 없게 바꾼다.
    txt학번.Enabled = False
    txt성명.Enabled = False
    txt국어.Enabled = False
    txt영어.Enabled = False
    txt수학.Enabled = False
End Sub
```

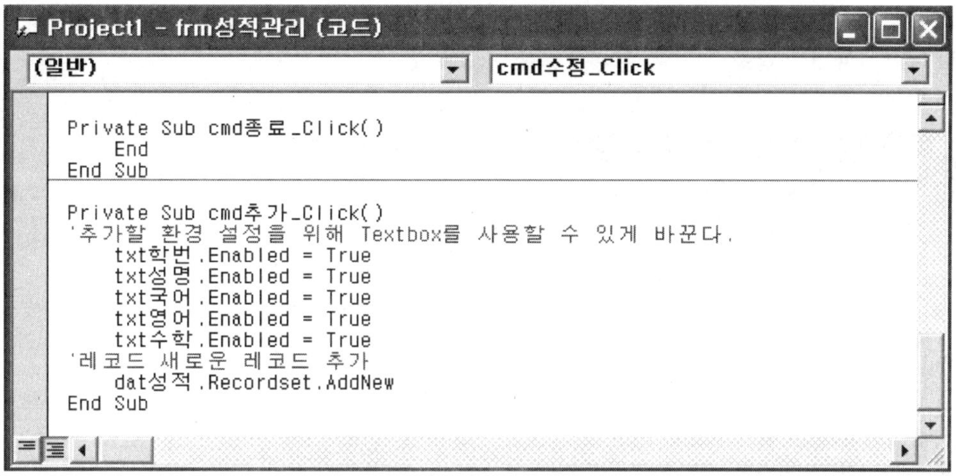

프로젝트를 수행하면 다음과 같은 창이 뜬다.

확인 버튼을 누른 후 프로젝트 속성창이 뜨면 시각 개체를 'frm성적관리'로 설정한 후 확인 버튼을 누른다.

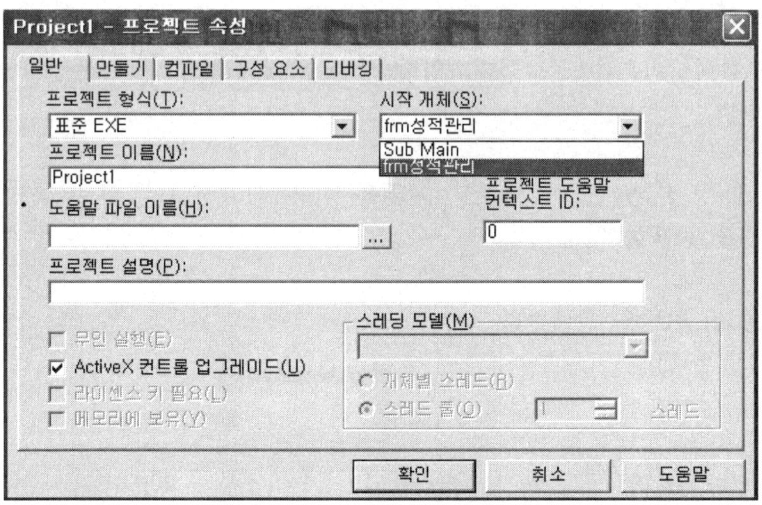

□ 결과 화면

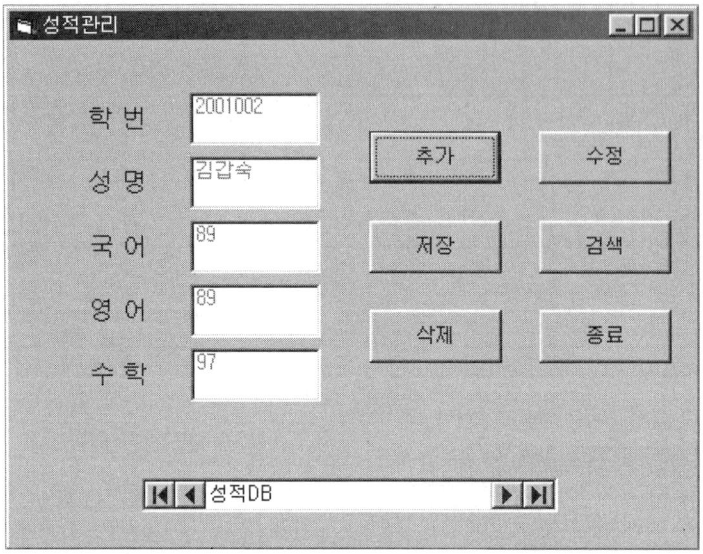

□ 추가 작업 : [추가] 버튼을 선택하고 학번, 성명, 국어, 영어, 수학을 입력한다. [저장] 버튼을 누르면 입력한 레코드가 추가된다.

□ 수정 작업 : [수정] 버튼을 선택하고 학번, 성명, 국어, 영어, 수학을 수정한다. [저장] 버튼을 누르면 수정한 레코드가 추가된다.

□ 검색 작업 : [검색] 버튼을 선택한다. 입력 상자가 나타나면 학번을 입력한 후 [확인] 버튼을 선택한다.

□ 삭제 작업 : dat성적 컨트롤의 화살표 버튼을 이용 삭제하고자 하는 레코드가 나타나면 [삭제] 버튼을 선택한다.

□ 종료 작업 : [종료] 버튼을 선택한다.

■ 예제 14-3

데이터 컨트롤을 이용한 전화번호부를 작성해 보자.

□ 추가기능의 비주얼데이터 관리자를 클릭한다.

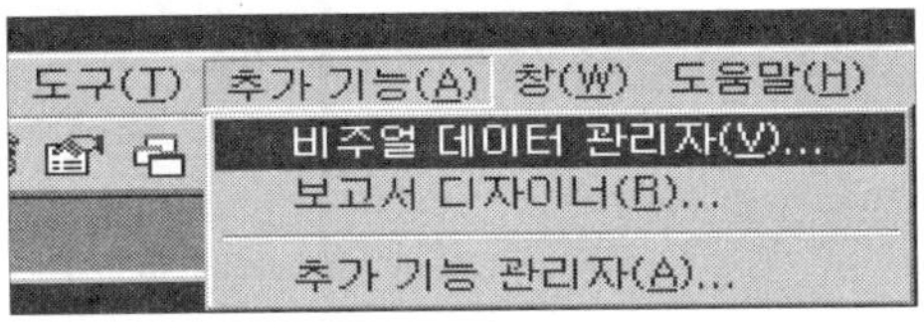

□ 파일 - 새파일- Microsoft Access- 7.0 MDB(7)를 클릭한다.

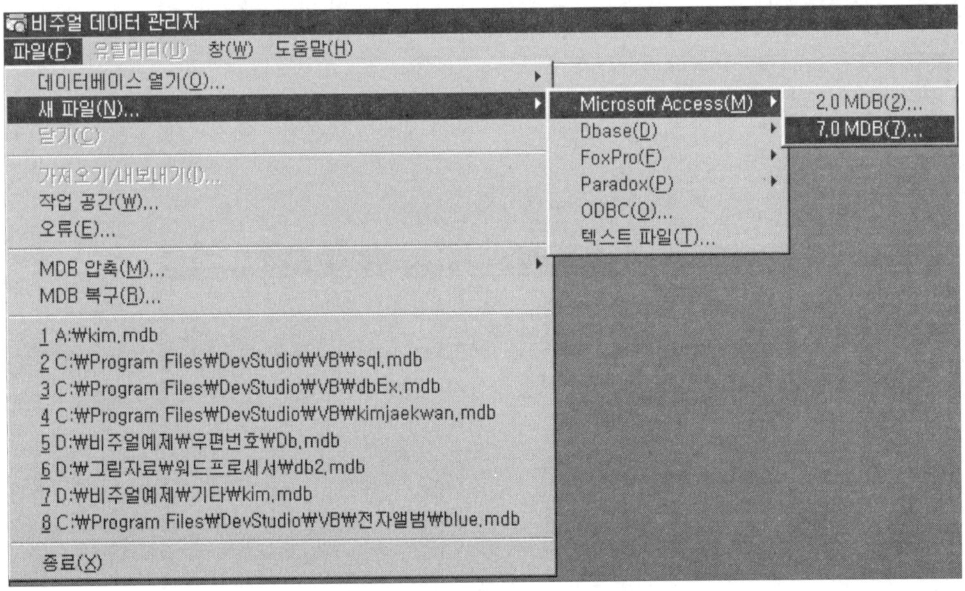

□ 아래의 파일이름을 임의로 'telmemo'라고 입력한다.

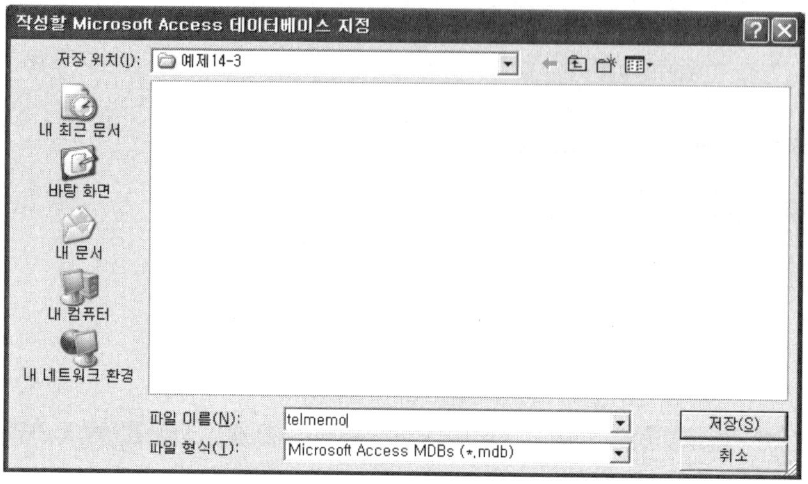

□ 데이터베이스 창에서 properties의 항목에서 오른쪽 마우스를 클릭한 후 '새 테이블'을 클릭한다.

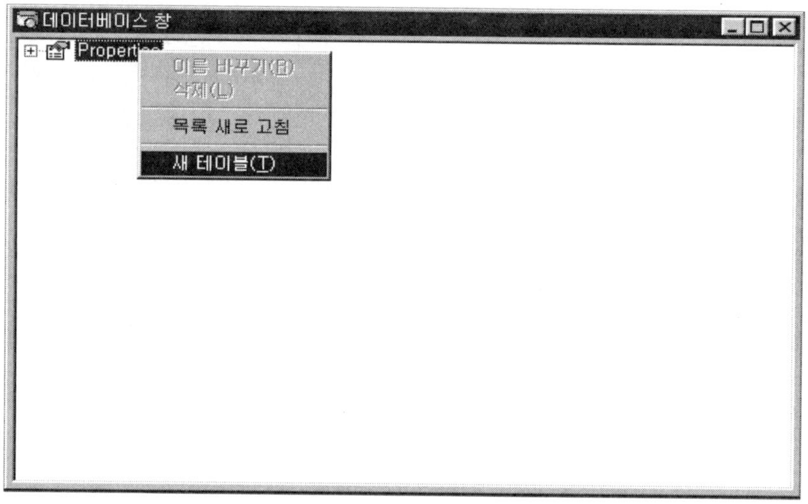

□ 아래의 표와 같은 것을 만들고자 한다면

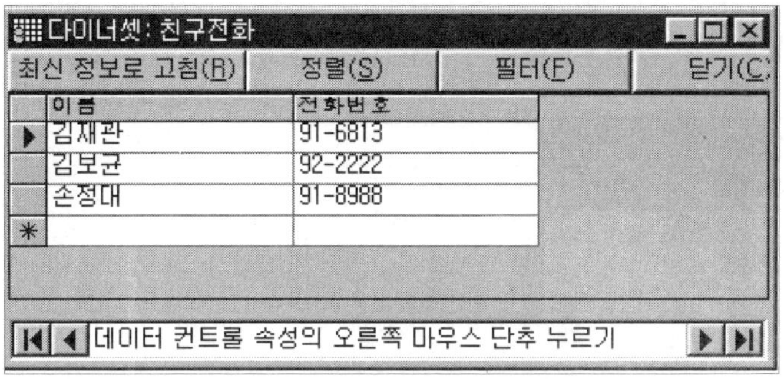

□ 테이블의 이름에 친구전화를 입력하고 필드 추가를 클릭한다.

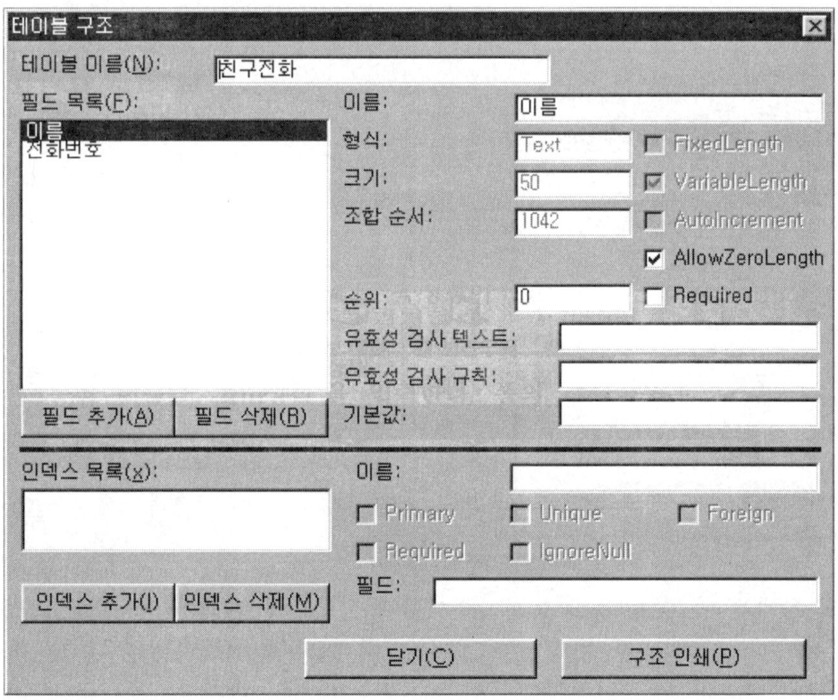

□ 필드추가를 클릭하면 아래와 같이 실행이 된다.
여기서 이름, 형식, 크기를 입력 후 확인을 클릭한 후 전화번호도 같은 식으로 입력한다.

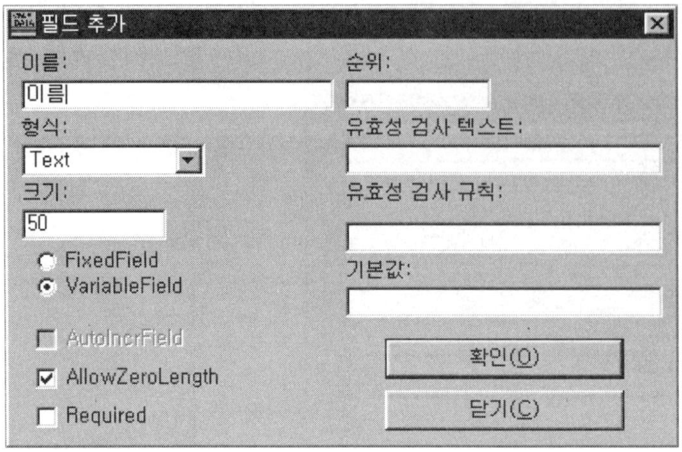

□ 닫기를 클릭한 후 그림과 같이 데이터베이스 창에서 '열기'를 선택하면 다이너셋 창이 열린다.

□ 다이너셋 창에서 '추가' 버튼을 누른 후 이름과 전화번호 항목에 자료를 입력한 후 새로고침 버튼을 누르면 입력한 자료가 저장된다. 자료를 더 입력하려면 '추가' 버튼을 누른 후 이름과 전화번호를 입력하는 과정을 반복한 후 마지막으로 닫기 버튼을 누른다.

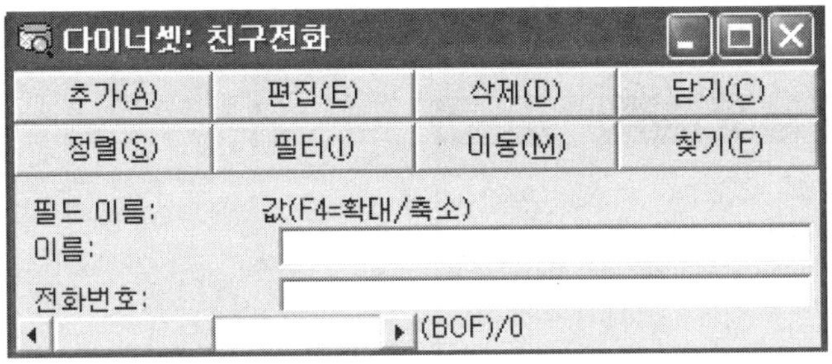

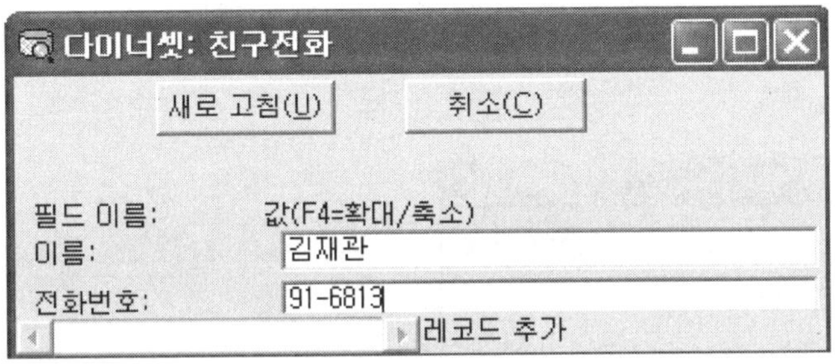

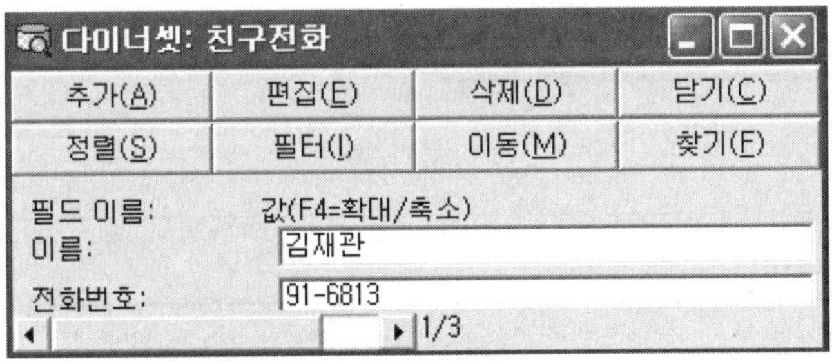

□ 데이터 관리자를 종료한 후 데이터 컨트롤과 데이터베이스 파일을 연결시키면 된다.

데이터 컨트롤과 연결 방법을 알기 위하여서는 먼저 데이터 컨트롤의 속성중 DataBaseName="화일의 경로 및 이름" RecordSourse="테이블 이름"을 이해해야 한다. 이를 위해 다음의 프로그램을 작성해 보자. 다음의 창에서 화살표 부분을 클릭하면 이름과 전화번호가 바뀐다.

□ 실행된 폼

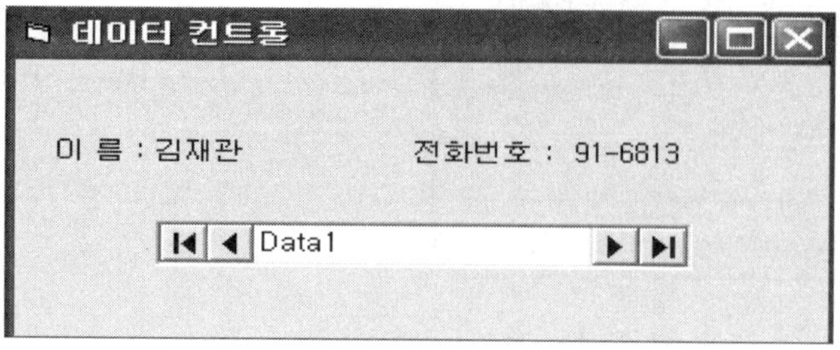

□ 실행전 폼

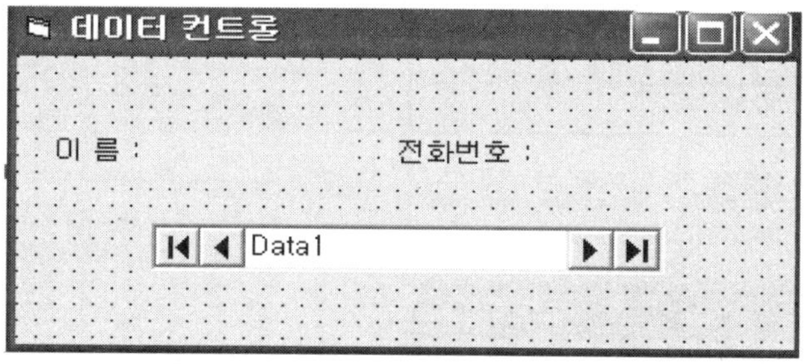

□ 컨트롤 속성

컨트롤 명	컨트롤 이름	속성 변경
폼	frmData	Caption="데이터 컨트롤"
레이블	lblName	Caption="이 름 : "
레이블	lblPhone	Caption="전화번호 : "
레이블	lbl3	DataField="이름", DataSource="dat1"
레이블	lbl4	DataField="전화번호", DataSource="dat1"
데이터	dat1	DataBaseName="c:\예제14-3\telmemo", RecordSource="친구전화"

■ 예제 14-4

다음과 같은 간단하게 애완동물 프로필 데이터베이스를 작성해 보자. 실행이 됨과 동시에 동물들의 사진이 출력이 되고 이름과 나이, 그리고 특징이 출력된다. 이전, 이후 버튼을 클릭하면 데이터 컨트롤의 오른쪽 화살표 또는 왼쪽 화살표를 클릭하는 것과 같이 다음으로 또는 이전으로 이동하게 되어 사진과 내용이 바뀌도록 한다. 애완동물.mdb 파일은 예제 14-1을 참고로 작성한다.

□ 실행된 폼

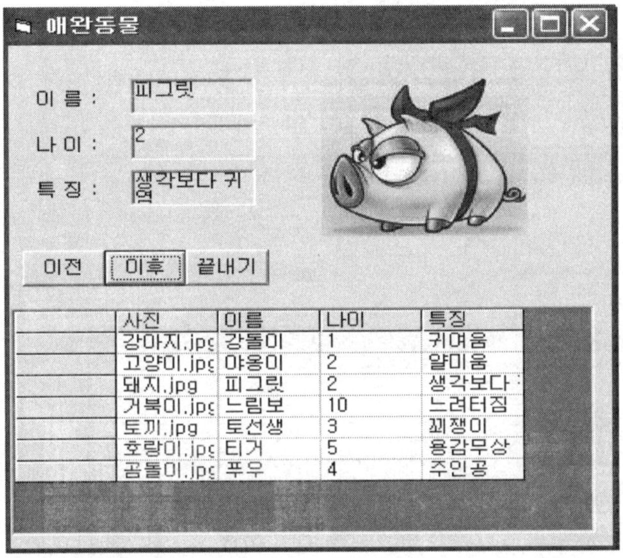

□ 실행전 폼

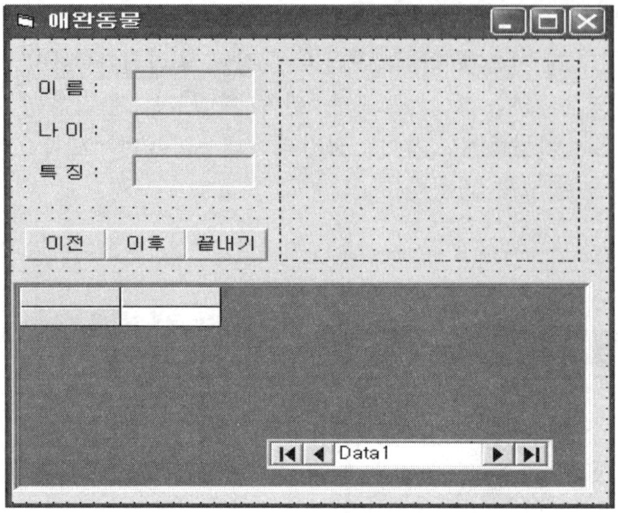

□ 데이터베이스 구조

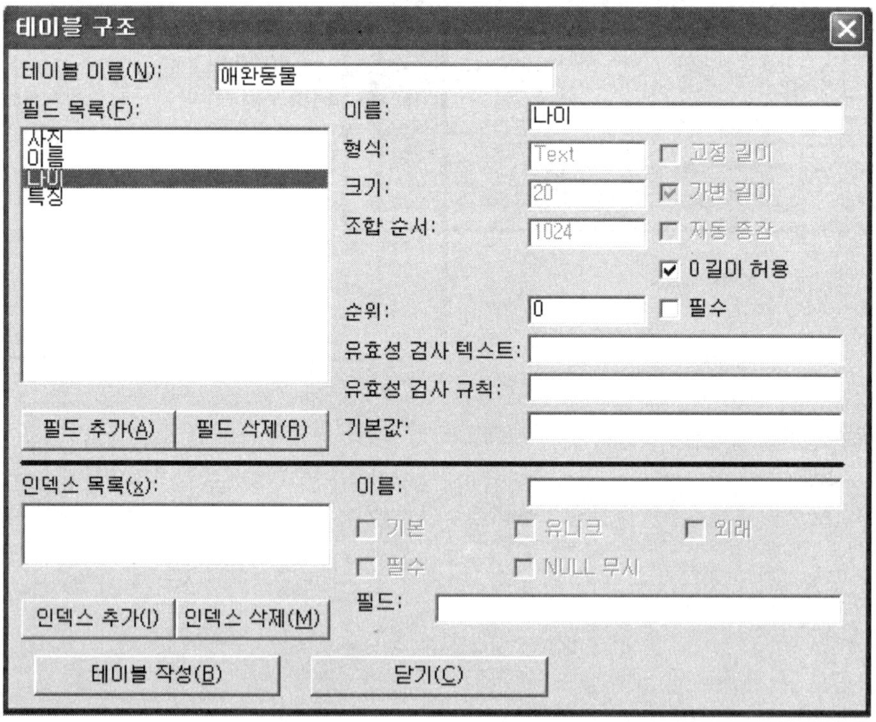

□ 데이터베이스 창에서 '애완동물' → '열기'를 선택 후 다이너셋 창에서 '추가' 버튼을 누른 후 아래와 같이 자료를 입력한 후 '닫기'를 누른다.

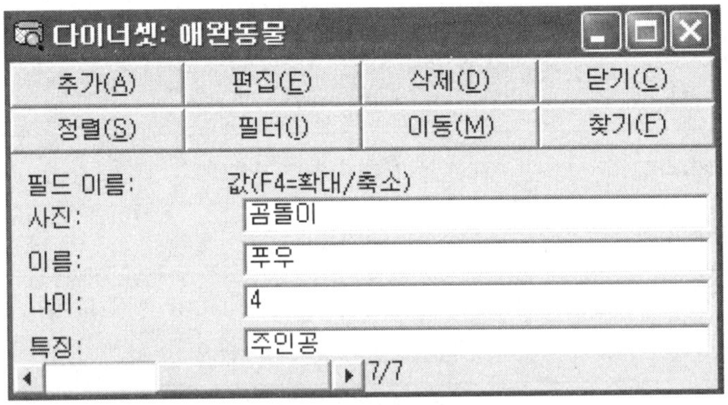

□ 데이터를 가장 손쉽게 다루기 위한 형태의 FlexGrid 컨트롤을 사용하기 위해서는 그림과 같이 구성요소에서 "Microsoft FlexGrid Control 6.0"을 선택하여 사용한다. FlexGrid 컨트롤은 엑셀에서 주로 사용하던 데이터 관리 형태를 처리한다.

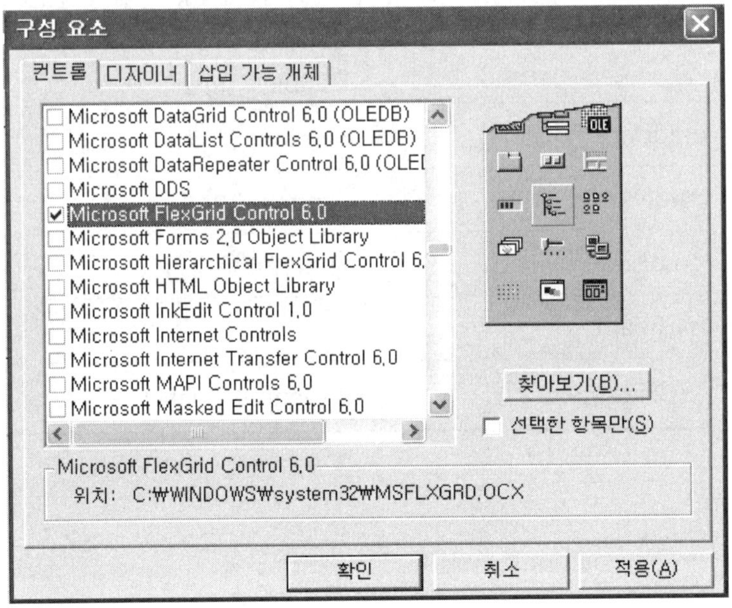

□ 컨트롤 속성

컨트롤 명	컨트롤 이름	속성 변경
폼	frmprofile	Caption="애완동물"
레이블	Label1	Caption="이 름:"
레이블	Label2	Caption="나 이:"
레이블	Label3	Caption="특 징:"
레이블	Label4	DataField="이름", DataSource="data1" BoradStyle="1-단일고정"
레이블	Label5	DataField="나이", DataSource="data1" BoradStyle="1-단일고정"
레이블	Label6	DataField="특징", DataSource="data1" BoradStyle="1-단일고정"
데이터	Data1	DataBaseName="c:\예제14-4\애완동물.mdb", RecordSource="애완동물" Visible="false"
커멘드	cmdPrve	Caption="이전"
커멘드	cmdNext	Caption="이후"
커멘드	cmdEnd	Caption="끝내기"
이미지	imgImage	
FlexGrid	FGrid1	"DataSource="data1"

□ 프로그램 코드

Project1 - frmprofile (코드)

Form | Load

```
    End

End Sub

Private Sub cmdNext_Click()

    Data1.Recordset.MoveNext

    If Data1.Recordset.EOF = True Then
        Data1.Recordset.MoveLast
    End If
    If Data1.Recordset.RecordCount < 8 Then
         imgimage.Picture = LoadPicture(App.Path & _
             "₩" & Data1.Recordset!사진 )
    End If

End Sub

Private Sub cmdPrve_Click()

    Data1.Recordset.MovePrevious

    If Data1.Recordset.BOF = True Then
        Data1.Recordset.MoveFirst
    End If
    If Data1.Recordset.RecordCount > 0 Then
         imgimage.Picture = LoadPicture(App.Path & _
                 "₩" & Data1.Recordset!사진 )
    Else
        End
    End If

End Sub

Private Sub Form_Load()

    Dim temp

    Data1.Refresh
    temp = Data1.Recordset!사진
    imgimage.Picture = LoadPicture(App.Path & "₩" & temp)

End Sub
```

□ 실행된 폼

□ 프로그램 코딩

```
Private Sub cmdEnd_Click()
    End
⇒ "종료" 버튼을 클릭시 종료됨
End Sub

Private Sub cmdNext_Click()
⇒ "이후" 버튼을 클릭하면

    Data1.Recordset.MoveNext
⇒ 레코드에서 다음으로 넘어감

    If Data1.Recordset.EOF = True Then
⇒ "이후"를 클릭했을 때 그것이 레코드의 끝이라면

    Data1.Recordset.MoveLast
⇒ 레코드의 끝에 그대로 놓는다.

    End If

If Data1.Recordset.RecordCount < 5 Then

  imgImage.Picture = LoadPicture(App.Path & "\" & Data1.Recordset!사진)
```

⇒ 그림을 불러 오는 것인데, App.Path는 실행한 곳의 디렉토리를 자동으로 찾아주는 명령어이다.

⇒ 그러므로 프로그램이 실행되는 같은 디렉토리에 그림화일이 있다면 이런식으로 경로를 설정해 두는 것이 좋다. 그렇지않고 사용자가 마음대로 그림화일의 디렉토리를 바꿔 버리면 그림화일을 찾을수 없어 에러가 나기 마련이다.

```
End If
End Sub
```

Private Sub cmdPrve_Click()
⇒ "이전" 버튼을 클릭하면

    Data1.Recordset.MovePrevious
⇒ 데이터 레코드를 이전으로 옮긴다.

    If Data1.Recordset.BOF = True Then
⇒ 데이터 레코드가 처음이면

            Data1.Recordset.MoveFirst
⇒ 레코드의 처음으로, 즉 그대로 있으라는 뜻이다.
    End If

If Data1.Recordset.RecordCount > 0 Then
  imgImage.Picture = LoadPicture(App.Path & "\" & Data1.Recordset!사진)
Else
⇒ 사진을 불러온다.
  End
End If
End Sub

Private Sub Form_Load()
⇒ 프로그램이 로드된 상태에서 자료를 불러와야 하기 때문에 아래의 코딩을 해준다.
Dim temp
⇒ 파일의 이름을 넣기위해 정의
Data1.Refresh
⇒ 데이터를 신선하게 다시 읽음
temp = Data1.Recordset!사진
⇒ 파일의 이름을 변수에 넣음
imgImage.Picture = LoadPicture(App.Path & "\" & temp)
⇒ 그림을 불러온다. 레코드의 첫 그림이 출력된다.
End Sub

15. 키 값을 이용한 간단한 게임 만들기

키보드의 문자, 숫자 그리고 특수 키들을 누를 때마다 고유의 값이 발생한다. 이 값을 이용하여 도형을 제어함으로 간단한 게임을 만들 수 있다.

■ 예제 15-1

다음은 떨어지는 두 개의 공을 잡아서 점수를 올리는 게임이다. "게임시작" 클릭시 두 개의 공이 생성되면서 대각선으로 이동이 된다. "1, 2인용게임" 클릭 시 1인용게임인지 2인용 게임인지를 선택할 수 있으며 "중지" 클릭 시 진행 도중 모든 것이 정지된 상태가 되고, "재시작" 클릭 시 중지 되었던 것이 해제가 된다. 사용되는 키는 좌우 화살표 키를 사용하여 좌우로 이동시킬 수 있고, 2인용은 "z"키와 "x"키로 좌우로 이동할 수 있다.

□ 실행된 폼

□ 메뉴를 클릭하면 다음 그림과 같은 부메뉴가 나타난다.

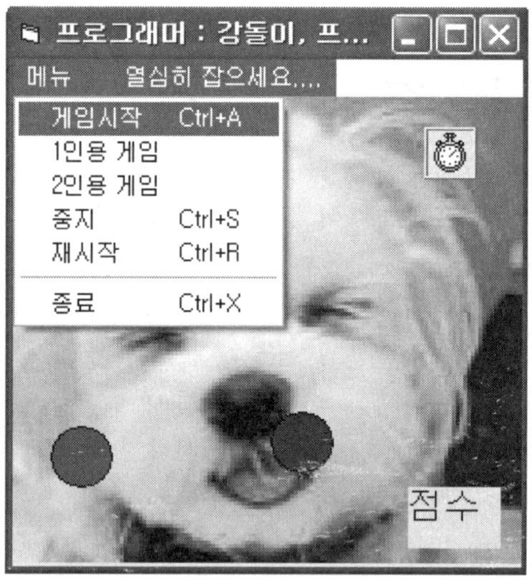

□ 실행전 폼

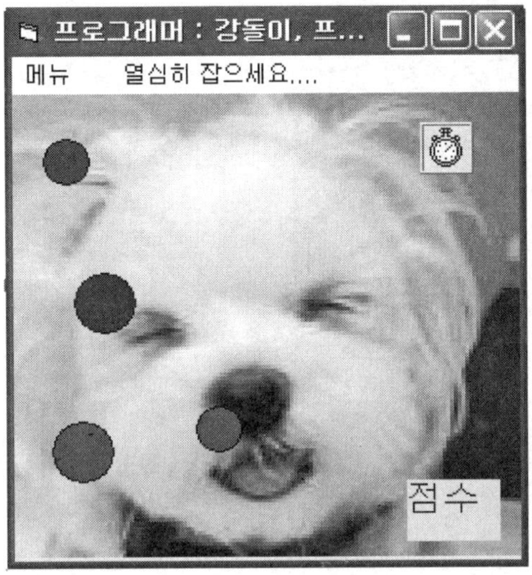

□ 컨트롤 속성

컨트롤 명	컨트롤 이름	속성 변경
폼	frm1	caption="프로그래머 : 고소영, 프로그램명 : 공을 잡아라.“
이미지	image1	picture="jpg 파일연결“
레이블	lbl1	caption=“점수”, backcolor=“노랑”
Shape	Shape1	shpae=“원형”, fillstyle="단색“, fillcolor="빨강”
	Shape2	shpae=“원형”, fillstyle="단색“, fillcolor="초록”
	Shape3	shpae=“원형”, fillstyle="단색“, fillcolor="파랑”
	Shape4	shpae=“원형”, fillstyle="단색“, fillcolor="보라”
타이머	Timer1	interval="10"

□ 메뉴 작성

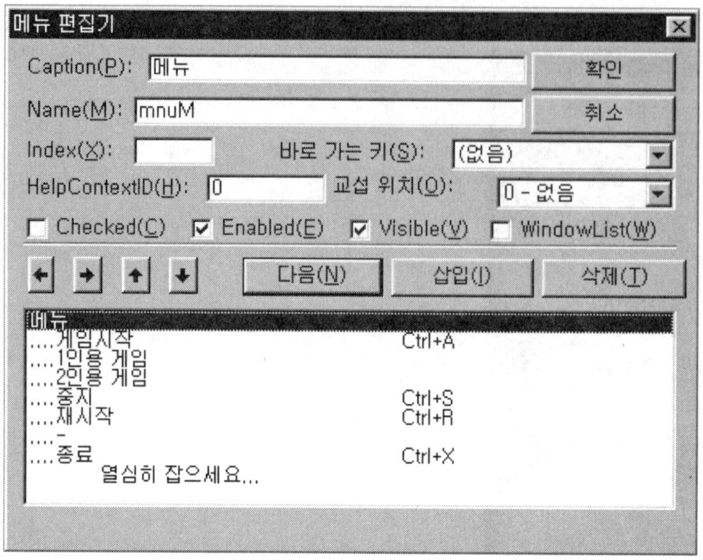

메 뉴	메뉴 이름	단 축 키
메뉴	mnuM	
....게임시작	mnuStart	Ctrl+A
....1인용 게임	mnuNum1	
....2인용 게임	mnuNum2	
....중지	mnuStop	Ctrl+S
....재시작	mnuRestart	Ctrl+R
....-	mnuBar	
....종료	mnuExit	Ctrl+X

□ 프로그램 코드

Project1 - frm1 (코드)

(일반) | mnuNum_Click

```
Dim score As Integer

Private Sub Form_KeyDown(KeyCode As Integer, Shift As Integer)
    If KeyCode = vbKeyLeft Then
        If Shape1.Left > 0 Then
            Shape1.Left = Shape1.Left - 400
        End If
    End If
    If KeyCode = vbKeyRight Then
        If Shape1.Left < 4800 Then
            Shape1.Left = Shape1.Left + 400
        End If
    End If
    If KeyCode = vbKeyZ Then
        If Shape4.Left > 0 Then
            Shape4.Left = Shape4.Left - 400
        End If
    End If
    If KeyCode = vbKeyX Then
        If Shape4.Left < 4800 Then
            Shape4.Left = Shape4.Left + 400
        End If
    End If
End Sub

Private Sub Form_Load()
    Timer1.Enabled = False
    Shape2.Visible = False
    Shape3.Visible = False
End Sub

Private Sub mnuExit_Click()
    End
End Sub

Private Sub mnuNum2_Click()
    Shape4.Left = 1000
    mnunum2.Checked = True
    mnunum1.Checked = False
End Sub

Private Sub mnuNum1_Click()
    mnunum1.Checked = True
    mnunum2.Checked = False
    Shape4.Left = -2000
End Sub
```

Project1 - frm1 (코드)

mnustart | Click

```
Private Sub mnuRestart_Click()
    Timer1.Enabled = True
End Sub
Private Sub mnuStart_Click()
    Timer1.Enabled = True
    Shape2.Visible = True
    Shape3.Visible = True
End Sub
Private Sub mnuStop_Click()
    Timer1.Enabled = False
End Sub
Private Sub Timer1_Timer()
    Dim h As Integer
    Dim w As Integer
    Dim x As Integer

    Static a As Integer
    h = 100
    w = 100
    Shape2.Left = Shape2.Left + w
    Shape2.Top = Shape2.Top + h
    If Shape2.Left > Shape1.Left Then
        If Shape2.Left < Shape1.Left + 1000 Then
            If Shape2.Top > Shape1.Top Then
                If Shape2.Top < Shape1.Top + 1000 Then
                    Beep
                    Shape2.Top = 0
                    score = score + 10
                    lbl1.Caption = score & "점"
                End If
            End If
        End If
    End If

    If Shape2.Left > Shape4.Left Then
        If Shape2.Left < Shape4.Left + 1000 Then
            If Shape2.Top > Shape4.Top Then
                If Shape2.Top < Shape4.Top + 1000 Then
                    Beep
                    Shape2.Top = 0
                    score = score + 10
                    lbl1.Caption = score & "점"
                End If
            End If
        End If
    End If
```

Project1 - frm1 (코드)

mnustart | Click

```
    If Shape2.Left > 5000 Then
        Shape2.Left = 0
    End If

    If Shape2.Top > 5500 Then
        x = MsgBox("종료하시겠습니까?", vbOKCancel, "종료")
        If x = vbOK Then
            End
        Else
            Shape2.Top = 0
        End If
    End If
    Shape3.Left = Shape3.Left - w
    Shape3.Top = Shape3.Top + h

    If Shape3.Left > Shape1.Left Then
        If Shape3.Left < Shape1.Left + 1000 Then
            If Shape3.Top > Shape1.Top Then
                If Shape3.Top < Shape1.Top + 1000 Then
                    Beep
                    score = score + 10
                    lbl1.Caption = score & "점"
                    Shape3.Top = 0
                End If
            End If
        End If
    End If
    If Shape3.Left > Shape4.Left Then
        If Shape3.Left < Shape4.Left + 1000 Then
            If Shape3.Top > Shape4.Top Then
                If Shape3.Top < Shape4.Top + 1000 Then
                    Beep
                    Shape3.Top = 0
                    score = score + 10
                    lbl1.Caption = score & "점"
                End If
            End If
        End If
    End If

    If Shape3.Left < 0 Then
        Shape3.Left = 4000
    End If
    If Shape3.Top > 5500 Then
        x = MsgBox("종료하시겠습니까?", vbOKCancel, "종료")
```

Project1 - frm1 (코드)

Timer1 | Timer

```
        If Shape3.Top > 5500 Then
            x = MsgBox("종료하시겠습니까?", vbOKCancel, "종료")
            If x = vbOK Then
                End
            ElseIf x = vbCancel Then
                Shape2.Top = 0
                Shape3.Top = 0
                lbl1.Caption = "0 점"
            End If
        End If
    End Sub
```

□ 코드 설명

Dim score As Integer
⇒ 점수를 위해 일반에 변수를 선언해 놓습니다.

☞ 게임자 2개의 공 움직임
Private Sub Form_KeyDown(KeyCode As Integer, Shift As Integer)
If KeyCode = vbKeyLeft Then
⇒ 키코드가 좌측화살표라면

If Shape1.Left > 0 Then
⇒ 게임자 공이 좌측좌표가 0보다 크면
Shape1.Left = Shape1.Left - 400
⇒ 좌측으로 이동하도록

End If
End If

If KeyCode = vbKeyRight Then
⇒ 화살표 오른쪽 키를 누르면

If Shape1.Left < 4800 Then
⇒ 게임자 공의 좌측좌표가 4800보다 작으면

```
Shape1.Left = Shape1.Left + 400
⇒ 우측으로 이동

End If
End If


⇒ 2인용 일 경우 게임자 공의 움직임

If KeyCode = vbKeyZ Then

If Shape4.Left > 0 Then
Shape4.Left = Shape4.Left - 400
End If
End If

If KeyCode = vbKeyX Then
If Shape4.Left < 4800 Then
Shape4.Left = Shape4.Left + 400
End If
End If
End Sub

⇒ 폼이 로드되면
Private Sub Form_Load()
Timer1.Enabled = False
⇒ 타이머 실행

Shape2.Visible = False
Shape3.Visible = False
⇒ 두 개의 작은 공을 보이게 함.
End Sub
```

```
Private Sub mnuExit_Click()
End
⇒ 종료
End Sub


⇒ 2인용을 선택시
Private Sub mnuNum_Click()
Shape4.Left = 1000
mnuNum.Checked = True
mnuNum1.Checked = False
End Sub


⇒ 1인용을 선택시
Private Sub mnuNum1_Click()
mnuNum1.Checked = True
mnuNum.Checked = False
Shape4.Left = -2000
⇒ 게임자 공을 보이지 않는 곳으로 이동
End Sub


⇒ "재시작" 선택시
Private Sub mnuRestart_Click()
Timer1.Enabled = True
⇒ 타이머 실행
End Sub


⇒ "시작" 선택시
Private Sub mnuStart_Click()
Timer1.Enabled = True
⇒ 타이머 실행
```

```
Shape2.Visible = True
Shape3.Visible = True
⇒ 공 두 개가 보임
End Sub

⇒ "중지" 선택시
Private Sub mnuStop_Click()
Timer1.Enabled = False
⇒ 타이머 실행 불능
End Sub


⇒ 타이머 실행
Private Sub Timer1_Timer()
Dim h As Integer
Dim w As Integer
Dim x As Integer
Static a As Integer

h = 100
w = 100

Shape2.Left = Shape2.Left + w
Shape2.Top = Shape2.Top + h

If Shape2.Left > Shape1.Left Then
If Shape2.Left < Shape1.Left + 1000 Then
If Shape2.Top > Shape1.Top Then
If Shape2.Top < Shape1.Top + 1000 Then
⇒ 게임자 공의 주위에 맞으면

Beep
⇒ 삐 소리를 나게함
```

Shape2.Top = 0
⇒ 높이의 좌표를 0으로 함

score = score + 10
⇒ 점수를 10점 더함

lbl1.Caption = score & "점"
⇒ 레이블에 나타냄 -> ex) 190점

End If
End If
End If
End If

⇒ 게임자 공에 작은 공이 맞으면
If Shape2.Left > Shape4.Left Then
If Shape2.Left < Shape4.Left + 1000 Then
If Shape2.Top > Shape4.Top Then
If Shape2.Top < Shape4.Top + 1000 Then
Beep
Shape2.Top = 0
score = score + 10
lbl1.Caption = score & "점"
End If
End If
End If
End If

If Shape2.Left > 5000 Then
⇒ 공이 우측으로 벗어 나면

Shape2.Left = 0
⇒ 공의 좌측 좌표값이 0이 된다.

End If

If Shape2.Top > 5500 Then
⇒ 공의 윗 좌표값이 5500 이상이 되면 즉, 게임자 공이 내려오는 공을 못잡으면

x = MsgBox("종료하시겠습니까?", vbOKCancel, "종료")
⇒ 메시지 박스가 출력이 됩니다.

If x = vbOK Then
⇒ "확인"과 "취소" 버튼 중 "확인"을 선택하면

End
⇒ 종료
Else
Shape2.Top = 0
⇒ 그렇지 않으면 다시 시작하기 위하여 공의 윗 좌표가 "0"이 됩니다.

End If
End If

⇒ 두 번째 공의 설정

```
Shape3.Left = Shape3.Left - w
Shape3.Top = Shape3.Top + h
If Shape3.Left > Shape1.Left Then
If Shape3.Left < Shape1.Left + 1000 Then
If Shape3.Top > Shape1.Top Then
If Shape3.Top < Shape1.Top + 1000 Then
Beep
score = score + 10

lbl1.Caption = score & "점"
Shape3.Top = 0
```

```
End If
End If
End If
End If
If Shape3.Left > Shape4.Left Then
If Shape3.Left < Shape4.Left + 1000 Then
If Shape3.Top > Shape4.Top Then
If Shape3.Top < Shape4.Top + 1000 Then
Beep
Shape3.Top = 0
score = score + 10
lbl1.Caption = score & "점"
End If
End If
End If
End If

If Shape3.Left < 0 Then

Shape3.Left = 4000
End If
If Shape3.Top > 5500 Then
x = MsgBox("종료하시겠습니까?", vbOKCancel, "종료")
If x = vbOK Then
End
ElseIf x = vbCancel Then
Shape2.Top = 0
Shape3.Top = 0
lbl1.Caption = "0 점"
End If
End If
End Sub
```

□ 키보드의 키코드 값

vbKeyLButton	1	마우스 왼쪽 단추
vbKeyRButton	2	마우스 오른쪽 단추
vbKeyCancel	3	CANCEL키
vbKeyMButton	4	마우스 가운데 단추
vbKeyBack	8	BACKSPACE키
vbKeyTab	9	TAB키
vbKeyClear	12	CLEAR키
vbKeyReturn	13	ENTER키
vbKeyShift	16	SHIFT키
vbKeyControl	17	CTRL키
vbKeyMenu	18	MENU키
vbKeyPause	19	PAUSE키
vbKeyCapital	20	CAPS LOCK키
vbKeyEscape	27	ESC키
vbKeySpace	32	SPACEBAR키
vbKeyPageUp	33	PAGE UP키
vbKeyPageDown	34	PAGE DOWN키
vbKeyEnd	35	END키
vbKeyHome	36	HOME키
vbKeyLeft	37	왼쪽 화살표키
vbKeyUp	38	위 화살표키
vbKeyRight	39	오른쪽 화살표키
vbKeyDown	40	아래 화살표키
vbKeySelect	41	SELECT키
vbKeyPrint	42	PRINT SCREEN키
vbKeyNumlock	144	NUM LOCK키

□ 키보드의 영어단어 키코드 값

vbKeyA 65	A키	vbKeyB 66	B키
vbKeyC 67	C키	vbKeyD 68	D키
vbKeyE 69	E키	vbKeyF 70	F키
vbKeyG 71	G키	vbKeyH 72	H키
vbKeyI 73	I키	vbKeyJ 74	J키
vbKeyK 75	K키	vbKeyL 76	L키
vbKeyM 77	M키	vbKeyN 78	N키
vbKeyO 79	O키	vbKeyP 80	P키
vbKeyQ 81	Q키	vbKeyR 82	R키
vbKeyS 83	S키	vbKeyT 84	T키
vbKeyU 85	U키	vbKeyV 86	V키
vbKeyW 87	W키	vbKeyX 88	X키
vbKeyY 89	Y키	vbKeyZ 90	Z키

□ 키보드의 숫자 키코드 값

vbKey0 48	0키	vbKey1 49	1키
vbKey2 50	2키	vbKey3 51	3키
vbKey4 52	4키	vbKey5 53	5키
vbKey6 54	6키	vbKey7 55	7키
vbKey8 56	8키	vbKey9 57	9키

□ 키보드의 오른쪽 번호 키코드 값

vbKeyNumpad0	96	0 키	vbKeyNumpad1	97	1 키
vbKeyNumpad2	98	2 키	vbKeyNumpad3	99	3 키
vbKeyNumpad4	100	4 키	vbKeyNumpad5	101	5 키
vbKeyNumpad6	102	6 키	vbKeyNumpad7	103	7 키
vbKeyNumpad8	104	8 키	vbKeyNumpad9	105	9 키
vbKeyMultiply	106	부호 조작 (*) 키			
vbKeyAdd	107	PLUS SIGN (+) 키			
vbKeySeparator	108	ENTER (키pad) 키			
vbKeySubtract	109	MINUS SIGN (-) 키			
vbKeyDecimal	110	DECIMAL POINT(.) 키			
vbKeyDivide	111	부호 나눔 (/) 키			

□ 키보드의 기능키 키코드 값

vbKeyF1	112	F1 키	vbKeyF2	113	F2 키
vbKeyF3	114	F3 키	vbKeyF4	115	F4 키
vbKeyF5	116	F5 키	vbKeyF6	117	F6 키
vbKeyF7	118	F7 키	vbKeyF8	119	F8 키
vbKeyF9	120	F9 키	vbKeyF10	121	F10 키
vbKeyF11	122	F11 키	vbKeyF12	123	F12 키
vbKeyF13	124	F13 키	vbKeyF14	125	F14 키
vbKeyF15	126	F15 키	vbKeyF16	127	F16 키

비주얼 베이직

2009년 1월 10일 인쇄
2009년 1월 15일 발행
저 자 하 금 숙 · 윤 한 오 공저
펴낸이 오 성 걸
펴낸곳 **오성미디어**
주 소 132-916 서울시 도봉구 창 3동 491-1
전 화 02)997-0136
FAX 02)997-0137
등 록 2000. 5. 12 제 7-212 호
ISBN 978-89-92583-45-9 값 18,000원